Pilzatlas

S. 131
NELKEN-
SCHWINDLING

Giuseppe Pace

Kleiner

Pilzatlas

mit 299 Farbtafeln
und 69 Zeichnungen von
Laura Rosano Maggiora

Hörnemann

Originalverlag: Arnoldo Mondadori Editore, Mailand
Originaltitel: l'atlante dei funghi
Übersetzung und wissenschaftliche Bearbeitung:
Till Reinhard Lohmeyer

Buchnummer: 239/04041
ISBN 3-87384-441-9

Satzherstellung Mohndruck
Reinhard Mohn OHG, Gütersloh
Druck Arnoldo Mondadori
Editore Officine Grafiche, Verona
Printed in Italy

Inhaltsverzeichnis

Sporenaussaat
bei einem Lamellenpilz

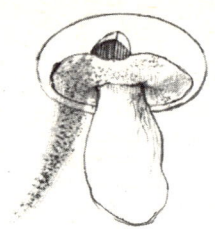

Sporenaussaat
bei einem Röhrling

Sporenaussaat
bei einem Stachelpilz

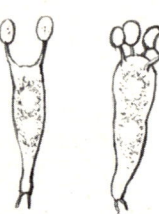

Basidien mit Sporen
unter dem Mikroskop

Schläuche (*Asci*) mit Sporen
unter dem Mikroskop

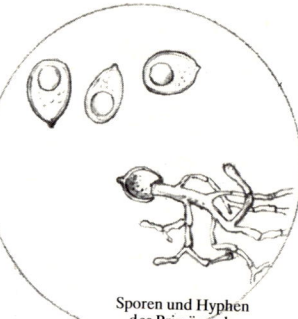

Sporen und Hyphen
des Primärzels

Entwicklung eines
Wulstlings (*Amanita*)

Primordien, bedeckt von der
Allgemeinhülle (*Velum generale*)

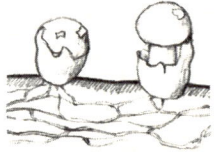

Platzen der Allgemeinhülle,
deren Reste als Scheide (*Volva*)
am Stielgrund verbleiben

Platzen der Teilhülle
(*Velum partiale*), deren Reste
als Ring am Stiel haften

Wie leben die Pilze?

Nach dem griechischen Wort *myketes* werden die Pilze vom Wissenschaftler *Myceten* oder *Mycota* genannt. Die Wissenschaft, die sich mit den Pilzen beschäftigt, ist die *Mykologie*. Es gibt über 100 000 Pilzarten, wobei es sich jedoch zu einem großen Teil um mikroskopische Pilze handelt. Obwohl diese mit bloßem Auge nicht erkennbar sind, so sind sie deswegen keineswegs weniger wichtig: Man denke nur an die Bedeutung der Hefen, ohne die wir weder Brot noch Wein hätten, oder an die Schimmelpilze, ohne die wir auf Gorgonzola, Roquefort und Camembert verzichten müßten, ganz zu schweigen von Penicillin und sehr vielen anderen Antibiotika aus den verschiedensten Anwendungsbereichen.

In diesem Buch beschränken wir uns auf die Betrachtung der wichtigsten makroskopischen Pilze, und zwar auf solche, die nicht nur gerade noch mit bloßem Auge erkennbar sind, sondern die bereits recht ansehnliche Dimensionen erreichen. Von diesen Pilzen sind einige eßbar, andere ungenießbar, und wieder andere giftig oder sogar tödlich giftig wie der Grüne Knollenblätterpilz *(Amanita phalloides*, s. S. 47, 48). In diesem Buch sind einige hundert Arten beschrieben und ebenso künstlerisch ansprechend wie wissenschaftlich zuverlässig illustriert von der Malerin Laura Rosano Maggiora.

Warum ist nun in manchen Gegenden der Grüne Knollenblätterpilz so weit verbreitet? Unter anderem deshalb, weil Speisepilzsammler diesen Pilzen oft einen Fußtritt versetzen oder sie mit Spazierstöcken zerschlagen – um sie zu zerstören, wohlgemerkt. In Wirklichkeit fördern sie aber auf diese Weise geradezu die Verbreitung der Art, denn die strahlenförmig auf der Hutunterseite angeordneten Lamellen streuen auch dann noch ihre Sporen – die »Samen« der Pilze – über den Waldboden aus, wenn sie selbst zerstückelt sind.

Selbst unter dem Mikroskop scheinen die Sporen auf den ersten Blick alle unterschiedslos gleich auszusehen. Tatsächlich haben die einen männliche Merkmale, die anderen weibliche. Fallen diese Sporen auf geeigneten Boden, entwickeln sie sich, und jede spinnt dabei eine mehrzellige Faser, Hyphe oder auch Primärmyzel genannt. Aus der Vereinigung eines männlichen Primärmyzels mit einem weiblichen Primärmyzel entsteht ein Sekundärmyzel. Damit ist eine neue Pilzpflanze entstanden, die später wieder die Fähigkeit besitzen wird, neue Früchte zu produzieren. Die Pilze, die wir sammeln, sind in der Tat nichts anderes als eine Frucht der Pilzpflanze, die im Erdreich oder in dem faulen Stamm oder Holzklotz verborgen bleibt, zu deren Zersetzung sie beiträgt. Die Pilzpflanze kann sich aber auch auf andere Weise fortpflanzen: entweder durch einen Konidie, eine Spore, die direkt auf dem Myzel wächst, nicht im Fruchtkörper. Sie ist von sich aus fähig, ein Sekundärmyzel zu erzeugen; oder durch eine Abzweigung des Myzels, die sich vom Muttermyzel trennt und zu einer selbständigen Pflanze wird. Wenn das Sekundärmyzel ausreichend entwickelt ist, besitzt es die Fähigkeit, Früchte zu tragen, d. h. neue Pilzfruchtkörper zu erzeugen, die dazu bestimmt sind, die Art durch neuerliche Samenausstreuung zu erhalten.

Bisher war nur von Lamellen die Rede, weil die große Mehrzahl der Arten, die uns interessieren, einen sporenproduzierenden Apparat besitzen, der mit Lamellen versehen ist. Tatsächlich kann diese Fruchtschicht (die der Wissenschaftler *Hymenium* nennt) verschiedene Formen annehmen. So besitzen z. B. die Röhrlinge *(Boletus)* Röhren, die Stachelinge *(Hydnaceae)* Stacheln. Es gibt noch mehr Pilzarten mit wieder anderen Formen, zu deren Betrachtung wir nach und nach kommen werden.

Bei manchen Pilzfamilien reifen die Sporen auf sogenannten *Basidien* oder Sporenständern; bei den Schlauchpilzen in kleinen Schläuchen oder *Asci*. Die Pilze mit

Sporenständern bilden die Klasse der *Basidiomyceten,* die mit den Sporenschläuchen die Klasse der *Ascomyceten.* Diese beiden Klassen werden wieder in Unterklassen aufgegliedert, und diese wiederum in Ordnungen, Familien und Gattungen. Die Gattungen bestehen schließlich aus einzelnen Arten, die sich voneinander durch verschiedene Merkmale unterscheiden. Dabei spielt die Farbe des Sporenpulvers eine entscheidende Rolle, weshalb wir sie bei jeder in diesem Buch beschriebenen Art angeben. Nur bei einigen wenigen Ausnahmen erübrigt sich eine solche Angabe.

Gewiß, die Pilze, die wir im Gras oder auf Baumstümpfen beobachten, sind Früchte; aber sie sind Früchte ganz besonderer Pflanzen – Pflanzen ohne Chlorophyll. Das Chlorophyll oder Blattgrün ist die Substanz, die für die Grünfärbung der Blätter verantwortlich ist. Es ist unerläßlich für die unter dem Namen Photosynthese bekannte biochemische Reaktion, mit der die Pflanze den Kohlenstoff aus der Kohlensäure der Luft in Glukose und Stärke umwandelt.

Der Pilz muß deshalb in der Umgebung, in der er lebt, die nötige Nahrung vorfinden. Aus diesem Grunde bildet er häufig mit anderen Pflanzen eine Lebensgemeinschaft, die für beide Partner wichtig ist: Die Bäume benötigen die Pilze ebenso wie die Pilze die Bäume, von denen sie die nötige Nahrung beziehen. Diese Lebensweise heißt Symbiose und geschieht vermittels sogenannter Mykorrhizen, worunter man Verbindungen des Myzels mit den Wurzeln der Pflanze, die den Pilz ernährt, versteht.

Die große Mehrzahl der Höheren Pilze, die uns hier interessieren, leben in Symbiose. So wäre es zum Beispiel vergebliche Mühe, den Hohlfußröhrling *(Boletinus cavipes,* S. 276) dort zu suchen, wo keine Lärchen stehen, mit denen er zusammenlebt und ohne die er nicht existieren kann.

Andere Pilze dagegen befallen lebende Pflanzen und beeinträchtigen deren Lebensfähigkeit: Dabei handelt es sich um parasitische Pilze. Wieder andere schließlich leben nach dem Absterben des befallenen Baumes weiter und nähren sich vom toten Holz. In diesen Fällen werden aus Parasiten Saprophyten, d. h. Pflanzen, die auf verwesender organischer Materie wachsen. Zu diesen Pilzen zählt zum Beispiel der sehr häufige Hallimasch *(Armariella mellea,* s. S. 157).

Wo und wann wachsen die Pilze?

Nicht alle Pilzarten wachsen zur gleichen Zeit an ein und demselben Ort. Ort und Erscheinungszeit, zu denen ein bestimmter Pilz zur Reife gelangt, nennt man die *Standortsbedingungen.* Obwohl es Pilze, wie z. B. einige Stielboviste (Gattung *Tulostoma,* S. 314) gibt, die auch in der Wüste gedeihen, so bieten doch im allgemeinen feuchte Wälder der gemäßigten Klimazonen auf dunklen Böden die besten Standortsbedingungen. Vom Sommer bis in den Herbst fruktifizieren dort einige tausend Arten der Großpilze. Geringer ist die Anzahl der Frühlingspilze, von denen besonders die hervorragenden Morcheln (S. 324, 325) Erwähnung verdienen. Noch weniger Pilze wachsen im Winter; erwähnt seien der Samtfußrübling *(Collybia velutipes,* S. 129) und der Märzellerling *(Hygrophorus marzuolus,* S. 239) – beides schmackhafte Speisepilze.

Berufsmäßige Pilzsammler kennen nicht nur die Standorte, sondern auch das günstigste Pilzwetter. Sie freuen sich über Regen, besonders im Sommer und zu Beginn des Herbstes, vor allem, wenn darauf wieder schöne sonnige Tage und laue, windstille Nächte folgen. Das Myzel braucht nämlich Wasser, um wachsen zu können, wohingegen sich der Fruchtkörper häufig dann bildet, wenn das Myzel unter schlechten Lebensbedingungen zu leiden beginnt, wenn also Wassermangel eintritt und daher das Transportmittel für seine Ernährung knapp wird. Fast könnte man sagen, daß der Pilz sich dem Ende nahe fühlt und deshalb schleunigst alle Reserven mobilisiert, die er klugerweise in besseren Tagen gespeichert hat, um die Frucht zu produzieren, welche ihrerseits wieder die zur Arterhaltung notwendigen Samen hervorbringt.

Das Myzel mancher Pilze kann sich mehrere Jahre hindurch, ja sogar jahrhundertelang, immer wieder im gleichen Erdboden neu bilden, indem es sich in immer größeren konzentrischen Kreisen ausdehnt. So entstehen die sogenannten Hexenringe.

Wie gesagt, gehört der Großteil der Makromyzeten zu den Arten, die im Sommer und Herbst in Wäldern wachsen; dies gilt für alle in diesem Buch beschriebenen Arten, solange andere Standortsbedingungen nicht ausdrücklich angegeben sind.

Aber nicht alle Wälder sind gut für alle Pilze: manche Arten wachsen überhaupt nicht, wenn nicht eine ganz bestimmte Pflanze in der Nähe steht, mit der sie in Symbiose leben oder mit der sie auf irgendeine andere Weise verbunden sind. Der Schmerling *(Boletus granulatus,* S. 268) z. B. wächst ausschließlich unter Kiefern, kann dort aber bis zu fünfmal im Jahr fruchten. Auch der Butterpilz *(Boletus luteus,* S. 267) ist an Kiefern gebunden, doch müssen sie mindestens 10 Jahre alt sein. Der Goldröhrling *(Boletus elegans,* S. 265), der Graue Lärchenröhrling *(Boletus viscidus,* S. 266) und der Hohlfußröhrling *(Boletinus cavipes,* S. 276) können nur zusammen mit Lärchen leben. Der Schwarze Steinpilz *(Boletus aereus,* S. 251) kommt nur in Laubwäldern vor und könnte in Nadelwäldern gar nicht existieren. Der Grüne Knollenblätterpilz *(Amanita phalloides,* S. 47/48), den man gut kennen sollte, denn er ist tödlich giftig und weit verbreitet, wächst hingegen in Laubwäldern wie in Nadelwäldern, in der Ebene wie im Gebirge. Auch der Kaiserling *(Amanita caesarea,* S. 35) wächst in Europa in Laubwäldern, aber nicht in allen, sondern nur bei Eichen und Kastanien. In Mexiko und in Japan kommt er dagegen auch in Kiefernwäldern vor.

Viele Pilze wachsen auf Baumstümpfen, auf lebendigen oder toten Stämmen, auf verfaulenden Blättern, auf den abgefallenen Zapfen der Nadelbäume und schließlich sogar auf anderen Pilzen. So schmarotzt der Parasitische Röhrling *(Boletus parasiticus,* S. 315) auf Kartoffelbovisten *(Scleroderma aurantium,* S. 315).

In den Wäldern, wo noch Köhler in Meilern Holzkohle herstellen oder wo ein Brand gewütet hat, gedeihen bestimmte Leistlinge *(Cantharellus,* S. 310). An ähnlichen Stellen sowie auf dem nackten, festgetretenen Boden der Waldwege wachsen im Herbst verschiedene Becherlinge *(Peziza,* S. 330).

Schnecklinge *(Hygrophorus)* und Champignons *(Psalliota)* leben, je nach Art, teils im Wald, teils auf Wiesen. Im Gras der Wiesen wachsen in Gruppen, häufig in großen Kreisen, sowohl der ausgezeichnete Mönchskopf *(Clitocybe geotropa,* S. 160) als auch der Rillstielige Weichritterling *(Melanoleuca grammopodia,* S. 154), der ziemlich unverdaulich ist, wenn er nicht vorgekocht wird. Im Gras, nicht selten am Wegrand, wächst der Nelkenschwindling *(Marasmius oreades,* S. 131), ein aus gutem Grund vielgesuchter Pilz. Der Strubbelkopf *(Boletus strobilaceus,* S. 278) liebt besonders von Maulwürfen durchwühltes, lockeres Erdreich. Auf Müllplätzen bei Bauschutt, Misthaufen oder Abwasserkanälen wachsen verschiedene Tintlinge *(Coprinus).* Der Geriefte Scheidling *(Volvaria gloiocephala,* S. 64) wächst entweder auf freiem Feld oder auf verrottenden Substanzen, besonders gern auf verfaulendem Stroh, das offen liegen oder auch von einer leichten Erdschicht bedeckt sein kann. Der Rotbraune Riesenträuschling *(Stropharia ferrii,* S. 83) wächst ebenfalls auf faulem Stroh, aber auch auf alten Blättern. Nach den ersten Frühlingsgewittern wachsen einige Morchelarten an Stellen, wo Erdbewegungen vorgenommen wurden. Alle Morchelarten brauchen sehr viel Wasser und sehr viel Licht bei milden

Temperaturen. Sie lieben sandigen Boden, der der aufgehenden Sonne zugekehrt liegt.

Auf unbebautem Erdreich wachsen Morcheln, Scheidlinge, Tintlinge und Becherlinge, während man auf Kulturboden, der mit chemischen Düngemitteln behandelt worden ist, kaum Pilze findet. Auch Meersalz ist Pilzen nicht zuträglich, dennoch gedeihen einige Arten auf den Sanddünen am Meeresufer, z. B. der Strandegerling *(Psalliota bernardii*, S. 74), der Graue Bovist *(Bovista plumbea*, S. 319) und der Kleine Erdstern *(Geaster nanus*, S. 320). Auf Wiesen und in Gemüsegärten hingegen, die mit organischem Dünger gedüngt worden sind, wachsen der Faltentintling *(Coprinus atramentarius*, S. 78) und einige Champignon-Arten oft in großen Mengen. Von den unterirdisch wachsenden Hypogäen gibt es einige hundert Arten. Zu ihnen gehört auch die außerordentlich gesuchte italienische Trüffel *(Tuber magnatum*, S. 334), die bei Eichen, in Pappelpflanzungen, unter Weiden, Nußbäumen und Buchen lebt, und zwar fast ausschließlich in einigen Regionen Norditaliens. Die andere berühmte Trüffel, *Tuber melanosporum* (S. 334), ist die schwarze französische aus Périgord. Sie ist ebenfalls außerordentlich begehrt und wächst in lichten Beständen von Eichen, Buchen, Steineichen und Hainbuchen auf kalkhaltigem Boden. Bestimmte Pilze variieren ein wenig in Form, Farbe und Geschmack, je nach der Pflanze, die sie ernährt, oder nach dem Breitengrad und der Höhe des Standortes. So ist der Hallimasch *(Armilariella mellea*, S. 157) hellgelb, wenn er auf Maulbeerbäumen wächst, braungelb, wenn er auf Pappeln wächst, leicht olivfarben getönt auf Eichen, braungrün, wenn er auf Robinien und bräunlichrot oder honiggelb, wenn er auf Nadelbäumen wächst. In diesem letzten Fall ist er auch ein wenig bitter. Der Pfifferling *(Cantharellus cibarius*, S. 308) ist in Eichenwäldern früher reif als in Buchenwäldern, er wird meistens erst drei Wochen später erscheint und größer und ein wenig blasser ist als unter Eichen. In Hainbuchenwäldern kommt er noch später, ist zierlich und wächst in kleinen Gruppen. Schließlich taucht er auch noch in Tannenwäldern auf: dick, fleischig, blaß und leicht bitter im Geschmack. Kaum ein Pilz ist so weit verbreitet wie der Steinpilz *(Boletus edulis*, S. 249). Er kommt von Ozean zu Ozean vor, in der Ebene und im Gebirge. Pilze wie der Schafporling *(Polyporus ovinus*, S. 282) und der Tigerritterling *(Tricholoma pardinum*, S. 141) wachsen in südlichen Gegenden im Gebirge, in nördlichen Breiten in der Ebene. Bei grundsätzlich ähnlichen Standortbedingungen nimmt die Häufigkeit des Kaiserlings *(Amanita caesarea*, S. 35) von warmen Regionen zu den kälteren hin ab, während die Verbreitung des Fliegenpilzes *(Amanita muscaria*, S. 36/37) entsprechend zunimmt.

Zwischen 2000 und 3000 Meter Höhe verringert sich in den gemäßigten Breiten auch die Anzahl der alpinen Arten, von denen wir etwa 200 kennen.

Pilze in der Küche

Es gibt Pilze, deren hervorragender Wert als Gewürze über jeden Zweifel erhaben ist: So genügt eine Handvoll getrockneter Steinpilze, um Speisen ein besonderes Aroma und einen angenehmen Geschmack zu verleihen. Pilze regen nicht nur den Appetit an, sondern machen das Gericht auch besser verdaulich. Wir möchten hier aber betonen, daß Pilze nicht nur als Gewürze, sondern auch als echte Lebensmittel zu betrachten sind, deren Nährwert man nicht unterschätzen sollte.

100 Gramm Frischpilze enthalten durchschnittlich zwei bis drei Gramm verwertbarer Proteine und verschiedene für unseren Organismus wichtige mineralische Substanzen; sie enthalten zwei bis vier Gramm Kohlehydrate, fast so viel, wie in der gleichen Menge Milch, grüner Bohnen oder Tomaten enthalten sind. Sie enthalten ca. 1 Gramm Fett, was ungefähr dem Fettgehalt von Weißbrot oder magerer

Brühe entspricht. Darüber hinaus enthalten Pilze einige Gramm nicht verwertbarer Zellulose, die aber für eine gute Verdauung unerläßlich ist, sowie viel Wasser, dem gleichermaßen für alle Vorgänge des Stoffwechsels notwendigen Transportmittel. Die Pilze enthalten auch in unterschiedlichen Mengen einige der wichtigsten Vitamine, d.h. Katalysatoren biochemischer Prozesse, ohne die die Nahrung vom Körper nicht aufgenommen werden könnte und vielfach sogar Giftwirkung besäße. Im Pfifferling *(Cantharellus cibarius,* S. 308) vor allem ist reichlich Vitamin A vorhanden, im Kaiserling *(Amanita caesarea,* S. 34) ebenso, während der hochgeschätzte Steinpilz *(Boletus edulis,* S. 249) überhaupt keine Vitamine enthält. In frischen Pilzen ist für gewöhnlich reichlich Vitamin PP vorhanden, ebenso Vitamine der Gruppe B, darunter auch das Cholin, ein Vitamin, das die Leber schützt, gerade im Falle einer Pilzvergiftung.

Das Vitamin C fehlt normalerweise in Pilzen, wie es übrigens auch im Fleisch fehlt; trotzdem enthalten 100 Gramm des Leberreischlings *(Fistulina hepatica,* S. 296) bis zu 150 Milligramm, eine beträchtliche Menge, verglichen mit dem Tagesbedarf unseres Organismus. Auch das Vitamin D_2 kommt reichlich in frischen Pilzen vor, kaum weniger als in Butter und im Eidotter. 100 Gramm frischer Pilze enthalten 100 bis 500 IE, während unser Organismus mit nur 100 IE täglich auskommt. Man weiß auch, daß Pilze das Vitamin K enthalten; genaue Angaben darüber fehlen jedoch. Außerdem enthalten die Pilze verschiedene freie organische Säuren, die die Atmungsfunktionen unseres Körpers anregen. Alles in allem kann man ohne weiteres behaupten, daß die Pilze nicht nur eine wertvolle Würze, sondern auch echte Nahrungsmittel sind. Sie stehen, so gesehen, Fleisch und Eiern näher als den Gemüsen. Ihr Nährwert und ihre Verdaulichkeit sind im allgemeinen um so höher, je reifer die Pilze sind, ohne jedoch überreif zu sein.

Der Kochprozeß zerstört einen Großteil der Vitamine und beeinträchtigt die Verdaulichkeit der Proteine. Es empfiehlt sich daher, ab und zu Pilze roh in Salaten anzurichten, gewürzt mit Salz, Zitrone und Öl und, je nach Geschmack, mit Kräutern oder einer Prise Pfeffer. Folgende Pilzarten lassen sich auf diese Weise zubereiten:

Amanita caesarea	Kaiserling	35
Auricularia auricula-judae	Judasohr	321
Boletus aereus (in kleinen Mengen)	Schwarzer Steinpilz	251
Boletus edulis (in kleinen Mengen)	Steinpilz	249
Boletus pinicola (in kleinen Mengen)	Kiefernsteinpilz	252
Cantharellus cibarius	Pfifferling	308
Fistulina hepatica	Leberreischling, Ochsenzunge	296
Gyrocephalus rufus	Roter Gallerttrichter	323
Lycoperdon caelatum	Hasenbovist	317
Lycoperdon maximum	Riesenbovist	316
Peziza aurantia	Orangebecherling	331
Psalliota arvensis	Schafchampignon	74
Psalliota bispora	Gartenchampignon	69
Psalliota campestris	Wiesenchampignon	68
Psalliota nivescens	Schneeweißer Champignon	74
Psalliota silvatica	Kleiner Waldchampignon	71
Psalliota silvicola	Dünnfleischiger Anischampignon	75
Rhodopaxillus panaeolus	Marmorierter Ritterling	173
Tremellodon gelatinosum	Zitterzahn	322
Tuber magnatum	Italienische Trüffel	334
Tuber melanosporum	Perigord-Trüffel	334

Für die Beschreibungen in diesem Buch gilt jedoch: Wo immer die Bezeichnung »eßbar« ohne nähere Erläuterung steht, so bezieht sie sich nur auf die Verwendung nicht zu alter, vollkommen gesunder und gut gekochter Exemplare der jeweiligen Art.

Manche Pilze unter den Milchlingen, z. B. der Edelreizker *(Lactarius deliciosus,* S. 199) – verlieren ihren scharfen Geschmack, wenn man sie grillt oder auf andere Weise bei lebhaftem Feuer zubereitet. Dünstet man sie aber, so verwandeln sie sich häufig in einen ungenießbaren Brei. Auch verschiedene Täublinge *(Russula)* werden auf lebhaftem Feuer gekocht, weil sie in der Schmorpfanne hart wie Kohlstrünke und ungenießbar werden.

Bestimmte Pilze müssen vor dem eigentlichen Kochprozeß einige Minuten lang in klarem Wasser vorgekocht (blanchiert) werden. Im allgemeinen werden alle Pilze vorgekocht, die scharf, bitter, harzig oder extrem würzig sind, ebenso die sehr grobfleischigen. Das Blanchierwasser muß weggeschüttet werden. Man darf es auch nicht Tieren geben, sie könnten krank davon werden. Zarte Pilze bester Sorten werden niemals blanchiert, dadurch würde ein großer Teil ihres Wohlgeschmackes und ihres Aromas verloren gehen. Pilze mit einem schleimigen Hut sollte man für ein paar Minuten in den gut vorgeheizten Backofen stellen; der Schleim trocknet dann ein und bildet sich auch nicht zurück, selbst wenn man sie anschließend in einer Sauce dünstet. Zu Anfang des Kochprozesses läßt man den Topf offen, bis ein Teil des Wassers, das die Pilze von Natur aus enthalten, verdunstet ist. Sobald das der Fall ist, sollte man den Deckel auflegen und zugedeckt weiter garen.

Allzu oft werden Pilze mit Zwiebeln, Knoblauch, Würzkräutern, Tomaten, Paprika, Pfeffer und noch anderen Dingen zubereitet, dazu noch mit allerhand Sorten Wein. Je besser aber die Pilze sind, um so mehr verlieren sie dadurch ihr Aroma und den charakteristischen Geschmack, der von den Zutaten übertönt wird. Deshalb sollte man mit Beilagen und Gewürzen sparsam sein. Manche Feinschmecker raten, Salz und Pfeffer erst am Ende des Kochprozesses, unmittelbar vor dem Auftragen, hinzuzufügen. Andere schlagen vor, verschiedene Pilzsorten, die auf die gleiche Art zubereitet werden können, zusammen zu kochen. Zum Beginn der Pilzsaison zum Beispiel: Wiesenchampignons *(Psalliota campestris,* S. 68), Mehlpilze *(Clitopilus prunulus,* S. 175), Riesenschirmlinge *(Lepiota procera,* S. 56), Stockschwämmchen *(Pholiota mutabilis,* S. 91), Mairitterlinge *(Lyophyllum georgii,* S. 151) und Kupferrote Schmierlinge *(Gomphidius viscidus,* S. 243). Im Frühherbst: Pfifferlinge *(Cantharellus cibarius,* S. 308), Hallimasche *(Armillariella mellea,* S. 157), Gebuckelte Trichterlinge *(Clitocybe infundibuliformis,* S. 159), Scheidenstreiflinge *(Amanita vaginata,* S. 54), Rosablättrige Schirmpilze *(Lepiota naucina,* S. 62), Grünfelderige Täublinge *(Russula virescens,* S. 208), Weißstielige Ledertäublinge *(Russula integra,* S. 217) und Frauentäublinge *(Russula cyanoxantha,* S. 209). Im Spätherbst: Hallimasche, Violette Ritterlinge *(Rhodopaxillus nudus,* S. 171), Wiesenellerlinge *(Hygrophorus pratensis,* S. 236) und verschiedene Täublinge. Zu Beginn des Winters: Hallimasche, Austernseitlinge *(Pleurotus ostreatus,* S. 176), Winterrüblinge *(Collybia velutipes,* S. 129) und Südliche Schüpplinge *(Agrocybe aegerita,* S. 97).

Gekochte Pilze halten sich mehrere Tage lang, so daß man sie ruhig auch aufgewärmt essen kann.

Frische Pilze kann man im Kühlschrank einige Tage aufbewahren, vorausgesetzt, daß die Temperatur darin einige Grade unter dem Gefrierpunkt liegt. Sobald man sie aber aus dem Kühlschrank herausgenommen hat, müssen sie sofort zubereitet und gegessen werden. Sie werden aber schlecht, wenn man sie noch einmal in den Kühlschrank zurückstellen würde.

Wer seinen Speiseplan mit Pilzen bereichern will, muß sie sich entweder dort holen, wo sie wachsen – oder er muß sie kaufen. Die im Handel meistverkauften und zu allen Jahreszeiten erhältlichen Pilze gehören zur Gattung *Psalliota* (Champignons, S. 68–76). Immer breiteren Raum nimmt auch die kommerzielle Züchtung des Austernseitlings (S. 176) ein. In Japan ist die Kultivierung des Shiitake-Pilzes *(Tricholomopsis edodes, S. 181)* auf kleinen, im Freien gelagerten Eichenstämmen verbreitet und hat eine lange Tradition, und in Indien wird auf Mist der Schneeweiße Tintling *(Coprinus niveus)* gezüchtet. Nach einer Methode, die den Römern schon vor Jahrhunderten bekannt war, wird in kleinerem Umfange auch heute noch hier und da der Südliche Schüppling *(Agrocybe aegerita, S. 97)* angebaut. Zuchtpilze sind gewiß sehr gut, aber die Pilze, die man selber gefunden hat, schmecken noch besser – schon wegen des »Erfolgserlebnisses« auf der Pilzjagd. Hat man einen Lamellenpilz gefunden, so achte man darauf, das Stielende mitauszugraben, damit eine eventuell vorhandene Knolle oder Scheide, die im Boden steckt, nicht übersehen wird. Dieses Merkmal kennzeichnet die tödlich giftigen Knollenblätterpilze und schließt Verwechslungen mit eßbaren Pilzen aus. Holzbewohnende Pilze kann man dagegen am Stielgrund mit einem scharfen Messer abschneiden. Das gleiche gilt auch für den Semmelstoppelpilz *(Hydnum repandum, S. 298)*, bei dem noch im selben Jahr zwei- oder dreimal frische Fruchtkörper um das im Boden verbliebene Stück des Fußes herum nachwachsen können.

Nach dem Sammeln werden die für die Küche bestimmten Pilze an Ort und Stelle so gut wie möglich geputzt. Ungesäubert sollte man dagegen die Arten lassen, die man zur Bestimmung mitnimmt, da oftmals schon ein Bruchstück eines Blattes oder eine Koniferennadel Rückschlüsse auf den Standort gestattet und bei der Bestimmung des Pilzes hilfreich sein kann.

Alle Pilze sollten mit dem Hut nach unten in den Korb gelegt werden, um die Pilzmaden dazu zu veranlassen, sich nach oben, zur Stielbasis hin, durchzufressen. Am Tag danach genügt es dann, den Stiel abzuschneiden, um alle Parasiten zu entfernen.

Wenn die Menge der gesammelten Pilze den unmittelbaren Bedarf übersteigt, so greift man am besten auf eine der verschiedenen Konservierungsmethoden zurück, die eine lange Haltbarkeit garantieren. Die gängigste dieser Methoden ist das Trocknen. Allerdings eignen sich nicht alle Pilze dazu, so z. B. weder faserige Arten wie der Pfifferling *(Cantharellus cibarius, S. 308)* noch leicht vergängliche wie der Schopftintling *(Coprinus comatus, S. 77)* oder solche, die sich bei der Reife in Sporenpulver auflösen wie diverse Stäublinge *(Lycoperdon, S. 316–319)*. Man kann die Pilze aber auch anstatt sie zu trocknen, mit einigen Gewürzkräutern in verdünntem Essig eine Viertelstunde lang kochen und sie dann mit Essig und Öl in luftdicht verschlossenen Einmachgläsern konservieren.

Pilze, die man in Öl und Essig einmachen kann

Armillaria mellea	Hallimasch	157
Biannularia imperialis	Doppelringtrichterling	156
verschiedene Boleti	Röhrlinge	246–279
verschiedene Cantharelli	Leistenpilze, Pfifferlinge	308–310
Clavaria botrytis	Rötliche Koralle	302
Clitocybe nebularis	Nebelgrauer Trichterling	162
Clitocybe geotropa	Mönchskopf	160
Clitocybe infundibuliformis	Gebuckelter Trichterling	159
Coprinus comatus	Schopftintling	77
Cortinarius praestans	Schleiereule	102
Cortinarius violaceus	Violetter Schleierling	109
Entoloma clypeatum	Schildrötling	120

Die Giftpilze

Tödlich giftige Pilze. Der klassische Mörder, der gefürchtetste von allen, der die Schuld an fast allen Todesfällen trägt, ist der Grüne Knollenblätterpilz *(Amanita phalloides,* S. 47/48), der im Sommer und Herbst sehr häufig in Laubwäldern vorkommt, besonders in den Varietäten *viridis* und *virescens.* 20 Gramm des frischen Pilzes sind für einen Menschen von normaler Konstitution bereits eine tödliche Dosis. Ebenso giftig wie der Grüne Knollenblätterpilz sind auch der nordamerikanische *Amanita bisporigera* (S. 50), der Frühlingsknollenblätterpilz *(Amanita verna,* S. 49), der Spitzhütige Knollenblätterpilz *(Amanita virosa,* S. 50), der Fleischrosa Schirmling *(Lepiota helveola,* S. 61) und der Orangefuchsige Hautkopf *(Cortinarius orellanus,* S. 111), der aber weniger verbreitet ist und in manchen Gegenden überhaupt nicht vorkommt. Auch die Frühlingslorchel *(Gyromitra esculenta,* S. 326) muß für einige Todesfälle verantwortlich gemacht werden, ihrem Beinamen *esculenta* zum Trotz, der ›eßbar‹ bedeutet.

Die Vergiftung, die die tödlichen Knollenblätterpilze verursachen, zeigen sich erst sehr spät, zwischen acht bis vierzig Stunden nach dem Genuß der Pilze. Es beginnt mit Erbrechen, Durchfall, heftigem Schweißausbruch und darauffolgendem unstillbarem Durst, Schüttelfrost, Wadenkrämpfen, die Augen liegen tief in den Höhlen, das Gesicht ist eingefallen und bleich, manchmal gelb verfärbt. Angstzustände folgen, die Kräfte verfallen schnell, der Pulsschlag ist kaum spürbar, schließlich Röcheln, Lähmung, krampfhafte Zuckungen – Tod. All das im Lauf von zehn bis zwanzig Tagen. In den ersten 48 Stunden kann sich eine gewisse Abschwächung der Symptome zeigen, aber dann schreitet die Vergiftung unaufhaltsam fort. Richtige und schnellste Behandlung kann robuste Erwachsene retten; sehr viel schwieriger sind dagegen Kinder vor dem Tode zu bewahren. Die Vergiftungssymptome beim Fleischrosa Schirmling *(Lepiota helveola,* S. 61), beim Orangefuchsigen Hautkopf *(Cortinarius orellanus,* S. 111) und bei der Frühlingslorchel *(Gyromitra esculenta,* S. 326) sind im Grunde die gleichen wie beim Knollenblätterpilz, auch die Behandlung ist im Prinzip dieselbe. Vergiftungen durch den Orangefuchsigen Hautkopf treten aber noch später auf, 3 bis 14 Tage nach der Mahlzeit. Die Behandlung, die nur der Arzt übernehmen kann, besteht darin, den Organismus von den giftigen Substanzen zu befreien, zu versuchen, den Darm zu entleeren und die Nierentätigkeit anzuregen, was schmerzlindernd wirkt, den Allgemeinzustand bessert und vor allem das Herz stützt. Besonders muß er gegen die Erstickungsanfälle und nervösen Depressionen Gegenmaßnahmen ergreifen und die Entwässerung des Körpers verhindern. Ebenso müssen Nieren und Leber geschützt werden, die beide unmittelbar von den Giftstoffen dieser Pilze bedroht werden.

Pilze, die das Nervensystem schädigen. Das sind vor allem der Fliegenpilz *(Amanita muscaria,* S. 36/37), der Pantherpilz *(Amanita pantherina,* S. 38), der Ziegelrote Rißpilz *(Inocybe patouillardii,* S. 116), der Weiße Gifttrichterling *(Clitocybe dealbata,* S. 158) und deren Verwandte.

Zum Glück zeigen sich die Vergiftungserscheinungen, die diese Pilze hervorrufen, schnell: eine halbe Stunde bis zu vier Stunden nach der Mahlzeit. Die wichtigsten Symptome sind dabei starker Speichelfluß, nasale Schleimabsonderung und tränende Augen, Verlangsamung des Pulsschlages und Erstickungsanfälle. In diesen Fällen sollte der Arzt dem Patienten ein gutes Abführmittel eingeben, dazu ein harntreibendes Mittel. Der Vergiftete muß sehr viel Flüssigkeit aufnehmen, entweder Tee oder Kaffee, keinesfalls aber alkoholische Getränke. Falls der Patient sehr schwach ist, wird der Arzt eine Atropininjektion vornehmen.

Pilze, die den Verdauungsapparat schädigen. Sehr gefährlich und in seltenen Fällen auch tödlich ist der Riesenrötling *(Entoloma lividum,* S. 119). Gefährlich sind

Grüner Knollenblätterpilz
(4–15)
Amanita phalloides
tödlich giftig

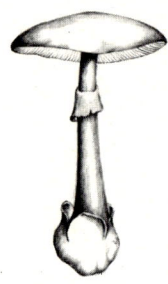

Frühlingsknollenblätterpilz
(3–10)
Amanita verna
tödlich giftig

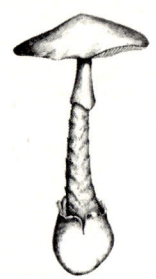

Spitzhütiger Knollenblätterpilz
(4–10)
Amanita virosa
tödlich giftig

Knollenblätterpilz
(4–10)
nordamerikanische Form
Amanita bisporigera
tödlich giftig

Perlpilz
(5–15)
Amanita rubescens
roh schwach giftig

Fliegenpilz
(8–20)
Amanita muscaria
giftig

Wurzelnder Champignon
(5–10)
Psalliota radicata
giftig

Karbolegerling
(5–12)
Psalliota xanthoderma
schwach giftig

Fleischrosa Schirmling
(2–6)
Lepiota helveola
sehr giftig

Anlaufender Schirmpilz
(5–15)
Lepiota badhamii
roh giftig

Morgan's Schirmpilz
(8–25)
Lepiota morgani
giftig

Frühjahrslorchel
(4–8)
Gyromitra esculenta
roh tödlich giftig
gekocht mit Vorbehalt
eßbar

Die Zahlen in Klammern geben den durchschnittlichen Hutdurchmesser in Zentimetern an.

auch der Tigerritterling *(Tricholoma pardinum,* S. 141), der Brennende Ritterling *(Tricholoma virgatum,* S. 143) und der seltene *Tricholoma groanense* (S. 143), ferner der Ölbaumtrichterling *(Clitocybe olearia,* S. 165), der Satanspilz *(Boletus satanas,* S. 261), der Purpurröhrling *(Boletus purpureus,* S. 260), die Schöne Koralle *(Clavaria formosa,* S. 303) und der Bleiche Ziegenbart *(Clavaria pallida,* S. 304). Weniger gefährlich ist der Karbolegerling oder Giftchampignon *(Psalliota xanthoderma,* S. 76). Je länger diese Pilze gekocht werden, desto weniger schaden sie dem Organismus. Ungefähr eine Stunde, nachdem man sie gegessen hat, rufen sie Übelkeit hervor, Koliken, Erbrechen, Durchfall, Ohnmacht. Die Behandlung ist im großen ganzen gleich der bei Vergiftungen durch den Fliegenpilz.

Roh giftige Pilze. Dazu gehören fast alle Pilze der Gattungen *Peziza* (Becherling), *Morchella* (Morcheln) und *Helvella* (Lorcheln) sowie deren Verwandte, außerdem der Perlpilz *(Amanita rubescens,* S. 39) und der Violette Ritterling *(Rhodopaxillus nudus,* S. 171). Auch hier ist die Behandlung etwa die gleiche wie bei einer Fliegenpilzvergiftung. Manchmal sind die Vergiftungserscheinungen nur leicht und gehen von selbst in kurzer Zeit wieder zurück. Eine Reihe anderer Arten aus den Gattungen *Russula* (Täublinge) und *Lactarius* (Milchlinge) wäre giftig, wenn die Pilze roh gegessen würden; aber ihr scharfer oder bitterer Geschmack verhindert ohnehin den Verzehr in rohem Zustand. Gekocht verlieren sie jedoch oft mit ihrem unangenehmen Geschmack auch jede Spur von Gift.

Manchmal genügt es auch, die Pilze zu fermentieren, um das Gift zu entfernen. So behandelt, verzehrt man in verschiedenen Gegenden Osteuropas den Birkenreizker *(Lactarius torminosus,* S. 188), den Pfeffermilchling *(Lactarius piperatus,* S. 185) und den Tannenreizker *(Lactarius plumbeus,* S. 203), die roh scharf sind; ebenso auch den furchtbaren Rotbraunen Milchling *(Lactarius rufus,* S. 190), der roh so brennend scharf ist wie ein Schneidbrenner. Erinnern wir uns an dieser Stelle daran, daß sich der Pilzsammler bei Täublingen und Milchlingen im Zweifelsfall an die einfache Regel halten sollte, alle scharfen oder bitteren Exemplare wegzuwerfen und nur die guten zu behalten, die aber weder zu reif noch verwurmt sein sollten.

Vergiftungen durch den Faltentintling *(Coprinus atramentarius).* Dieser Pilz ist an sich eßbar (S. 78), er kann aber für manche Menschen schädlich sein, vor allem, wenn diese vorher reichlich alkoholische Getränke zu sich genommen haben oder anregende Getränke wie Tee oder Kaffee. Das charakteristischste Symptom besteht in der Rötung des Gesichts, begleitet von Pulsbeschleunigung, Schwächeanfällen und Gliederkälte, doch handelt es sich dabei nur um ungefährliche und vorübergehende Störungen, die rasch und ohne Folgen wieder verschwinden.

Soforthilfe bis zur Ankunft des Arztes. Die richtige Behandlungsmethode hängt davon ab, welche Pilzsorte die Vergiftung hervorgerufen hat. Der Kranke selbst ist häufig nicht imstande, das genau anzugeben. Meist ist es möglich, die Pilzabfälle zu untersuchen, die Reste der Mahlzeit oder auch den Mageninhalt des Kranken, falls er erbricht oder man ihn dazu bringen kann. Wenn bereits 8 bis 10 Stunden nach dem Genuß der Pilze verflossen sind, ist es völlig nutzlos, den Patienten erbrechen zu lassen. Mit großer Wahrscheinlichkeit befinden sich die Pilze dann nicht mehr im Magen, sondern schon im Verdauungstrakt.

Bis der Arzt kommt, kann man dem Patienten immer ein Abführmittel geben. Wenn der Patient über starke Leibschmerzen klagt, ist es besser, ihm Rizinusöl statt salzhaltiger Abführmittel einzugeben, doch nicht zuviel: 30 Gramm Rizinus für einen Erwachsenen, die Hälfte für ein Kind. Man soll dem Patienten außerdem reichlich zu trinken geben: Milch, Zuckerwasser, Salzwasser, auch Tee oder Kaffee, aber davon nicht zuviel. Der Patient soll zugedeckt sein, ruhig und warm gehalten werden.

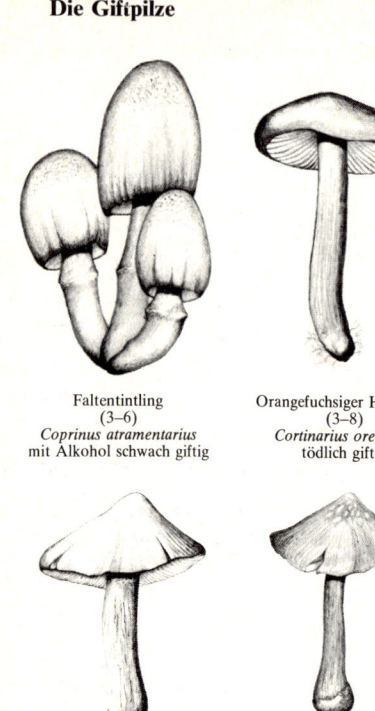

Faltentintling
(3–6)
Coprinus atramentarius
mit Alkohol schwach giftig

Orangefuchsiger Hautkopf
(3–8)
Cortinarius orellanus
tödlich giftig

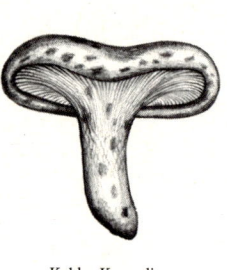
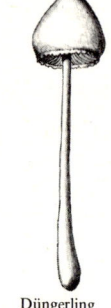

Kahler Krempling
(6–12)
Paxillus involutus
giftig

Düngerling
(2–4)
Panaeolus sphinctrinus
zuweilen halluzinogen

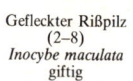

Ziegelroter Rißpilz
(5–10)
Inocybe patouillardii
sehr giftig

Gefleckter Rißpilz
(2–8)
Inocybe maculata
giftig

Rübenfüßiger Rißpilz
(3–5)
Inocybe napipes
giftig

Geschweifter Rißpilz
(3–9)
Inocybe fastigiata
giftig

Riesenrötling
(6–20)
Entoloma lividum
giftig

Satanspilz
(6–30)
Boletus satanas
giftig

Tigerritterling
(6–20)
Tricholoma pardinum
giftig

Handelt es sich um eine Knollenblätterpilzvergiftung, dann muß der Patient so schnell wie möglich ins Krankenhaus gebracht werden. In der Wartezeit gebe man ihm alle halbe Stunde einen Kaffeelöffel Kochsalz in einem Glas Wasser aufgelöst.

Törichte Vorurteile

Gibt es Universalrezepte, die in allen Fällen Aufschluß über Eßbarkeit oder Giftigkeit einer bestimmten Pilzart geben?

Man sagt zum Beispiel, daß alle Frühlingspilze eßbar seien. Tatsächlich kann man im Frühjahr den Frühlingsknollenblätterpilz *(Amanita verna,* S. 49) finden, eine tödlich giftige Art. Auch der Grünblättrige Schwefelkopf *(Hypholoma fasciculare,* S. 85), der gallebitter und leicht giftig ist, wächst im Frühling.

Man sagt, daß die Pilze im Spätherbst alle eßbar seien. In Wirklichkeit kann man aber auch im Spätherbst den Grünen Knollenblätterpilz *(Amanita phalloides,* S. 47/48) finden, der ebenfalls absolut tödlich wirkt; ferner den Fliegenpilz *(Amanita muscaria,* S. 36/37) und den Riesenrötling *(Entoloma lividum,* S. 119), eine zwar nicht tödliche, dennoch aber stark giftige Art.

Man sagt, daß Pilze, die auf lebenden Bäumen wachsen, alle eßbar seien. Tatsächlich ist der Ölbaumtrichterling *(Clitocybe olearia,* S. 165) giftig, der an alten, aber noch lebenden Olivenbäumen, an Eichen und auf anderen Bäumen vorkommt. Er ist allerdings nicht allzu gefährlich.

Man sagt, daß alle Pilze giftig sind, die auf abgestorbenen Bäumen, auf modernden Ästen, auf Holzabfall, auf verrottendem Stroh oder auf Mist wachsen. In Wirklichkeit ist der Schopftintling *(Coprinus comatus,* S. 77) – so genannt, weil er auch auf dem Mist wächst (griechisch: kópros) – ein ausgezeichneter, wohlschmeckender und leicht verträglicher Speisepilz.

Man sagt, daß auch eßbare Pilze giftig werden können durch einen unerklärlichen Einfluß, den Schlangen und Frösche auf sie ausüben oder giftige Pflanzen, die in der Nachbarschaft wachsen. Auch dies ist ein törichtes Vorurteil. Das Vorhandensein bestimmter Pflanzen könnte vielleicht das Wachstum des Pilzes verhindern, kann aber ganz bestimmt nicht einen Speisepilz in einen giftigen verwandeln. Ein eßbarer Pilz wird giftig, wenn er verfault, das ist wahr, aber auch Kalbfleisch wird giftig, wenn es verdorben ist; doch deshalb wird man ja nicht das Kalb für giftig halten.

Man sagt, daß die Pilze, die von Schnecken oder Insekten angefressen sind, eßbar seien. Tatsächlich lieben die Schnecken nichts mehr als den giftigen Fliegenpilz *(Amanita muscaria,* S. 36/37) und den tödlich giftigen Grünen Knollenblätterpilz *(Amanita phalloides,* S. 47/48).

Man sagt, daß violette Pilze giftig seien. Tatsächlich sind der Violette Lackpilz *(Laccaria amethystina,* S. 170) und der Violette Schleierling *(Cortinarius violaceus,* S. 109) violett *und* eßbar. Der Violette Ritterling *(Rhodopaxillus nudus,* S. 171) ist zwar in rohem Zustand leicht giftig, gekocht aber eßbar und sehr wohlschmeckend. Unbekömmlich ist der Rettichhelmling *(Mycena pura,* S. 133).

Man sagt, daß alle schleimigen Pilze giftig seien. Tatsächlich sind der Graue Lärchenröhrling *(Boletus viscidus,* S. 266), der Butterpilz *(Boletus luteus,* S. 267) und oftmals auch der Goldröhrling *(Boletus elegans,* S. 265) sehr schmierig und dennoch durchaus eßbar. Der Große Gelbfuß *(Gomphidius glutinosus,* S. 242) ist sogar stark schleimig und gleichzeitig ein gesunder, schmackhafter Pilz.

Man sagt, daß alle Pilze, deren Fleisch die Farbe wechselt, wenn man sie anschneidet, giftig seien. Tatsächlich wird das Fleisch des Kornblumenröhrlings *(Boletus cyanescens,* S. 246) beim Anschneiden sofort dunkelblau wie Füllhaltertinte, und doch gehört er zu den besten Speisepilzen. Umgekehrt wechselt keiner der tödlich giftigen Knollenblätterpilze die Farbe, wenn man ihn anschneidet.

Man sagt, daß alle Pilze giftig seien, die eine milchartige Flüssigkeit absondern. Tatsächlich gibt es unter diesen Pilzen, den sogenannten Milchlingen *(Lactarii),* viele eßbare Sorten, wie etwa den Edelreizker *(Lactarius deliciosus,* S. 199) und den Südlichen Blutreizker *(Lactarius sanguifluus,* S. 200).

Man sagt, daß bitter, säuerlich oder scharf schmeckende Pilze giftig seien. Es gibt allerdings Pilze, die derartig bitter, adstringierend oder scharf sind, daß niemand auch nur einen Bissen davon verzehren könnte. Andere aber, und das sind gar nicht wenige, verlieren diesen unangenehmen Geschmack, den sie im rohen Zustand haben, sobald man sie richtig zubereitet und sind dann recht schmackhaft. Umgekehrt schmecken und riechen Knollenblätterpilze recht angenehm und sind dennoch sowohl im rohen wie im gekochten Zustand tödlich giftig.

Man sagt, daß alle Pilze mit Mehlgeruch eßbar seien. Nicht alle: der Riesenrötling *(Entoloma lividum,* S. 119) riecht kräftig nach Mehl und ist dabei ausgesprochen giftig.

Man sagt, daß alle Pilze durch Abkochen unschädlich würden, wozu die einen klares Wasser, andere Salz- oder Essigwasser vorschlagen. In Wirklichkeit bleiben die todbringenden Knollenblätterpilze stets giftig, gleichgültig, wie oft und wie lange man sie kocht.

Man sagt, daß alle Pilze ungiftig werden, wenn man sie trocknet, sei es an der Sonne, sei es im Schatten. Das trifft zwar zu für die Frühlingslorchel *(Gyromitra esculenta,* S. 326), die in rohem Zustand bei empfindlichen Personen ernsthafte Vergiftungen verursachen kann, während sie getrocknet vollkommen unschädlich ist. Für die tödlich giftigen Knollenblätterpilze gilt das jedoch nicht: selbst trocken wie Zunder bleiben sie lebensgefährlich.

Man sagt, daß Pilze, die von Hunden oder Katzen gut vertragen werden, auch für den Menschen verträglich seien. Das ist absolut falsch, denn Hunde und Katzen besitzen einen Verdauungsapparat, der von dem unsrigen total verschieden ist: sie vertragen, ja lieben geradezu Nahrungsmittel, die für uns schlecht bekömmlich oder sogar ungenießbar sind.

Man sagt, daß Pilze, die während des Kochprozesses eine Farbveränderung bei einem silbernen Gegenstand hervorrufen, der mit im Kochtopf liegt, giftig seien. Man sagt umgekehrt, daß alle Pilze eßbar sind, bei denen diese Farbveränderung nicht eintritt. Dasselbe soll für Gegenstände aus Gold, Zinn oder Eisen gelten, auch für Zwiebeln, Knoblauchzehen, Petersilie oder Brotkrusten. In Wirklichkeit ändert sich die Farbe all dieser Substanzen bei den tödlichen Knollenblätterpilzen nicht, während beim Kaiserling *(Amanita caesarea,* S. 35) und beim Steinpilz *(Boletus edulis,* S. 249), die ausgezeichnete Speisepilze sind, derartige Phänomene durchaus auftreten können.

Man sagt, daß alle Pilze, die Eiweiß oder Milch zum Gerinnen bringen, giftig seien, die anderen eßbar. In diesem Falle muß man feststellen, daß der Kaiserling *(Amanita caesarea,* S. 35) und der Steinpilz *(Boletus edulis,* S. 249) bei Milch oder Eiweiß die gleiche Reaktion hervorrufen wie die tödlich giftigen Knollenblätterpilze. Dieser »Test« taugt also auch nicht.

Vergessen wir nun diese trügerischen »Regeln« und versuchen wir statt dessen die wichtigsten Speise- und Giftpilze kennenzulernen. Nur so werden wir dazu in der Lage sein, die ersteren in voller Sicherheit genießen zu können und uns vor den letzteren in acht zu nehmen. Um Gift- und Speisepilze voneinander unterscheiden zu können, gibt es nur einen einzigen Weg: Man muß lernen, jede einzelne Art zu erkennen. Zuerst informiere man sich über die Gattungsmerkmale.

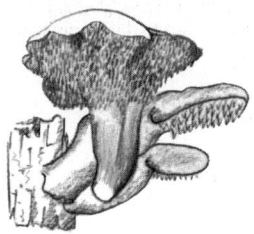

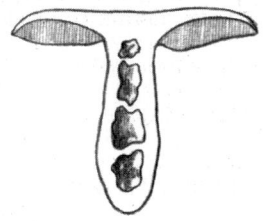

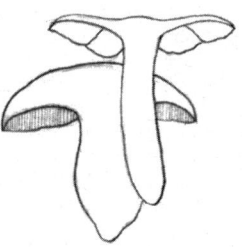

Vorne: Stoppelpilz,
erdbewohnend; Hymenium mit Stacheln;
hinten: Gallertstacheling,
holzbewohnend; Hymenium
mit Stacheln; Stiel lateral

Längsschnitt – Hymenium mit Röhren;
Hut flach, nicht sehr fleischig;
Stiel etwas angeschwollen und gekammert

Längsschnitte –
vorne: Hut flach, leicht genabelt;
Hymenium mit Lamellen;
hinten: Hut konvex, sehr fleischig;
Hymenium mit Röhren

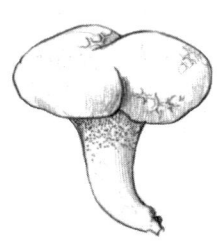

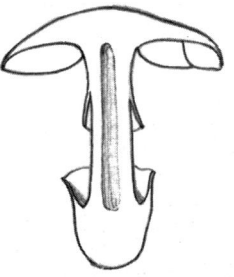

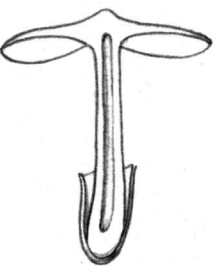

Hutrand lappig;
Hymenium mit herablaufenden Poren,
Stiel oben verbreitert

Längsschnitt – Hut konvex, fleischig;
Lamellen am Stielansatz fast frei;
Stiel röhrig; Ring reifrockartig;
Stielbasis mit Scheide

Längsschnitt – Hut flach,
Zentrum gebuckelt, wenig fleischig;
Lamellen den Stiel nicht erreichend;
Stiel röhrig, ohne Ring,
Basis bescheidet

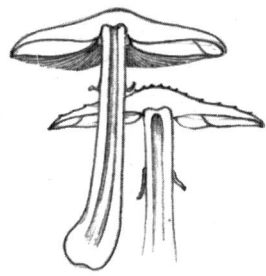

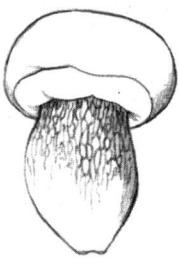

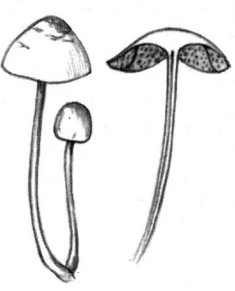

Längsschnitt –
Hutmitte gebuckelt,
Lamellen frei;
Stiel röhrig,
leicht vom Hutfleisch trennbar

Hut sehr fleischig;
Hymenium mit Röhren,
Stiel kurz und dick,
im oberen Teil genetzt

Hut glockig (Mitte)
bzw. konvex (rechts),
Lamellen breit und gescheckt;
Stiel dünn, röhrig

Hut halbkugelig,
mit warzigen Hüllresten;
Stiel mit reifrockartigem Ring
und am Stiel anhaftender Scheide

Hut leicht konvex, mit Hüllresten;
Stiel mit reifrockartigem Ring
und der Basis anliegender,
in Flockengürtel zersprungener
Scheide

Hutrand und Stiel
mit spinnwebartigem Schleier (Cortina)
verbunden; Reste der Cortina
im Alter als ringförmige Zone
am Stiel haftend

Cortina schleimig,
beim Vertrocknen fast verschwindend

Hut erst eiförmig,
dann glockig,
faserig-schuppig;
Lamellen zerfließend,
Ring vergänglich, beweglich

Hut spitzbucklig,
schuppig und faserig;
Stiel genattert;
Ring kranzförmig, fransig

Hut spitzbucklig;
Hutrand eingerollt
und fransig behangen;
Stiel grobschuppig

Hut trichterförmig,
konzentrisch gezont,
Lamellen tränend,
mit Milchtröpfchen

Hut spitzbucklig;
Hutrand eingerissen;
Lamellen am Stielansatz
verschmälert

Hutrand grob längsfurchig;
Stiel in der Mitte leicht
geschwollen

Hutrand gerieft;
Huthaut leicht abziehbar

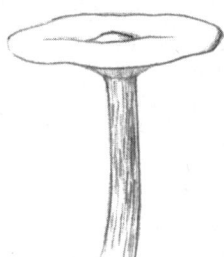

Hut niedergedrückt,
mit genabelter Mitte;
Stiel grob längsstreifig

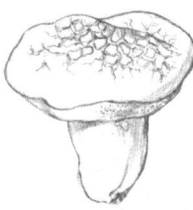

Hut unregelmäßig gewellt;
Huthaut felderig aufplatzend

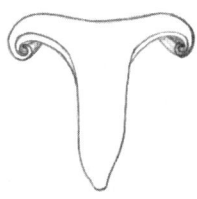

Längsschnitt – Hutrand eingerollt
wie ein ionisches Säulenkapitell;
Lamellen schmal,
am Stiel herablaufend

Hut etwas gewellt;
Hutrand lappig;
Stiel leicht exzentrisch

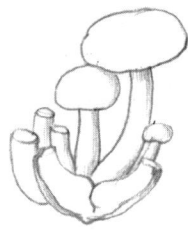

Pilze büschelig;
Stiele am Grunde
einem gemeinsamen Strunk
entspringend

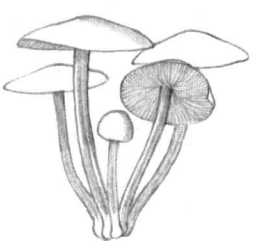

Pilze büschelig;
Stiele am Grunde
nicht zusammenfließend

Hut warzig-schuppig;
Stiel zylindrisch;
Ring aufsteigend;
Stielgrund knollig-verdickt

Hut konvex;
Hutrand gerieft;
Stiel zur Basis hin verbreitert
und mit wurzelartigem
Myzelstrang am Grund

Lamellen breit,
entferntstehend

Lamellen dünn,
dichtstehend;
Stiel schmächtig

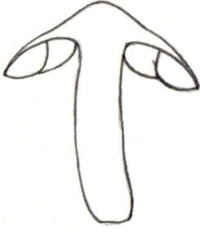

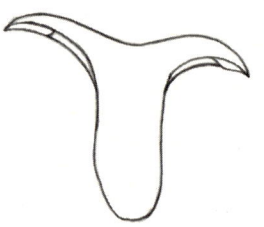

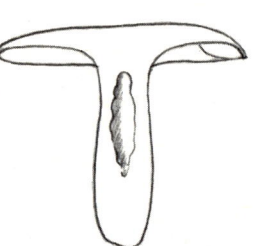

Längsschnitt – Lamellen breit,
am Stielansatz abgerundet;
den Stiel stellenweise erreichend

Längsschnitt – Lamellen schmal,
am Stiel angewachsen
und leicht herablaufend

Längsschnitt – Lamellen
am Stiel gerade angewachsen

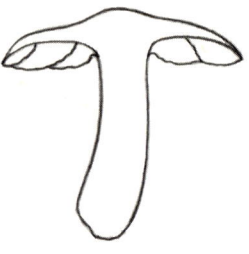

Längsschnitt –
Lamellen herablaufend

Längsschnitt –
Lamellen am Stielansatz ausgebuchtet
und hakig angewachsen;
Schneiden schartig

Pilze trichterförmig (vorne)
und kreiselförmig (hinten);
mit lamellenartigen Leisten
und Runzeln,
die am Stiel herablaufen

Bestimmung der Pilze

Wenn man einen Pilz aufgrund der strahlenförmig auf der Hutunterseite angeordneten Blätter als Lamellenpilz erkannt hat, achte man zunächst darauf, ob der Stiel mit einem Ring versehen ist, und ob die Stielbasis von einer *Volva* (Scheide) umgeben ist. Bei den Lamellen stelle man fest, ob sie entfernt- oder engstehend sind, breit und dick oder schmal, ob sie bei Berührung splittern oder elastisch sind und ob sie am Stielansatz herablaufen, nur locker angeheftet sind oder aber diesen gar nicht erreichen, d. h. »frei« sind. Die Lamellenschneiden können glatt, gewellt oder wie ein Sägeblatt gezackt sein. Auf den Seiten 21–24 dieses Buches sind an Hand von Skizzen die gebräuchlichsten Fachausdrücke erläutert, die in den Pilzbeschreibungen verwendet werden. Erinnert sei ferner noch an den Ausdruck »hygrophan«: Man wendet ihn an bei Pilzen, deren Hut bei Feuchtigkeit mit Wasser vollgesogen ist und bei Trockenheit sehr schnell verblaßt, d. h. seine ursprünglich dunkle Färbung verliert.

Besondere Aufmerksamkeit widme man der Farbe des Sporenpulvers, die in diesem Buch bei jeder Pilzbeschreibung erwähnt ist – mit wenigen Ausnahmen, bei denen sie für die Bestimmung der Art nicht notwendig ist. Um eine für die Farbbestimmung ausreichende Menge Sporen zu erhalten, läßt man sie sich auf einem weißen Bogen Papier ablagern. Dazu legt man den Hut eines reifen Exemplares einige Stunden lang, von einem Glas oder einem Trichter bedeckt, mit der Fruchtschicht nach unten auf das Papier.

Die folgende Übersicht verschafft einen Einstieg in die Gattungsvielfalt der Lamellenpilze. Sie will und kann keinen Anspruch auf Vollständigkeit erheben, wird aber in vielen Fällen die Ermittlung der Gattungszugehörigkeit eines Pilzes ermöglichen.

Die Übersicht auf S. 31/32 umfaßt die wichtigsten Gattungen lamellenloser Pilze.

Die Zahlen in Klammern hinter den Gattungsnamen geben die Seiten an, auf denen die Pilze beschrieben bzw. abgebildet sind.

Übersicht über die wichtigsten Lamellenpilzgattungen

(Die Zahlen hinter den Gattungsnamen nennen die Seiten, auf denen die Gattung beschrieben wird.)

Sehr kleine, dünnstielige Pilze

Bestimmungsmerkmale	Weiß	Rosa	Ockergelb bis braunocker	Violett, schokoladenbraun oder schwarz
Pilze im Alter vertrocknend — Hut glatt	Schwindlinge, *Marasmius* (130–132)			
Pilze im Alter vertrocknend — Hut samtfilzig	Filzrüblinge, *Xerula* (123)			
Pilze im Alter verfaulend — Lamellen wachsartig (feuchte, zerbrechliche Wiesenbewohner mit lebhaften Farben)	Saftlinge, *Hygrocybe* (240–241)			
Lamellen nicht wachsartig — Lamellen entferntstehend, leicht herablaufend	Lacktrichterlinge, *Laccaria* (170)			
Lamellen nicht herablaufend — Lamellen entferntstehend zumeist bodenbewohnende Arten	Helmlinge, *Mycena* (133–134)			
holzbewohnende Arten oder Stiel sehr zäh	Rüblinge, *Collybia* (124–129)			
Lamellen dichtstehend	einige Helmlinge, *Mycena* (134)			
Lamellen mit dunkleren Flecken gescheckt; Pilze gerne auf gedüngten Wiesen				Düngerlinge, *Panaeolus* (Sporen schwärzlich, 173)

Sporenpulverfarbe

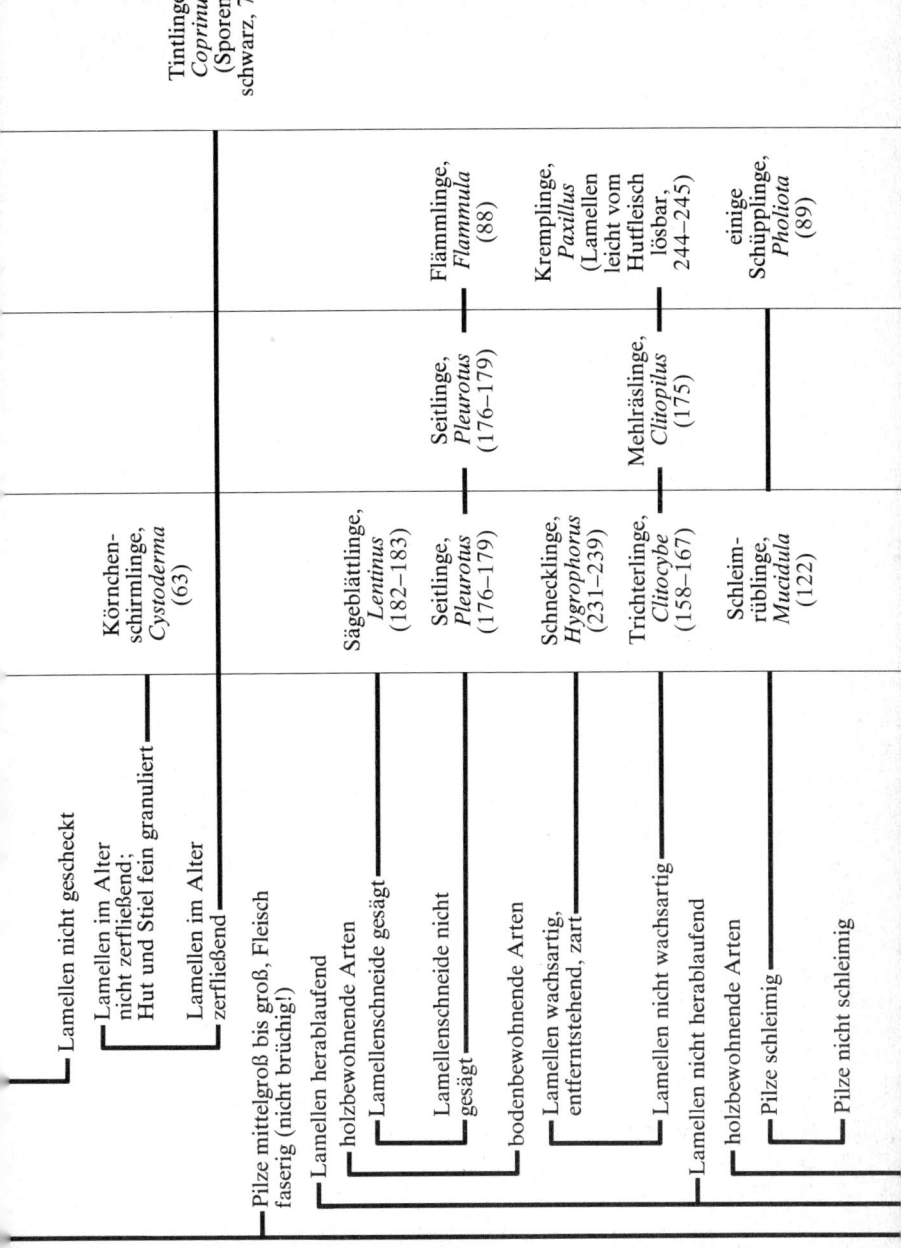

Lamellen nicht gescheckt — Tintlinge, *Coprinus* (Sporen schwarz, 79)

Lamellen im Alter nicht zerfließend; Hut und Stiel fein granuliert — Körnchenschirmlinge, *Cystoderma* (63)

Lamellen im Alter zerfließend

Pilze mittelgroß bis groß, Fleisch faserig (nicht brüchig!)

Lamellen herablaufend

holzbewohnende Arten

Lamellenschneide gesägt — Sägeblättlinge, *Lentinus* (182–183)

Lamellenschneide nicht gesägt — Seitlinge, *Pleurotus* (176–179) — Seitlinge, *Pleurotus* (176–179) — Flämmlinge, *Flammula* (88)

bodenbewohnende Arten

Lamellen wachsartig, entferntstehend, zart — Schnecklinge, *Hygrophorus* (231–239)

Lamellen nicht wachsartig — Trichterlinge, *Clitocybe* (158–167) — Mehlräslinge, *Clitopilus* (175) — Kremplinge, *Paxillus* (Lamellen leicht vom Hutfleisch lösbar, 244–245)

Lamellen nicht herablaufend

holzbewohnende Arten

Pilze schleimig — Schleimrüblinge, *Mucidula* (122)

Pilze nicht schleimig — einige Schüpplinge, *Pholiota* (89)

einige Rüblinge, *Collybia* (124–129); Hallimasch, *Armillariella* (157) — büschelig wachsende, mittelgroße Arten — Schwefelköpfe, *Hypholoma* (Sporen violettgrau, 85–87)

Holzritterlinge, *Tricholomopsis* (125, 139, 181); einige Rüblinge, *Collybia* (126–128) — büschelig oder einzeln; oft sehr große Pilze

bodenbewohnende Arten

Ritterlinge, *Tricholoma* (135–152) — Pilze relativ groß und dickfleischig — Lamellen am Stiel ausgebuchtet, fast frei

Weichritterlinge, *Melanoleuca* (154–155) — Pilze kleiner und dünnfleischig

Rötelritterlinge, *Rhodopaxillus* (171–174); einige Rötlinge, *Entoloma* (120, 121) — einige Rötlinge, *Entoloma* (119, 120) — Lamellen am Stiel anhaftend, abgerundet oder ausgebuchtet — einige Fälblinge, *Hebeloma* (Sporen ocker- bis rußbraun, 98–99)

einige Fälblinge, *Hebeloma* (99) — Hut und Stiel nur schwer voneinander trennbar

Doppelringtrichterling, *Biannularia* (156) — mit zweifach beringtem Stiel

Stiel mit einfachem Ring

Ackerlinge, *Agrocybe* (Sporen tabakbraun, 95–96) — bodenbewohnende Arten — Träuschlinge, *Stropharia* (Sporen violettbraun, 83–84)

holzbewohnende Arten

Südlicher Schüppling, *Pholiota aegerita* (Sporen ruß-braun, 97)

Schmierlinge, *Gomphidius* (Sporen schwärzlich, (242–243)

Schüpplinge, *Pholiota* (89–92)

Schleimfüße, *Myxacium* (100–101)

Schleierlinge, *Cortinarius* (102–110, 113–114)

Hautköpfe, *Dermocybe* (111–112)

Rißpilze, *Inocybe* (116–118)

Schleim-rüblinge, *Mucidula* (122)

Hallimasch, *Armillariella* (157)

Holzritter-linge, *Tricholomopsis* (181)

Pilze schleimig

Pilze nicht schleimig

Lamellen herablaufend

Lamellen nicht herablaufend

Mit Cortina (Schleier)

Pilze schleimig

Pilze faserig, nicht schleimig

große, ansehnliche Arten

kleinere, unauf-fällige Arten

bodenbewohnend

relativ fleischige Arten, Lamellen oft kräftig gefärbt

faserige Arten, Lamellen blaß- bis dunkelbraun

Schwefelköpfe, *Hypholoma* (Sporen violettgrau, 85–87)

Champignons, *Psalliota* (Sporen kakaobraun, 69–76)

Tintlinge, *Coprinus* (Sporen schwarz, 77–79)

Scheidlinge, *Volvaria* (64–66)

Dachpilze, *Pluteus* (meist auf Holz, 67)

Wulstlinge, *Amanita* (35–51)

Scheidenstreiflinge, *Amanitopsis* (51–54)

Schirmpilze, *Lepiota* (56–62)

Schleimschirmlinge, *Limacella* (55)

kleine Schirmpilze, *Lepiota* (61, 62)

Milchlinge, *Lactarius* (185–203)

Täublinge, *Russula* (204–230)

holzbewohnend

Hut und Stiel leicht voneinander trennbar

Mit Stielscheide oder mit Hüllresten auf dem Hut

Stiel beringt

Stiel unberingt

ohne Stielscheide

Stiel nicht beringt

Stiel beringt

große, ansehnliche Arten

Pilze trocken

Pilze schmierig

kleinere oder sehr zartfleischige Arten

Pilze mittelgroß bis groß, Fleisch brüchig (nicht faserig!)

Fleisch milchend

Fleisch nicht milchend

Übersicht über die wichtigsten Gattungen der Nichtblätterpilze

Pilze mit Röhren oder Poren auf der Hutunterseite

Röhrenschicht vom Hutfleisch abgesetzt (Querschnitt !)
- Röhren isoliert nebeneinanderstehend wie die Borsten einer Bürste: Reischling, *Fistulina* (296)
- Röhren zusammenhängend, nicht isoliert
  - Röhren kurz, nicht leicht vom Hutfleisch ablösbar: Fleischporlinge, *Polyporus* (279–289)
  - Röhren länger, leichter vom Hutfleisch ablösbar
    - Fruchtkörper deutlich in Hut und Stiel gegliedert
      - Stiel zentral; Pilze fleischig und leicht vergänglich: Röhrlinge, *Boletus sensu lato* (246–279)
      - Stiel seitlich ansitzend (lateral); Pilze zäh und ausdauernd: gestielte Lackporlinge, *Ganoderma* (295)
    - Holzbewohnende Arten; Fruchtkörper ungestielt, konsolenförmig
      - Röhren mehrfach geschichtet
        - mit deutlicher Kruste auf der Oberseite: Zunderschwamm, *Ungulina* (293)
        - allenfalls mit undeutlicher Kruste: Feuerschwämme, *Phellinus* (294)
      - Röhren nur einschichtig (oder, wenn mehrschichtig, dann Fleisch dunkelbraun)
        - Fleisch (*Trama*) blaß, an Birken: Birkenporling, *Piptoporus* (292)
        - Fleisch (*Trama*) dunkler braun
          - einjährige, saftreiche Pilze: Schillerporlinge, *Inonotus* (294)
          - mehrjährige, trocken-zähe Pilze: Lackporlinge, *Ganoderma* (295)

Röhrenschicht in die Hutsubstanz eingelassen
- Poren meist rundlich; Fruchtkörper korkartig: einige Trameten, *Coriolus* und *Trametes* (290)
- Poren vieleckig, unregelmäßig, z. T. lamellenartig; einige Trameten, *Trametes* (290–292); Blättlinge, *Lenzites* (290); Wirrlinge, *Daedalea* (291)

Pilze mit stacheliger Fruchtschicht

Fruchtkörper gallertig, an Holz: Zitterzahn, *Tremellodon* (322)
Fruchtkörper nicht gallertartig
- Hut dünnfleischig, herzförmig; Stiel lang, lateral: Ohrlöffelstacheling, *Auriscalpium* (300)
- Fruchtkörper unregelmäßig; Stacheln lang; auf Holz: Stachelbärte, *Hericium* (297)
- Fruchtkörper zentral gestielt oder kreiselförmig
  - Fleisch korkig-zäh: Korkstachelinge, *Calodon* (300)
  - Fleisch brüchig
    - Sporen weiß: Stoppelpilze, *Hydnum* (298)
    - Sporen bräunlich: Fleischstachelinge, *Sarcodon* (298–299)

Fruchtkörper geformt wie . . .

. . . ein Kreisel oder Füllhorn

⌐ – hohl; Außenseite glatt oder etwas gerunzelt: Trompetenpilze, *Craterellus*, (309–310)

⌐ – voll; Außenseite mit lamellenartigen Leisten: Schweinsohr, *Nevrophyllum* (307) und Leistlinge (Pfifferlinge), *Cantharellus* (308–310)

. . . eine Keule: Keulenpilze, *Clavaria* (305–307) und Erdzungen, *Geoglossum* (333)

. . . Meereskorallen

⌐ – Fruchtkörper brüchig: Korallenpilze, *Ramaria* (302–305)

⌐ – Fruchtkörper gallertig und zäh: Schönhorn, *Calocera* (322)

– Fruchtkörper korkig: Holzkeulen, *Xylaria* (333)

. . . ein Endiviensalatkopf: Glucken, *Sparassis* (301)

. . . ein kleines Nest mit Gelege: Teuerlinge, *Cyathus* (314) und Verwandte

. . . ein Ei oder ein Ball

⌐ – Fruchtkörper mit harter Schale: Hartboviste, *Scleroderma* (315)

⌐ – Fruchtkörper weicher, ohne harte Schale

– mit steriler Basis: Stäublinge, *Lycoperdon* (316–318)

– ohne sterile Basis: Boviste im engeren Sinn, *Bovista* (319)

. . . ein Stern mit einer Kugel im Zentrum

⌐ – bei Trockenheit sich einrollend: Wetterstern, *Astraeus* (320)

⌐ – sich nicht einrollend: Erdsterne, *Geaster* (320)

. . . ein Napf, Tierohren oder zusammengerollte Blätter: Ohrlappenpilze, *Auricularia* (321); Gallerttrichter, *Gyrocephalus* (323); Becherlinge, *Peziza* (328–332)

. . . ein Badeschwamm; Stiel und Hut hohl: Morcheln, *Morchella* und *Mitrophora* (324–325)

. . . ein Fingerhut auf einem hohlen Stiel: Verpeln, *Verpa* (325)

. . . ein Gehirn; Stiel hohl und glatt: Mützenlorcheln, *Gyromitra* (326–327)

. . . ein Turban oder ein Sattel; Stiel hohl und oft gerippt: Lorcheln, *Helvella* (327)

. . . ein Spachtel oder ein Nagel: Spatelpilze, *Spathularia* und Verwandte (333)

. . . eine Gitterkugel, eine hohle Kerze oder ein Tintenfisch; Stiel aus einer Scheide hervorwachsend: Fruchtkörper brüchig oder schwammig, stinkend: Stinkmorcheln, *Phallus*, und Verwandte (311–313)

. . . eine Knolle oder Kartoffel; unterirdisch wachsend

⌐ – bei der Reife sich in Sporenstaub auflösend: Hirschtrüffeln, *Elaphomyces* (334)

⌐ – sich bei der Reife nicht in Sporenstaub auflösend: Trüffeln, *Tuber* (334)

Pilzatlas

AMANITA CAESAREA (Scop. ex. Fr.) Pers. ex Schw.
Kaiserling

Hut anfangs eiförmig oder halbkugelig, dann konvex und zuletzt flach, zuweilen auch etwas niedergedrückt; 8–18 cm breit; orange oder rotorange, seltener gelb und erst später ins Orangefarbene übergehend oder auch gelb ausblassend; Rand leicht in Richtung der Lamellen (= radial) gefurcht; Oberfläche in seltenen Fällen mit breiten, fleckigen Hüllresten besetzt, gewöhnlich aber völlig frei und glatt; glänzend; bei Feuchtigkeit etwas klebrig; Huthaut leicht abziehbar. **Stiel** zylindrisch, kräftig, am Grunde etwas verdickt; gelb; erst voll, bald jedoch hohl. **Ring** an einen Reifrock erinnernd; gelb, längsgestreift. **Scheide** groß, weiß, mit breiten Lappen, die den Stielgrund, den sie umgeben, nicht berühren. **Fleisch** ziemlich hart; unter der Huthaut gelb, sonst weiß. Geruch kaum wahrnehmbar, angenehm. **Geschmack** angenehm. **Lamellen** dichtstehend, breit, den Stiel nicht erreichend; gelb; Lamelletten nicht abgerundet, sondern nahezu rechtwinklig abgeschnitten (ein Kennzeichen verschiedener *Amanita*-Arten). **Sporen** weiß oder etwas gilbend. Vorkommen: An lichten Stellen des Waldes, besonders unter Edelkastanien und Eichen im gemäßigt-warmen Klima; in Europa vor allem im Mittelmeergebiet. In Zentralamerika und in Japan findet sich eine Form mit sehr viel geringeren Ausmaßen unter Kiefern in Bergwäldern. **Wert:** ausgezeichneter Speisepilz, der sowohl gekocht als auch in Öl konserviert oder getrocknet werden kann; auch roh zu Salaten verwertbar. Dem Kaiserling recht ähnlich und gleichfalls **eßbar** ist *Amanita calyptroderma* Atk.: Hut 10–30 cm breit, orange oder gelb; bedeckt mit einem oder zwei breiten weißen Fetzen der aufgeplatzten Gesamthülle *(Velum universale);* Scheide weiß, riesig; Stiel stämmig, cremefarben wie auch der Ring und die Lamellen. Vorkommen: Nordamerika; Herbst; unter Eichen und Koniferen.

AMANITA MUSCARIA (L. ex Fr.) Hooker
Fliegenpilz

Hut anfangs fast rund, dann halbkugelig-gewölbt, schließlich ausgebreitet, 8–20 cm breit; scharlachrot oder karminrot, dicht besetzt mit weißen, unregelmäßigen, weichen Wärzchen (Hüllresten); (gelbrot bis orangerot mit spärlichen, gelblichen Hüllresten: *forma formosa* [S. 37]; leberbraun mit gelben Hüllresten: *var. regalis* [S. 37]; rosafarben bei *forma rosans*); Hutrand glatt, bald in Lamellenrichtung gerieft; Huthaut bei Feuchtigkeit klebrig, sonst trocken und glänzend, leicht abziehbar; die anfangs weißen Hüllreste nehmen bald einen blaßgelben oder gelbbräunlichen Ton an und werden manchmal von Regen und Wind gänzlich abgewaschen (Exemplar auf der Tafel rechts); in diesen Fällen kann der Fliegenpilz mit dem *Kaiserling* (S. 35) verwechselt werden, dessen Hut in seltenen Fällen groblappige Hüllreste aufweist. **Stiel** zylindrisch, schlank, mit knolliger Basis; weiß; bald hohl. **Ring** weit und weich, weiß mit gelbem Rand; mitunter senkrecht gerieft; im Alter sich aufbiegend, weißlich, häutig; zuweilen bei Regen von den sich auflösenden Huthautpigmenten gelbgefärbt; **Scheide** weiß, mit der Stielbasis verwachsen; oberhalb derselben bilden Reste der Allgemeinhülle mehrere gürtelartige Zonen. **Fleisch** ziemlich fest, aber brüchig, weiß; unter der Huthaut wie Hut gefärbt. **Geruch** schwach. **Geschmack** angenehm; **Lamellen** dichtstehend, breit, zum Stiel hin schmaler werdend; frei, durchsetzt mit zahlreichen Lamelletten; weiß, zuweilen mit zitronengelber Tönung. **Sporen** weiß. Vorkommen: Spätsommer bis Herbst in verschiedenen Waldgesellschaften, besonders unter Tannen, Fichten, Lärchen und Birken, gern an lichten Stellen des Waldes. Wert: **giftig.**

AMANITA MUSCARIA ss. lato
Fliegenpilz, Formen und Variationen
AMANITA MUSCARIA (L. ex Fr.) Hooker
Die rote, typische Form des Fliegenpilzes ist abgebildet und beschrieben auf S. 36
AMANITA FLAVOCONIA Atk. (1)
Hut, Hüllreste, Ring und ein Teil des Stieles sind chromgelb gefärbt; eine nordame-
rikanische Art. **Vom Genuß** des Pilzes ist **abzuraten.**
AMANITA MUSCARIA *forma* FORMOSA Gonn. et Rab. (2)
Schöner Fliegenpilz
Hut gelborange mit spärlichen, gelbbräunlichen Hüllresten; **giftig.**
AMANITA MUSCARIA (L. ex Fr.) Hooker (3)
Gelb entfärbtes Exemplar der Normalform (vgl. untenstehenden Text!)
AMANITA MUSCARIA *var.* AUREOLA Kalchbr. (4)
Goldgelber Fliegenpilz
Hut 3–7 cm breit; schon im Jugendstadium fast immer ohne Hüllreste; **giftig.**
AMANITA MUSCARIA *var.* REGALIS Fr. (5)
Königsfliegenpilz
Groß und kräftig; Hut leberbraun mit gelben Hüllresten; **giftig.** Bei längerem
Regen können sich die Farbstoffe (Pigmente) der Huthaut auflösen und auf den
ursprünglich weißen Lamellen, der Manschette und dem Stiel ablagern, wodurch
an diesen Teilen eine Gelbfärbung eintritt, während gleichzeitig der Hut ausblaßt.
Derartige Exemplare (3) können mit dem *Kaiserling* (S. 35) verwechselt werden.
Der Fliegenpilz ist nach besonderer Vorbehandlung verschiedentlich zu Speise-
zwecken verwendet worden. Seine Giftigkeit ist jedoch unbestritten, wenn auch
kaum lebensbedrohend. Vor »kulinarischen Experimenten« muß man warnen.
Früher wurden die Pilze in Milch gelegt, um angelockte Fliegen zu töten.

AMANITA PANTHERINA (DC ex Fr.) Secr. (1)
Pantherpilz

Hut 6–12 cm, rauchbraun, ockerbraun, olivbraun oder graubraun, in der Mitte dunkler als am Rand; mitunter sehr blaß; bedeckt mit zahlreichen kleinen, weißen, vergänglichen Warzen (Hüllresten); Rand in Lamellenrichtung (radial) gerieft. **Stiel** gewöhnlich schlank; sich von unten nach oben etwas verjüngend; Stielgrund mit ziemlich flacher, glatter, stufenartig abgesetzter Knolle; weiß oder schmutzig-weißlich, glatt, am Lamellenansatz gerieft; voll, aber bald hohl; **Ring** häutig, breit, Rand oft zweischichtig; flüchtig, weiß, nicht oder nur schwach gerieft; **Scheide** die Knolle eng umschließend, weiß; oberhalb derselben bilden Hüllreste oft zwei oder drei flockige Ringzonen, die aber z.T. schief oder unvollständig sind. **Fleisch** brüchig, nicht sehr dick, feucht, weiß. **Geruch** mild, bei vertrocknenden Exemplaren etwas widerlich. **Geschmack** mild. **Lamellen** dichtstehend, breit, den Stiel nicht erreichend; weiß. **Sporen** weiß. Vorkommen: in Wäldern, auch auf Lichtungen unter Gebüsch. Wert: **giftig.** In Bergnadelwäldern, besonders unter Tannen, wächst der Tannen-Pantherpilz, *Amanita pantherina var. abietum* (Gilb.) Ves. (2): dunkler, kräftiger, größer und fleischiger als die Normalform, Hutrand nicht gerieft, Hüllreste spärlicher, aber größer; **giftig.** Dem Pantherpilz ähnlich ist *Amanita brunnescens* Peck, eine nordamerikanische Art: dunkelgraubraun, beim Trocknen weißlich ausblassend, gerne unter Eichen; **giftig.**

AMANITA RUBESCENS (Pers. ex Fr.) S. F. Gray
Perlpilz

Hut 5–15 cm, weinrot, bald mehr braun, bald leicht rosa; zuweilen blasser, sogar fast weiß und nur in der Mitte leicht gefärbt, zuweilen auch mit gelben oder grünlichen Tönen; Hüllreste auf der Huthaut weiß oder mit leicht rötlichem Anflug, ausblassend, klein, in Grüppchen angeordnet; Rand ungerieft, glatt. **Stiel** im allgemeinen kräftig, etwas blasser als der Hut; oberhalb des Ringes weiß, dort mitunter auch gerieft, an der Basis bald rötend. Stielgrund knollig verdickt, mit Resten der Gesamthülle in Schuppengürteln, die aber oft nur undeutlich ausgeprägt sind. **Ring** weit, reifrockartig abstehend, gerieft, weiß oder rötlich, auch gelblich. **Fleisch** weiß, an der Luft langsam hell weinrötlich verfärbend, besonders in der Stielbasis; **Geruch** unbedeutend. **Geschmack** im ersten Moment mild, dann etwas herb. **Lamellen** dichtstehend, breit, frei oder mit dem Stiel fädchenartig verbunden; weiß, an den Druckstellen rötlich fleckend. **Sporen** weiß. Vorkommen: Frühsommer bis Herbst in Laub- und Nadelwäldern, sehr häufig. Wert: **roh schwach giftig** und zu meiden; ausreichend **gekocht** ein hervorragender **Speisepilz.** Der Falsche Perlpilz, *Amanita pseudorubescens* Herrf. mancher Autoren, ist lediglich eine bei anhaltender Trockenheit entstehende Form von *rubescens:* Hut dunkelviolettbraun, bedeckt mit spitzwarzigen Hüllresten; Stiel und Ring sind grauviolett. Nah verwandt mit dem Perlpilz und vielfach nur als Form desselben angesehen, ist der schmächtigere *Amanita anulosulphurea* Gill., der Gelbberingte Perlpilz, dessen Ring schwefelgelb gefärbt ist; sein **Speisewert** entspricht dem der **Normalform.**

AMANITA SPISSA (Fr.) Kummer (1)
Grauer Wulstling
Hut rußiggrau, braun, oder olivbraun, in der Mitte oft dunkler; bedeckt mit weichen, bräunlichen oder graulichen, niemals aber weißen Hüllresten; erst halbkugelig, dann konvex, 6–15 cm breit; mit glattem, d.h. ungerieftem Rand; **Stiel** stämmig, etwas schuppig; Basis zwiebelartig verdickt, ohne glattrandig abgesetzte Knolle, doch zuweilen wurzelartig verlängert; auf weißem oder blaßgrauem Grund dunkler gescheckt durch feinen Flaum oder Schüppchen; oberhalb des Ringes senkrecht grieft; **Ring** breit, weiß, Oberfläche senkrecht grieft; **Scheide** kaum erkennbar, meist sind nur geringe Reste am Stielgrund vorhanden. **Fleisch** dick, fest, feuchtigkeitshaltig, weiß. **Geruch** schwach nach Rettich; **Geschmack** mild. **Lamellen** dichtstehend, breit, ungleich lang, frei, doch zuweilen fädchenartig am Stiel herablaufend; weiß; **Sporen** weiß. Vorkommen: In Wäldern aller Art, besonders unter Eichen und Kiefern, sehr häufig. Wert: **eßbar;** sollte aber von unerfahrenen Sammlern wegen der Verwechslungsgefahr mit dem giftigen *Pantherpilz* (S. 38) vermieden werden, der sich durch seine glattrandige, deutlich vom Stiel abgesetzte Knolle unterscheidet.
AMANITA SPISSA *var.* VALIDA Fr. (2)
Bräunender Wulstling
Kleiner als die Stammform, in der Farbe recht veränderlich. Die Hutwarzen schrumpfen beim Eintrocknen zu kleinen schwarzen Stacheln zusammen. Wert: **verdächtig.**
AMANITA SPISSA *var.* EXCELSA Fr. (3)
Hoher Wulstling
Auffallend hoch und schlank; Hut aschgrau; Stielbasis tief in den Erdboden eingesenkt. Geruch nach Äpfeln. Wert: **eßbar,** aber von geringer Qualität.

AMANITA *(Aspidella)* ECHINOCEPHALA (Vitt.) Quél. (1)
Stachelschuppiger Wulstling
Hut 7–20 cm breit; weiß bis blaßbräunlich, mit rundlichen, oft zugespitzten, teilweise auch abgeplatteten Warzen, die der Huthaut anhaften, aber leicht abwischbar sind und am äußeren Hutrand fehlen. Rand oft mit Resten der Teilhülle *(Velum partiale)* fransig behangen, gänzlich abziehbar. **Stiel** kräftig, etwas faserig; weiß, unterhalb der Mitte mit bräunlichen Schüppchen besetzt; mit nur geringfügigen Resten einer Scheide; Basis tief im Boden steckend; **Ring** weiß, senkrecht gerieft, sehr hoch ansitzend. **Fleisch** im Hut hart, leicht körnig, bei Trockenheit weiß, bei Feuchtigkeit bläulich-grau; im Stiel etwas faserig, mit grünlichem Ton; bei Druck sehr langsam gelblich verfärbend. **Geruch** des Hutfleisches mild und aromatisch, im Stiel unangenehm. **Geschmack** angenehm. **Lamellen** dichtstehend, fein, breit, gänzlich frei oder mit Zahn angewachsen; weiß, auch mit grünlichem oder gelbem Schimmer; Lamelletten abgerundet (nicht abgeschnitten); Schneiden fein bewimpert, weiß. **Sporen** weiß oder mit leichtem Grünton. Vorkommen: Auf kalkhaltigen, trockenen Böden an sonnigen, warmen Plätzen, auch einige Meter außerhalb des Waldes auf grasarmem Boden. Nur in Südeuropa häufiger. Wert: vermutlich ungiftig, **verdächtig.**
AMANITA *(Aspidella)* VITTADINI (Mor.) Vitt. (2)
Isabellfarbener Wulstling
Dem Stachelschuppigen Wulstling sehr ähnlich, aber schlanker und etwas schmächtiger; die spitzen Hutwarzen sind besonders dicht in der Hutmitte konzentriert; eine mediterrane Art, die in Mittel- und Nordeuropa nur sehr selten auftritt.
Wert: unbekannt, **verdächtig!**

AMANITA SOLITARIA Bull. ex Fr. *forma*
PELLITA (Secr.) Gillet (1)
Fransenwulstling
Hut weiß, mit ziemlich breiten, erst weißen, dann grauen, schließlich ockerlichen
Hüllresten, die von Regen und Wind leicht abgewaschen werden; jung kugelig,
dann konvex, schließlich nahezu flach, 6–18 cm breit, feucht; Hutrand nicht gerieft,
aber mit dicken, weißlichen Fetzen des Velum partiale behangen, das beim jungen
Pilz die Lamellen schützt. **Stiel** weiß, kräftig, fast zylindrisch; bedeckt mit mehligen,
weißen, leicht entfernbaren Flocken. Basis wurzelartig verlängert; etwas verdickt,
mit weißen Volvaresten schuppig gegürtelt; **Ring** weiß, cremeartig-mehlig; unregelmäßig zerfranst, sehr vergänglich; löst sich bei schlechtem Wetter bald auf.
Fleisch weich, weiß, sehr dick. **Geruch** mild. **Geschmack** angenehm. **Lamellen**
dichtstehend, weiß, mit flockiger Schneide; jung angeheftet, dann frei. **Sporen** weiß.
Vorkommen: Seinem Namen zum Trotz wächst der Pilz gerne in Gruppen auf
kalkhaltigem Boden in lichten Laubwäldern, gern an grasigen Stellen. Er ist in Mitteleuropa verbreitet, aber nur mancherorts häufiger. Wert: **eßbar,** recht wohlschmeckend. Es empfiehlt sich, die weniger schmackhafte Oberhaut abzuziehen.
AMANITA SOLITARIA Bull. ex Fr. *forma*
STROBILIFORMIS (Vitt.) Quél (2)
Hut weiß, aber bald grauend, zur Mitte hin ockerlich, besetzt mit filzigen, fast regelmäßig angeordneten, abgestutzt-pyramidenförmigen Hüllresten. **Ring** hängend, senkrecht gerieft, weiß. **Stiel** mit glattrandig abgesetzter Knolle; anfangs
weiß, bald ockerlich. Vorkommen: Einzeln oder in Gruppen in lichten Laub- und
Nadelwäldern, besonders unter Eichen. Wert: **eßbar.** Manche Autoren erkennen
nur eine Art, *Amanita strobiliformis* (Vitt.) Quél., an.

AMANITA OVOIDEA (Bull. ex Fr.) Quél.

Eierwulstling
Hut erst eiförmig, dann konvex und schließlich ausgebreitet, 10–30 cm breit; weiß, glatt, etwas feucht, glänzend; Rand dick, ohne Riefung, fransig behangen mit weichen, vergänglichen Resten der Teilhülle *(Velum partiale);* Huthaut leicht abziehbar, **Stiel** robust, zylindrisch, weiß; flockig oder mehlig; voll. **Ring** weiß, weich, vergänglich, zuweilen aber auch mehlig und dauerhaft. **Scheide** groß, breit und dick, Rand oft lappig zerteilt, sehr dauerhaft; weißlich bis gelblich (bei *A. ovoidea forma proxima* Dumée ist die Scheide dunkler, der Ring dauerhafter; der Fruchtkörper ist insgesamt kleiner); **Fleisch** sehr dick und kompakt; weiß. **Geruch** schwach, angenehm. **Geschmack** angenehm. **Lamellen** dichtstehend, breit, frei; anfangs weiß, später cremefarben. **Sporen** weiß. Vorkommen: Einzeln oder in Gruppen in lichten Wäldern der gemäßigt-warmen Zonen; vor allem auf kalkhaltigem Boden; sogar auf festgetretenem Grund, der von dem hervorbrechenden Pilz kraterförmig gespalten wird. Wert: **eßbar, auch im rohen Zustand in Salaten;** schmackhaft sind besonders die Lamellen, während das Hutfleisch etwas fade ist. Ebenfalls einen – zumindest im Jugendzustand – weißen Hut hat *Amanita lepiotoides* Barla (= *A. ovoidea var. cocolla* Quél.). Hut 6–12 cm breit, anfangs weiß, dann ockerlich oder hellpurpurn, Rand gerieft, Scheide bräunlich, Lamellen und Fleisch anfangs weiß, dann rötlich. – *Amanita ponderosa* Malençon hat einen 10–13 cm breiten, erst weißen, später ockerrötlich getönten Hut, dessen Rand nur bei alten Exemplaren gerieft ist; der Ring ist flüchtig, die Scheide weit und manchmal zweischichtig, das Fleisch anfangs weiß, dann rötlich und schließlich hellbräunlich. Beide Arten sind sehr selten; ihr **Speisewert** ist **noch ungeklärt.**

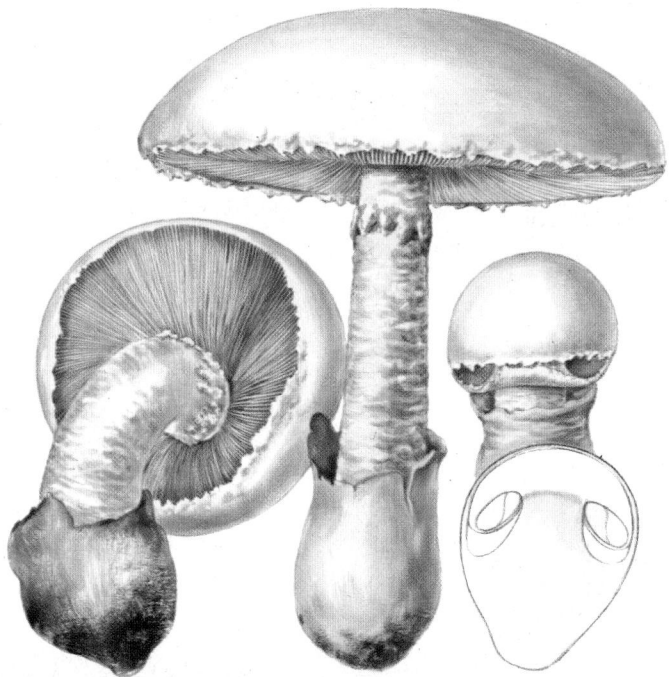

AMANITA PORPHYRIA (Alb. & Schw. ex Fr.) Secr.
Porphyrbrauner Wulstling (1)
Hut 4–8 cm breit, sich bald ausbreitend und bisweilen etwas schief; die Farbe des
Hutes variiert zwischen grau und braun, gewöhnlich mit violettlichem Einschlag,
in der Mitte dunkler als am Rand; mitunter leicht gebuckelt; Hüllreste nicht warzig,
sondern entweder fehlend oder in 2–3 großlappigen grauen Fetzen vorhanden;
Hutrand nicht gerieft. **Stiel** meistens hoch und schlank, zuweilen aber auch ziemlich
robust, oberhalb des Ringes weiß gerieft; sonst weißlich oder gelblich, unterhalb
des Ringes wie der Hut gefärbt oder auf hellem Grund mehr oder weniger deutlich
genattert; am Grunde faserig, bei Druck bräunend; anfangs voll, bald hohl. Basis
anfangs sehr dick, später etwas schmaler; mit stufenartig abgesetzter, von einer vio-
lettgrauen Scheide umgebener Knolle (bei der nah verwandten Art *Amanita pseudoporphyria* [2], ist die Scheide weiß und bildet deutlich vom Stiel getrennte Lappen aus). **Ring** abstehend, bald rockartig herabhängend; auf der Oberseite weiß,
gerieft, unterseits wie der Hut gefärbt; zuletzt nur noch als violettbrauner Fetzen
an der Stielmitte haftend. **Fleisch** weiß, unter der Huthaut violettlich, etwas brüchig. **Geruch** nach Rüben. **Geschmack** mild, später etwas schärflich. **Lamellen**
weißlich, dichtstehend, am Stiel angeheftet oder frei, durchsetzt mit zahlreichen
Lamelletten. **Sporen** weiß. Vorkommen: In Nadelwäldern, besonders unter Kiefern, aber auch im Laubwald; häufig. Wert: Wegen ihres unangenehmen Geruchs
und Geschmacks, der sich auch beim Kochen nicht ändert, sind **weder** *Amanita
porphyria* **noch** *Amanita pseudoporphyria* **eßbar.**

AMANITA JUNQUILLEA Quél.
(= Amanita gemmata [Fr.] Gill.)
Narzissengelber Wulstling

Hut blaßgelb bis gelbbräunlich oder auch ockerlich, später oft mit purpurnen Tönen in der Hutmitte; etwas klebrig, glänzend, mit bald kleinen, bald größeren und dann weniger zahlreichen weißlichen Hüllresten; auch ganz glatt; erst halbkugelig oder glockig, dann ausgebreitet, 5–11 cm breit; Rand dünn mit deutlichen, langen, radialen Furchen; **Stiel** weiß, faserig, entweder hoch und schlank oder kurz und stämmig; brüchig; erst voll oder ausgestopft, zuletzt hohl mit kugeliger Knolle; es kommen aber auch Exemplare mit kaum verdickter, ja sogar solche mit sich verjüngender Basis vor; **Ring** weiß, vergänglich, bei alten Exemplaren oft nicht mehr erkennbar; **Scheide** oft mit glattrandigem Wulst an den Stiel anschließend; bald vollständig, bald hier und da unterbrochen; zuweilen eine oder mehrere Gürtelzonen oberhalb der Knolle bildend. **Fleisch** zart, brüchig; weiß, unter der Huthaut gelblich. **Geruch** und **Geschmack** mild, unauffällig. **Lamellen** dichtstehend, in der Mitte breit, ungleich lang; weiß; frei. **Sporen** weiß. Vorkommen: Vom Frühsommer bis zum Spätherbst, vor allem aber im Juni und Juli vorzugsweise auf sandigen Böden, in Kiefern- und Eichenwäldern, im Süden unter Kastanien. Wert: **eßbar,** kann aber in Mengen genossen **schwach giftig** wirken; Vorsicht! Ähnliche Arten: *Amanita vernalis* Gill., kräftiger gebaut als *A. junquillea*, Hut blaßgelb, fast weiß; **eßbar.** – *Amanita eliae* Quél., der Kammrandige Wulstling, mit wurzelartig verlängerter Knolle; unter Eichen; selten; **verdächtig!** – *Amanita amici* Gill., cremefarben, bald gelblich mit bräunender Mitte; nur im gemäßigt-warmen Klima; selten; **verdächtig!**

AMANITA CITRINA (Schff.) S. F. Gray
Gelber Knollenblätterpilz

Hut jung halbkugelförmig oder kegelig, später ausgebreitet (mit gebuckelter Hutmitte bei *var. glabra* Gill.); 6–12 cm breit, etwas klebrig; glänzend; zitronengelb
bis grünlichgelb (bei *var. alba* Price weißlich), zuweilen mit unregelmäßigen, breiten, erst weißen, dann bräunlichen Hüllresten besetzt (bei *var. mappa* Batsch ex
Fr. sind diese von Anfang an bräunlich, bei *var. glabra* fehlen sie fast völlig);
Hutrand ungerieft. **Stiel** zylindrisch; an der Basis mit kugeliger oder zusammengedrückter Knolle; voll, aber bald hohl; weiß mit gelblichem Schimmer; oberhalb des
Ringes oft noch im Alter mit Lamellenabdrücken senkrecht gestreift; **Ring** gelblich,
auf der Oberseite senkrecht gerieft, dünn, Rand fransig (bei *var. mappa* ist der Ring
breiter). **Scheide** am Stiel angewachsen mit abgesetztem, glattem Rand; weißlich,
zuweilen auch rissig und dann bräunlich (insbesondere bei *var. glabra*). **Fleisch**
weiß, unter der Huthaut leicht gelb. **Geruch** nach Rüben oder rohen Kartoffeln (bei
var. glabra unauffällig, mild). **Geschmack** herb. **Lamellen** dichtstehend, ungleich
lang; breit; weißlich; frei. **Sporen** weiß. Vorkommen: in Laub- und Nadelwäldern,
insbesondere unter Birken, Buchen, Eichen und Kiefern auf sandigen Böden; sehr
häufig. Wert: **ungenießbar;** schon wegen der Verwechslungsgefahr mit dem tödlich
giftigen *Grünen Knollenblätterpilz* (S. 47) zu meiden! Von dem **eßbaren** *Narzissengelben Wulstling* (S. 45) unterscheidet sich der Gelbe Knollenblätterpilz durch
seinen glatten, ungerieften Hutrand, den Geruch nach Rüben oder rohen Kartoffeln und den herben Geschmack.

AMANITA PHALLOIDES (Vaill. ex Fr.) Secr.

Grüner Knollenblätterpilz

Hut 4–15 cm, mehr oder weniger ausgeprägt grün bei den Variationen *viridis* Pers. und *virescens* Secr.; bei der Variation *umbrina* mit schiefergrauem, bei *var. citrina* mit gelblichem Einschlag. *Var. alba* Bolt. zeichnet sich durch fast weiße, lediglich in der Hutmitte gelbliche oder grünliche Färbung aus. Allen Variationen eigen ist die feine, dunklere Radialfaserung der Huthaut. Der Hutrand ist glatt, ohne Riefen, der **Stiel** feinflockig und auf weißem Grund hellgrün gebändert; seltener ganz weiß und glatt. **Ring** weiß; kann bei alten Exemplaren zuweilen fehlen. **Scheide** weiß, breit, mit großen Lappen, die den Stiel nicht berühren. **Fleisch** weiß, unveränderlich bei Verletzung. **Geruch** nach trockenem Klee, im Alter unangenehm. **Geschmack** unauffällig, aber auch angenehm: Eine winzige Kostprobe ist unschädlich, wenn man darauf achtet, sie nicht zu verschlucken, sondern sofort wieder alles ausspuckt. **Lamellen** weiß, bisweilen mit grünlichem Schein, den Stiel kaum oder gar nicht berührend; dichtstehend, breit, ungleich lang. **Sporen** weiß. Vorkommen: sehr selten in Nadelwäldern; in Laubwäldern, besonders unter Eichen und Buchen, häufiger; auch in Parkanlagen, einzeln oder in kleinen Gruppen. In Mitteleuropa vom Sommer bis in den Herbst weit verbreitet, mancherorts sehr häufig. Wert: **tödlich giftig;** roh ebenso gefährlich wie gekocht oder getrocknet. Vergiftungserscheinungen treten manchmal erst zwei Tage nach Verzehr der Pilze ein. Im Falle einer Vergiftung verabreiche man dem Patienten alle halbe Stunde einen in Wasser gelösten Kaffeelöffel Kochsalz und veranlasse die sofortige Überführung in ein Krankenhaus!

AMANITA PHALLOIDES *var.* CITRINA Dub. (1)
Gelbgrüne Form des Grünen Knollenblätterpilzes
AMANITA PHALLOIDES *var.* UMBRINA (Ferry) Mre. (2)
Braune Form des Grünen Knollenblätterpilzes
AMANITA PHALLOIDES *var.* ALBA FR. (3)
Blasse Form des Grünen Knollenblätterpilzes
Die gelbgrüne Form des Grünen Knollenblätterpilzes kann mit dem *Narzissengelben Wulstling* (S. 45) verwechselt werden, dessen Scheide aber eng am Stielgrund anliegt. Weißliche oder schiefergraue Formen, deren Ring abgefallen ist, können mit *Scheidlingen* (S. 64–66) verwechselt werden, die einen bescheidenen, stets ringlosen Stiel und rosafarbene Lamellen haben. Hat der Sammler einen Knollenblätterpilz oberhalb der oftmals im Boden verborgenen Stielknolle abgeschnitten, so besteht bei blassen, braun- oder graugrünen Formen Verwechslungsgefahr mit dem *Rosablättrigen Schirmpilz* (S. 62) und mit *Champignons* (S. 68–76); letztere haben anfangs weißliche oder hellgraue, dann rosafarbene und schließlich dunkelbraune Lamellen. Grüne Exemplare ohne Ring können, falls Knolle und Scheide im Boden steckengeblieben sind, für grüne *Täublinge* (S. 208–210, 213–216) und grüne *Ritterlinge* (S. 144–146) gehalten werden; unvollständige weiße Formen auch für den *Weißseidigen Ritterling* (S. 147) oder den *Felderigen Ritterling* (S. 155). Schließlich können Knollenblätterpilze im frühesten Entwicklungsstadium – wenn sie noch nicht aus ihrer weißen Hülle hervorgebrochen sind – mit gleichaltrigen *Kaiserlingen* (S. 35), die aber beim Durchschneiden gelbes (nicht rein weißes) Fleisch aufweisen, und mit verschiedenen *Bovisten* oder *Stäublingen* (S. 316–319) verwechselt werden. Beim Durchschneiden der eiförmigen Gebilde erkennt man jedoch bei Knollenblätterpilzen die Anlagen von Stiel, Lamellen und Hut, während Stäublinge im Inneren keinerlei Konturen aufweisen.

AMANITA *(phalloides var.)* VERNA Bull.
Frühlings-Knollenblätterpilz
Hut 3–10 cm breit, rein weiß oder mit ockerlicher Mitte; glatt, bei Feuchtigkeit etwas klebrig, faserig-seidig, bei Trockenheit glänzend; Rand dünn, ungerieft. **Stiel** schlank, schmächtig, weiß, mit oder ohne Zonung, oberhalb des Ringes gerieft, zwischen Manschette und Basis etwas mehlig, aber nicht flockig; anfangs voll, dann bald hohl; Basis eiförmig. **Ring** am Stiel anliegend, weiß, **Scheide** weiß, häutig, dünn, oberhalb der Knolle etwas verschmälert. **Fleisch** zart, weiß. **Geruch** schwach, bei vertrockneten Exemplaren unangenehm. **Geschmack** etwas herb; Kostproben dürfen niemals heruntergeschluckt werden! **Lamellen** dichtstehend; zahlreiche Lamelletten; frei, weiß. Vorkommen: Vom Frühjahr an bis in den Herbst sowohl in Laub- wie in Nadelwäldern; südliche Art, in Mitteleuropa selten. Wert: **tödlich giftig,** ebenso wie der *Grüne Knollenblätterpilz* (S. 47/48). Der Frühlings-Knollenblätterpilz kann mit denselben Pilzen verwechselt werden wie die weiße Form von *Amanita phalloides*, insbesondere also mit dem *Rosablättrigen Schirmpilz* (S. 62), der aber rosafarbene Lamellen besitzt und keine Scheide am Stielgrund hat; mit weißen *Champignons* (S. 68–76), denen ebenfalls jede Form einer Scheide fehlt, und deren Lamellen anfangs rosa, im Alter tabakfarben sind. Weitere weißliche bzw. weiße Arten sind ferner der *Seidenweiße Ritterling* (S. 147) mit gelblichen, rötlichen, grünen, blauen, violetten oder rostfarbenen Tönen; der *Strohblasse Ritterling* (S. 147) mit bitterlichem Geschmack; der *Felderige Ritterling* (S. 155), dessen Lamellen deutlich am Stiel angewachsen sind und etwas herablaufen. Bei allen weißen Ritterlingen fehlt sowohl ein Ring wie eine bescheidete Stielknolle.

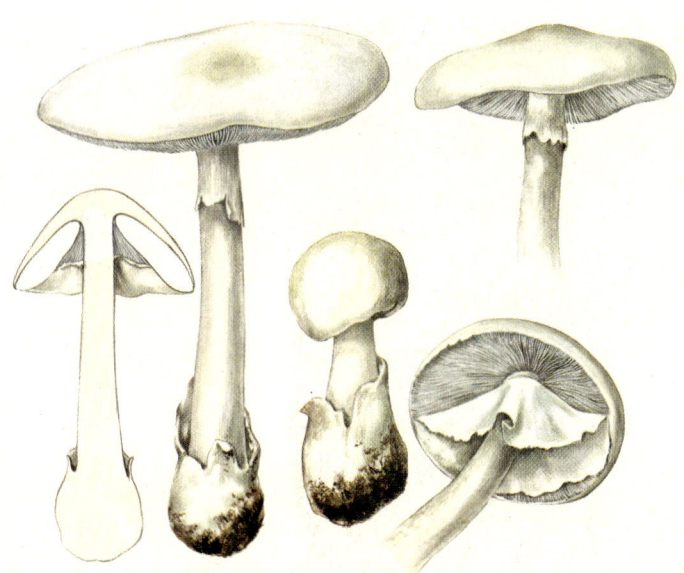

AMANITA VIROSA Lam. ex Secr. (1)
Spitzhütiger Knollenblätterpilz
Hut weiß, in der Mitte oft mit ockerlicher oder rosa Tönung, bei Feuchtigkeit etwas klebrig; bei Trockenheit feinfaserig, glänzend; jung rundlich, dann spitzkegelig oder glockig, schließlich ausgebreitet, wenn auch immer zumindest in der Mitte spitzbucklig, 4–10 cm breit; Rand glatt, zuweilen mit fetzigen Resten der Teilhülle *(Velum partiale)* behangen, die beim jungen Pilz die Lamellen schützt; Huthaut leicht abziehbar. **Stiel** schlank, sich von unten nach oben etwas verjüngend; weiß; Oberfläche wollig-faserig, zuweilen etwas zerfetzt wirkend; anfangs voll, dann faserig-ausgestopft, schließlich hohl; Basis knollig verdickt; **Ring** unvollständig ausgebildet, dünn und fein, flüchtig, etwas faserig, weiß; **Scheide** weiß, häutig, oft oberhalb der Knolle sich leicht verengend; **Fleisch** weich, dünn, weiß. **Geruch** kaum wahrzunehmen, zuweilen etwas säuerlich und unangenehm. **Geschmack** unangenehm, fast widerlich; Kostproben dürfen niemals heruntergeschluckt werden! **Lamellen** ziemlich dichtstehend, mit zahlreichen Lamelletten untermischt; frei; weiß; Schneide etwas flockig. **Sporen** weiß. Vorkommen: Sommer bis Herbst in feuchten Laub- und Nadelwäldern auf saurem Boden; besonders unter Fichten und Birken, glücklicherweise nicht besonders häufig. **Wert: tödlich giftig,** wie die beiden vorausgegangenen Arten.

AMANITA BISPORIGERA Atk. (2)
Dem Spitzhütigen Knollenblätterpilz sehr ähnlich; Stiel glatt oder nur leicht gerieft, Scheide asymmetrisch, Stielknolle eiförmig; geruch- und geschmacklos. Unter Eichen in Nordamerika; **tödlich giftig!**

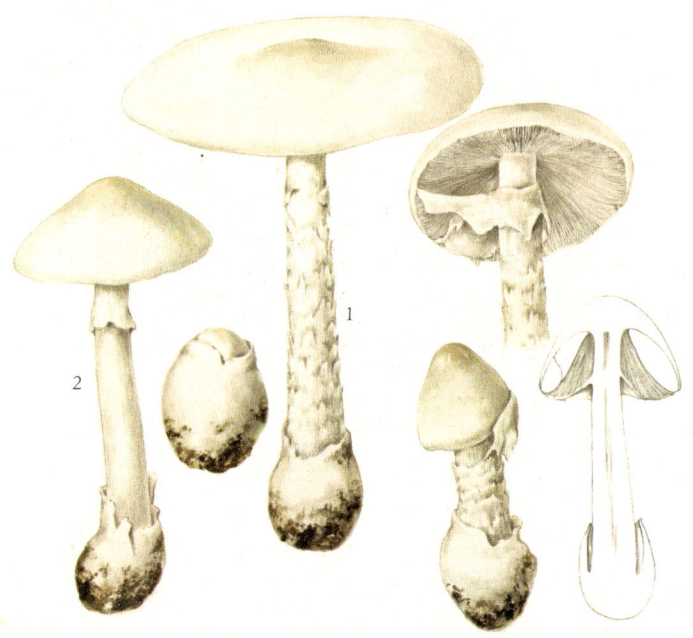

AMANITOPSIS *(Amanita)* INAURATA Secr.
Riesenstreifling, Doppeltbescheideter Wulstling
Hut 8–12 cm breit, rußbraun, gelbbraun, olivbraun oder graubraun; am Rande heller als in der Mitte; von Anfang an mit stark grieftem Rand; später mitunter aufgebogen und vom Rand her einreißend; besprenkelt mit dicklichen mehlig-flokkigen, grauen Hüllresten, die nach und nach als kleine, schließlich schwärzliche Wärzchen auseinanderfallen. **Stiel** sehr hoch (doppelt so lang wie der Hut breit); mit verdickter Basis, weißlich bis hell-nußbraun; ohne Ring, aber zur Gänze geschmückt mit flockigem hellbräunlichem oder graulichem Bandmuster, das nach oben zu enger wird. **Scheide** erst weiß, später grau, groß und dick, brüchig, etwas klebrig, bald auf wenige, nicht sehr dauerhafte Ringzonen reduziert. **Fleisch** weiß, geruchlos. **Geschmack** mild. **Lamellen** dichtstehend, frei, oft sehr weit vom Stiel entfernt, weiß, später oft grauend oder cremefarben. **Sporen** weiß. Vorkommen: vor allem in Bergwäldern, nicht häufig. Wert: **eßbar.** Zur gleichen Gruppe gehören: *Amanitopsis strangulata* Fr. mit gelbem bis hellbraunem Hut; 8–22 cm breit; Scheide sehr groß, grau, mit dicken Lappen, gern auf Lichtungen; zwischen Moos, auf sandigem Boden in Bergwäldern. Die Art wird von vielen Autoren nicht von *A. inaurata* unterschieden und ist **eßbar.** – *Amanitopsis malleata* Piane ist eine kleinere Art mit bucklig-zerdrücktem Hut, der so aussieht, als sei er mit einem Hammer bearbeitet worden *(malleatus* = »gehämmert«). Sie wächst hauptsächlich im Gras am Rande von Eichenwäldern und ist wahrscheinlich eßbar.

AMANITA VAGINATA *var.* LIVIDO-PALLESCENS (Secr.) Boud.
Olivgrauer Scheidenstreifling
Hut weißlich oder graugelblich, mit großen, weißlichen, häutigen Hüllresten, die
sehr vergänglich sind und beim ausgereiften Fruchtkörper oft fehlen; halbkugelig,
Rand stark radialfurchig; bald ausgebreitet, 10–20 cm breit, zuweilen auch niedergedrückt und dann mit meist noch stärker ausgeprägten Riefen. **Stiel** ziemlich robust, sich nach oben hin verjüngend; Basis gedrungen; anfangs von einer weißen
Hülle bedeckt, die bald schuppig ausfasert und den ganzen Stiel mit einem blaß okkerfarbenen oder olivgelben Bandmuster überzieht. **Scheide** weiß, breit, mit zugespitzten Lappen, häutig; **Fleisch weiß,** verhältnismäßig dick; ohne besonderen
Geruch. Geschmack mild. **Lamellen** weiß, im Alter cremefarben, zum Stiel hin
schmaler werdend, frei; gleichlang. Vorkommen: an Waldrändern und Waldwe-
gen; nicht häufig. Wert: **roh unbekömmlich, gekocht ausgezeichneter Speisepilz.**
Es gibt einige andere weiße Scheidenstreiflinge, so z.B. den Schneeweißen Streifling, *Amanitopsis nivalis* Greville, der aus dem Schottischen Hochland bekannt ist.
Er ist wahrscheinlich identisch mit der in den Alpen vorkommenden *var. nivea* oder
alba Gill. (S. 54). – *Amanitopsis oreina* Favre, der Berg-Scheidenstreifling (oreina
= zum Gebirge gehörig), wächst in den Alpen bis in 3000 m Höhe. Sein weißlicher
Hut wird 3–4 cm breit; der Stiel steckt bis zur Hälfte in einer dicken Scheide. Wegen
seiner geringen Größe ist er ohne Bedeutung für den Speisepilzsammler. Von den
giftigen weißen *Knollenblätterpilzen* (S. 49/50) unterscheiden sich die Streiflinge
durch den fehlenden Ring.

AMANITOPSIS *(Amanita)* UMBRINOLUTEA Secr.
Verfärbender oder Braungelber Streifling,
Hut anfangs spitzkegelig, dann ausgebreitet, 4–10 cm breit, oft mit dunkelbraunem Buckel im Zentrum; Hutrand graulich bis nußbraun, mit erhabenen Furchen gerieft, die oft in einer deutlichen dunkelrußgrauen Ringzone enden; zuweilen kann der Hut auch gelblich oder dunkelolivgelb getönt sein. **Stiel** schlank, zylindrisch, nach oben schmaler werdend; Basis etwas angeschwollen; weiß, meistens auf weißem Grund grau genattert, oft mit orangefarbenem Schimmer; ringlos, hohl. **Scheide** breit, hoch, tief im Boden steckend, dauerhaft, weiß mit cremefarbenen oder rosa Tönen, besonders auf der Innenseite. **Fleisch** weiß, brüchig, dünn. **Geruch** kaum wahrnehmbar. **Geschmack** angenehm. **Lamellen** ziemlich dichtstehend, sehr breit, weiß, frei. Vorkommen: besonders unter Tannen und Fichten in Bergwäldern; auch auf Waldwiesen. Juni–Oktober, mancherorts häufig. Wert: **Guter Speisepilz.** Zur Erinnerung: Die Untergattung *Amanitopsis* (Streiflinge) besitzt eine deutlich ausgebildete Scheide, aber keinen Ring. Die Untergattung *Amanita* (Wulstlinge im engeren Sinn) weist sowohl eine Scheide wie einen Ring auf; bei den Schuppenwulstlingen *(Aspidella)* finden wir eine Stielscheide und spitzwarzige Hüllreste auf der Huthaut; schließlich hat die Untergattung der Schleimschirmlinge *(Limacella)* zwar einen Ring, aber keine Scheide; die Huthaut dieser Pilze ist stark schleimig. Bei allen diesen Pilzen lassen sich Hut und Stiel leicht voneinander trennen; sie haben eine Allgemeinhülle *(Velum generale)*, die beim ausgewachsenen Pilz in Form einer die Stielbasis mehr oder weniger deutlich umgebenden Scheide zurückbleiben kann, und eine Teilhülle *(Velum partiale)* zwischen Hutrand und Stiel, die bald nur noch in Form eines häutigen Ringes im oberen Stieldrittel erkennbar ist und bei der Untergattung *Amanitopsis* fehlt. Die Sporen der Wulstlinge sind weiß.

AMANITA *(Amanitopsis)* VAGINATA ss. lato
Scheidenstreiflinge

Hut erst glockig gewölbt, dann flach; 3–10 cm breit; in der Mitte gebuckelt, seltener auch genabelt, etwas feucht, glänzend; Rand von Anfang an radial gerieft; im Alter mit erhabenen Furchen, zuletzt einreißend, so daß der Pilz von oben betrachtet aussieht wie das Blatt einer Kreissäge. Die Hutfarbe variiert stark: man kennt u. a. folgende Farbvariationen: *var. nivea* oder *alba* Gill., Weißer Scheidenstreifling, *var. grisea* DC., Grauer Scheidenstreifling, *var. argentea* Huijsman, Silbergrauer Streifling, *var. plumbea* Schff., Bläulichgrauer Scheidenstreifling, *var. crocea* (Quél.) Sing., Orangegelber Scheidenstreifling, der heute von vielen Mykologen als eigene Art aufgefaßt wird; *var. fulva* Schff. ex Pers., Rotbrauner Scheidenstreifling, und *var. punctata* Cleland et Cheel, Schwarzschneidiger Scheidenstreifling, mit bleigrauem bis violettgrauem Hut und im Alter schwärzlichpunktierten Lamellenschneiden. Bisweilen bleiben dickliche, weiße Lappen (Reste der anfangs den ganzen Pilz umschließenden Gesamthülle) auf der Hutoberfläche zurück. **Stiel** schlank, zylindrisch, oben zuweilen etwas schmaler; weiß; bei manchen Variationen ähnlich wie der Hut gefärbt, aber blasser, mitunter auch gebändert; hohl; **Scheide** ziemlich hoch, lappig, oft zerrissen, nicht mit der Stielbasis verwachsen. **Fleisch** weich, weiß. **Geruch** angenehm, **Geschmack** unauffällig. **Lamellen** dicht-, manchmal auch entferntstehend, gewöhnlich breit; frei oder leicht am Stiel anhaftend. **Sporen** weiß. Vorkommen: vom Frühsommer bis in den Herbst in Wäldern aller Art, auch an grasigen Stellen. *Var. fulva* wächst auch auf verfaulenden Kastanienstämmen, ist aber in Mittel- und Nordeuropa eine häufige Kennart bodensaurer Birkenmoore. Wert: **roh unbekömmlich, gekocht ausgezeichneter Speisepilz.** (von links: *nivea, punctata, grisea, plumbea, fulva, crocea*)

LIMACELLA GUTTATA (Fr.) Konr. & Maubl.
Großer Schleimschirmling

Hut 5–12 cm breit, cremefarben, rosa oder rötlich-ocker, in der Mitte etwas dunkler mit gelblichem Schimmer; jung sehr schleimig, alt trocken und glänzend. **Stiel** zylindrisch, fest, Basis etwas schuppig, angeschwollen oder knollig verdickt, oft tief im Erdboden steckend; faserig, etwas heller als der Hut, oberhalb der Manschette weiß; voll. **Ring** weit, weich; bleibt lange ausgebreitet. Die Oberseite des Ringes und das obere Stieldrittel sind bei Feuchtigkeit mit weißen oder weißlichen tauartigen Tröpfchen besetzt. **Fleisch** dick, faserig, etwas brüchig; weiß oder mit rötlicher Tönung, in der Stielbasis gelblich. **Geruch** stark mehlartig. **Geschmack** mild. **Lamellen** sehr dichtstehend, breit, frei, oft mit weißlichblassen Tröpfchen besetzt (»tränend«). **Sporen** weiß. Vorkommen: in feuchten Wäldern, besonders unter Tannen und Buchen; ziemlich selten. In Nordamerika wächst *var. fischeri* (Kauffm.) Sing.; sie ist blasser als die europäische Art. Wert: **eßbar.** Wir kennen u. a. folgende Verwandten: *Limacella illinata* (Fr.) Murr., den Ganzschleimigen Schirmpilz mit 4–8 cm breitem, hellnußbraunem, später blasserem und nur noch um die gebuckelte Mitte herum bräunlichem Hut; glänzend; zur Gänze bedeckt von einer klebrigen, durchsichtigen, farblosen Schleimschicht. Vorkommen: unter Nadelbäumen nach längeren Regenfällen, selten. *Limacella glioderma* (Fr.) Mre., Rotbrauner Schleimschirmling: Hut 2–5 cm breit, hell rotbraun, Lamellen gelb. Beide Arten sind **eßbar.** – *Limacella irrorata* Quél., der Schwarzfleckige Schmierschirmling, hat einen 2–7 cm breiten Hut, der mit blassen, klaren, sich im Alter verflüchtigenden Tröpfchen besetzt ist; der Stiel ist mit dunkleren Flocken besprenkelt. Vorkommen: an sonnigen Stellen, auch auf steinigem Boden, außerhalb des Waldes, selten. Wert: sein **Speisewert** ist **nicht bekannt.**

LEPIOTA *(Macrolepiota)* PROCERA (Scop. ex Fr.) Quél.
Riesenschirmpilz. Parasol
Hut jung kugelig oder glockig; später konvex oder flach; 10–25 cm breit; mit großem, glattem Buckel. Huthaut zweischichtig; obere Schicht grobfilzig, bräunlich, in zahlreiche braune Schuppen zerfallend, die zum Hutrand hin kleiner werden; untere Schicht weißlich oder hell nußbraun, feinfaserig-seidig; im Alter verkahlend; Rand fransig. **Stiel** schlank, hart, faserig, hohl; leicht vom Hut trennbar; auf weißem Grund braun genattert; Basis knollig verdickt. Bei *var. fuliginosa* Barla sind Hut und Stiel mit dunkelbraunen, wolligen Schuppen bedeckt. **Ring** mit zerrissenem Rand, breit, kranzförmig, verschiebbar. **Fleisch** im Hut weich, im Stiel holzig-faserig; weiß, an der Luft zuweilen leicht rosa, bei *var. permixta* Barla weinrot verfärbend. **Geruch** angenehm; bei alten Exemplaren nach Fleischbrühe. **Geschmack** nußartig. **Lamellen** dichtstehend, breit, den Stiel nicht erreichend; weiß oder mit rosa Tönung, im Alter gelblich; Schneiden auf Druck langsam bräunend. **Sporen** weiß. Vorkommen: Im Süden manchmal schon im Frühjahr, in Mitteleuropa kaum vor Ende Juli, auf sonnigen Lichtungen in Laub- und Nadelwäldern, aber auch gerne auf abgeernteten Getreidefeldern. Wert: **hervorragender Speisepilz;** bei älteren Exemplaren verwendet man nur den Hut und läßt die holzigen Stiele an Ort und Stelle im Boden stecken. Die Hüte bereits vertrockneter Exemplare können noch verwendet werden: Vor der Zubereitung lege man sie zur Wiederauffrischung in kaltes Wasser; danach werden sie paniert und wie Koteletts gebraten.

LEPIOTA *(Macrolepiota)* UMBONATA Schum. ss. Lange (1)
(= *Lepiota mastoidea* [Fr.] Sing.)
Warzenschirmling
Hut anfangs glockig; weißlich oder, besonders in der Mitte, ockerlich; später fast
flach, 6–13 cm breit, stets mit deutlichem Buckel in der Mitte, hell-nußbraun, in
der Mitte dunkler rotbraun; die Huthaut löst sich in kleine, seidig-faserige, leicht
vergängliche Schüppchen auf, die am Rande bald fehlen, wodurch dieser fast weiß
erscheint; Hutrand oft mit weißlichen Velumresten behangen; zuweilen radial einreißend. **Stiel** leicht vom Hut trennbar; hoch und schlank, dünn, faserig, oberhalb
des Ringes weißlich, sonst hell nußbraun und mit dunkler braunen Schüppchen
oder Körnchen genattert; hohl; Basis rundknollig, bräunlich. **Ring** breit, weich,
mehrschichtig, bald trocken, verschiebbar, leicht vergänglich; auf der Oberseite
weißlich, unten mit bräunlichen Körnchen besetzt. **Fleisch** zerbrechlich, weich,
weiß, bei Verletzung nicht verfärbend. **Geruch** kaum wahrnehmbar. **Geschmack**
nußartig. **Lamellen** dichtstehend, breit, dünn; weiß, später mit rosa oder cremefarbenem Hauch. **Sporen** weiß. Vorkommen: Unter Laubbäumen, gern in Gruppen,
Sommer bis Herbst.
Wert: **guter Speisepilz.**
LEPIOTA *(Macrolepiota)* PUELLARIS Fr. (2)
Jungfernschirmling
Ähnelt einer verkümmerten Form des *Riesenschirmpilzes* (S. 56): Hut 4–15 cm
breit, oft halbkugelig gewölbt, mit nur geringfügig angedeutetem Buckel; Stiel
glatt, ohne Natterung; Fleisch weiß, an der Luft leicht rosa, aber niemals satt rot-
gelb verfärbend; vom Spätsommer an in Nadelwäldern, auch auf Wiesen. **Guter**
Speisepilz.

LEPIOTA *(Macrolepiota)* RHACODES (Vitt.) Quél. (1)
Rötender Schirmpilz, Safran-Schirmling
Hut jung eiförmig, braun, mit fransigem Rand; bald aufschirmend, 5–15 cm breit.
Die Huthaut reißt grobschuppig auf und legt das blassere, faserige Hutfleisch frei;
nur der Buckel in der Hutmitte bleibt glatt. **Stiel** leicht vom Hut trennbar, kräftig,
hart, fascrig, hohl; anfangs weiß, bald gräulich; Basis verdickt, besonders stark bei
var. hortensis Pilát (S. 59). **Ring** groß, fransig, beweglich, weißlich. **Fleisch** weiß,
weich, an der Luft sofort rotgelb (safranfarben) vcrfärbend, später dunkler rot und
schließlich bräunlich. **Geruch** geringfügig. **Geschmack** fad. **Lamellen** dichtstehend,
breit, ungleich lang, frei; weiß; im Alter oder auf Druck rötlich, schließlich schmut-
zigbraun. **Sporen** weiß. Vorkommen: meist unter Fichten, aber auch unter Laubbäumen und auf kultiviertem Boden außerhalb der Wälder; ab August. Wert: **eßbar.**
LEPIOTA *(Leucocoprinus)* BADHAMI ss. Konr. & Maubl.
(= *Lepiota bresadolae* Schulzer) (2, mit Querschnitt)
Anlaufender Schirmpilz
Weniger schuppig; Fleisch bei der geringsten Berührung zunächst gelb, dann rötlich; Stiel spindelig zugespitzt, wurzelnd; Sporen ocker- bis cremefarben. Vorkommen: außerhalb des Waldes, auf Holzabfällen, Sommer bis Herbst, selten. Wert:
roh giftig, gut gekocht eßbar. *Lepiota molybdites* (Meyer ex Fr.) Sacc. (3): Ohne
Buckel; Huthaut weich und glatt; Lamellen im Alter von den Sporen grün gefärbt.
Wert: **eßbar mit Vorbehalt,** nicht jedem bekömmlich. Ebenfalls grüne Lamellen
hat *Lepiota morgani* Peck, dessen Hut eine Breite von über 40 cm erreichen kann;
er ist **giftig.** Beide Arten wachsen in Nordamerika.

LEPIOTA *(Macrolepiota)* EXCORIATA Schff. ex Fr. (1)

Ackerschirmpilz

Hut 5–15 cm breit, oft mit einem mehr oder weniger deutlich ausgeprägten Buckel; grau, ockerfarben oder hellbräunlich mit dunklerer Mitte (wenn auch nur selten so intensiv gefärbt wie die hier abgebildeten Exemplare); beim Aufschirmen des Hutes reißt die Oberschicht der Huthaut sternförmig auf, wodurch am Rande die hellere, seidig glänzende Unterschicht in Erscheinung tritt. **Stiel** im oberen Drittel weißlich, im mittleren Teil dunkler getönt; faserig; bald hohl; Basis verdickt, fast knollig, im allgemeinen dunkler als der Rest des Stiels, aber im Jugendstadium weißfilzig, **Fleisch** weiß, unveränderlich. **Geruch** angenehm. **Geschmack** zuweilen leicht schärflich. **Lamellen** dichtstehend, dünn, weich, sehr breit, frei; erst weiß, später schmutzig-weißlich. **Sporen** weiß oder blaß-ocker. Vorkommen: Schon im Sommer, besonders aber im Herbst, gerne auf brachliegenden Wiesen und Weiden, an Wegrändern, seltener in Wäldern; weit verbreitet. Wert: **Ausgezeichneter Speisepilz.** Vertrocknete Hüte können in kaltem Wasser aufgefrischt und dann nach den entsprechenden Rezepten zubereitet werden.

LEPIOTA RHACODES *var.* HORTENSIS Pilát (2)

Gartenform des Rötenden Schirmpilzes

Hut 5–15 cm breit, spitzbucklig; Huthaut mit aschgrauer oder brauner Oberschicht, die wie eine Kapuze der weißfaserigen Unterschicht aufsitzt; Rand fransig. Stiel in der Form an eine dickbauchige Flasche erinnernd; auf weißlichem Grunde bräunlich oder schwärzlich genattert; Basis mit auffallend dicker Knolle, schwarzbraun; Ring weich, scheibenförmig, auf der Oberseite weiß, Unterseite aschgrau oder bräunlich. Vorkommen: Büschelig, seltener einzeln, in offenem Gelände, sogar auf steinigem Boden; auch in Laub- und Nadelwäldern. Wert: **eßbar.**

LEPIOTA ACUTESQUAMOSA (Weinm.) Kummer
Spitzschuppiger Schirmpilz

Hut anfangs kugelig, braun, feinflaumig; später ausgebreitet; 5–12 cm breit, stumpf gebuckelt, dicht mit leicht vergänglichen dunkelbraunen, kegelig zugespitzten Stacheln besetzt, die in der Hutmitte besonders zahlreich sind (bei *var. furcata* Kühn. stehen sie noch dichter). **Stiel** kräftig, bald hohl; oberhalb des Ringes weiß oder weißrosa, längsstreifig; unterhalb des Ringes bräunlich. Basis knollig verdickt, oft wie der Hut mit stacheligen Schuppen besetzt. **Ring** groß, reifrockartig hängend, dauerhaft, oft aufgebogen; Oberseite weiß, glatt, Unterseite mit bräunlichen Stachelschuppen besetzt. **Fleisch** weich, weiß, zerbrechlich. **Geruch** widerlich. **Geschmack** säuerlich, sehr unangenehm. **Lamellen** dichtstehend, ungleich lang (bei *var. furcata* unregelmäßig gegabelt); erst weiß, später cremefarben mit rötlichem Anflug, oft bräunlich punktiert, frei. **Sporen** weiß. Vorkommen: gern auf humosem, sandigem Boden, an feuchten, aber nicht zu dunklen Stellen in Laub- und Nadelwäldern; auch auf Feldern und in Weinbergen. August bis Oktober; weit verbreitet. Wert: **ungenießbar** wegen des üblen Geruchs und Geschmacks. – Bekannt ist auch *Lepiota hystrix* Moell. & Lge., der Kegel- oder Stachelschuppige Schirmpilz: Hut nur 4–5 cm breit, ebenso wie der Stiel dicht besetzt mit dunkelbraunen, dauerhaften, sparrigen Schuppen; Lamellen gelblich mit schwarzbewimperter Schneide, nicht gabelig verzweigt; Stiel an der Spitze braun bereift; **ungenießbar.** – *Lepiota* (Melanophyllum) *echinata* (Roth) Fr., Blutblättriger Zwergschirmling: Hut 1–4 cm breit, rußiggrau, körnig, aber ohne Stachelschuppen; Stiel karminrosa, feinschuppig; Lamellen weinrot; schon im Frühsommer an humusreichen Stellen, selten, **ungenießbar.**

LEPIOTA HELVEOLA Bres. (2), Fleischrosa Schirmling
Hut 2–6 cm, oft gebuckelt; obere Schicht der Huthaut braun, bald schuppig aufspringend und die helle Unterschicht freilegend; Hutrand bald einreißend. Nach
dem Abpflücken nimmt der Pilz zunächst einen rosafarbenen, später ockerrötlichen
Ton an. **Stiel** wie der Hut gefärbt, seidig-faserig, an der Basis etwas genattert; hohl;
Ring flüchtig. **Fleisch** weiß oder rötlich, an der Luft rosa verfärbend. **Geruch**
schwach süßlich. (Nur bei mehreren Exemplaren im geschlossenen Raum feststellbar.) **Lamellen** breit, dichtstehend, frei; weißlich, im Alter cremefarben. **Sporen**
weiß. Vorkommen: Sommer und Herbst auf grasigem Boden in Parkanlagen, an
lichten Waldstellen. Auch der ähnliche Fleischbräunliche Giftschirmling, *Lepiota
brunneoincarnata* Chod. et Mart., und der Fleischrötliche Giftschirmling, *L. subin-
carnata* Lge., zeigen eine schwache Rotfärbung des Fleisches. Alle drei Arten sind
lebensgefährlich giftig!
LEPIOTA CRISTATA (Alb. & Schw. ex Fr.) Kummer (1), Stinkschirmling
Ähnlich *helveola*, doch mit weiß bleibendem Fleisch; Hutbuckel glatt, braun.
Geruch süßlich-widerlich nach verfaulenden Früchten. **Ungenießbar.** Sehr häufig.
– Wegen ihrer Ähnlichkeit mit den Giftschirmlingen sollten gemieden werden:
Lepiota felina Quél., der Schwarzschuppige Schirmpilz, mit schwarzbraunen Hut-
schuppen und glattem Hutbuckel, ohne Geruch; **ungenießbar.** *L. fuscovinacea* Lge.
et Moell., Weinroter Schirmling: dunkel-weinrot, im Alter bräunend, Stiel wollig-
faserig, **giftverdächtig!** – *Lepiota clypeolaria* (Bull. ex Fr.) Kummer, Wolliggestie-
felter Schirmpilz: Hut hellnußbraun, Stiel weiß, hellbräunlich, dicht wollig-flockig,
Geruch angenehm; **eßbar,** aber nicht zu empfehlen.

LEPIOTA NAUCINA Fr. (1)
Rosablättriger Schirmpilz

Hut anfangs weiß, später etwas grauend oder gilbend; jung kugelig, dann halbkugelig oder glockig gewölbt, schließlich ausgebreitet, 4–10 cm breit; zuweilen mit kleinem, spitzem Buckel, manchmal aber auch niedergedrückt; Huthaut seidigglänzend, trocken, glatt oder feinkörnig, bei anhaltender Trockenheit in zahlreiche vieleckige Schüppchen aufspringend. **Stiel** wie der Hut gefärbt, schlank, kräftig, mitunter etwas verbogen; leicht vom Hut trennbar; faserig, bald röhrig-hohl; Basis leicht verdickt; **Ring** weiß, flüchtig, oft zerrissen, bald am Stiel anhaftend; bei alten Exemplaren bisweilen fehlend. **Fleisch** ziemlich dick, weich, in der Jugend weiß, später gelblich; an der Stielbasis und bei alten Exemplaren hellbraun. **Geruch** kaum wahrnehmbar. **Geschmack** angenehm. **Lamellen** dichtstehend, breit, dünn, den Stiel nicht erreichend; anfangs weiß, später rosa, schließlich amethystgrau. **Sporen** erst weiß, später rosa. Vorkommen: vereinzelt schon im Frühling, häufiger im Herbst; auf Wiesen und Weiden außerhalb des Waldes. Weit verbreitet. Wert: **guter Speisepilz.** Man hüte sich vor Verwechslungen mit weißen *Knollenblätterpilzen* (S. 49/50)!

LEPIOTA *(naucina var.)* CARNEIFOLIA Gill. (2)
Hut und Stiel erst hellgrau, später rosa; Lamellen fleischrosa; **eßbar.**

LEPIOTA *(naucina var.)* DENSIFOLIA Gill. (3)
Lamellen sehr engstehend; **eßbar.**

In die nähere Verwandtschaft der hier abgebildeten Arten gehören ferner: *Lepiota* (Leucoagaricus) *holoserica* Fr., Seidiger Schirmpilz: weiß, auf Druck gilbend, seidig-glänzend. – *Lepiota cinerascens* Quél., Grauender Schirmpilz: weiß, später grauend, Lamellen stets weiß. – Beide Arten sind **eßbar.**

CYSTODERMA AMIANTHINUM (Scop. ex Fr.) Fay. (1)

Amianth-Körnchenschirmling

Hut 3–5 cm breit, weiß, ockerfarben oder satt orangefarben; meistens gebuckelt; radialrunzlig (besonders ausgeprägt bei *var. rugosoreticulatum* Lorinser); vor allem die Hutmitte ist dicht bedeckt mit sandkornartigen, etwas dunkleren Flocken. **Stiel** schlank, zylindrisch, schmächtig; oberhalb des Ringes gelblich, unterhalb desselben bis fast zur Basis körnig-flockig »bestrumpft«, ockerbraun. **Ring** aufsteigend; flockig, brüchig, leicht vergänglich. **Fleisch** dünn, zerbrechlich, gelblich, im Stiel zuweilen von oben nach unten dunkler werdend. **Geruch** stark erdartig. **Geschmack** mild. **Lamellen** nicht sehr engstehend, am Stiel angewachsen, weiß oder gelblich. Vorkommen: in Wäldern und auf Heiden. Wert: **eßbar,** wenn auch ohne besondere Bedeutung.

CYSTODERMA CARCHARIAS (Pers. ex Fr.) Fay. (2)

Starkriechender Körnchenschirmling

Etwas größer als die vorige Art: Hut amethystfarben, rosa oder gelbrötlich, mit dunkleren Flocken oder Körnchen besprenkelt; Rand fransig behangen; Lamellen dichtstehend; Stiel mit körnigen Hüllresten besetzt; Geruch unangenehm; Geschmack mild. Vorkommen: in Nadelwäldern, weit verbreitet. Wert: **eßbar.**

CYSTODERMA CINNABARINUM (Alb. & Schw. ex Secr.) Fay. (3)

Zinnoberroter Körnchenschirmling

Orangerot bis zinnoberrot; Fleisch derb, aber zerbrechlich, weiß; Sommer bis Herbst in feuchten Wäldern, ziemlich selten.

CYSTODERMA GRANULOSUM (Batsch ex Fr.) Fay. (4)

Rostroter Körnchenschirmling

Hut rostbraun, stark körnig. Wert: **eßbar.**

VOLVARIA *(Volvariella)* GLOIOCEPHALA DC. ex Fr.
Geriefter Scheidling

Hut erst glockig, später ausgebreitet; 8–12 cm breit; oft mit gebuckelter Mitte; grau bis rauchbraun, aber auch weißlich mit dunklerer Mitte (rein weiß bei *var. speciosa* Fr., dem Ansehnlichen Scheidling [das liegende Exemplar auf der Tafel]); Huthaut glatt, bei Feuchtigkeit klebrig, bei Trockenheit glänzend, sehr dünn, streifenweise abziehbar; Rand bei ausgereiften Exemplaren leicht gerieft, sonst glatt. **Stiel** schlank, weiß oder mit hellgrauen oder -braunen Tönen; glatt. **Scheide** weiß, faserig, weich, mehrfach gelappt, oft hoch und breit, aber auch zuweilen so eng anliegend, daß sie kaum vom Stiel zu unterscheiden ist. Mitunter bleiben Hüllreste am Hutrand oder auf der Hutoberfläche zurück, manchmal findet man sie auch neben dem Pilz am Boden liegend. **Fleisch** weich, weiß. **Geruch** schwach, aber charakteristisch nach Rüben. **Geschmack** unauffällig, wäßrig. **Lamellen** dichtstehend, breit, den Stiel nicht erreichend; erst weiß, dann rosa, schließlich rotbraun (die Lamellenfarbe ist ein wichtiges Unterscheidungsmerkmal gegenüber den tödlich giftigen *Knollenblätterpilzen*, S. 47–50); Lamelletten abgerundet oder abrupt rechtwinklig abbrechend wie bei verschiedenen *Amanita*-Arten. **Sporen** rosa mit leichtem Ockerton. Vorkommen: auf lockerem Humus, Komposthaufen, gedüngtem Boden, auf Strohabfällen und verrottendem Sägemehl; an Wegrändern, in Gärten und Anlagen und im Gebüsch; gerne an feuchten, schattigen, nicht zu warmen Stellen; kaum im Hochsommer, dafür schon im Mai und Juni und im Spätherbst; ziemlich selten. Wert: **eßbar,** aber nicht besonders gut. Die Art wird von vielen Autoren als Unterart des Ansehnlichen Scheidlings, *Volvariella speciosa* Fr., angesehen und vielfach nicht von diesem getrennt.

VOLVARIA *(Volvariella)* BOMBYCINA (Pers. ex Fr.) Sing.
Wolliger Scheidling

Hut jung eiförmig, dann konvex; 5–20 cm breit; meist flach gebuckelt; weiß (bei *forma potronis* Romagn. gelblich); faserig, glänzend; später ockerlich; dicht mit dunkleren, faserig-wolligen Schüppchen bedeckt. **Stiel** kräftig, schlank, oft verbogen, mit verdickter, mitunter sogar knolliger Basis; weiß, glatt, voll. **Scheide** hoch und breit, bräunlich, leicht schuppig. **Fleisch** zart, weiß. **Geruch** nach frischgeschnittenem Holz. **Geschmack** angenehm. **Lamellen** dichtstehend, frei; jung weißlich, dann rosa; zuletzt bräunlich. **Sporen** ockerrosa. Vorkommen: an Laubholzstämmen und -stümpfen, auch in Astlöchern. Selten, aber standorttreu. Wert: **guter Speisepilz;** der starke Geruch vergeht beim Kochen. Auf morschem Holz, aber auch im Moos und in Nadelwäldern wächst *Volvariella murinella* Quél., der Mausgraue Scheidling: Hut 2–4 cm breit, graugelb mit schwärzlicher Mitte; feinfilzig; Geruch nach Pelargonium. – *Volvaria pubipes* (Peck) Sing. = *Volvariella hypopithys* (Fr. ex Karst.) Mos., der Nadeln-Scheidling, hat einen 2–4 cm breiten, weißfilzigen Hut und eine weiße Scheide. Er wächst in der Humusschicht der Nadelwälder. – Nur 1–3 cm breit wird der Hut von *Volvariella pusilla* (Pers. ex Fr.) Sing., dem Kleinsten Scheidling, der im Sommer in Gärten, an Wegrändern und vereinzelt auch in Wäldern wächst. – *Volvariella plumulosa* (Lasch ex Oud.) Sing., der Flaumige Scheidling, hat einen 2–4 cm breiten, anfangs spitzkegeligen, haarig-seidigen Hut von grauockerlicher, in der Mitte etwas dunklerer Farbe, und eine dunkelgraue Scheide. Als **Speisepilze** kommen die genannten Arten **nicht in Betracht. Eßbar** ist lediglich noch *Volvariella media* (Schum. ex Fr.) Sing. der Mittelgroße Scheidling: Hut klebrig, elfenbeinweiß, bei Trockenheit seidig glänzend; Rand glatt, Stiel hohl, weiß; Scheide ockerfarben. Er wächst im Frühling und im Frühsommer in Wäldern.

VOLVARIA *(Volvariella)* VOLVACEA (Bull. ex Fr.) Sing.
Schwarzstreifiger Scheidling
Hut 5–14 cm breit, grauocker mit blasserem Rand; Mitte flach gebuckelt; trocken;
bedeckt mit feinem, radialfaserigem rußigbraunem Filz (schwarzbraun bei der ja-
panischen *var. nigricans* Kawamura [3]). **Stiel** im oberen Teil verschmälert, faserig,
weiß; jung an der Spitze bereift, darunter flockig; bald jedoch verkahlend; Scheide
mit lappigem Rand, außen weißlich oder hellgrau (rußbraun bei *var. nigricans*).
Fleisch weiß oder hellbräunlich, zart. **Geruch** kaum wahrnehmbar. **Geschmack**
mild, manchmal etwas bitterlich. **Lamellen** ziemlich dichtstehend, dünn, breit, frei;
erst rosa, später rostbraun. **Sporen** ockerrosa. Vorkommen: auf Holzabfällen;
Sommer bis Herbst, nicht häufig, aber an seinen Standorten oft sehr zahlreich. In
Treibhäusern kann man den Schwarzstreifigen Scheidling auf vermodernden
Pflanzenresten und Komposthaufen das ganze Jahr über antreffen. Wert: **eßbar.**
VOLVARIA *(Volvariella)* LOVEIANA (Bk.) Gill. (2)
Parasitischer Scheidling
Hut erst halbkugelig, dann flach gewölbt, 3–5 cm breit; weiß, mitunter mit grauem
oder blaugrünem Einschlag; faserig-flaumig, bei Feuchtigkeit etwas schmierig.
Stiel zylindrisch, oft verbogen, faserig, weiß. Basis knollig verdickt. **Scheide** dick,
weit, weich, weiß. **Fleisch** weiß. **Geruch** und **Geschmack** mild, angenehm. **Lamellen** dichtstehend, dünn; anfangs weiß, im Alter rosa. **Sporen** rosa. Vorkommen:
im Spätherbst einzeln oder in Gruppen auf verfaulenden Fruchtkörpern des *Nebelgrauen Trichterlings* (S. 162), und des *Keulenfüßigen Trichterlings* (S. 163), aber
auch auf verschiedenen *Ritterlingen* (S. 135 ff.). Sehr selten, Genießbarkeit unbekannt; auf jeden Fall **ohne besonderen** praktischen **Wert.**

PLUTEUS CERVINUS (Schff. ex Fr.) Kummer (= *P. atricapillus* [Sec.] Sing.)
Rehbrauner Dachpilz
Hut 6–24 cm breit, oft flach gebuckelt; bei Feuchtigkeit schmierig, bei Trockenheit
radialfaserig, rissig; graubraun, bis dunkelbraun, Mitte meist dunkler. **Stiel** leicht
vom Hut trennbar, starr, voll; weißlich mit bräunlichen, oft erhabenen Fasern.
Fleisch zart, zerbrechlich, weiß. **Geruch** und **Geschmack** schwach, nach Rüben.
Lamellen anfangs weißlich, dann fleischrötlich, mit zahlreichen abrupt endenden
Lamelletten; Schneiden bräunlich. **Sporen** ockerrosa. Vorkommen: auf morschem
Laub- und Nadelholz; häufig; auf Sägemehl zuweilen in riesigen Vormen. – *Pluteus
nigroflocculosus* (R. Schulz) Pilát = *Pluteus atromarginatus* (Konr.) Kühn., der
Schwarzschneidige Dachpilz, hat von Anfang an schwarzbraune Lamellenschneiden, sein Hut wird 6–12 cm breit. Er kommt nur an Nadelholz vor. – *Pluteus patri-
cius* (Schulz.) Boud. = *Pluteus curtisii* (Bk. & Br.) Sacc., Seidiger Dachpilz: Hut
graubraun, besetzt mit vergänglichen braunen Schuppen. – *Pluteus salicinus* (Pers.
ex Fr.) Kummer, Grauer Dachpilz: Hut 3–6 cm breit, grau, auf Laubholz. – *Pluteus
cinereofuscus* Lge., Graubrauner Dachpilz: Hut 2–4 cm breit, grau, Stiel weiß; auf
Laubholz, aber auch auf dem Erdboden in Laubwäldern. – *Pluteus nanus* (Pers.
ex Fr.) Kummer, Bereifter Dachpilz: Hut 2–4 cm breit, rußigbraun, Stiel gelblich,
auf humusreichem Boden, aber auch an lebendem oder totem Holz. – *Pluteus plau-
tus* (Weinm.) Gill., Samtfüßiger Dachpilz: 2–4 cm breit, Hut und Stiel rußigbraun,
Stielgrund filzig; auf Humus. – *Pluteus coccineus* (Mass.) Lge., Scharlachroter
Dachpilz: Hut 2–6 cm breit, rot, Rand orangerot, Stiel gelb; auf Laubholz; selten.
– **Alle Dachpilze sind als Speisepilze nur geringwertig.**

PSALLIOTA *(Agaricus)* CAMPESTRIS (L.) Fr.
Wiesenchampignon, Feldegerling
Hut anfangs fast rund oder halbkugelig und lange so bleibend; später mehr oder weniger aufschirmend; 5–15 cm breit; Huthaut am Rande etwas überstehend; seidig-weiß bei der Normalform (forma *typica* Moell. = *var. alba* Fr.), sonst schmutzig-weiß, hell nußbraun oder bräunlich, mitunter braunschuppig; an Druckstellen gilbend. **Stiel** in der Form variierend: meist kurz und stämmig, seltener aber auch schlank; weiß, zuweilen leicht rosa; Basis oft schmal und spindelförmig zugespitzt, manchmal aber auch leicht verdickt. **Ring** einfach, dünn, empfindlich, flüchtig; weiß; Rand ausgefranst. **Fleisch** dick, hart; weiß, im Stiel und unter der Huthaut an der Luft zuweilen rosa anlaufend. **Geruch** und **Geschmack** mild, angenehm. **Lamellen** ziemlich dichtstehend, frei; im Jugendzustand schön rosa, im Alter schwarzbraun. **Sporen** schokoladenbraun. Vorkommen: auf stark gedüngtem Boden, Viehweiden, Wiesen, auch an Straßenböschungen, sehr selten auch im Walde; immer in Gruppen, gern in Hexenringen. Der Pilz erscheint zum ersten Mal im Spätfrühling (Mai, Juni), wächst vereinzelt auch im Hochsommer und tritt gegen Ende des Sommers (zweite Augusthälfte bis Anfang Oktober) wiederum gehäuft auf, besonders bei trockener und warmer Witterung nach Regenperioden. Wert: **ausgezeichneter Speisepilz,** auch roh.
PSALLIOTA *(Agaricus)* COMTULA Fr. (2)
Zwergegerling, Triften-Zwergchampignon
Sieht aus wie eine Miniaturausgabe des Wiesenchampignons; Hutbreite 2–6 cm; Geruch leicht mandelartig. Vorkommen: auf mit organischen Abfallstoffen gedüngten Wiesen; **eßbar.**

PSALLIOTA *(Agaricus)* BISPORA (Lge.) Sing.
Gartenchampignon, Gartenegerling, Zuchtchampignon
Hut 5–10 cm breit, jung fast rund oder halbkugelig, später konvex, im Alter auch ganz ausgebreitet und flach; weißlich, auch mit rötlichen, grauen oder braunen Tönen, besonders im Alter fast immer braun; bei manchen Formen mit mehr oder weniger stark gefärbten Fasern oder feinen Schüppchen bedeckt; an Druckstellen rotbraun verfärbend; bei jungen Pilzen ist der Hutrand oft mit einem flüchtigen, weißen, oft zackigen Kranz aus dicken, weichen Velumresten behangen. **Stiel** dick und kurz, leicht vom Hut zu trennen; unterhalb des Ringes flockig; ausgestopft, im Alter fast hohl; weiß, aber bei jungen Exemplaren oberhalb des Ringes zuweilen leicht rosa getönt und unterhalb des Ringes flockig, bei alten Pilzen bräunlich. **Ring** auffallend dick; weich, weiß; Oberseite durch Lamellenabdrücke gerieft. **Fleisch** weiß, dick und fest, besonders hart bei jungen Exemplaren, bei denen es sich an der Luft fleischrosa verfärbt, während bei alten Pilzen eine Braunfärbung eintritt. **Geruch** und **Geschmack** angenehm. **Lamellen** dichtstehend, frei; anfangs rosa, später schwarzbraun. **Sporen** kakaofarben. Vorkommen: auf gedüngtem Boden, auch an Straßenrändern, stets außerhalb des Waldes, Sommer und Herbst; in Kulturen das ganze Jahr über verbreitet und überall in der Welt zu kommerziellen Zwecken gezüchtet. Wert: **hervorragender Speisepilz;** eignet sich sowohl zum Kochen, wie zu Salaten und zum Konservieren.

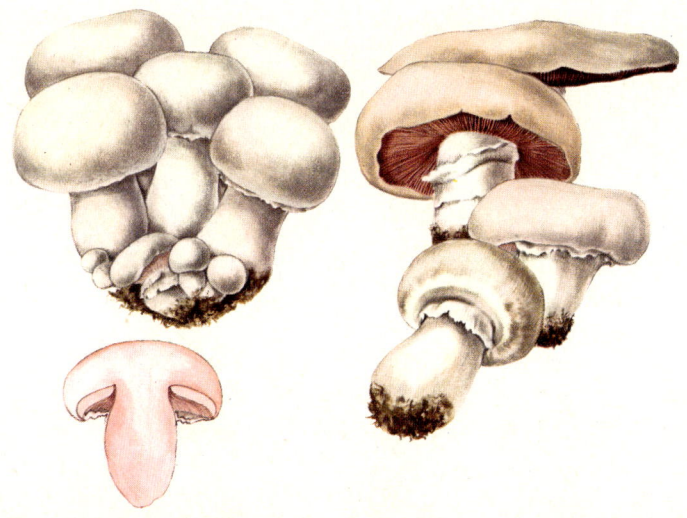

PSALLIOTA *(Agaricus)* BISPORA (Lge.) Sing.
Gartenchampignon
Ausführliche Beschreibung siehe S. 69.
PSALLIOTA BISPORA *var.* HORTENSIS Cke. (= *Agaricus hortensis* [Cke.]
Pilát)
Gartenform des Zuchtchampignons
Kommt in zwei Farbrassen (braun [1] und strohgelb [2]) vor.
PSALLIOTA *(Agaricus)* BITORQUIS (Quél.) Sacc. (3)
Scheidenegerling, Stadtchampignon
Mit zwei Ringen, von denen der untere auch als Teil einer dünnen, an der Stielbasis
haftenden Scheide angesehen werden kann; Mai bis November an Straßenrändern;
eßbar. – *Psalliota* (Agaricus) *subperonata* (Lge.) Sing., der gleichfalls eßbare
Gegürtelte Champignon, weist ebenfalls einen zweifachen Ring auf, hat aber einen
hellbraunen Hut mit dunkelbraunen Schuppen und wächst auf verrottendem Stroh
und an Wegrändern. Er erreicht zuweilen beträchtlich größere Ausmaße als der
Stadtchampignon.
PSALLIOTA *(Agaricus)* RADICATA Bres. (4)
Wurzelnder Champignon
Stielbasis etwas verdickt, mitunter sogar knollig; mit einer einige Zentimeter langen
wurzelartigen Verlängerung, die beim Herausnehmen des Pilzes leicht abreißt und
unbeachtet im Erdboden steckenbleibt. Der Hut ist gewöhnlich weiß, kann aber
bei Exemplaren, die aus hartem und festgetretenem Boden hervorbrechen, rußig-
braun gefärbt und schuppig sein. Der Pilz riecht nach Karbol, insbesondere beim
Kochen. Vorkommen: auf Weiden und in Gärten, aber auch im Inneren der Städte,
z.B. in Alleen; Frankreich, Italien, in Deutschland sehr selten und bisher kaum
nachgewiesen. Wert: **giftig;** verursacht Magen- und Darmbeschwerden.

PSALLIOTA *(Agaricus)* SILVATICA Schff. ex Secr.
Kleiner Waldchampignon, Kleiner Blutchampignon

Hut 7–15 cm breit; auf hellbraunem Grund dicht bedeckt mit fest anhaftenden gelbbraunen bis rotbraunen, fast dreieckigen Faserschuppen. **Stiel** schlank bei Laubwaldexemplaren; bei Pilzen im Nadelwald etwas gedrungener; bald hohl; im oberen Drittel schneeweiß, unterhalb des Ringes schmutzig-weiß, leicht schuppig; bald graubräunlich verfärbend; Basis knollig verdickt. **Ring** dünn, ziemlich breit; Oberseite glatt, Unterseite flockig; weiß, bald bräunlich, oftmals zerrissen, vergänglich. **Fleisch** zart, weißlich mit rosa Tönung; an der Luft rot anlaufend; beim Eintrocknen bräunend. **Geruch** säuerlich. **Geschmack** angenehm. **Lamellen** dichtstehend, schmal, frei; anfangs rosa, dann graurosa, schließlich violettbraun. **Sporen** kakaobraun. Vorkommen: in Laub- und Nadelwäldern, Sommer bis Herbst, ziemlich häufig. Wert: Jung **guter Speisepilz,** auch roh verwertbar. *Psalliota* (Agaricus) *subrutilascens* (Kauff.) Hotson & Stuntz ist eine ähnliche Art mit dunklerer purpurbrauner oder rotbrauner Hutmitte. Vorkommen: Nordamerika, Ferner Osten, in Nadelwäldern, in regenreichen Herbstmonaten. Wert: **eßbar mit Vorbehalt;** in Mengen genossen nicht jedem bekömmlich. – In Nordamerika, dem Fernen Osten und Europa ist auch *Psalliota* (Agaricus) *placomyces* Peck gefunden worden: Hut auf weißem Grund dicht graubräunlich geschuppt; Stiel unterhalb des Ringes mit kleinen Plättchen besetzt, die besonders beim jungen Pilz deutlich erkennbar sind. Vorkommen: auch außerhalb des Waldes, in Europa selten. Der Pilz gilt als **giftverdächtig** und steht dem *Perlhuhn-Egerling* (S. 76) nahe.

PSALLIOTA *(Agaricus)* HAEMORRHOIDARIA (1) Kalchbr. et Schulz.
Großer Waldchampignon, Großer Blutchampignon
Hut jung halbkugelig oder zylindrisch, später ausgebreitet, 5–12 cm breit, in der
Mitte satt braun und fast glatt, sonst faserig und braunschuppig; Rand heller braun
mit weißlichem Saum. **Stiel** oberhalb des Ringes weiß und glatt, unterhalb dessel-
ben braunflockig; bei Berührung rotfleckig; jung ausgestopft, später hohl; Basis
manchmal etwas verdickt; tief im Boden steckend. **Ring** dünn, breit, mit zackigem
Rand, Oberseite weiß, gerieft, Unterseite braun. **Fleisch** weiß, an der Luft sofort
karmin- oder blutrot anlaufend, besonders oberhalb der Lamellen und an der
Stielspitze. **Geruch** säuerlich. **Geschmack** angenehm. **Lamellen** dichtstehend, am
Stiel nicht oder nur knapp angeheftet; anfangs rosa, später violettbraun. **Sporen**
schokoladenbraun mit violettem Einschlag. Vorkommen: im Spätsommer in
Eichen- und Buchenwäldern, gern an lichten Stellen des Waldes; in Nadelwäldern
ist *Psalliota* (Agaricus) *langei* Moell. häufiger, der von *haemorrhoidarius* nur mikroskopisch sicher unterschieden werden kann. Wert: **guter Speisepilz.** – Die beiden Exemplare rechts unten auf der Tafel stellen die gleichfalls **eßbare** *var. silvaticoides* Pilát (2) dar, die dem *Kleinen Waldchampignon* (S. 71) sehr ähnelt. Der
Stiel bei *var. silvaticoides* ist jedoch gedrungener, der Hut fleischiger; die Lamellen
sind in der Mitte sehr breit und laufen am Rand spitz zu; das Fleisch verfärbt sich
an der Luft in Sekundenschnelle überall intensiv blutrot, während es bei *silvatica*
(S. 71) nur fleckenweise und weniger intensiv rötet.

PSALLIOTA *(Agaricus)* AUGUSTA Fr. (Quél.)
Hohlstieliger Riesenegerling, Riesenchampignon
Hut anfangs kugelig mit abgeflachter Mitte (im Querschnitt bisweilen auch fast trapezförmig); später aufschirmend, 10–24 cm breit; bräunlich oder gelblich; bedeckt mit faserigen, braunen Schuppen, zwischen denen der weißliche oder gelbliche Untergrund sichtbar wird. Huthaut bei Verletzung sofort gilbend. **Stiel** kräftig, weiß; bei jungen Exemplaren oberhalb des Ringes rosa getönt; an Druckstellen dunkelgelb fleckend; zwischen Hutansatz und Ring glatt und glänzend, unterhalb des Ringes flockig-schuppig; Basis oft verdickt, auffallend tief im Erdboden steckend. **Ring** weiß mit gelber Tönung; sehr breit, reifrockartig herabhängend, dünn, glatt, oft zerrissen; Rand mit anfangs weißen, später nußbraunen Flocken oder Schüppchen geschmückt. **Fleisch** weiß; an der Luft nicht rötend, dafür aber oft mit blaßgelblichem Schein, besonders in der Stielbasis; im Alter bräunend. **Geruch** nach Mandeln. **Geschmack** angenehm. **Lamellen** dichtstehend, schmal, frei; erst blaßgrau, bald rosa, im Alter schwarzbraun. **Sporen** schokoladenfarben bis purpurbraun. Vorkommen: besonders in Nadelwäldern, aber auch unter Laubbäumen, in Gruppen, Juli bis Oktober, zerstreut. Wert: **guter Speisepilz.** – Das Exemplar unten rechts auf der Tafel zeigt *var. perrara* Schulz., deren Vorkommen auf Nadelwälder beschränkt ist. An ähnlichen Stellen, aber auch auf gedüngten Weiden und Komposthaufen tritt *Psalliota* (Agaricus) *vaporaria* (Pers. ex Vitt.) Mos., der Braune Riesenchampignon, auf. Er ist kleiner als *perrara,* hell goldbraun oder tabakbraun gefärbt und hat eine knollig-verdickte Stielbasis. Der Braune Riesenchampignon ist **eßbar.**

PSALLIOTA *(Agaricus)* ARVENSIS Schff. (1)
Schaf-Champignon, Weißer Anisegerling.
hut 6–16 cm breit, mit flockig-gezacktem Rand; weiß mit hellbräunlicher Mitte; auf Druck und im Alter gilbend. **Stiel** kräftig; weiß, gelbfleckig; mit dünner, seidig-glatter Haut. **Ring** doppelschichtig; Oberseite dünn, erst weiß, dann gelblich; Unterseite dicker, oft sternförmig zerrissen; weich; weißlich. **Fleisch** weiß, an der Luft und im Alter langsam gilbend. **Geruch** nach Anis. **Geschmack** angenehm. **Lamellen** dichtstehend, schmal, frei; anfangs weißlich, dann rosa und schließlich tabakbraun mit helleren Schneiden. **Sporen** kakaofarben. Vorkommen: in kleinen Gruppen an lichten Stellen des Waldes; gern im Gras unter Nadelbäumen; schon im Juni; häufig. Wert: **ausgezeichneter Speisepilz;** auch roh zu Salaten verwendbar.

PSALLIOTA *(Agaricus)* NIVESCENS Moell. (2)
Schneeweißer Champignon
Hut sehr fleischig, weiß; Huthaut bei trockenem Wind in der Mitte felderig aufspringend; Mandelgeruch; **ausgezeichneter Speisepilz,** auch roh; auf Wiesen und Weiden; selten. – Ebenfalls **eßbar** sind folgende Arten: *Psalliota* (Agaricus) *crocodilina* Murr., der an der Westküste Nordamerikas gefunden worden ist, und *Psalliota villatica* ss. Bres. = *Agaricus macrosporus* (Moell. & Schff.) Pilát, der Großsporige Champignon: Hut 15–35 cm breit; Rand mit spärlichen hellbraunen Schüppchen besetzt; Fleisch an der Luft langsam rosa verfärbend; auf Bergweiden, seltener im Flachland, nicht häufig. **Ungenießbar** ist dagegen *Psalliota* (Agaricus) *bernardii* (Quél.) Sacc., der Dünen- oder Strandegerling: Hut halbkugelig gewölbt, 10–25 cm breit, grobschuppig, ockerlich; Oberhaut bald rissig aufspringend; Stiel kurz und dick, unterhalb des Ringes rauhschuppig; Fleisch an der Luft erst rötend, später grauend; Geruch unangenehm salzig. Vorkommen: an Stränden, im feuchten Dünensand; stellenweise häufig.

PSALLIOTA *(Agaricus)* SILVICOLA (Vitt.) Sacc. (1)
Dünnfleischiger Anis-Champignon
Hut 5–12 cm breit, glatt, trocken, glänzend wie Atlas; weiß, mit der Zeit gilbend.
Stiel schlank, steif; markig ausgestopft, sehr bald hohl; weiß; oberhalb des Ringes
zuweilen mit amethystgrauem Schein; später gelblich oder aschgrau; Basis etwas
verdickt. **Ring** breit, schlaff, zweischichtig, unterseits flockig; vergänglich; anfangs
weiß, dann gelblich oder bräunlich. **Fleisch** dünn, zart; weiß, im Stiel mitunter rötlich getönt. **Geruch** nach Anis. **Geschmack** angenehm. **Lamellen** sehr dichtstehend, anfangs weißlich, dann rosa, schließlich schokoladenbraun; frei; am Hutrand
spitz zulaufend. **Sporen** kakaobraun. Vorkommen: in kleinen Gruppen in Wäldern, besonders auf sonnigen Lichtungen im Nadelwald. Wert: **hervorragender
Speisepilz,** auch roh.
PSALLIOTA *(Agaricus silvicola var.)* ABRUPTIBULBA Peck (2)
Schiefknolliger Anis-Champignon
Ähnelt der vorigen Art, unterscheidet sich aber durch die glattrandige Knolle an
der Stielbasis, an der beim Herausnehmen oft ein dicker Ballen aus Myzelfilz und
Nadelstreu haften bleibt. Wert: **eßbar.** – Die folgenden drei kleineren Champi-
gnonarten sind ebenfalls **eßbar** und wachsen im Waldesinnern: *Psalliota* (Agari-
cus) *semota* Fr., Zwergchampignon; Hut 2–5 cm breit, weiß, seidig; Hutfasern im
Alter rötlich. Kaum unterschieden ist *Psalliota* (Agaricus) *rubella* forma *pallens*
Lge., der Halbrote Egerling, mit 2–4 cm breitem Hut und helleren Hutfasern. –
Psalliota amethystina ss. Lge., Weinrötlicher Zwergchampignon: Hut 2–5 cm breit,
kräftiger weinrot gefärbt.

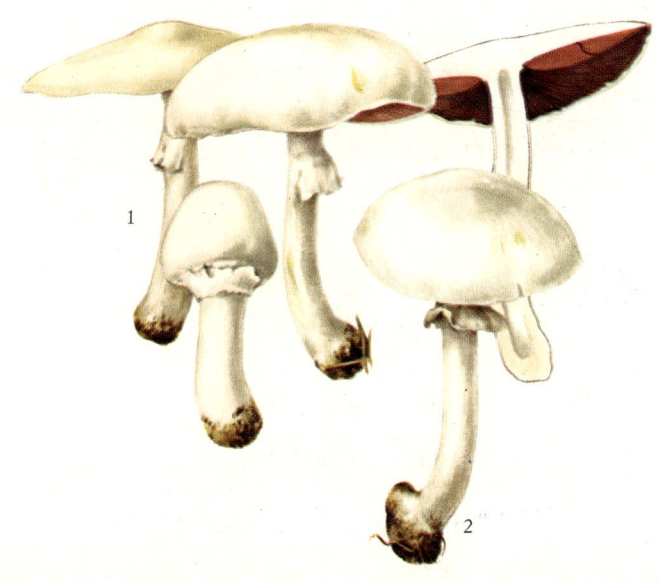

PSALLIOTA *(Agaricus)* XANTHODERMA Gen. (1)
Karbolegerling, Weißer Giftchampignon
Bei Berührung oder Verletzung tritt an allen Teilen dieses Pilzes eine intensive
Gelbfärbung ein, die mit der Zeit bräunlich nachdunkelt. **Hut** jung glockig mit ab-
geflachter Mitte oder fast zylindrisch, später ausgebreitet, 5–12 cm breit; in der
Mitte oft niedergedrückt; weiß, zuweilen mit ockerfarbenem Schein in der Hutmitte; im Alter grauend; Huthaut seidig-glatt, zuweilen längsrissig; Rand fransig,
Stiel zylindrisch, schlank, seidig-glatt; markig-ausgestopft, bald hohl; Basis
schwach knollig; im Alter im oberen Teil bräunend und an der Basis schwärzend;
Ring weiß, durch Lamellenabdrücke senkrecht gestreift, Rand gelbflockig. **Fleisch**
weiß; im Stiel blaßgelblich und in der Stielbasis satt gelb; an der Luft sofort chromgelb verfärbend, vor allem in den Randzonen; später ockerrosa ausblassend und
im Alter schwärzend. **Geruch** nach Tinte oder Jodtinktur. **Geschmack** widerlich.
Lamellen dichtstehend, den Stiel nicht erreichend; erst weiß, dann rosa, schließlich
dunkelbraun; Schneiden blasser, gesägt. **Sporen** kakaobraun. Vorkommen: in
Laub- und Nadelwäldern, aber auch auf Wiesen in Gärten und in Parkanlagen;
weit verbreitet. Wert: **schwach giftig;** verursacht bei empfindlichen Personen
Magenbeschwerden.
PSALLIOTA *(Agaricus)* XANTHODERMA *var.* MELEAGRIS Schff. (2)
Perlhuhn-Egerling
Hut feinschuppig, besonders in der Mitte (bei der typischen Form rußigbraun; bei
var. meleagris forma grisea Pears. grau.) – **Schwach giftig,** wie der Karbolegerling.

COPRINUS COMATUS (Müll. ex Fr.) S. F. Gray
Schopftintling

Hut eiförmig, 4–8 cm breit; jung weiß, in der Mitte bald graubräunlich; Huthaut faserig aufschuppend; Rand im Alter sich aufbiegend und einreißend. **Stiel** zylindrisch, schlank, seidig-weiß; hohl. **Ring** flüchtig, weiß, verschiebbar. **Fleisch** dünn, wäßrig. **Geruch** und **Geschmack** angenehm, mild. **Lamellen** dicht gedrängt; dünn, sehr breit; später etwas weiter entfernt voneinander, den Stiel nicht erreichend; erst weiß, dann rosa, später violettlich, zuletzt als schwarze Flüssigkeit herabtropfend. **Sporen** schwarz. Vorkommen: Frühling bis Herbst auf lockerem, sandigem Grund, auch auf Schuttplätzen mit kalkhaltigen oder organischen Abfallstoffen, gerne an Straßenrändern, oft in Massen. Wert: **jung delikater Speisepilz;** muß bald nach dem Einsammeln zubereitet werden, weil er sehr schnell verdirbt. Es empfiehlt sich, die Pilze zunächst in heißem Wasser aufkochen zu lassen; sie können dann bis zur endgültigen Zubereitung aufbewahrt werden. – Ähnlich ist der schmächtigere Eiertintling, *Coprinus ovatus* Schff. ex Fr.: Hut jung eiförmig, die Lamellen reifen etwas langsamer. – *Coprinus vosoustii* Pilát: Hut mit braunfilzigem Scheitel und radialen Spalten; auf stark gedüngtem Boden; **Speisewert unbekannt.** – Zahlreiche kleine Tintlinge sind **zu Speisezwecken nicht zu gebrauchen,** so z. B.: *Coprinus niveus* (Pers. ex Fr.) Fr., der Schneeweiße Tintling: Hut 1–3 cm breit, spitzkegelig, weiß, mehlig, auf Mist. – *Coprinus silvaticus* Peck, Kleiner Rauhsporiger Tintling: grau; büschelig wachsend, in Wäldern. – *Coprinus domesticus* (Bolt. ex Fr.) S. F. Gray, Glimmeriger Zwergtintling: Hut grau, anfangs überzogen mit einem Velum, das sich später in körnige Schüppchen auflöst; büschelig an modrigem Holz.

COPRINUS ATRAMENTARIUS Bull. ex Fr.
Grauer Tintling, Faltentintling, Knotentintling
Hut anfangs eiförmig, dann glockig, 3–6 cm breit, bald längsfurchig oder längsrissig; jung weißlich, dann graulich oder gelblich; bei der Reife aufgrund der durchscheinenden Lamellen mit violettem Schimmer. **Stiel** zylindrisch; weiß; sehr bald seidig-faserig, graulich; verhältnismäßig hart; hohl. **Fleisch** weißgrau, dünn; der Pilz erweckt bei oberflächlicher Betrachtung dennoch den Eindruck, als sei er schwer und dickfleischig. **Geruch** und **Geschmack** angenehm. **Lamellen** eng aneinanderhaftend, breit, den Stiel nicht erreichend; anfangs schmutzig-weißlich, dann vom Rand her bräunend, schließlich schwarz-violett. Bei vollständig ausgereiften Fruchtkörpern lösen sich die Lamellen in eine schwärzliche Flüssigkeit auf, die neben den Pilzen zu Boden tropft. **Sporen** schwarz. Vorkommen: April bis November büschelig auf nacktem oder grasigem Boden, auf Schuttplätzen mit organischen Abfallstoffen, auch auf gedüngten Wiesen, in Parkanlagen und in Gärten, am Grunde alter Obstbäume, gern an schattigen Stellen. Wert: **eßbar mit Vorbehalt;** nur junge Pilze sollten gesammelt werden. Bei gleichzeitigem Genuß alkoholischer Getränke können Herzklopfen, Schweißausbrüche, Gliederkälte und andere Störungen auftreten, die aber bald wieder abklingen und ohne Folgen bleiben. Eine schmächtige Form des Grauen Tintlings nennt man *Coprinus fuscescens* Schff. ex Fr. – Von *C. atramentarius* nur mikroskopisch zu unterscheiden ist der Große Rauhsporige Tintling, *Coprinus insignis* Peck = *C. alopecia* Lasch. ex Fr., er wächst an Laubholzstümpfen und ist in Europa selten; häufiger dagegen in Nordamerika. – Die beiden letztgenannten Pilze sind wie der Graue Tintling mit **Vorbehalt eßbar.**

COPRINUS MICACEUS (Bull. ex Fr.) Fr. (1)
Glimmertintling
Hut jung kugelig, bald ausgebreitet und stumpf gebuckelt, 2–5 cm breit, mit tiefen
Radialfurchen durchzogen und mit glimmrigen Schüppchen bedeckt; ockerbraun;
Rand uneben. **Stiel** zylindrisch, glatt, seidig-weiß, hohl. **Fleisch** dünn, weißlich.
Geschmack mild. **Geruch** angenehm. **Lamellen** dichtstehend, schmal, frei; jung
weißlich, dann braun, zuletzt schwarz und aufweichend. **Sporen** dunkel-rußbraun.
Vorkommen: büschelig auf dem Erdboden, aber auch an Baumstümpfen, Frühjahr
bis Herbst; häufig. Wert: **bedeutungslos;** sollte auf keinen Fall zusammen mit al-
koholischen Getränken genossen werden. – Ähnlich ist *Coprinus radians* Desm.,
der Strahlfüßige Tintling, der einzeln auf feuchtem Gemäuer und morschem Holz
wächst; auch er ist **bedeutungslos.** *Coprinus picaceus* (Bull.) Fr. (2), Spechttintling:
Hut jung eiförmig, mit weißem Velum überzogen; später glockig, 4–8 cm breit;
rußbraun; mit einzelnen weißlichen Velumresten gefleckt; radialfurchig. **Stiel** sehr
lang, weiß, brüchig, hohl; Basis knollig verdickt. **Fleisch** dünn. **Geruch** unangenehm. **Geschmack** mild. **Lamellen** dichtstehend, frei; anfangs weiß, dann rötlich,
zuletzt schwarz und breiig aufweichend. **Sporen** schwarz. Vorkommen: in Laubwäldern, einzeln. Wert: **eßbar.**
COPRINUS DISSEMINATUS (Pers. ex Fr.) S. F. Gray (3)
Gesäter Tintling
Hut 0,5–1,5 cm breit, weiß, weißgrau oder ockerlich. Im Gegensatz zu den Lamellen anderer Arten der Gattung *Coprinus* zerfließen die des Gesäten Tintlings nicht.
Vorkommen: Frühjahr bis Herbst, in Scharen mit Hunderten von Einzelexemplaren an Laubholzstümpfen in feuchten Wäldern; ein sehr hübscher Pilz, der aber wegen seiner geringen Größe **für Speisezwecke nicht in Frage** kommt.

DROSOPHILA *(Psathyrella)* CANDOLLEANA Quél. (1)
Zarter Saumpilz, Behangener Faserling
Hut anfangs kugelig, später flach, 2–7 cm breit, ockerfarben, mit hellerem Rand, fransig; bei Trockenheit ist die Huthaut meist leicht gerunzelt und nicht so farbintensiv wie bei Feuchtigkeit. **Stiel** zylindrisch, ziemlich lang, oft verbogen, im oberen Drittel feinschuppig; zerbrechlich, weiß. **Geruch** und **Geschmack** angenehm. **Lamellen** dichtstehend, dünn, am Stiel angewachsen; erst weiß, später von den reifenden **Sporen** kakaobraun bepudert; Schneiden weiß bleibend. Vorkommen: büschelig auf dem Erdboden und auf faulendem Holz; Frühjahr bis Herbst. Wert: **schmackhafter Speisepilz.** – *Drosophila* (Psathyrella) *hydrophila* (Bull. ex Merat) Mre. (2), Wässeriger Saumpilz: **Hut** 2–5 cm breit, bei Feuchtigkeit dunkelbraun mit durchscheinendem Rand; bei Trockenheit ockerbraun mit runzeliger Oberhaut; das Fleisch nimmt die Farbe der Huthaut an. Vorkommen: büschelig an Stümpfen und Stämmen oder in deren Nähe; schon im Frühjahr, besonders aber im Spätherbst. Wert: **eßbar;** bewirkt wie das Insulin eine Senkung des Blutzuckerspiegels. – Der Gattung *Drosophila* ähnlich ist die Gattung *Psilocybe* (Kahlköpfe). *Psilocybe* (Psathyrella) *sarcocephala* (Fr.) Sing., der Fleischbraune Faserling, ist etwas größer und kräftiger als der Zarte Saumpilz, blaßocker bei Trockenheit, rußigbraun bei Feuchtigkeit. – Ihm ähnelt *Psilocybe* (Psathyrella) *spadicea* (Schff. ex Fr.) Sing., der Schokoladenbraune Faserling: Hut fleischiger, lebhaft braun mit rötlichem Einschlag. – Beide Pilze sind **als Speisepilze bedeutungslos.**

LACRYMARIA VELUTINA Lge.

Tränen-Saumpilz

Hut 3–12 cm breit; oft leicht gebuckelt; ockergelb, ockerrötlich oder ockergrau; einfarbig oder mit rötlich gefärbter Mitte; dicht bedeckt mit grauen, wolligen Faserschuppen, die mit der Huthaut fest verwachsen sind; im Alter verkahlend; Rand gesäumt mit faserigen Velumresten. **Stiel** zylindrisch, fest; faserig-haarig; weißlich, zuweilen ockergelb gefleckt; unterhalb des Ringes feinkörnig; hart; hohl. **Cortina** reichlich, weiß; bald am Stiel anliegend und schwärzend; **Fleisch** ziemlich dick und hart, aber zerbrechlich; weißlich oder blaßocker. **Geruch** kaum wahrnehmbar. **Geschmack** leicht säuerlich. **Lamellen** nicht sehr dichtstehend, am Hutrand mit zahlreichen eingeschobenen Lamelletten; am Stiel abgerundet und knapp angeheftet; anfangs dunkelbraun mit kleinen schwarzen Flecken, später einheitlich schwarzbraun mit helleren Schneiden; bei Feuchtigkeit tauartige Tröpfchen ausscheidend (»tränend«). **Sporen** schwarzbraun. Vorkommen: einzeln oder büschelig an lichten Stellen in Laubwäldern, auch an Stümpfen und außerhalb des Waldes auf grasüberwachsenen Abfallplätzen, ziemlich häufig. Wert: **guter Speisepilz.** – Der Pilz ist unter vielen verschiedenen Namen beschrieben worden, so unter *Lacrymaria* (Geophila) *lacrymabunda* auct. non Fr. und *Hypholoma lacrymabundum* auct. plur. non Quél. Er darf aber nicht verwechselt werden mit *Psathyrella lacrymabunda* Fr. = *Psathyrella cotonea* (Quél.) Konr. & Maubl., dem Langstieligen Saumpilz, der in mehrfacher Hinsicht deutlich unterschieden ist: Hut erst weißlich, später bräunlich; mit leicht vergänglichen faserigen Schüppchen besetzt; Lamellen nur selten tränend, niemals so stark wie die des Tränen-Saumpilzes. Vorkommen: in Büscheln auf totem Laubholz; selten. Wert: **unbekannt.**

PANAEOLUS PAPILIONACEUS (Bull. ex Fr.) Quél. (1)
Blasser Düngerling

Hut glockig oder halbkugelig und auch im Alter kaum ausgebreitet, 2–4 cm breit, anfangs blaßbräunlich mit rötlichem Einschlag, etwas klebrig; später trocken, glänzend, in der Mitte bräunlich und felderig aufspringend; Huthaut am Rand überstehend. **Stiel** lang und dünn, starr, wie der Hut gefärbt, hohl. **Fleisch** dünn. **Geruch** und **Geschmack** unauffällig. **Lamellen** am Stiel angewachsen; breit; erst hellbraun, dann olivgrau mit dunkleren Flecken. **Sporen** schwarz. Vorkommen: Frühjahr bis Herbst auf gedüngtem Boden. Wert: **ungenießbar**, wie die folgenden Arten, die an den gleichen Standorten vorkommen: *Panaeolus subbalteatus* (Bk. & Br.) Sacc. (2), Dunkelrandiger Düngerling: ockerfarben mit rötlichem Einschlag und dunklen Längsstreifen. – *Panaeolus sphinctrinus* (Fr.) Quél. (3), Glockendüngerling: aschgrau, grauoliv oder rußbraun, Rand fransig-behangen; mitunter mit halluzinogener Wirkung. *Panaeolus campanulatus* auct. (4) steht *sphinctrinus* sehr nahe; sein Hut ist mehr rötlichbraun. – *Panaeolus* (Anellaria) *semiovatus* Sow. ex Fr., Ringdüngerling: Hut 1–6 cm breit, eiförmig; tongrau oder dunkler aschgrau; Lamellen bei der Reife schwarz, nicht zerfließend. Stiel schlank, relativ lang, fest, mit häutigem Ring. – *Panaeolus acuminatus* (Schff. ex Secr.) Quél., der Spitzhütige oder Langstielige Düngerling, ist kleiner, mit nur 1–2 cm breitem, glänzend tiefbraunem spitzgebuckeltem Hut. An einen Düngerling erinnert auch *Psilocybe uda* ss. Ricken = *P. paupera* Sing., der Runzel-Kahlkopf; Hut 1–3 cm breit, braun; Rand glatt; Stiel faserig, zäh; Lamellen anfangs weiß, dann violettbraun wie die Sporen. Vorkommen: im Moos, an feuchten Stellen.

STROPHARIA *(Geophila)* AERUGINOSA (Curt. ex Fr.) Quél.
Grünspanträuschling

Hut 3–9 cm breit (ausnahmsweise bis 12 cm); oft gebuckelt, grün oder blaugrün; nach dem Abpflücken und im Alter gelb ausblassend; Huthaut schleimig, mit vereinzelten weißen, vergänglichen Schüppchen; Rand fransig gesäumt. **Stiel** heller als der Hut, bedeckt mit grünweißlichen weichen Schüppchen; **Ring** faserig, vergänglich; weißlich oder von den reifen Sporen schwarzgefärbt. **Fleisch** weiß, mit grünlichem Schein. **Geruch** nach Radieschen. **Geschmack** unangenehm. **Lamellen** am Stiel angewachsen; erst amethystfarben, später braunviolett. Vorkommen: auf nährstoffreichem Boden, in und außerhalb des Waldes. Wert: **kaum genießbar; harmlos.** Bekannt sind ferner die folgenden Träuschlinge: *Stropharia albocyanea* (Desm.) Quél., Bläulicher Träuschling: kleiner und schlanker als *aeruginosa*, **ungenießbar.** – *Stropharia hornemannii* (Weinm. ex Fr.) Lund. & Nannf., Üppiger Träuschling: größer als *aeruginosa*, Hutfarbe blaßbraun, Geschmack unangenehm; in Nadelwäldern, ist auch aus dem Fernen Osten bekannt; nicht eßbar, **giftverdächtig.** – Eine nordamerikanische Art ist *Stropharia ambigua* (Peck) Zeller: sehr groß, blaßbraun, Stiel zwischen Ring und Basis weißflockig; Lamellen anfangs weiß, später kakaobraun, Frühjahr bis Herbst; **ungenießbar.** – Ein **ausgezeichneter Speisepilz** ist dagegen der große Rotbraune Riesenträuschling, *Stropharia ferrii* Bres. = *Stropharia rugosoannulata* Farlow ex Murr., dessen lebhaft gelber bis ziegelroter Hut einen Durchmesser von 25 cm erreichen kann; seine Lamellen sind anfangs violett und im Alter braunviolett. Der Pilz wächst auf verschiedenen Böden, besonders auf vermodernden Blättern und fauligem Stroh. In Deutschland wurde er verschiedentlich schon in der ersten Junihälfte in Maisfeldern gefunden. Er ist allgemein selten, tritt aber an seinen Standorten oft in Massen auf und kann auch gezüchtet werden.

STROPHARIA *(Geophila)* CORONILLA (Bull. ex Fr.) Quél. (1)
Krönchenträuschling
Hut 2–5 cm breit, gelb oder ockerrosa; oft gebuckelt; glatt, feinfaserig; bei Feuchtigkeit etwas klebrig; Rand blasser, fransig behangen. **Stiel** verhältnismäßig kurz, weiß; glatt, seidig-faserig; erst voll, dann ausgestopft-markig. **Ring** rosa gerieft; zart; flüchtig. **Fleisch** dick, weiß. **Geruch** kaum wahrnehmbar. **Geschmack** mild. **Lamellen** am Stiel angewachsen; erst amethystfarben, später braun mit helleren Schneiden. **Sporen** violettgrau. Vorkommen: schon im Mai; häufiger im Sommer und Herbst auf Feldern und grasigen Lichtungen. Wert: **eßbar.** – *Stropharia melasperma* (Bull. ex Fr.) Quél. (2), Schwarzblättriger Träuschling: Hut weiß; Lamellen erst grau, dann schwarz; Sporen schwarz; Ring dick, fein gezackt, vergänglich; Geschmack angenehm. Vorkommen: auf stark gedüngten Feldern und Weiden. Wert: **ungenießbar.** – *Stropharia umbonatescens* (Peck) Sacc. (3): Ähnelt der folgenden Art, hat aber einen rein weißen, in der Mitte leicht gebuckelten Hut und wächst vor allem im Gebirge; **ungenießbar.** – *Stropharia semiglobata* (Batsch ex Fr.) Quél. (4), Halbkugeliger Träuschling: **Hut** 1–4 cm breit; gelblich oder grünlich, am Rand blasser; glatt; bei Feuchtigkeit klebrig, bei Trockenheit glänzend. **Stiel** schmächtig, glatt, in Höhe des Ringes klebrig; etwas blasser als der Hut; bald hohl. **Ring** dünn, schmierig; erst rötlich, dann schwarz; vergänglich. **Fleisch** blaß. **Geruch** und **Geschmack** geringfügig, mild. **Lamellen** breit, am Stiel strichweise herablaufend; jung weißlich, bei der Reife grauviolett mit helleren Schneiden. **Sporen** schwarzviolett; an gedüngten Stellen, auch auf Mist, schon ab Mai. Wert: **ungenießbar.**

HYPHOLOMA *(Naematoloma)* FASCICULARE (Huds. ex Fr.) Kummer
Grünblättriger Schwefelkopf
Hut 2–7 cm breit, nicht gebuckelt; anfangs zitronen- oder schwefelgelb, später
orangegelb; seidig-glatt, nicht klebrig; Rand meist blasser als die Hutmitte. **Stiel**
zylindrisch, schlank, verbogen; gelb mit dunklerer Basis; seidig-faserig; zäh; hohl.
Cortina faserig, gelblich; verbindet bei jungen Pilzen spinnwebartig den Hutrand
mit der Stielspitze, verflüchtigt sich aber rasch und bildet am Stiel eine ringartige
Zone, die alsbald von den ausfallenden **Sporen** dunkelbraun gefärbt wird. **Fleisch**
dünn, besonders am Hutrand; schwefelgelb, unter der Huthaut rötlich; mit Neigung zur Rotverfärbung. **Geruch** unangenehm. **Geschmack** sehr bitter. **Lamellen**
sehr dichtstehend, nicht sehr breit; am Stiel anhaftend oder ausgebuchtet; erst gelb
oder gelblich, später olivgrün und mit schwarzviolettem Sporenpulver bepudert.
Vorkommen: Frühjahr bis Herbst, in Büscheln mit zahlreichen Einzelexemplaren,
auf freiliegendem oder im Boden vergrabenem, lebendem oder totem Holz. Wert:
Wegen seines bitteren Geschmackes völlig **ungenießbar.** – Ähnlich ist *Hypholoma
squamosum* (Pers. ex Fr.) Kummer, der Schuppige Schwefelkopf: Hut besetzt mit
dreieckigen Schüppchen, Stiel mit schwärzlichem Ring und unterhalb desselben
schuppig; einzeln oder in kleinen Büscheln auf Holzabfällen an grasigen Stellen in
Wäldern. Über seine **Genießbarkeit** ist **nichts bekannt.**

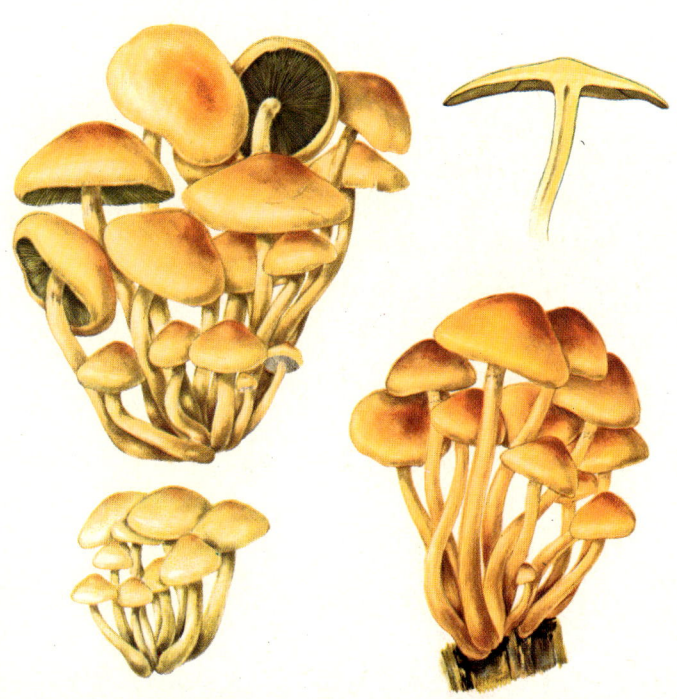

HYPHOLOMA *(Naematoloma)* SUBLATERITIUM (Fr.) Quél.
Ziegelroter Schwefelkopf

Hut 4–9 cm breit *(var. permagnum* erreicht sehr viel größere Ausmaße); glatt, bald trocken; rotorange oder ziegelrot mit hellerem, leicht fransigem Rand. **Stiel** fest, oftmals verbogen, faserig; gelblich mit rostbrauner Basis; nicht selten mit faseriger, ringartiger Zone; bald hohl. **Cortina** weißlich, bei jungen Exemplaren Hutrand und Stiel verbindend, doch bald nur noch am Stiel erkennbar bzw. ganz verschwindend. (Bei *forma pomposum* [Fr.] Lge. bildet die Cortina einen auffallenden dauerhaften Ring am Stiel.) **Fleisch** hart; erst weiß, dann gelblich, am Stiel rötlich. **Geruch** nur sehr schwach. **Geschmack** bitterlich; manchmal auch stärker bitter. **Lamellen** dichtstehend, nicht sehr breit, am Stiel schmal angewachsen; anfangs weißlich, später gelblich, zuletzt dunkeloliv oder violettbraun, mit leicht gewellten, gelblichen Schneiden. **Sporen** braunviolett. Vorkommen: im Herbst, büschelig an alten Stämmen und Stümpfen. Wert: **ungenießbar;** eine in Nordamerika wachsende Variation ist kaum bitter und eßbar. – Ähnlich sind ferner: *Hypholoma epixanthum* (Fr.) Quél., Starkriechender Schwefelkopf: Hut gelblich mit rötlicher Mitte, Rand mit flaumigen, weißen Velumresten; Geschmack bitter; Geruch stinkend; besonders an Kiefern- aber auch an Buchenstümpfen, vor allem im Gebirge; **ungenießbar.** – *Hypholoma radicosum* Lge., Wurzelnder Schwefelkopf: grau, Stiel beringt und mit dunkleren Velumzonen gegürtelt; Basis wurzelnd; an Nadelholzstümpfen, einzeln; **ungenießbar.**

HYPHOLOMA *(Naematoloma)* CAPNOIDES (Fr. ex Fr.) Kummer
Rauchblättriger oder Graublättriger Schwefelkopf

Hut 3–8 cm breit, stumpfbuckelig; Oberfläche beim ersten Anblick etwas verwaschen oder sogar schmutzig wirkend: in der Mitte bräunlich, weiter außen blasser orangegelb; Rand blaßbraun mit gelblichem Ton, scharf; zuweilen eingerissen; Huthaut bei Feuchtigkeit etwas klebrig und etwas lebhafter gefärbt, besonders am Rand, sonst trocken. **Stiel** dünn, schlank, glatt; bei jungen Exemplaren mitunter mit geringfügigen Velumspuren; an der Spitze gelblich-weiß, in der Mitte braun, Basis dunkel-rostbraun; hohl. **Cortina** weißlich; bei jungen Exemplaren die Lamellen bedeckend, doch schon bald sich verflüchtigend. **Fleisch** weißlich, mit gelblichem Schein. **Geruch** geringfügig. **Geschmack** mild oder leicht bitter. **Lamellen** dichtstehend; erst grau, später bläulich-grau; am Stiel angeheftet. **Sporen** schwarzviolett. Vorkommen: Frühjahr bis Herbst auf Laub- und Nadelholzstümpfen, insbesondere an Kiefern- und Fichtenholz; in dichten Büscheln. Wert: **eßbar;** sollte vor der eigentlichen Zubereitung kurz überbrüht werden (Kochwasser wegschütten!). – Er kann mit **ungenießbaren** Schwefelköpfen, dem *Grünblättrigen* (S. 85) und dem *Ziegelroten* (S. 86) verwechselt werden, doch haben diese grüne bzw. gelbe Lamellen, während die Lamellen bei *capnoides* stets grau sind, ohne gelbe oder grüne Töne. Besteht trotzdem noch Zweifel, entscheidet die Kostprobe: der *Graublättrige* schmeckt mild oder nur leicht bitterlich, der *Ziegelrote* oft, und der *Grünblättrige* immer sehr bitter.

FLAMMULA *(Gymnopilus)* PENETRANS (Fr.) Quél. (1)

Geflecktblättriger Flämmling

Hut flach oder konvex, 5–10 cm breit, niedergedrückt oder flach gebuckelt; kahl, glatt; trocken; gelb bis orange, meistens in der Mitte mit rötlichem Einschlag und am Rand heller gelb, seltener einheitlich rotorange. **Stiel** zylindrisch, mitunter leicht verbogen; faserig; erst weißlich oder gelblich, später wie der Hut gefärbt; fest; anfangs voll, dann hohl. **Cortina** fein, vergänglich (bzw. deutlich erkennbar und am Stiel eine ringartige Zone bildend bei *forma hybrida = Gymnopilus hybridus* [Fr. ex Fr.] Sing., dem Faserigberingten Flämmling [3]). **Fleisch** zart, erst weißlich, dann gelblich; in der Stielbasis rostbraun. **Geruch** geringfügig oder ziemlich kräftig. **Geschmack** sehr bitter. **Lamellen** dichtstehend, am Stiel angeheftet oder kurz herablaufend; erst gelb, später orange und zuletzt rostbraun; Schneiden heller, flockig-bewimpert. Vorkommen: meist einzeln, seltener büschelig auf morschem Holz, auch auf vergrabenen Holzresten, in Nadelwäldern; insbesondere an Kiefernholz; häufig. Wert: **ungenießbar.**

FLAMMULA *(Gymnopilus)* SAPINEA (Fr.) Quél. (2)

Tannenflämmling, Samtiger Tannenflämmling

Ähnelt der vorigen Art, hat jedoch eine faserig-wollige, bald rissig-aufspringende Huthaut; Stiel oft zusammengedrückt; bitter und deshalb **ungenießbar.** – Im Durchschnitt kleiner ist *Flammula* (Pholiota) *gummosa* (Lasch) Quél., der Blasse Schüppling: Hut grüngelblich, anfangs mit winzigen Schüppchen bedeckt, später bräunlich und glatt; Stiel haarig-schuppig, hohl, elastisch wie Gummi. Vorkommen: an morschen Stümpfen und an Holzresten; Sommer und Herbst; recht selten. Wert: **bedeutungslos.**

PHOLIOTA SQUARROSA (Pers. ex Fr.) Kummer (1)
Sparriger Schüppling

Hut anfangs halbkugelig, dann ausgebreitet, 5–12 cm breit; ocker oder orange; dicht besetzt mit groben, rostbraunen Schuppen; trocken; Rand faserig-behangen. **Stiel** kräftig, oberhalb des Ringes weißlich und glatt, sonst sparrig-schuppig wie der Hut, gelbbraun; voll, später hohl. **Fleisch** zäh, gelblich; im Stiel gelbbräunlich und hart. **Geruch** unauffällig oder leicht nach Knoblauch. **Geschmack** nach Rüben. **Lamellen** dichtstehend, am Stiel angewachsen; erst gelblich, später ockerfarben. **Sporen** ockerlich. Vorkommen: im Herbst in großen Büscheln an totem Holz, auch am Grunde noch lebender Bäume, besonders in Gärten an Obstbäumen; häufig. Wert: **eßbar,** aber minderwertig; vorheriges Abkochen ist notwendig. – Ähnlich sind: *Pholiota subsquarrosa* Fr.: Hut trocken, zitronengelb, mit dünnen, fest anhaftenden Schuppen, auf Holz; selten und **kaum genießbar.** – *Pholiota adiposa* (Fr.) Kummer (2), Schleimiger Schüppling: **Hut** 8–16 cm breit; schwefelgelb oder goldgelb; schleimig mit braunen oder rostfarbenen Schüppchen, die mit der Zeit spärlich werden und beim ausgewachsenen Pilz nur noch als feine, bräunliche Körnchen erkennbar sind. Vorkommen: vor allem an Buchen oder auf Buchenstümpfen; nicht häufig. Wert: **eßbar,** aber minderwertig. – *Pholiota aurivelia* (Batsch ex Fr.) Kummer (3), Goldfell-Schüppling, Hochthronender Schüppling: **Hut** goldgelb mit rostbrauner Mitte und hellerem Rand; braunschuppig; nur bei Feuchtigkeit schmierig; Stiel faserig, aber nicht schuppig. Vorkommen: in kleinen Büscheln an Laubholz; gern in Astlöchern noch lebender Bäume; Herbst; nicht häufig. Wert: **eßbar,** aber minderwertig.

PHOLIOTA *(Gymnopilus)* SPECTABILIS (Fr.) Gill.
Beringter Flämmling, Rasiger Schüppling
Hut erst halbkugelig, dann konvex, schließlich ausgebreitet, 8–15 cm breit; goldgelb, aprikosenfarben, orangegelb oder rötlich; Huthaut anfangs glatt, später in
winzige seidige, bräunliche oder braunrote Schüppchen ausfasernd. **Stiel** schlank,
fest, im mittleren Teil gewöhnlich etwas angeschwollen; goldgelb, oberhalb des
Ringes bereift, unterhalb desselben faserig-schuppig; Basis zugespitzt. **Ring** häutig,
wie der Stiel gefärbt. **Fleisch** gelb. **Geruch** angenehm. **Geschmack** bitterlich,
manchmal auch stark bitter. **Lamellen** dichtstehend, dünn, nicht sehr breit, am
Stielansatz ausgebuchtet und mit Zahn herablaufend; erst gelb, dann rostbraun.
Sporen rostbraun. Vorkommen: am Stammgrund alter Laubbäume, auch an
Stümpfen; seltener an Nadelholz; die Pilze wachsen einzeln oder zu mehreren
Exemplaren, deren Stiele am Grunde büschelig miteinander verwachsen sind.
Wert: **ungenießbar,** zumindest die stark bitteren Stücke.
Auch die folgenden Schüpplinge kommen **für Speisezwecke nicht in Betracht:**
Pholiota flammans (Fr.) Kummer, Feuerschüppling: Kleiner als *spectabilis,* Hut-
breite 3–9 cm; Hut und Stiel einheitlich goldgelb, schuppig; an Fichtenstümpfen
im Gebirge; im Flachland selten. Geschmack bitterlich. – *Pholiota astragalina* (Fr.)
Sing., Safranroter Schüppling: Hut rot, glatt; Stiel gelb; auf Nadelholz, weniger
häufig. – *Pholiota lucifera* (Lasch) Quél., Fettiger Schüppling: Hut zitronengelb,
schuppig; auf Holzabfällen. – *Pholiota alnicola* (Fr.) Sing., Erlenschüppling: Hut
zitronen- oder grüngelb, glatt; an Erlen, aber auch an Birken. – *Pholiota carbo-
naria* (Fr.) Sing., Kohlenschüppling: bräunlich; Geschmack mild; an alten Feuerstellen und Meilern, auch nach Waldbränden.

PHOLIOTA *(Hygrophana, Kuehneromyces)* MUTABILIS Schff. ex Fr.
Stockschwämmchen

Hut dünnfleischig, anfangs konvex, dann fast flach oder gewellt, 3–8 cm breit, Mitte gebuckelt, Rand dünn, glatt; Huthaut kahl, glatt, im trockenen Zustand und bei älteren Pilzen ockergelb mit dunklerer Mitte, bei Feuchtigkeit sehr wasserhaltig und vom Rand her zimtbraun verfärbend, zumindest im Jugendstadium. **Stiel** schmächtig, zäh, bald hohl; zylindrisch, verbogen; oben wie der Hut gefärbt oder etwas heller; im untern Teil zuweilen dunkler rußbraun und dicht mit dunkelbraunen Schüppchen besetzt, die beim älteren Pilz in längsfaserigen Furchen angeordnet zu sein scheinen. **Ring** häutig, dunkelbraun, leicht vergänglich. **Fleisch** bei Feuchtigkeit wie der Hut gefärbt, sonst weißlich. **Geruch** kaum wahrnehmbar, mild. **Geschmack** mild. **Lamellen** dichtstehend, dünn, erst weißlich, dann gelblich, schließlich rostbraun. **Sporen** rostbraun. Vorkommen: büschelig auf Laubholzstümpfen; schon im Frühjahr, aber am häufigsten in feuchten Sommermonaten; überall verbreitet. Wert: **guter Speisepilz;** man verwende nur die Hüte, da die Stiele zu zäh sind. Überalterte Exemplare eignen sich nicht zur Verwertung. Dem Stockschwämmchen sehr ähnlich sieht *Galera* (Galerina) *marginata* (Fr.) Kühn., der Nadelholz- oder Gerieftrandige Häubling, der in Scharen, aber kaum jemals büschelig, auf Nadelholzstümpfen, seltener auch an Laubholz wächst. Er ist kleiner als das Stockschwämmchen, riecht und schmeckt nach Mehl und **kommt für Speisezwecke nicht in Betracht.**

PHOLIOTA DESTRUENS (Brond.) Quél.
Pappelschüppling

Hut jung halbkugelig, dann konvex, 6–20 cm breit, gewöhnlich mit stumpfgebuk-kelter Mitte; weißlich, gelblich oder bräunlich, dicht bedeckt mit unregelmäßigen, derben, wolligen, erst weißlichen, später bräunlichen Schuppen; Rand anfangs eng eingerollt, später sich etwas aufbiegend, fransig. **Stiel** massiv, hart, voll; mitunter seitenständig, etwas heller als der Hut; faserig, unterhalb des Ringes flockig; Basis verdickt, wurzelnd, braun, **Ring** wie der Hut gefärbt oder etwas heller, flockig, ge-rieft, mit faserigem Rand; vergänglich; **Fleisch** dick, kompakt; in der Stielbasis gelb, sonst weiß. **Geruch** etwas unangenehm. **Geschmack** leicht süßlich oder bitter. **Lamellen** dichtstehend, breit, dick; anfangs weißlich, später bräunlich mit helleren Schneiden; am Stiel mehr oder weniger deutlich angewachsen. **Sporen** ockerfarben. Vorkommen: Sommer bis Herbst an Pappelstümpfen und gefällten Stämmen, aber auch an anderem Laubholz; nur selten an lebenden Bäumen. Wert: **ungenießbar.**
– Eine andere holzbewohnende Art mit bitterem Geschmack ist *Pleurotus* (Rho-dotus) *palmatus* Quél., der Orangerötliche Adernseitling: **Hut** 2–8 cm breit, apri-kosenfarben; Huthaut dick, bald netzaderig aufspringend und in kleine Felder zer-fallend, die an Kacheln erinnern; Stiel dünn, verbogen, seitenständig, blaßrosa mit dunklerer Basis; Lamellen frei, erst weißlich, dann ähnlich wie der Hut getönt, aber heller; Fleisch biegsam, mit anfangs säuerlichem, später bitterem Geschmack. Vor-kommen: Juni bis Oktober in oftmals büschelig verwachsenen Gruppen an totem Laubholz; in Europa selten, häufiger in Nordamerika. Wert: **ungenießbar.**

ROZITES *(Pholiota)* CAPERATA (Pers. ex Fr.) Karst.

Runzelschüppling, Reifpilz, Zigeuner

Hut jung eiförmig, dann glockig, schließlich ausgebreitet und unregelmäßig gewellt; 5–15 cm breit; nicht selten mit gebuckelter, bald radial gerunzelter Mitte;
ockergelb, bei Feuchtigkeit dunkler (Exemplar in der Bildmitte, oben), oft ausbleichend. Ein atypisches Exemplar, das an einer sehr schattigen Stelle zwischen zwei
Steinen hervorwuchs, stellt der Pilz in der Bildmitte unten dar. Rand bald einreißend und hier und da radial gerunzelt, aber nur im Alter mit deutlichen radialen
Riefen; Huthaut bedeckt mit feinem Reif, der in der Mitte dauerhafter als am Rand
ist. **Stiel** kräftig, faserig, voll; zylindrisch, mit etwas verdickter Basis; oberhalb des
Ringes weißflockig, darunter weißlich mit seidigen silbergrauen oder amethystfarbenen Streifen. Bei jungen Exemplaren ist die Stielbasis mit einem feinen, nicht immer vollständigen, eng anliegenden, weißlichen, gelblichen oder blaß-rosavioletten
Schleier oder Reif überzogen, der mitunter bis zur Stielmitte heraufreichen kann.
Ring weich, weiß, mit gelblichen oder amethystfarbenen Zonen; vergänglich und
daher bei alten Exemplaren zuweilen gänzlich fehlend. **Fleisch** gelblich, weich und
zerbrechlich. **Geruch** kaum wahrnehmbar. **Geschmack** angenehm. **Lamellen**
dichtstehend, verhältnismäßig breit, am Stiel abrupt verschmälert und oft nur
strichförmig angewachsen. Vorkommen: gern zwischen Heidelbeeren und im
Moos, aber auch auf trockenem, kiesigem oder steinigem Boden in Kiefern-, Tan-
nen- und Fichtenwäldern, seltener auch unter Laubbäumen; mancherorts sehr
häufig. Wert: **guter Speisepilz,** der auch getrocknet und in Öl konserviert werden
kann.

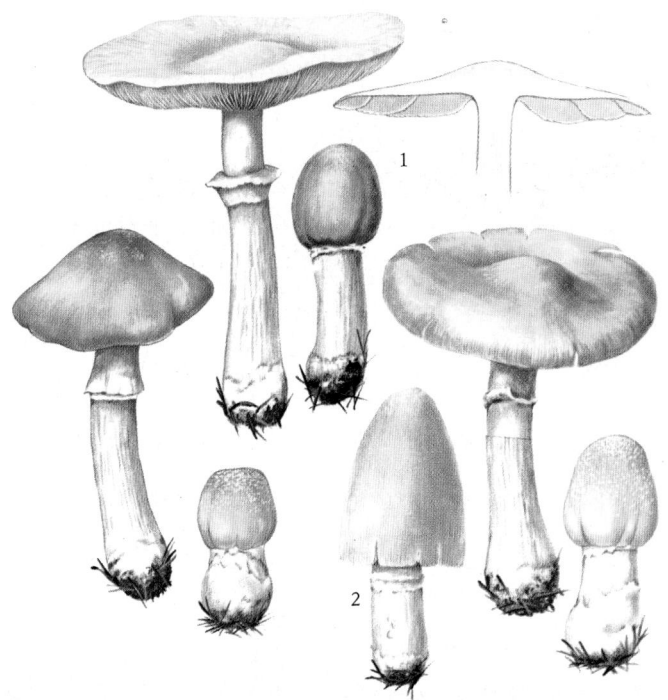

PHAEOLEPIOTA AUREA (Matt. ex Fr.) Mre.
Glimmerschüppling, Goldfarbener Glimmerschüppling
Hut erst halbkugelig, dann konvex, schließlich ausgebreitet, 5–15 cm; Mitte gebuk-
kelt, wenn auch oft nur undeutlich; Huthaut anfangs feucht und dicht bedeckt mit
winzigen gelbbraunen oder zimtbraunen Schüppchen oder Körnchen; später trok-
ken, samtig, dunkler braun; Hutrand glatt, lange Zeit eingerollt, stellenweise radial
eingerissen; besetzt mit körnigen Resten des Velums, das im Jugendzustand den
ganzen Pilz einhüllt. **Stiel** derb und kräftig, bis 20 cm hoch; von der Basis bis herauf
zum Ring bekleidet mit den gleichen körnig-samtigen, gelbbraunen Velumresten
wie die Huthaut; oberhalb des Ringes weißlich oder hellockerlich, bereift. Der häutige, goldbraun-schuppige **Ring** ist nichts weiter als der obere Rand der Stielbekleidung; er ist anfangs mit dem Hutrand verbunden und nimmt später die Form eines
Trichters an. **Fleisch** weißlich, an der Luft etwas gilbend, im Alter gelbbräunlich;
im Stiel rötlich. **Geruch** stechend. **Geschmack** unangenehm, schärflich. **Lamellen**
dichtstehend, ungleich lang, am Stiel ausgebuchtet-angewachsen oder fast frei; ok-
kerfarben, im Alter rostbraun. **Sporen** ockerbraun. Vorkommen: in Tannen- und
Fichtenwäldern, aber auch unter Laubbäumen, gern auf nacktem Boden in der
Nähe der Baumwurzeln, auch im Moos und zwischen Brennesseln an Wald- und
Wegrändern. Wert: **eßbar,** aber nicht besonders schmackhaft. – Darf nicht mit dem
bitteren *Beringten Flämmling* (S. 90) verwechselt werden, der aber kleiner ist, keine
glimmrige Stielbekleidung besitzt und auf Holz wächst.

AGROCYBE PRAECOX (Pers. ex Fr.) Fay.
Voreiliger Ackerling, Früher Erdschüppling
Hut weißlich oder blaß-graubräunlich mit cremefarbenem Rand; bei Feuchtigkeit ockerbraun mit dunklerer Mitte; erst halbkugelig oder glockig, später fast flach, 3–8 cm breit; Rand bisweilen fransig-behangen; Huthaut glatt, bereift, glänzend; bei Trockenheit rauh, matt. **Stiel** dünn und schlank, mitunter auch kräftiger; faserig, weißlich; erst voll, später hohl; Basis oft knollig verdickt, bräunlich. **Ring** auffallend hoch ansitzend, häutig, sehr dünn, breit; bald am Stiel anliegend; weißlich, beim reifen Pilz mit rußbraunem Sporenpulver bestäubt. **Fleisch** in der Mitte ziemlich dick; weich, zerbrechlich; erst blaßocker, später schmutzig-weißlich. **Geruch** nach Mehl. **Geschmack** unangenehm, manchmal bitterlich. **Lamellen** dichtstehend, dünn, breit, am Stiel ausgerandet, angewachsen und zuweilen mit Zahn herablaufend; erst blaß, dann amethystgrau, schließlich rußbraun oder zimtbraun. **Sporen:** rußbraun oder graubraun. Vorkommen: im Gras bei Laubbäumen; April bis Juli. Wert: **eßbar.** Kann mit dem gewöhnlich kräftigeren *Weißen Ackerling* (S. 96) verwechselt werden, dessen Huthaut felderig aufspringt und dessen Fleisch härter ist. – Atypische Exemplare können auch mit dem *Südlichen Schüppling* (S. 97) verwechselt werden, der allerdings durch sein Vorkommen auf Holz ausreichend gekennzeichnet ist.

AGROCYBE DURA (Bolt. ex Fr.) Sing. (1)
Weißer Ackerling, Rissiger Erdschüppling
Hut weißlich, 3–9 cm breit, zuweilen leicht gebuckelt; Rand erst fransig behangen, später rissig; Huthaut fein bereift oder bestäubt, bei Trockenheit von der Mitte aus in vieleckige Schüppchen aufspringend. **Stiel** zylindrisch (bei *var. obconipes* [oben links] kreiselförmig mit großen Längsrillen); weiß und glatt (bei *var. squamulosipes* [oben rechts] dunkelschuppig mit wurzelnder Basis). **Ring** häutig, weißlich. **Fleisch** dick, hart, weiß. **Geruch** nach Mehl. **Geschmack** bitterlich. **Lamellen** ziemlich dichtstehend; breit; ausgebuchtet am Stiel angewachsen; erst weiß, dann amethystgrau, schließlich braun. **Sporen** rußbraun mit ockerlichem Einschlag. Vorkommen: Auf Feldern, in Parkanlagen und in Gärten, außerhalb des Waldes; stellenweise häufig. Wert: **Speisepilz geringer Qualität.**

AGROCYBE PALUDOSA (Lge.) Kühn. & Romagn. (2)
Moor-Ackerling
Hut 2–4 cm breit, ockerfarben oder braun; Stiel zylindrisch, ziemlich lang im Vergleich zur Hutbreite; weichfleischig, oft verbogen, hohl; Ring abstehend, vergänglich und deshalb bei alten Exemplaren kaum erkennbar; Lamellen breit, angewachsen, ockerfarben. Vorkommen: Auf feuchtem Boden, gern in Mooren. Wert: **bedeutungslos.**

AGROCYBE EREBIA (Fr.) Kühn. (3)
Leberbrauner Ackerling, Leberbrauner Erdschüppling
Hut 3–8 cm, dunkel rußbraun, Mitte leicht gebuckelt, Rand oft radialfurchig, **Stiel** kräftig, mit dunklerer, ähnlich dem Hut gefärbter Basis, später ausblassend; am oberen Ende etwas verdickt; von unten nach oben allmählich heller werdend; am Lamellenansatz längsgestreift. **Ring** häutig, weiß, senkrecht gerieft. **Fleisch** fest, grau. **Lamellen** erst blaß, später braun. Vorkommen: Auf lockerem Boden, gerne unter Pappeln. Wert: **eßbar.**

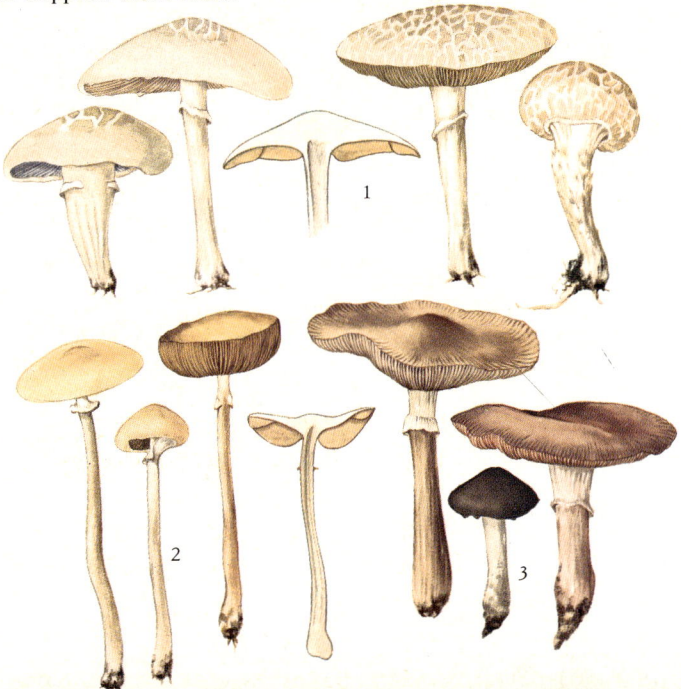

PHOLIOTA *(Agrocybe)* AEGERITA (Brig.) Sing.
Südlicher Schüppling
Hut erst halbkugelig, dann flach, zuletzt mit niedergedrückter Mitte, 3–14 cm breit;
im Jugendzustand braun, mit der Zeit ausblassend und schließlich fast weißlich. (Es
gibt Formen bzw. Variationen, die im Frühjahr braunhütige, im Herbst dagegen
weiße Fruchtkörper hervorbringen.) Huthaut seidig-glatt, bald rissig, bei anhal-
tender Trockenheit felderig-aufspringend; **Stiel** schlank, seltener auch kurz und
stämmig; verbogen; Basis verschmälert; erst weißlich, dann blaßbräunlich; bei
Exemplaren, die im Schatten gewachsen sind, auch weiß oder wie der Hut gefärbt;
Ring anfangs breit, weiß, doch bald nur noch als bräunlicher Fetzen erkennbar.
Fleisch im Hut zart; im Stiel faserig; erst weiß, dann ockerlich. **Geruch** angenehm.
Geschmack nußartig. **Lamellen** dichtstehend, dünn, breit, am Stiel angewachsen
oder mit Zahn herablaufend; erst weißlich, dann blaßocker; im Alter tabakbraun;
manchmal mit helleren, gewellten Schneiden. **Sporen** blaßbräunlich oder rußbraun.
Vorkommen: auf totem Laubholz, besonders an Pappelstümpfen; in Südeuropa
vom Frühjahr bis zum Spätherbst; in Mitteleuropa kaum vor Juni und ziemlich selten. Wert: **erstklassiger Speisepilz,** der leicht kultivierbar ist und daher in Südeuropa gerne gezüchtet wird: Scheiben aus Pappelholz werden mit den Lamellen aus-
gereifter Pilze eingerieben, mit einer lockeren Schicht Erde bedeckt und mäßig
feucht gehalten. Nach 10 Monaten erscheinen auf der Schnittfläche die ersten
Fruchtkörper. Von nun an kann man die Pilze zu den entsprechenden Jahreszeiten
solange ernten, bis das Holz nahezu vollständig aufgezehrt ist.

HEBELOMA CRUSTULINIFORME (Bull. ex. Fr.) Quél. (1)
Tongrauer Fälbling, Tränender Rettichfälbling
Hut 5–15 cm breit, ockerlich, ockerrosa oder cremefarben mit dunklerer Mitte, etwas schmierig. Stiel fest; zylindrisch; schmutzig-weißlich; grob faserig, im oberen Teil feinschuppig oder flockig; Basis zuweilen leicht knollig-verdickt. **Geruch:** nach Rüben oder Rettich. **Geschmack** unangenehm bitterlich. **Lamellen** ziemlich dichtstehend; schmal, besonders am Stielansatz; erst grauweißlich, später ockergrau; Schneiden blasser, fein gesägt; bei Feuchtigkeit tauartige Tröpfchen ausscheidend. **Sporen** ockerbraun. Vorkommen: in Gruppen unter Laubbäumen, gern in der Nähe von Pappeln und Birken; auf Moorboden wächst eine schlankere Form. – Ähnlich ist auch *Hebeloma fragile* Heim, der im Gras unter Pappeln vorkommt; sein Hut wird 8–12 cm breit; der Stiel ist weißlich und sehr zerbrechlich, das Fleisch riecht nach Rettich oder Rüben. Alle erwähnten Fälblinge sind **ungenießbar.** – *Hebeloma sinapizans* (Paulet ex Fr.) Gill. (2), Großer Rettichfälbling: **Hut** 6–16 cm breit, cremefarben bis rotbraun; Stiel hohl. Beim Zerschneiden wird ein zugespitzter Fleischzapfen sichtbar, der von der Hutmitte wie ein Stalaktit in die Stielhöhlung ragt (siehe Querschnitt); Lamellen nicht tränend; Sporen tabakbraun; Geruch kräftig nach Rettich. Geschmack bitter. Der Pilz ist **schwach giftig;** er verursacht Magen- und Darmbeschwerden. Ähnlich ist *Hebeloma birrum* Fr., der Spindelfüßige Fälbling: Hut 6–10 cm breit, ockerfarben mit rötlichem Schein, Rand radialfurchig, Huthaut faserig; Stiel festfleischig, faserig, spindelförmig zugespitzt. Geruch nach Rettich. Geschmack bitter. Vorkommen: im Herbst unter Nadelbäumen; **ungenießbar.**

1

2

HEBELOMA RADICOSUM (Bull. ex Fr.) Ricken
Wurzelnder Fälbling

Hut erst flach gebuckelt, dann ausgebreitet, 7–12 cm breit; weißlich, ockerfarben oder bräunlich, aber niemals mit reinen Farbtönen, sondern stets etwas verwaschen; Huthaut glatt, schleimig, bedeckt mit großen, dünnen Schuppen, die meistens dunkler sind als der Untergrund, sich jedoch bald fleckig auflösen. Rand beim jungen Pilz fransig-behangen. **Stiel** weißlich; oberhalb des Ringes mehlig-flockig, darunter auf weißlichem Grund bekleidet mit grau- oder braunschuppigen Velumresten, die mehrere Ringzonen bilden. Basis mit zäher, zugespitzter Verlängerung, die tief im Boden steckt und manchmal länger ist als der Rest des Stiels. **Ring** dünn, zerbrechlich, ziemlich tief ansitzend; erst weißlich, später hellbräunlich. **Fleisch** fest, weiß. **Geruch** nach Bittermandeln. **Geschmack** mild. **Lamellen** ziemlich dichtstehend, den Stiel kaum berührend, abgerundet, nicht sehr breit; anfangs weißlich, dann ockergrau und zuletzt bräunlich mit helleren Schneiden. **Sporen** tabakbraun.
Vorkommen: In Laubwäldern, vor allem auf im Boden vergrabenem Holz und an Stümpfen; auch auf Wiesen. Wert: **eßbar,** aber nicht schmackhaft. **Ungenießbar** sind die folgenden, sehr viel kleineren Fälblinge: *Hebeloma hiemale* Bres., Winterfälbling: 3–4 cm breit; cremefarben; Geschmack bitterlich; im Spätherbst und in milden Wintern an grasigen Stellen in Wäldern. – *Hebeloma elatum* Batsch ex Fr., Langstieliger Fälbling: 2–6 cm breit; weiß mit bräunlicher Mitte; Stiel lang; Lamellen amethystgrau; Rettichgeruch; unter Kiefern. – *Hebeloma sacchariolens* Qué!., Süßriechender Fälbling: 2–5 cm breit; Rand weißlich, Mitte bräunlich; Geruch nach Karamelbonbons.

CORTINARIUS *(Myxacium)* ELATIOR Fr.
Langstieliger Schleimfuß, Runzeliger Schleimfuß,
Hoher Schleimfuß

Hut anfangs glockig, später flach, gebuckelt oder höckerig; gelblich, ockerfarben oder braun, mit violettem oder olivfarbenem Schein; Rand radialfurchig; Huthaut bei Feuchtigkeit glänzend, klebrig oder sogar schlüpfrig. **Stiel** verhältnismäßig lang, in der Mitte etwas verdickt; faserig, bei Feuchtigkeit schleimig; längsgestreift, am Lamellenansatz deutlich gerunzelt; weißlich mit leicht violetter Tönung; brüchig, hohl; Basis spindelförmig zugespitzt, tief im Boden steckend. **Cortina** klebrig, bei jungen Exemplaren Hutrand und Stiel verbindend. **Fleisch** dünn, weich, zerbrechlich; weißlich oder gelblich. **Geruch** geringfügig. **Geschmack** mild. **Lamellen** nicht sehr dichtstehend; ziemlich dick, sehr breit; untereinander aderig verbunden und an den Flächen senkrecht gerunzelt; anfangs weißlich, später violett, schließlich rostbraun; Schneiden gewellt; **Sporen** rostbraun. Vorkommen: unter Laubbäumen, besonders unter Buchen, im Herbst; häufig. Wert: **eßbar.**

Die Gattung *Cortinarius* (Schleierlinge) gliedert sich in die folgenden Untergattungen: *Myxacium* (Schleimfüße): Cortina klebrig, Hut und Stiel schleimig. – *Phlegmacium* (Schleimköpfe): Cortina klebrig, Hut schleimig, Stiel trocken. – *inoloma* (Dickfüße): Cortina feinfaserig, Hut faserig, feinsamtig oder flockig, nicht hygrophan, Stiel dick, Lamellen ohne gelbe oder rote Farbtöne. – *Dermocybe* (Hautköpfe): wie *Inoloma*, aber mit dünnem Stiel und gelben, olivfarbenen oder roten Lamellen. – *Telamonia* (Gürtelfüße): Cortina feinfaserig, Huthaut glatt, mit feinen weißlichen Fasern durchzogen, mehr oder weniger hygrophan; Stiel mit faserigflockigen Velumresten gebändert. – *Hydrocybe* (Wasserköpfe): wie *Telamonia*, aber hygrophan und glattstielig. Diese Einteilung erscheint in der Theorie präziser, als sie in Wirklichkeit ist. Es gibt zahlreiche Übergänge zwischen den einzelnen Arten und Gattungen.

CORTINARIUS *(Myxacium)* COLLINITUS Fr. (1)
Blaustiel-Schleimfuß

Hut 3–12 cm breit, leicht gebuckelt, schleimig-klebrig; orangebraun oder olivbraun mit hellerem Rand. **Stiel** lang, zylindrisch, kräftig; im oberen Drittel weißlich bereift, längsstreifig; darunter auf braunfaserigem Grund mit ockerlichen oder weißen Velumresten geschmückt, die bei Feuchtigkeit gallertig sind und aufquellen; Basis unterirdisch verlängert. **Cortina** schleimig, weiß. **Fleisch** fest, weißlich oder ockerfarben. **Geruch** mild. **Geschmack** angenehm. **Lamellen** erst blaß, dann violett, bei der Reife bestäubt mit rostbraunem **Sporen**pulver. Vorkommen: im Moos der Nadelwälder. Wert: **eßbar.** – Ähnlich ist *Cortinarius trivialis* Lge., der Natternstielige Schleimfuß: Hut ockerlich oder tonbräunlich; Lamellen erst grau, dann zimtbraun. Vorkommen: Spätherbst, besonders unter Weiden. Wert: **eßbar,** aber minderwertig. – *Cortinarius* (Inoloma) *pholideus* Fr. (2), Schuppiger Dickfuß: **Hut** 4–8 cm breit; samtig und feinschuppig; Stiel schmächtig, mit schuppigen Gürtelzonen; Lamellen erst amethystfarben, dann rostbraun; in Birkenmooren. Als **Speisepilz ohne Bedeutung.** – *Cortinarius* (Myxacium) *mucifluus* Fr. (3), Runzeliggeriefter Schleimfuß: **Hut** 3–7 cm breit, dünnfleischig, Rand radialgestreift; Stiel schwammig-weich, erst weiß, später oft mit rosa Tönung; in Laubwäldern, **eßbar.** – Ähnlich ist *Cortinarius mucosus* (Bull. ex Fr.) Fr., der Heide-Schleierling oder Brotpilz: Hut orangebraun, Stiel weißlich (bläulich bei *var. caeruleipes* Smith, den viele Autoren für identisch mit dem *Blaustiel-Schleimfuß* [s. o.] halten); im Herbst unter Fichten und Kiefern; eßbar. – *Cortinarius salor* Fr., der Blaue Schleimfuß, hat einen violetten Stiel, einen braunvioletten Hut und entferntstehende, violette Lamellen, die im Alter rostbraun verfärben. Er wächst in Wäldern, vor allem unter Buchen, und ist **eßbar.**

CORTINARIUS *(Phlegmacium)* PRAESTANS (Cord.) Gill.
Blaugestiefelter Schleimkopf, Schleiereule
Hut anfangs fast rund, dann halbkugelig, zuletzt konvex, 5–30 cm breit; rotbraun oder lederbraun, oft mit violettem Schimmer; im Alter blaßbraun; auf der Huthaut haften zuweilen seidige faserige Reste des grauvioletten Velums, das den jungen Pilz vollständig umhüllt; Rand erst flockig-behangen, dann glatt, aber deutlich radial gestreift und im Alter sogar tief radialfurchig; Huthaut bei Feuchtigkeit klebrig. **Stiel** fest; voll; weiß mit anfangs violettlichen, später ockerbraunen Zonen, die besonders deutlich an der verdickten, am Grunde zugespitzten Basis erkennbar sind. **Cortina** weißlich, bisweilen mit bläulichem Schein; feinfaserig; anfangs Hut und Stiel schleierartig verbindend, später am Stiel als ringförmige Zone erkennbar. **Fleisch** außerordentlich dick und fest; unter der Huthaut gelblich und im Stiel blaßviolett; sonst weißlich. **Geruch** und **Geschmack** angenehm. Lamellen entferntstehend, ziemlich dick; erst blaßviolett, dann bräunlich; den Stiel ausgebuchtet, manchmal aber auch leicht herablaufend. **Sporen** rostbraun. Vorkommen: vor allem in Laubwäldern unter Eichen und Buchen; seltener in Nadelwäldern; gern in Kreisen oder Gruppen; Sommer bis Herbst. Manchmal stecken die Pilze bis zur Hälfte im Erdboden. Wert: **guter Speisepilz.** – Kleinen Exemplaren des Blaugestiefelten Schleimkopfs ähnelt *Cortinarius cumatilis* Fr., der Taubenblaue Schleimkopf: Hut 6–10 cm breit, grauviolett oder graublau, feinfaserig; Fleisch hart, weiß, geruchlos. Geschmack angenehm. Lamellen am Stiel angewachsen, erst weißlich, dann ockerfarben. Der Taubenblaue Schleimkopf ist ein **guter Speisepilz.**

CORTINARIUS *(Phlegmacium)* PURPURASCENS Fr. (1)
Purpurfleckiger Klumpfuß
Hut 7–14 cm breit, konvex, faserig, etwas schmierig; violettbraun, bei Trockenheit ausblassend, bei Feuchtigkeit oft mit dunkleren Flecken; Rand anfangs eingerollt, später leicht aufgebogen. **Stiel** kräftig, faserig, blau, an Druckstellen violettflekkend; Basis mit gerandeter Knolle. **Cortina** feinfaserig, etwas feucht, blaß violett; sehr vergänglich und bald nur noch als bräunliche Ringzone am Stiel erkennbar. **Fleisch** dick, violett; im Stiel dunkler als im Hut; an der Luft purpurn anlaufend; im Alter ausblassend. **Geruch** geringfügig, aber arttypisch. **Geschmack** angenehm. **Lamellen** fast dichtstehend; ziemlich dünn, aber nicht sehr breit, am Stielansatz abgerundet oder ausgebuchtet; erst purpurviolett, später zimtbraun. **Sporen** ockerbraun bis rostbraun. Vorkommen: im Herbst in Nadelwäldern. Wert: **eßbar.** – Ebenfalls in Nadelwäldern trifft man mitunter auf einen anderen Schleierling, dessen Hut, Fleisch und Lamellen bei Feuchtigkeit mehr oder weniger intensiv violett gefärbt sind, bei trockener Witterung jedoch rostbraun verfärben: *Cortinarius muricinus* Fr., der Violettfuchsige Dickfuß, der sich durch seinen eigentümlichen Geruch nach verbranntem Horn auszeichnet. Er ist **ungenießbar.**
CORTINARIUS PURPURASCENS *forma* LARGUSOIDES Henry (2)
Hut 8–16 cm breit, kastanienbraun mit violettem Rand; Stiel zylindrisch, Basis etwas verdickt, aber ohne deutlich abgesetzte Knolle; Fleisch bläulich; in Laubwäldern; **eßbar.**

CORTINARIUS *(Phlegmacium)* MULTIFORMIS Fr. (1)
Sägeblättriger Klumpfuß

Hut 5–10 cm breit; faserig-feinschuppig; ockergelb, Mitte oft farbintensiver als der Rand; Huthaut trocken, nur bei Feuchtigkeit etwas klebrig. **Stiel** kräftig, zylindrisch, trocken; anfangs weißlich, dann gelblich; Basis verdickt, zuweilen sogar knollig, bräunlich. **Cortina** weiß, feinfaserig. **Fleisch** weiß; unter der Huthaut ockerfarben, im Stiel gelblich. **Geruch** geringfügig. **Geschmack** angenehm. **Lamellen** dichtstehend, am Stiel abgerundet und stellenweise angewachsen; erst weiß, dann ockerfarben; Schneiden gesägt. **Sporen** rostbraun. Vorkommen: in Laubwäldern, gruppenweise. – *Var. napus* Fr., der Rauchblättrige Klumpfuß, wächst dagegen nur in Nadelwäldern und ist dunkler gefärbt. Wert: beide Formen sind **eßbar.** – *Cortinarius* (Phlegmacium) *varius* Fr. (2), Semmelbrauner Schleimkopf: **Hut** 5–12 cm; in der Mitte orangefarben, am Rande mehr gelblich; Lamellen erst violett, dann rostbräunlich; Sommer bis Herbst gruppenweise in Nadelwäldern; guter Speisepilz. – Andere Schleierlinge mit trockenem Stiel und nur bei Feuchtigkeit klebrigem Hut: *Cortinarius aurantio-turbinatus* Lge., Prächtiger Klumpfuß: Hut, Stiel und Lamellen einheitlich gelb; in Buchenwäldern; **ohne Speisewert.** – *Cortinarius elegantior* Fr., Strohgelber Klumpfuß: gelblich, Lamellen amethystfarben; Hut bräunlich; in Gebirgsnadelwäldern; **eßbar.** – *Cortinarius calochrous* Fr., Amethystfarbener oder Rosablättriger Klumpfuß: gelblich; Lamellen amethystfarben; in Buchenwäldern; **wertlos,** ungiftig. – Mit schleimigem Stiel: *Cortinarius delibutus* Fr., Blaublättriger Schleimfuß: gelb, Lamellen rosaviolett; besonders unter Birken, Buchen, Eichen und Tannen; **eßbar.**

CORTINARIUS *(Phlegmacium)* CAERULESCENS (Schff. ex Secr.) fr. (2)
Blauer oder Blaufleischiger Klumpfuß
Hut: blauviolett, blaugrau oder blaßviolett; schon bald von der Mitte aus ockerbraun verfärbend, schließlich einheitlich braun; anfangs konvex, zuletzt ausgebreitet, 5–10 cm breit; oft mit leicht gebuckelter Mitte; Rand anfangs eingerollt, oft
blasser als die Mitte; Huthaut klebrig, leicht abziehbar. **Stiel** kräftig, seidig-faserig;
erst amethystfarben, im Alter ockerbraun; geschmückt mit geringfügigen bräunlichen Cortinaresten; Basis mit weißfilziger, gerandeter Knolle. **Cortina** feinfaserig,
blaßviolett, flüchtig. **Fleisch** dick; im Hut weiß, im Stiel blaßviolett, in der Knolle
ockerbraun. **Geruch** geringfügig. **Geschmack** im ersten Moment mild, nach einiger
Zeit bitterlich. Lamellen dichtstehend, dünn, am Stielansatz ausgebuchtet; anfangs
amethystfarben, später mit ockerbraunem **Sporen**pulver bestäubt. Vorkommen:
Sommer bis Herbst in Laub- und Nadelwäldern. Wert: **schmackhafter Speisepilz.**
CORTINARIUS SODAGNITUS Henry (1, langstieliges Exemplar)
Schlank, violett, Lamellen rosaviolett und so bleibend. **Speisewert unbekannt.**
CORTINARIUS CAESIOCYANEUS Britz. (3)
Graublau, mit anfangs blassen, dann amethystfarbenen Lamellen. **Speisewert un-
bekannt.**
CORTINARIUS DIBAPHUS Fr. (4)
Bunter Klumpfuß
Stiel rein violett; Lamellen lange Zeit weißlich. **Speisewert unbekannt.**

CORTINARIUS *(Phlegmacium)* LARGUS Fr. (1)
Blaßvioletter Schleimkopf

Hut: erst halbkugelig, dann konvex oder ausgebreitet, 9–15 cm breit, oft etwas spitzbuckelig; jung blaß-rosaviolettlich oder violettgrau, später blaßocker; Huthaut glatt, bei Feuchtigkeit klebrig, bei Trockenheit seidig. **Stiel** lang und dick, aber nicht sehr festfleischig; voll; an der Spitze amethystfarben, unterhalb der von Cortinaresten gebildeten Ringzone wie der Hut gefärbt; Basis verdickt, aber nicht knollig, **Cortina** seidig-faserig, weiß, flüchtig. **Fleisch** zart; erst blaßviolett, dann weiß. **Geruch** kaum wahrnehmbar. **Geschmack** mild. **Lamellen** dichtstehend, ziemlich breit, am Stielansatz ausgebuchtet; blaßviolett, im Alter blaßbraun. Schneiden fein gesägt. **Sporen** ockerrötlich. Vorkommen: in Laubwäldern, Sommer bis Herbst. Wert: **eßbar.**

Cortinarius variecolor Fr., der Erdigriechende Schleimkopf (2) wird von manchen Autoren als guter Speisepilz bezeichnet, während andere Fachleute ihm nur geringen Wert zuschreiben. Vom Blaßvioletten Schleimkopf unterscheidet er sich durch den unangenehmen erdartigen Geruch, den glänzenden, mehr braunen Hut, härteres Fleisch, und den Standort in Bergnadelwäldern; von der *Schleiereule* (S. 102) durch die geringere Größe (Hutbreite 5–10 cm) und das Fehlen von Velumresten auf der Huthaut. Auch frische Exemplare des *Blaufleischigen Klumpfußes* (S. 105) sind ähnlich wie der Blaßviolette Schleimkopf gefärbt. Sie haben jedoch eine glattrandige Stielknolle, und ihr Fleisch schmeckt leicht bitterlich, während wir bei *largus* eine nur leicht verdickte Stielbasis beobachten. Außerdem wächst *largus* ausschließlich in Laubwäldern, während *caerulescens* auch unter Nadelbäumen vorkommt. – Verwechslungen der hier erwähnten Arten sind ungefährlich, da sich unter ihnen **keine Giftpilze** befinden.

CORTINARIUS *(Phlegmacium)* CYANOPUS Secr. (1)
Buchen-Klumpfuß
Hut 4–10 cm breit, graubraun mit dunklerer Mitte und blassem Rand (olivgelb
oder cremefarben bei *var. amoenolens* Henry, 3); Rand anfangs eingerollt, später
oft aufgebogen, Huthaut bei Feuchtigkeit schmierig. **Stiel** kräftig, faserig, blauviolett; Basis bei jungen Exemplaren dickknollig, ockerfarben. **Cortina** reichlich,
blauviolett; Reste der Cortina bleiben am Stiel haften und färben sich bläulich.
Fleisch dick, hart, weißlich, bisweilen mit bläulichem Schimmer; im Stiel blauviolett. **Geruch** angenehm (bei *var. amoenolens* nach Früchten). **Geschmack** angenehm; Schleim der Huthaut bitter. **Lamellen** fast engstehend; anfangs blauviolett,
später rostbraun; Schneiden gewellt. **Sporen** rostbraun. Vorkommen: in Buchenwäldern, Herbst und Spätherbst. Wert: **als Speisepilz bedeutungslos.** – *Cortinarius*
(Phlegmacium) *glaucopus* Fr. (2), Reihiger Klumpfuß: **Hut** 5–12 cm breit, bei
Feuchtigkeit klebrig; ockergelblich, ockerrötlich oder olivbraun, im Alter rostbraun; Rand anfangs grünlich, später gelblich, unregelmäßig gewellt und gerunzelt.
Stiel bläulich, mit violettem oder graugrünem Einschlag, im Alter bräunlich oder
blaßoliv; Basis mit zusammengedrückter, kleiner Knolle. **Cortina** amethystfarben
mit leichtem Olivton. **Fleisch** im Hut cremefarben, bald gelblich, im Stiel ockerfarben. **Geruch** kaum wahrnehmbar. **Geschmack** mild. **Lamellen** dichtstehend; jung
amethystfarben, dann grau und zuletzt bräunlich. **Sporen** rostbraun. Vorkommen:
vor allem in Bergnadelwäldern, aber auch im Laubwald; fast immer gehäuft auftretend. Ohne Speisewert.

CORTINARIUS *(Inoloma)* TRAGANUS Fr.

Lila Dickfuß, Safranfleischiger Dickfuß

Junge Pilze sehen wie zwei aufeinandersitzende kleine Kugeln aus und sind von einem einheitlich blaßviolettem *Velum generale* (Allgemeinhülle) umschlossen. Später streckt sich der Pilz und erreicht eine Breite von 5–13 cm, doch bleibt der Hutrand noch lange eingerollt. Der Hut alter Exemplare ist oft unregelmäßig verbogen; die anfangs blaßblaue oder blauviolette und seidig-trockene Huthaut löst sich im Alter oft feinschuppig auf und verfärbt sich ockerbräunlich. **Stiel** hart, birnenförmig; an der Spitze wie der Hut gefärbt, an der knollig-verdickten Basis weißlich und wollig-faserig. **Cortina** blaß-blaugrau; bald verschwindend bzw. nur noch in Form einiger mehr oder weniger vollständiger Gürtelzonen am Stiel erkennbar. **Fleisch:** blaß-ockerfarben im Hut, im Stiel kräftiger ockerbraun und zuweilen gilbend; bei vom Regen aufgeweichten Exemplaren mitunter grau. **Geruch** nach Ziegen, unangenehm. **Geschmack** angenehm, bisweilen aber auch bitter. **Lamellen** etwas entferntstehend, breit, am Stiel angewachsen; anfangs ockergelb, im Alter bräunlich. **Sporen** zimtbraun. Vorkommen: in Wäldern; in Mitteleuropa Charakterpilz bodensaurer Fichtenwälder. Wert: **ungenießbar;** scharf in Butter gebratene Pilze verleihen anderen Gerichten (z.B. Ragout) einen aromatischen, pikanten Beigeschmack, obwohl sie selbst zum Verzehr nicht geeignet sind. – Der ähnliche *Dunkelviolette Dickfuß* (S. 109) unterscheidet sich durch seinen dunkelvioletten, bei Trockenheit samtfilzigen Hut, sein violettes Fleisch, das nach Zedernholz riecht, und durch seinen Standort in Laubwäldern.

CORTINARIUS *(Inoloma)* VIOLACEUS (L. ex Fr.) Fr.
Violetter Schleierling, Dunkelvioletter Dickfuß
Hut 6–14 cm breit, gebuckelt oder niedergedrückt; dicht bekleidet mit dunkelviolettem Samtfilz, trocken. **Stiel** erst birnenförmig und dicker als der Hut, später sich streckend; anfangs feinsamtig, dann faserig; erst voll, dann schwammig, zuletzt hohl. **Cortina** wollig-fädig, bald verschwindend ohne Rückstände zu hinterlassen. **Fleisch** zart, im Alter ziemlich schlaff; auf blaßviolettem Grund weißlich marmoriert. **Geruch** nach Zedernholz. **Geschmack** mild. **Lamellen** ziemlich entferntstehend, oft untereinander aderig verbunden; am Stiel abgerundet angeheftet; anfangs violett, später rostbraun. **Sporen** rostbraun. Vorkommen: in feuchten Laubwäldern, August–Oktober, zerstreut. Wert: **eßbar.** *Cortinarius corrugatus* hat ebenfalls violette Lamellen – zumindest im Jugendstadium –, ist aber sonst gut unterschieden: Hutoberfläche runzlig-rauh, blaßocker oder ockerrötlich; Stiel lang und kräftig, schmutzig-weißlich oder wie der Hut gefärbt. Der Pilz ist aus Nordamerika bekannt und gilt als **eßbar.** Die eindrucksvolle violette oder braunviolette *Schleiereule* (S. 102), die zuweilen riesige Ausmaße erreicht, hat auch eine runzlige Hutoberfläche, die jedoch schmierig ist. – Der *Blaßviolette Schleimkopf* (S. 106) ist sehr viel heller gefärbt als *violaceus* und verfärbt sich bald ockerlich; die Hutoberfläche ist etwas schleimig und nicht trocken-samtig. Die beiden letztgenannten Arten sind **eßbar,** im Gegensatz zum **ungenießbaren** *Lila Dickfuß* (S. 108), der ebenfalls heller gefärbt ist als *violaceus.* Seine Hutoberfläche ist nicht schmierig, sondern glatt oder feinschuppig und verfärbt sich nur langsam ockerlich.

CORTINARIUS *(Inoloma)* ALBOVIOLACEUS (Pers. ex Fr.) Fr. (1)
Weißvioletter Dickfuß
Hut jung eiförmig, dann konvex, zuletzt ausgebreitet, 3–8 cm breit; Mitte zumeist auffallend gebuckelt; weißviolett, im Alter noch stärker ausblassend; trocken, seidig-faserig, glänzend; Rand dünn und etwas wellig, im Alter radial einreißend. **Stiel** lang, manchmal verbogen; wie der Hut gefärbt; zerbrechlich, faserig, voll, schwammig; Basis verdickt und zuweilen mit häutigen Hüllresten besetzt. **Cortina** erst weiß, dann rostbraun; flüchtig. **Fleisch** zart, blaßviolett; im Alter zunächst im Hut, später auch im Stiel ausblassend. **Geruch** geringfügig. **Geschmack** mild. **Lamellen** nicht sehr dichtstehend, fast breit, am Stiel angewachsen; erst grauviolett, dann graubräunlich, schließlich dunkel-rostbraun; Schneiden weißlich, fein gesägt. **Sporen** rostbraun mit ockerlichem Einschlag. Vorkommen: in Laubwäldern, besonders unter Buchen und Eichen. Wert: **eßbar.**
CORTINARIUS *(Inoloma)* ANOMALUS Fr. (2)
Graubrauner Schleierling, Graubräunlicher Dickfuß
Hut anfangs halbkugelig, dann flach-gewölbt; 2–7 cm breit; ockerlich oder graubräunlich, am Rand oft mit blaßviolettem Schein; trocken. **Stiel** ziemlich schmächtig; auf weißem Grund bedeckt mit faserigem, bräunlichem Filz; im Alter schmutzig-weißlich oder blaßbraun, glatt; an der Spitze von Anfang an glatt, amethystfarben. **Fleisch** weiß; im oberen Stielabschnitt amethystfarben, später bräunend. **Geruch** an Kampfer erinnernd. Vorkommen: in Laub- und Nadelwäldern, besonders unter Kiefern und Birken. Sommer bis Spätherbst. Wert: **eßbar.**

CORTINARIUS *(Dermocybe)* ORELLANUS Fr. (1)
Orangefuchsiger Hautkopf, Gift-Hautkopf
Hut 3–8 cm breit, oft gebuckelt; braun, rosa, orange oder rot verfärbend; seidig-faserig oder fein olivfilzig, trocken, Rand dünn, lappig-wellig, oft rissig. **Stiel** zuweilen mit verdickter Mitte; gelblich oder wie der Hut gefärbt, wenn auch zumeist etwas heller; mit rötlichen, in der Basis dunkleren Längsfasern. **Cortina** gelblich, flüchtig. Fleisch gelblich, unter der Huthaut blaß rötlich; saftig. **Geruch** nach Rettich oder Rüben. **Geschmack** säuerlich. **Lamellen** fast entferntstehend, breit, ziemlich dick; am Stiel angewachsen; mitunter auch ausgebuchtet; jung orangegelb, später wie der Hut gefärbt, oft mit rötlichem Ton; bisweilen mit gerunzelten Flächen. **Sporen** rostbraun. Vorkommen: in Laubwäldern, besonders unter Eichen und Birken, aber auch unter Nadelbäumen, vor allem Kiefern. Wert: **tödlich giftig!** – Die Symptome, die an eine Knollenblätterpilzvergiftung erinnern, treten sehr spät, erst 15 Tage nach der Mahlzeit, auf. Kaum weniger gefährlich ist der in Nadelwäldern auf saurem Boden nicht seltene, satt orangebraun gefärbte *Cortinarius speciosissimus* Kühn. & Romagn. mit auffallend spitzem Hutbuckel. – Man meide auch die folgenden Arten: *Cortinarius* (Dermocybe) *phoenicius* Bull. ex Mre. (2): Lamellen erst rot, dann rostbraun. – *Cortinarius* (Dermocybe) *cinnabarinus* (Fr.) Wünsche (3), Zinnoberroter Hautkopf: zinnoberrot mit noch intensiver rot gefärbten Lamellen; in Buchenwäldern. Sehr ähnlich ist *Cortinarius* (Dermocybe) *sanguineus* (Wulf. ex Fr.) Wünsche, der Blutrote Hautkopf, der aber im Nadelwald wächst. – *Cortinarius bolaris* (Pers. ex Fr.) Fr. (4), Rotschuppiger Schleierling: Hut auf weißlichem oder ockerfarbenem Grund rot geschuppt; Lamellen zimtbraun; Laubwald.

CORTINARIUS *(Dermocybe)* CINNAMOMEUS (L. ex Fr.) Wünsche (1)
Zimtbrauner Hautkopf, Zimt-Hautkopf

Hut olivgelb, rotbraun oder ockerbraun (eine Form, die auf Moorboden gefunden
wird, ist dunkler olivbraun); bald ausgebreitet, 6–16 cm breit; gebuckelt; mitunter
auch niedergedrückt, aber auch dann stets mit einer mehr oder weniger deutlichen
buckligen Erhebung in der Hutmitte; Rand wellig-verbogen; Huthaut trocken, seidig-faserig; **Stiel** lang und dünn, zylindrisch; etwas heller als der Hut; feinfaserig;
bald hohl; zuweilen mit flüchtigen Cortinaresten. **Fleisch** dünn; im Hut blaß, im
Stiel olivgelb. **Geruch** nach Rüben. **Geschmack** mild. **Lamellen** nicht sehr engstehend; fast breit, am Stielansatz ausgebuchtet; erst gelblich, später olivbraun
(orangegelb bei *var. croceus* Schaeff [2]). **Sporen** dunkel rostbraun. Vorkommen:
in Laub- und Nadelwäldern, gern an feuchten Stellen, weit verbreitet. Wert: ungenießbar, **verdächtig!** – Es gibt eine ganze Anzahl kleinerer Schleierlinge mit ocker-
gelben, bräunlichen oder rötlichen Farben, die mit dem Zimt-Hautkopf verwechselt werden können. Da auch der **tödlich giftige** *Orangefuchsige Hautkopf* (S. 111)
in diesen Verwandtschaftskreis gehört, muß vor dem Genuß der Pilze gewarnt werden: *Cortinarius* (Dermocybe) *semisanguineus* Fr. (3), Blutblättriger Hautkopf:
Lamellen anfangs blutrot, später vom Sporenpulver braun bestäubt, aber aus der
Nähe betrachtet nach wie vor rot erscheinend. – *Cortinarius venetus* Fr., Grüner
oder Olivgrüner Schleierling: kleiner und heller olivgrün als *cinnamomeus,* vor allem in Laubwäldern *(var. montanus* wächst büschelig in Nadelwäldern). – *Cortinarius* (Dermocybe) *malicorius* (Fr.) Ricken: Hut feinsamtig; orangefarben oder
zimtbraun, Rand gelb; Stiel gelb; in Nadelwäldern. – *Cortinarius zinziberatus* Fr.:
ohne Rübengeruch; schon im Frühjahr; büschelig.

CORTINARIUS *(Telamonia)* ARMILLATUS Fr.
Geschmückter oder Rotgebänderter Gürtelfuß
Hut anfangs glockig, feucht, dann flach gewölbt, trocken, 5–12 cm breit; durchzogen von feinen radial angeordneten Fasern oder Schüppchen; rotbraun oder gelbbraun. **Stiel** ziemlich lang und schlank, zylindrisch, manchmal etwas verbogen; bräunlich; geschmückt mit drei oder vier schiefen, zinnoberroten Gürtelzonen, die aber zuweilen auf wenige blasse Schüppchen reduziert sein können; Basis verdickt. **Cortina** gelblich oder weißlich-blaß. **Fleisch** in der Hutmitte ziemlich dick, zum Rande hin dünner; bräunlich. **Lamellen** etwas entferntstehend, erst weißlich, bald zimtbraun; Schneiden heller. **Sporen** zimtbraun. Vorkommen: auf torfigen Böden unter Birken, gern bei Heidelbeeren; in Gruppen; in Birkenmooren oftmals sehr häufig. Wert: **eßbar.** – Verwandt sind u. a.: *Cortinarius hinnuleus* (Sow. ex Fr.) Fr., Erdigriechender Gürtelfuß: Hut 2–6 cm breit, spitzbucklig, bei Feuchtigkeit dunkelbraun, bei Trockenheit blaßocker; Lamellen entferntstehend, breit, den Stiel nicht erreichend; zimtbraun. Stiel kräftig, nach unten hin schmaler werdend, mit weißem Ring und weißen, faserigen Cortinaresten. Fleisch gelblich, mit unangenehmem Erdgeruch. Vorkommen: in Wäldern und auf Wiesen. Wert: **ungenießbar.** – *Cortinarius brunneus* Fr., Dunkelbrauner Gürtelfuß: Hut 4–8 cm breit; spitzbucklig, fleischig; rotbraun oder schwarzbraun, bei Trockenheit blasser; Rand faserig oder weißflockig; Stiel dick, auf schwärzlichem Grund mit weißen Fasern oder Flöckchen geschmückt. Lamellen schwarzrötlich; Fleisch zart, langsam bräunend. Unter Nadelbäumen. **Kaum eßbar,** harmlos.

CORTINARIUS *(Telamonia)* TORVUS (Bull. ex Fr.) Fr. (1)
Wohlriechender Gürtelfuß
Hut jung braunviolett mit blasserem Rand, seidig, später rotbraun oder braun, seidig-faserig; bei Trockenheit ausblassend, schließlich verkahlend, glatt; erst halbkugelig, dann konvex, schließlich ausgebreitet und oft gebuckelt, 4–10 cm breit.
Stiel kräftig, stämmig, manchmal etwas verbogen; im oberen Teil seidig-glatt, blaßviolett; die untere Hälfte ist mit einem dicken, weißlichen, dauerhaften Velum »bestrumpft«, dessen oberer Rand umgeschlagen ist und einen häutigen Ring bildet. Im Alter löst sich die Velumschicht in kleine Flöckchen auf, die ein unregelmäßiges, blasses Muster am Stiel bilden, das oft nur andeutungsweise erkennbar ist. Die Stielbasis ist leicht verdickt. Die **Cortina** ist sehr vergänglich und verflüchtigt sich bald. **Fleisch** dick, hart; auf weißlichem Grund rosaviolettlich marmoriert, an manchen Stellen auch rötlich; im Alter bräunend. **Geruch** nach Früchten oder Zimt; im Alter unangenehm; wichtiges Unterscheidungsmerkmal gegenüber kleineren Exemplaren der *Schleiereule* (S. 102). **Geschmack** mild. **Lamellen** ziemlich entferntstehend, breit, dick, am Stielansatz ausgebuchtet, manchmal vertikal gerunzelt; jung violett, später rostbraun. **Sporen** rostbraun. Vorkommen: In Laubwäldern, besonders unter Buchen; in Nadelwäldern seltener. Sommer bis Spätherbst. Wert: **Speisepilz mittlerer Qualität.** – Cortinarius (Telamonia) *scutulatus* Fr. (2), Violetter Rettich-Gürtelfuß: Kleiner als die vorige Art: Anfangs ziemlich dickfleischig, mit der Zeit sich streckend und schmaler werdend; Hut 3–5 cm breit, violett; Stiel verhältnismäßig lang und dünn; mit dauerhaftem Schleier, dessen Rand im oberen Stieldrittel umgeschlagen ist und eine mehrschichtige Ringzone bildet. Fleisch rosaviolettlich, amethystfarben. Wert: **Speisepilz geringer Qualität.**

LEUCOCORTINARIUS BULBIGER (Alb. & Schw. ex Fr.) Sing.
Knolliger Schleierritterling

Hut cremefarben, ocker- oder rotbraun, am Rand stets heller als in der Mitte; jung halbkugelig, dann konvex oder fast flach, mitunter unregelmäßig buckelig; 5–10 cm breit; Rand wellig-verbogen, oft rissig; meistens behangen mit anfangs weiß-flockigen, später bräunlichen, faserig-häutigen Velumresten, die manchmal auch noch der Hutoberfläche anhaften; Huthaut eingewachsen-faserschuppig; trocken. **Stiel** kräftig, stämmig, flockig, erst weiß, später wie der Hut gefärbt; Basis mit glattrandiger, abgeflachter Knolle, von Anfang an weißwollig-flockig. **Cortina** sehr reichlich, weiß, wollig-faserig. **Ring** feinfaserig, weiß, bei alten Pilzen nur noch aus wenigen bräunlichen Fasern bestehend. **Fleisch** hart, im Hut weiß, im Stiel erst bräunlich und später gelblich. **Geruch** unauffällig. **Geschmack** mild. **Lamellen** dicklich; Schneiden oft bräunlich gefleckt. **Sporen** weiß. Vorkommen: In Nadel-wäldern auf sandigem Boden. Wert: **eßbar.** Auch *Cortinarius odorifer* Britz., der Anis-Klumpfuß, kommt in Nadelwäldern – wenn auch vorzugsweise auf Kalkbo-den – vor: Huthaut schmierig; Fleisch gelblich mit starkem Anisgeruch; Sporen, wie bei allen *Cortinarien,* ockerbraun. Der Anis-Klumpfuß ist **kaum genießbar.** – *Ripartites tricholoma* (Alb. & Schw. ex Fr.) Karst., der Bewimperte Filzkrempling, steht zwischen den Schleierlingen *(Cortinarius)* und den Rißpilzen *(Inocybe)*: Hut niedergedrückt, 2–4 cm breit, Rand weißfilzig »bewimpert«; Stiel schlank, weiß-lich, zuweilen rötlich gefleckt; Lamellen dichtstehend, am Stiel herablaufend, ok-kerfarben. Vorkommen: Herbst und Spätherbst unter Buchen und in Nadelwäl-dern. *Var. helomorpha* ss. Metr. = *Ripartites metrodii* Huijsman wird etwas größer, ist weniger stark behaart, und wächst in Fichtenwäldern. Die Filzkremp-linge kommen zu Speisezwecken nicht in Frage.

INOCYBE PATOUILLARDII Bres. (1)

Ziegelroter Rißpilz, Ziegelroter Faserkopf, Mairißpilz
Wichtiges Kennzeichen: Die Rotverfärbung älterer bzw. frisch gepflückter und
dann eintrocknender Exemplare. **Hut** 3–7 cm breit, jung weiß, später gelblich, zuletzt bräunlich und ziegelrot verfärbend; spitz- oder stumpfbucklig; radialfaserig,
seidig trocken; Rand oft rissig. **Stiel** kräftig, faserig, weiß, rotfleckend; an der Spitze
feinkörnig-bereift; voll. **Cortina** zart, flüchtig. **Fleisch** hart, faserig; weiß, aber an
der Luft auf Druck und im Alter ziegelrot verfärbend. **Geruch** dumpf-süßlich.
Geschmack unauffällig. **Lamellen** dichtstehend, ungleich lang, breit; am Stielansatz ausgebuchtet und stellenweise angeheftet; erst weißlich oder hellrosa, dann
oliv- oder rostbraun; Schneiden weiß, unregelmäßig flockig. **Sporen** rostockerfarben. Vorkommen: Mai bis Juli in Laubwäldern, auch unter einzelnen Laubbäumen
in Parkanlagen und Alleen, besonders unter Linden und Buchen; auf Kalkboden.
Wert: **sehr giftig,** lebensgefährlich! – Andere stark **giftige** Rißpilze: *Inocybe fibrosa*
(Sow.) Gill., Weißer Rißpilz: Hut hell strohfarben oder elfenbeinweiß; Stiel kräftig
mit leicht knolliger Basis; Fleisch weiß, ziemlich hart, faserig; Lamellen erst weiß,
dann schokoladenbraun; Schneiden weiß, schartig. Vorkommen: an grasigen Stellen in sandigen Nadelwäldern. – *Inocybe geophylla* (Sow. ex Fr.) Kummer, Erd-
blättriger Rißpilz: kleiner und schmächtiger als die vorigen; weiß (bzw. violettlich
bei *var. violacea* Pat. oder rötlich bei *var. lateritia* Weinm.); Lamellen ockerfarben. – *Inocybe jurana* Pat. (2), Weinroter Rißpilz: Tendiert dazu, nach dem
Abpflücken wein- oder karminrot zu verfärben. Hut 2–10 cm breit, graubraun;
durchzogen mit weinrötlichen, radialen Fasern; Mitte feinschuppig; Rand stellenweise eingerissen; Stielbasis weinrötlich; Fleisch rosa; Sporen tabakbraun. Wert:
wegen Verwechslungsgefahr zu meiden!

INOCYBE FASTIGIATA (Schff. ex Fr.) Quél. (1)
Kegeliger Rißpilz, Geschweifter Rißpilz

Hut 3–9 cm breit; anfangs glockig, dann ausgebreitet mit spitzem Buckel; radialfaserig; Rand sehr bald einreißend, aufgebogen, lappig. Auf trockenen Böden ist der Pilz meist weiß oder schmutzig-weißlich, ansonsten ockerlich, hellbräunlich oder oliv gefärbt; Mitte zuweilen etwas rötlich. **Stiel** zylindrisch, ziemlich lang; weißlich, seidig-faserig, an der Spitze weiß bereift; anfangs voll, bald jedoch hohl; Basis oft etwas verdickt. **Fleisch** faserig, weiß. **Geruch** nach gebackenem Brot, recht unangenehm. **Geschmack** mild. **Lamellen** dichtstehend, schmal, am Stiel stellenweise angeheftet oder frei; erst blaßgelblich mit grünlichem Schein, dann olivbraun; Schneiden flockig, weiß. **Sporen** bräunlich. Vorkommen: in Wäldern, Parkanlagen und Gebüschen, häufig, Frühsommer bis Herbst. Wert: **Giftig!** – *Inocybe piriodora* (Pers. ex Fr.) Quél. (2), Birnenrißpilz: **Hut** 3–10 cm breit, ocker-rötlich, faserig-feinschuppig, besonders in der Hutmitte; Stiel verhältnismäßig lang; Fleisch weiß, an der Luft rötend; Jasmingeruch. **Wegen Verwechslungsgefahr zu meiden!** – *Inocybe corydalina* Quél. (3), Grünbuckliger Rißpilz: **Hut** 3–6 cm breit; erst weißlich, dann hellbräunlich; zuweilen mit feinschuppigem, grünlichem Buckel; Stiel verhältnismäßig kurz und stämmig; Fleisch weiß, an der Luft rötend, Geruch sehr unangenehm. **Giftig!** – *Inocybe bongardii* (Weinm.) Quél. (4), Duftender Rißpilz: **Hut** 3–6 cm breit, hell nußbraun, faserschuppig; Stiel lang, grau-violett; Fleisch weißlich, an der Luft mohrrübenrot verfärbend; Geruch intensiv nach Birnen. **Wegen Verwechslungsgefahr** mit zahlreichen giftigen Arten **zu meiden!**

INOCYBE MACULATA Boud. (1)
Gefleckter Rißpilz

Hut kastanienbraun mit dunklerer Mitte; oft mit zarten, weißlichen Resten des Velums gefleckt; spitzkegelig, Hutrand lappig und zunächst am Stiel anliegend, später ausgebreitet, 2–8 cm breit; Huthaut radialfasrig; zwischen den Fasern wird der hellere Grund sichtbar. **Stiel** ziemlich lang, erst weißfaserig, später wie der Hut gefärbt; an der Spitze weiß, mehlig; Basis knollig verdickt, flaumig-weißlich. **Fleisch** dünn, faserig, weiß; im Stiel leicht rosa verfärbend. **Geruch** nach Brotteig. **Geschmack** mild. **Lamellen** dichtstehend, breit, bei reifen Exemplaren ziemlich dick; am Stiel locker angeheftet; jung weißlich oder graulich, später olivbraun mit blasseren, schartigen Schneiden. **Sporen** braun. Vorkommen: in lichten Wäldern. Wert: **giftig!** – *Inocybe asterospora* Quél. (2), Sternporiger Rißpilz: **Hut** 3–6 cm breit, spitzbucklig, auf blassem Grund dunkelbraun gefasert; Lamellen erst weißlich, dann braun. Stielgrund mit gerandeter Knolle. Sporen unter dem Mikroskop sternförmig. – Wälder, gern an Wegrändern. **Giftig!** – *Inocybe napipes* Lge. (3), Rübenfüßiger Rißpilz: **Hut** 3–5 cm breit, tabakbraun; erst glatt, dann bald faserig; Stielbasis mit zusammengedrückten Knöllchen; besonders unter Birken auf Torfboden. **Sehr giftig!** – *Inocybe squamata* Lge. (4), Dunkelschuppiger Rißpilz: **Hut** 3–7 cm breit, mit bräunlichen Radialfasern auf gelblichem Grund; Buckel braunschuppig; Rand stellenweise eingerissen. Stiel kräftig. **Verdächtig!** – *Inocybe goderyi* Gill. (5), Rötender Rißpilz: **Hut** 2–5 cm breit; erst weißlich, dann cremefarben, zuletzt rötlich; Stielbasis mit glattrandigem Knöllchen; Geruch nach Früchten. **Giftig!**

ENTOLOMA *(Rhodophyllus)* LIVIDUM (Bull. ex Fr.) Quél. (= *Rhodophyllus sinuatus* [Bull. ex Fr.] Sing.)

Riesenrötling

Hut aschgrau oder ockerfarben mit dunkler bleigrauen Schattierungen und zuweilen mit weißlichen Flecken; Mitte dunkler als der Rand; anfangs konvex, später flach oder flach-gebuckelt, 6–20 cm breit, unregelmäßig-gewellt; glatt, mit feinen, seidigen Radialfasern; bei Feuchtigkeit etwas klebrig; sonst trocken und seidig-glänzend; Rand zunächst eingerollt, fein bereift, später wellig; oft eingerissen. **Stiel** kräftig, mitunter etwas schief ansitzend; an der Spitze anfangs bereift, später feinkörnig; erst weiß, dann gelblich; zuweilen längsfurchig; hart; erst voll, dann markig-ausgestopft, schließlich schwammig; Basis etwas verdickt und nicht selten leicht gekrümmt. **Fleisch** weiß, härtlich, zerbrechlich, an Fraßstellen bisweilen gilbend. **Geruch** anfangs mehlartig, im Alter unangenenehm. **Geschmack** angenehm. **Lamellen** entferntstehend, doch am Rand aufgrund zahlreicher Lamelletten ziemlich dicht; breit; am Stiel ausgebuchtet-angewachsen; Schneiden unregelmäßig-wellig; erst gelblich, später ockerrosa, mit der Zeit nachdunkelnd, aber in der Aufsicht nach wie vor mit gelben Reflexen, die von den noch nicht mit Sporenpulver bedeckten Partien der Lamellen herrühren. **Sporen** fleischrötlich. Vorkommen: in Laubwäldern, besonders unter Eichen, Buchen und Robinien; sehr selten auch unter Nadelbäumen; meistens zu mehreren Exemplaren in Gruppen oder Ringen; Frühsommer bis Herbst, aber nicht im Frühling. – **Sehr giftig**, in seltenen Fällen lebensgefährlich! Der Pilz ist verwechselt worden mit dem **eßbaren** *Nebelgrauen Trichterling* (S. 162), der vom Spätsommer bis in den Spätherbst hinein wächst und sich durch dichtstehende, weißliche, am Stiel herablaufende Lamellen unterscheidet.

ENTOLOMA *(Rhodophyllus)* CLYPEATUS (L. ex Fr.) Quél. (1, 2)
Schildrötling

Hut 4–10 cm breit, gebuckelt; grau oder braun; faserig, seidig-glänzend; bei Feuchtigkeit ausblassend, etwas klebrig; Rand gerieft. **Stiel** weißlich; gelbfaserig; bald hohl. **Fleisch** dünn, weißlich. **Geruch** und **Geschmack** mehlartig. **Lamellen** erst weißlich, bald mit rosa **Sporen**pulver bestäubt. Vorkommen: April bis Juli an grasigen Stellen; **eßbar.** Ebenfalls im Frühjahr: *Rhodophyllus sepium* (Noul.-Dass.) Romagn., Blaßbrauner Frühlingsrötling: weißlich, Stiel rotfaserig, Fleisch an Fraßstellen langsam rötend. Vorkommen: bei Rosaceen; eßbar. – *Rhodophyllus aprile* (Britz.) Romagn., Aprilrötling: dunkelbraun, ausblassend bei Trockenheit; Oberfläche bei Feuchtigkeit ölig wirkend: Stiel bald hohl; Lamellen grau; unter Ulmen und Hainbuchen; **kaum genießbar.** Im Herbst wächst der **eßbare,** elfenbeinfarbene Mehlrötling, *Rhodophyllus prunuloides* (Fr.) Quél. in Gärten und auf Waldwiesen. Er hat einen gebuckelten, kaum hygrophanen Hut und ist ziemlich dickfleischig. – *Rhodophyllus niphoides* Romagn. (3), Schneeweißer Frühlingsrötling: rein weiß, im Frühling wachsend; **giftig!** – Ähnlich ist *Rhodophyllus saundersii* (Fr.) Romagn., der Silbergraue Märzrötling, der sich durch seinen blaßgrauen Hut und seinen kräftigen Stiel unterscheidet; guter Speisepilz. *Nolanea pascua* Bres. (4) Frühlings-Giftrötling. Hut glockig, 2–5 cm breit, graulich, Stiel grau, schlank, bereift, längsfurchig, hohl; Lamellen fast frei, erst graulich, dann rosaviolettlich; Frühjahr bis Herbst, besonders auf Bergweiden, aber auch in grasigen Wäldern und im Flachland. **Giftig!** *Nolanea mammosa* (Fr.) Quél. (5) Zitzenglöckling. Ähnelt *päscua*, ist gleichfalls **giftig** und kommt an den gleichen Stellen vor: Hut dunkelbraun; Stiel ziemlich lang, dünn, zerbrechlich; Geruch ranzig, unangenehm.

ENTOLOMA *(Rhodophyllus)* RHODOPOLIUM (Fr.) Quél. (1)
Niedergedrückter Rötling

Hut 2–12 cm breit, bei Feuchtigkeit graubraun mit durchscheinend-gerieftem Rand; bei Trockenheit hell-nußbraun, faserig, seidig-glänzend, Rand nicht durchscheinend-gerieft; bucklig, Rand jung eingerollt, später unregelmäßig gewellt. **Stiel** schlank, zylindrisch; glatt, Spitze bereift; anfangs voll, bald schwammig und dann hohl, weiß, zuweilen grauend. **Fleisch** zerbrechlich, dünn, weiß. **Geruch** und **Geschmack** unauffällig. **Lamellen** entferntstehend, breit, am Stiel abgerundet-angeheftet; erst weiß, später rosabräunlich; Schneiden gekerbt. **Sporen:** rosa mit gelblichem Ton. Vorkommen: in Laubwäldern, besonders im Bergland unter Buchen; in der Ebene seltener. Wert: **giftig;** verursacht leichte Verdauungsbeschwerden. – *Entoloma* (Rhodophyllus) *nidorosum* (Fr.) Quél. (2), Alkalischer Rötling: In Form und Farbe fast identisch mit *rhodopolium*, von dem er durch seinen Geruch nach versengtem Fleisch unterschieden werden kann. Er hat einen vollen Stiel und ist im Durchschnitt schmächtiger als der Niedergedrückte Rötling. Bei Trockenheit blaßt er stark aus, wie die beiden auf unserer Tafel abgebildeten Exemplare demonstrieren. Der Alkalische Rötling wächst gern an ziemlich feuchten Stellen in Laubwäldern und Gebüschen. Wert: **giftig.** – *Entoloma* (Rhodophyllus) *lividoalbum* Kühn. & Romagn. (3): Größer und hartfleischiger als die beiden vorher genannten Arten; mit anhaltendem Geruch nach Mehl. Er **sollte** ebenso **gemieden werden** wie einige kleinere Rötlinge, z. B. *Entoloma sordidulum* Kühn. & Romagn., der ebenfalls nach Mehl riecht; *Entoloma nitidum* Quél., der Stahlblaue Rötling, mit dunkelblauem Hut und Stiel, der in Nadelwäldern vorkommt; *Entoloma scabiosum* Fr.: blau, schuppig; Stiel flockig; gern im Heidekraut; und *Entoloma madidum*, Blauer Rötling: grauviolett oder blauviolett; auf Wiesen und in grasigen Wäldern.

MUCIDULA *(Oudemansiella)* MUCIDA (Schrad. ex Fr.) Pat. (1)
Beringter oder Buchen-Schleimrübling

Hut erst halbkugelig, später konvex, 3–8 cm breit; anfangs grau, nach und nach heller werdend, manchmal auch rein weiß mit gräulicher oder olivgrauer Mitte; durchsichtig; Huthaut runzlig, mit einer dicken Schicht klebrigen Schleims überzogen; Hutrand dünnfleischig. **Stiel** schmächtig, ziemlich steif, verbogen; weißflockig; an der Spitze fein gerieft; faserig; voll. **Ring** breit, dünnfleischig, gerieft, weiß. **Fleisch** dünn, weich, weiß. **Geruch** unauffällig. **Geschmack** mild. **Lamellen** entferntstehend, breit, am Stielansatz abgerundet; weiß, weich, schleimig; im Alter weiß bestäubt. **Sporen** weiß. Vorkommen: Büschelig oder einzeln an geschwächten Buchenstämmen oder an toten Ästen; seltener auch auf anderen Pflanzen. Wert: **eßbar.**

MUCIDULA *(Oudemansiella, Collybia)* RADICATA (Relhan ex Fr.) Sing. (2)
Wurzel-Schleimrübling, Grubiger Schleimrübling,
Wurzelrübling

Hut erst konvex, dann ausgebreitet, 4–10 cm breit; oft unregelmäßig verbogen; zuweilen auch niedergedrückt, aber stets mit gebuckelter Mitte; oft runzlig oder zerknittert; bei Feuchtigkeit schmierig; weißlich, gelblich oder bräunlich, seltener auch dunkler nußbraun. **Stiel** sehr lang; spindelförmig; anfangs glatt, doch schon bald längsfurchig; Basis etwas verdickt mit sehr langer und zäher, wurzelartiger Verlängerung; heller als der Hut, zuweilen fleckig oder gebändert; steif, faserig, hohl. **Fleisch** dünn, weißlich. **Geruch** unauffällig. **Geschmack** mild. **Lamellen** ziemlich entferntstehend, breit; am Stiel abgerundet angewachsen; weiß; Schneiden mitunter braun. **Sporen** weiß. Vorkommen: Frühsommer bis Herbst auf mehr oder weniger tief im Boden vergrabenem, morschem Holz, auch an Stümpfen; besonders im Buchenwald. Wert: **eßbar.**

1   2

XERULA *(Collybia, Oudemansiella)* LONGIPES (Bull. ex St. Amans) Mos. Samtiger Wurzelrübling

Hut 4–7 cm breit, braun in verschiedenen Abstufungen (dunkel rußbraun bei *var. fusca* Quél., den dunkelhütigen Exemplaren auf der Tafel); Huthaut auf hellbraunem Grund dunkelbraun filzig; besonders dicht ist dieser »Pelz« am Hutrand. **Stiel** lang, mitunter sehr lang; zylindrisch; normalerweise auffallend gerade und an der Spitze sich etwas verschmälernd, manchmal auch unregelmäßig verbogen, wie bei einigen der abgebildeten Exemplare zu erkennen ist; oft längsfurchig und mitunter verdreht, besonders an der Basis; dicht bekleidet mit braunem Filz, der an der blasseren Stielspitze etwas spärlicher ist als an den übrigen Teilen; faserig; zäh. Basis leicht verdickt mit einem mitunter sehr langen, wurzelartigen Fortsatz, der tief im Boden steckt. **Fleisch** dünn, ledrig, weiß. **Geruch:** nußartig. **Geschmack:** unauffällig. **Lamellen** entferntstehend, breit, dick, am Stiel ausgebuchtet-angewachsen oder fast frei; biegsam; erst weiß, dann schmutzig-weißlich oder cremefarben. **Sporen** weiß. Vorkommen: In feuchten Laubwäldern, besonders unter Eichen. Der Pilz ernährt sich von im Boden verrottendem Holz. Wert: **Frische Pilze** sind sehr **schmackhaft,** müssen aber gut gekocht werden. Da die Stiele zu zäh sind, verwende man am besten nur die Hüte. – Dicker, stämmiger und lebhafter gefärbt als *longipes* ist *Xerula umbonata:* Hut schön orangebraun mit auffallendem Buckel. Der Pilz kommt in den Wäldern Nordkaliforniens vor; sein **Speisewert** ist **nicht bekannt.**

COLLYBIA FUSIPES (Bull. ex Fr.) Quél.
Spindeliger Rübling

Hut anfangs halbkugelig oder glockig, dann ausgebreitet und unregelmäßig gewellt, manchmal auch gebuckelt, 4–10 cm breit; Rand jung eingerollt, später wellig verbogen, oft eingerissen; erst rotbraun, dann ausblassend und zuweilen schwarzfleckig; Huthaut trocken, glänzend. **Stiel** spindelförmig, oft deformiert oder verbogen und mit tiefen Längsfurchen durchzogen; gefärbt wie der Hut, doch an der Spitze meist heller und an der Basis schwärzlich; zäh, elastisch; erst voll, dann ausgestopft, zuletzt hohl. **Fleisch** weißlich, dünn, biegsam. **Geruch** unauffällig. **Geschmack** mild. **Lamellen** entferntstehend, dick, breit, am Stiel ringartig verbunden und stellenweise angeheftet; erst weißlich mit rötlichem Schein, dann gräulich mit bräunlichen Flecken; Schneiden gewellt. **Sporen** weiß. Vorkommen: Juli bis Spätherbst, an Laubholzstümpfen und am Grunde lebender Stämme, besonders an Eichen. Wert: **eßbar** mit Vorbehalt; man sollte wissen, daß dieser Pilz sehr ausdauernd ist und sich monatelang äußerlich kaum verändert. Alte Pilze sind jedoch unbekömmlich und verursachen unangenehme Verdauungsstörungen. Auch junge Pilze sollten vor dem Genuß gut gekocht werden. Da die Stiele sehr zäh sind, verwende man am besten nur die Hüte. – Ähnlich ist *Collybia* (Tephrocybe) *rancida* (Fr.) Quél., Wurzel-Graublatt oder Ranziger Rübling: Hut 3–5 cm breit, grau oder schwärzlich, erst weißflaumig, später glatt, kaum hygrophan; Stiel etwas heller als der Hut, schlank, längsfurchig; Basis filzig, wurzelartig verlängert; Lamellen locker angeheftet, grau; Geruch nach ranzigem Mehl. Vorkommen: in Laub- und Nadelwäldern, oft am Grunde der Stämme; Herbst und Spätherbst. Der **Speisewert** ist **nicht bekannt.**

125

COLLYBIA *(Tricholomopsis, Oudemansiella)*
PLATYPHYLLA (Pers. ex Fr.) Quél.
Breitblättriger Rübling, Breitblättriger Holzritterling
Hut rußbraun, graubraun, grau, hellgrau oder schmutzig-weißlich mit dunkelbraunen oder schwärzlichen Radialfasern, die anfangs ein einheitliches Geflecht bilden, bald aber einreißen und das weiße Fleisch freilegen; jung konvex, dann flach, 5–15 cm breit, manchmal etwas gebuckelt; feucht. **Stiel** kräftig, zylindrisch, weißlich, faserig; hart, bald hohl; Basis mit bis zu einem Meter langen, leicht abbrechenden, weißlichen Myzelsträngen. **Fleisch** dünn, faserig, weiß. **Geruch** kaum wahrnehmbar. **Geschmack** bitterlich. **Lamellen** entferntstehend, sehr breit; am Stiel abgerundet, stellenweise angewachsen; erst weiß, später cremefarben oder okkerlich; Schneiden flockig, zuweilen braun. **Sporen** weiß. Vorkommen: Einzeln oder in Gruppen, sogar in Ringen auf stark vermorschten Laubholzstümpfen oder in deren Nähe; schon ab Juni. Wert: **eßbar,** aber nicht zu empfehlen: Der Breitblättrige Holzritterling ist zwar nicht giftig, doch ist sein Fleisch zäh und schmeckt bitter. – Zur Gattung *Tricholomopsis* gehören eine Reihe ansehnlicher, mehr oder minder dickfleischiger Pilze, bei denen Hut- und Stielfleisch ineinander übergehen und nicht leicht zu trennen sind. Ihre Lamellen laufen nicht am Stiel herab und haben glatte Schneiden. Typisch ist auch ihr Vorkommen auf Holz. Die meisten dieser Merkmale treffen auch auf den Breitblättrigen Rübling zu, doch ist sein Hut weniger fleischig als z. B. der des *Rötlichen Holzritterlings* (S. 139) oder der des *Shiitake-Pilzes* (S. 181), weshalb eine Zuordnung zur Gattung *Collybia* näherliegt.

COLLYBIA *(Rhodocollybia)* MACULATA (Alb. & Schw. ex Fr.) Quél.
Gefleckter Rübling
Hut 6–12 cm breit, erst weiß, bald rötlich oder bräunlich gefleckt; glatt, kahl; Rand dünnfleischig. **Stiel** lang, zylindrisch, etwas verdreht oder verbogen, wie der Hut gefärbt; Basis oft leicht angeschwollen und wurzelartig verlängert; faserig; hart; bald hohl. **Fleisch** weiß. **Geruch** angenehm. **Geschmack** bitter. **Lamellen** dichtstehend, sehr schmal, den Stiel nicht erreichend; Schneiden fein gezähnelt; erst weiß, bald rostbraun fleckend. **Sporen** weiß oder gelblich mit fleischrotem Ton. Vorkommen: im Herbst in Nadelwäldern, gern in Kreisen; häufig. Wert: **ungenießbar** wegen des bitteren Geschmacks. – Ähnlich ist *Collybia* (Tephrocybe) *inolens* (Fr.) Quél., Geruchloser Rübling: Hut 3–6 cm breit, leicht gebuckelt, glatt; bei Feuchtigkeit grau, graubraun oder olivbraun; bei Trockenheit blasser, seidig; Rand lappig-gewellt; Stiel grau, an der Spitze feinschuppig, Basis wollig-filzig; hart, hohl; geruchlos; in Nadelwäldern; **eßbar.** – *Collybia* (Tephrocybe) *coracina* (Fr.) Gill., Flachstieliger Rübling: Hut 2–4 cm breit, glatt, bald niedergedrückt; in feuchtem Zustand dunkel-olivgrau, bei Trockenheit heller; Stiel grau, knorpelig, hohl; Basis filzig; Geruch nach ranzigem Mehl; Vorkommen: in Gruppen unter Nadelbäumen; **eßbar.** – *Collybia* (Tephrocybe) *atrata* (Fr.) Quél., Traniger Graublattrübling oder Kohlen-Graublatt; Hut 2–4 cm breit, bald niedergedrückt, Rand wellig, radialfurchig; bei Feuchtigkeit dunkel-rußbraun und schmierig, bei Trockenheit heller und glänzend; glatt, Stiel braun, kurz, glatt, knorpelig, hohl; Geruch und Geschmack unangenehm stark nach Mehl. Vorkommen: büschelig an grasigen Waldrändern, gern auch auf alten Brandstellen. – Wert: **bedeutungslos.** Die neuerdings in der Gattung *Tephrocybe* zusammengefaßten Pilze sind von manchen Autoren auch bei der Gattung *Lyophyllum* eingeordnet worden.

COLLYBIA DRYOPHILA (Bull. ex Fr.) Kummer (1, zwei Gruppen)
Waldfreundrübling
Hut 2–5 cm breit, glatt, kahl; schmutzig-weißlich, graulich, bräunlich oder orangefarben; oft mit blasserem, bei Feuchtigkeit durchscheinend gerieftem Rand; bei
Trockenheit und im Alter ausblassend. **Stiel** ziemlich lang, dünn, zylindrisch; wie
der Hut gefärbt; glatt, zäh, hohl. **Fleisch** dünn, weiß, bei Feuchtigkeit gräulich oder
gelblich. **Geruch** angenehm. **Geschmack** mild. **Lamellen** dichtstehend, dünn,
schmal, am Stiel mit Zähnchen angeheftet; weiß, später leicht gilbend (stets gelb
bei *var. funicularis* Fr. [3], die aber nur im Frühjahr wächst). **Sporen** weiß. Vorkommen: in Wäldern, seltener auch auf Wiesen, gruppenweise, gerne bei Holzresten auf dem Erdboden; Mai bis November nach Regenfällen. Wert: **eßbar,** aber
ohne besondere Bedeutung; oft von Kleintieren befallen.
COLLYBIA DISTORTA (Fr.) Quél. (2)
Verdrehter oder Drehstieliger Rübling
Hut erst braun, dann orangefarben; beim Eintrocknen blasser; erst glockig gewölbt, später fast ausgebreitet, 5–10 cm breit, oft bizarr verbogen; glatt, kahl. **Stiel**
verhältnismäßig kurz, längsfurchig, oft sehr verdreht; erst weißlich, dann ockerlich;
Basis bedeckt mit feinem Flaum. **Fleisch** härtlich, weiß. **Geruch** kaum wahrnehmbar; etwas unangenehm. **Geschmack** mild. **Lamellen** sehr dichtstehend, schmal, am
Stielansatz abgerundet und angeheftet; Schneiden schartig, im Alter braun flek-
kend. **Sporen** weiß. Vorkommen: büschelig in Wäldern, Herbst. Wert: **eßbar,** aber
ohne besondere Bedeutung, da unergiebig. – Der *Gefleckte Rübling* (S. 126) ist
heller, hat keinen verdrehten Stiel und schmeckt bitter.

COLLYBIA BUTYRACEA (Bull. ex Fr.) Quél. (1)
Butterrübling oder Kastanienbrauner Rübling
Hut 4–9 cm breit, rotbraun oder violettbraun, aber auch grau- oder grünbraun, Mitte meist dunkler als der Rand; **Stiel** im Alter und bei Trockenheit ausblassend, sonst wie der Hut gefärbt und an der Basis rötlich-überhaucht gestreift; innen schwammig, weiß; bald nur noch aus einer knorpeligen, gerunzelten, faserigen Rinde bestehend; Basis angeschwollen, weißfilzig, je nach Standort mit abgefallenen Nadeln oder Blättern verwachsen. **Fleisch** im Hut weich, wäßrig, gebrechlich, schlaff; etwas blasser als der Hut, besonders bei Trockenheit. **Geruch** etwas ranzig. **Geschmack** mild. **Lamellen** dichtstehend, den Stiel nur knapp erreichend und leicht von ihm zu trennen; Schneiden etwas uneben, zumindest bei lebhafter gefärbten Formen. **Sporen** weiß mit leicht rötlichem Schein. Vorkommen: In Wäldern, besonders in dicker Nadelstreu oder auf verfaulenden Blättern; bei günstiger Witterung ziemlich dickfleischig und dunkel wie die abgebildeten Exemplare; bei Trockenheit schmächtig und ausblassend und dann an den *Horngrauen Rübling* (s. unten) erinnernd. Wert: **eßbar.**
COLLYBIA ASEMA Fr. (2)
Horngrauer Rübling
Etwas kleiner als der Butterrübling, zu dem ihn manche Autoren als Variation stellen: Hut dünnfleischig, leicht gebuckelt, bei Feuchtigkeit mit durchscheinend gerieftem Rand; grau; Lamellenschneiden glatt; in Mischwäldern, häufig. **Eßbar.**

COLLYBIA *(Flammulina)* VELUTIPES Curt.
Samtfußrübling, Winterpilz, Winterrübling
Hut erst konvex, dann flach, 2–8 cm breit, oft gebuckelt; glatt, feucht-klebrig; satt
honigbraun mit blasserem, grieftem Rand und fein geflammter, rotbrauner Mitte;
bei Trockenheit ausblassend (bei *var. lactea* Quél. von Anfang an cremeweiß mit
noch hellerem Rand). **Stiel** manchmal kurz und dick, doch nicht selten auch
schlank; verbogen; nicht immer genau in der Hutmitte ansitzend, sondern zuweilen
auch seitenständig; erst markig-ausgestopft, dann hohl; faserig; an der Spitze rotgelb, im untern Teil schwarzbraun-filzig; Basis etwas zusammengedrückt und wurzelartig zugespitzt. **Fleisch** im Hut weich, aber zäh, cremefarben; im Stiel gelblich,
faserig. **Geruch** geringfügig, nach Früchten. **Geschmack** mild. **Lamellen** fast entferntstehend, breit, am Hutrand spitz zulaufend. **Sporen** weiß. Vorkommen: vom
Spätherbst bis zum Frühling auf lebendem oder totem Laubholz. Wert: **schmackhafter Speisepilz;** auch unter dem Schnee versteckte und bereits gefrorene Pilze
können verwertet werden. Man verwendet am besten nur die Hüte und läßt sie zunächst fünf Minuten lang aufkochen, bevor man sie nach den entsprechenden
Rezepten zubereitet. – Ebenfalls schon in milden Wintern, hauptsächlich jedoch
im März und April wachsen auf Kiefern- und Fichtenzapfen die kleinen Zapfen-
rüblinge, so z. B. der Bittere Kiefernzapfenrübling, *Collybia* (Strobilurus) *tenacella*
Bres., mit 1–3 cm breitem, weißlichem Hut (graubraun bei *var. grisea* Métr.) und
bitterem Geschmack. Er ist **ungenießbar. Eßbar** ist dagegen der Fichtenzapfenrüb-
ling, *Collybia* (Strobilurus) *esculenta* Wulf., er schmeckt allenfalls leicht bitterlich,
hat graue Lamellen und ist dunkler braun gefärbt als *tenacellus*. Außerdem wächst
er nur auf Fichtenzapfen. Manche Autoren stellen die oben erwähnte *var. grisea*
zu *esculenta*. Der nah verwandte *Milde Kiefernzapfenrübling* ist auf S. 132 beschrieben.

MARASMIUS BRESADOLAE Kühn. & Romagn. ex Fr. (= *Collybia acervata* ss Fr.)

Rotbraunstieliger Büschelrübling

Hut erst konvex, dann ausgebreitet, 2–8 cm breit, oft stumpf gebuckelt, manchmal auch niedergedrückt oder unregelmäßig gewellt; glatt oder etwas rauhlich mit leicht gerieftem, im Alter gerunzeltem Rand; bei Feuchtigkeit rotbraun mit kräftiger gefärbter Mitte und durchscheinenden Lamellen; bei Trockenheit und im Alter ausblassend. **Stiel** lang, glatt; am Lamellenansatz etwas verbreitert; glänzend purpurbraun mit hellerer Spitze und filziger Basis; zäh, hohl, faserig. **Fleisch** sehr dünn, weißlich, zuweilen bräunend; im Stiel dunkler, zäh. **Geruch** angenehm. **Geschmack** mild. **Lamellen** nicht sehr dichtstehend, dünn, am Stiel stellenweise angeheftet, oft wellig verbogen mit gekräuselten Schneiden; erst weißlich, später etwas bräunend. **Sporen** weiß. Vorkommen: in Büscheln mit vielen Einzelexemplaren auf vermodernden Pflanzenresten (Blättern, Nadeln usw.); in Wäldern. Wert: **eßbar,** doch wenig ergiebig. – In Nordamerika wächst die ähnliche *Collybia familia* (Peck) Sacc. in großen Büscheln auf vermodernden Nadelholzstümpfen: Hut blaßolivgrau oder auch fast weiß, Stiel weiß, seidig; **eßbar.** Mit dem Rotbraunstieligen Büschelrübling fast identisch ist der gleichfalls eßbare *Marasmius acervatus* Fr., der sich nach der Ansicht einiger Autoren durch gewisse mikroskopische Merkmale, etwas gedrängtere Lamellen, den ein wenig kürzeren Stiel und das Vorkommen in Gebirgsnadelwäldern unterscheidet. Im deutschen Sprachgebrauch wird zwischen den beiden Arten nicht unterschieden.

MARASMIUS OREADES (Bolt. ex Fr.) Fr.
Nelkenschwindling, Feldschwindling, Kreisling

Hut erst glockig oder konvex, dann flach, 2–7 cm breit, mit oder ohne gebuckelte Mitte; ockerfarben, in der Mitte dunkler, bei Trockenheit ausblassend; Hutrand bei Feuchtigkeit radial gerieft. **Stiel** schlank, schmächtig, zylindrisch, gleichmäßig; bei alten Exemplaren zuweilen etwas verdreht; wie der Hut gefärbt oder etwas blasser; elastisch, zäh, voll; Basis weißfaserig. **Fleisch** dünn, biegsam, etwas lederig; weißlich. **Geruch** und **Geschmack** angenehm. **Lamellen** ziemlich entferntstehend, breit dicklich, den Stiel nicht erreichend; erst weißlich, dann ockerlich. **Sporen** weiß. Vorkommen: an Grasplätzen (Weiden, Wiesen, Wegrändern etc.) in Reihen oder Hexenringen; gern auf sandigen Böden. Frühling bis Spätherbst; häufig; standorttreu. Wert: **ausgezeichneter Speisepilz;** auch vertrocknete Pilze können noch verwertet werden, wenn sie zuvor in lauwarmem Wasser wieder aufgefrischt worden sind. Allzu zähe Stiele sollten entfernt werden. – Ähnlich, doch zartfleischiger und brüchiger ist *Marasmius collinus* (Scop. ex Fr.) Sing., der Hügelschwindling; er ist **unbekömmlich** und kann Verdauungsstörungen hervorrufen. – **Eßbar** sind dagegen: *Marasmius globularis* Fr. in Quél. = *Marasmius wynnei* Bk. & Br., Violettlicher Schwindling: graulich oder violettgrau, Rand radialfurchig, Stielbasis verbogen, dunkelbraun; auf dem Boden in Wäldern, auch im Gebirge; und *Collybia confluens* (Pers. ex Fr.) Kummer, Knopfstieliger Büschelrübling: Lamellen dichtstehend, blaß, fleischrötlich; büschelig in Kreisen oder Ringen auf dem Erdboden an lichten Stellen des Waldes; weit verbreitet.

MARASMIUS SCORODONIUS Fr. (1, zwei Gruppen), Knoblauchschwindling
Hut 1–4 cm breit, braun bis ockerfarben. **Stiel** schlank, dünn, im unteren Teil rotbraun. **Fleisch** weißlich. **Geruch** und **Geschmack** nach Knoblauch. **Lamellen** entferntstehend, schmal. **Sporen** weiß. Vorkommen: bei feuchtwarmem Klima auf
vermodernden Blättern und an Holzresten; in Gruppen. Wert: **eßbar;** kann als
Gewürz anstelle von Knoblauch verwendet werden und eignet sich auch zum
Trocknen. – *Marasmius alliaceus* (Jacq. ex Fr.) Fr., Langstieliger Knoblauchschwindling: untere Stielhälfte schwarz, Hut anfangs spitzgebuckelt; mit Knoblauchgeruch; ziemlich selten, **bedeutungslos.** – *Marasmius prasiosmus* Fr., Großer
Knoblauchschwindling: Hut halbkugelig; Stielbasis verbreitert. – *Marasmius*
(Micromphale) *perforans* (Hoffm.) Fr., Nadelschwindling: winzig, Stiel schwarz,
feinsamtig; Knoblauchgeruch; Frühling bis Spätherbst. Jedes Pilzchen sitzt auf
einer einzelnen abgefallenen Fichtennadel. Leicht unterscheidbar ist *Marasmius*
androsaceus (L. ex Fr.) Fr., der Roßhaar-Schwindling, der nicht nach Knoblauch
riecht und dessen haardünner Stiel nicht samtig, sondern glatt ist. – *Marasmius pe-*
ronatus Fr. (2, 3), Brennender Rübling: **Hut** 3–6 cm breit, fein gerunzelt, ockerfarben, Rand gerieft; Stielbasis grobfilzig; Fleisch lederig, mit brennend scharfem
Geschmack; Lamellen erst weißlich, dann rotbräunlich; auf pflanzlichen Abfällen,
sehr häufig. Wert: allenfalls in kleinen Dosen **als Pfefferersatz verwertbar.** –
Marasmius rotula (Scop. ex Fr.) Fr. (4), Rädchen-Schwindling: **Hut** konvex,
0,5–1,5 cm breit, genabelt, radialfurchig, Stiel fadendünn; Lamellen entferntstehend, am Stiel ringartig zu einer Art »Halskrause« zusammengewachsen; auf
Holzabfällen; **bedeutungslos.** – *Strobilurus stephanocystis* [Hora] Sing. (5), Milder
Kiefernzapfenrübling: **Hut** 1–3 cm breit, braun; Stiel lang, braun, mit samtig-filzi-
ger Basis; Fleisch zäh, Lamellen dichtstehend; **eßbar,** aber unergiebig.

MYCENA PURA (Pers. ex Fr.) Kummer (1)
Rettichhelmling

Hut rosaviolettlich, hellrosa, ockerlich oder blaugrün mit gelblichem oder rötlich-
braunem Buckel; besonders bei Trockenheit auch weiß mit hellrosa, blaugrünen
oder violettlichen Tönen; erst spitzbuckelig, dann ausgebreitet, 2–7 cm breit (bei
var. rosea Schum. 10–12 cm), schwach gebuckelt; Hutrand bei Feuchtigkeit gerieft.
Stiel schlank, zylindrisch; Basis angeschwollen, flaumig; wie der Hut gefärbt oder
weißlich; bei Exemplaren mit ockerfarbenem Hut ist der Stiel oft amethystfarben
überhaucht; dunkelfaserig; röhrig-hohl. **Fleisch** brüchig, dünn; weiß oder schwach
getönt in den Farben des Hutes. **Geruch** leicht nach Rettich. **Lamellen** entferntstehend; breit, am Stiel ausgebuchtet und allenfalls aderig mit demselben verbunden;
weißlich, oder wie der Hut gefärbt. **Sporen** weiß. Vorkommen: in Gruppen oder
Hexenringen mit zahlreichen Einzelexemplaren in Laub- und Nadelwäldern; gern
zwischen Moos und im Fallaub; Mai–November, sehr häufig. Wert: **eßbar,** aber
von geringer Qualität; in Mengen genossen unbekömmlich. – Sehr ähnlich ist
Mycena pelianthina (Fr.) Quél. (2), der Schwarzgezähnelte Helmling: Geruch unangenehm stark nach Rettich; Hutfarbe zwischen Gelb und Violett variierend, bei
Feuchtigkeit farbintensiver als bei Trockenheit; Lamellen grauviolett mit charakteristischen schwarzvioletten, gezähnelten Schneiden. – Mit den vorausgehenden
Arten verwandt ist auch *Mycena overholtsii* Smith & Soldheim: Hut grau oder
braun; Stiel weiß, von der Basis an aufwärts fein »bestrumpft«, mit weichem, rein
weißem Flaum. Der Pilz wächst im Winter in sehr hübschen kleinen Büscheln auf
Nadelholz an einigermaßen schneefreien Stellen und ist aus den nordamerikanischen Rocky Mountains bekannt. – Die beiden letztgenannten Pilze sind **nicht eßbar.**

MYCENA GALERICULATA (Scop. ex Fr.) S. F. Gray (1)
Rosablättriger Helmling
Hut 2–5 cm breit; ockerbraun bis rußbraun; gebuckelt; Rand gerieft. Stiel
schmächtig, glatt mit filzig-behaarter Basis. Fleisch weiß. Geruch angenehm nach
Mehl. Lamellen dichtstehend, am Stiel angewachsen; erst weiß, dann hellrosa. Sporen weiß. – *Mycena polygramma* (Bull. ex Fr.) S. F. Gray (2), Rillstieliger Helmling: Dem Rosablättrigen Helmling ähnlich, doch mit enger stehenden Lamellen,
die den silbergrauen, von oben bis unten gestreiften Stiel nur stellenweise erreichen.
– *Mycena inclinata* (Fr.) Quél. (3), Buntstieliger Baumhelmling: Hut braun oder
grau, gebuckelt, Rand gerieft. Stiel zierlich, erst leuchtend weiß, später in der Mitte
goldgelb und mit bräunlicher Basis; brüchig, hohl. Fleisch elastisch, mit Geruch
nach ranzigem Talg. – *(Mycena flavipes* Quél, der Gelbstielige Helmling, hat einen
kräftig rot oder rotbraun gefärbten Hut und riecht ammoniakalisch; der Stiel ist
einfarbig gelbbraun.) – *Mycena tintinnabulum* (Fr.) Quél. (4), Winterhelmling:
Hut rußbraun, schleimig, Stiel verhältnismäßig kurz; büschelig in milden Wintern.
– *Mycena haematopus* (Pers. ex Fr.) Kummer (5), Bluthelmling: Bei Verletzung
einen dunkel-blutroten Saft ausscheidend. – *Mycena sanguinolenta* (Alb. & Schw.
ex Fr.) Kummer (6), Purpurschneidiger Bluthelmling: Kleiner als *haematopus*;
Saft wäßrig-dunkelrot. – *Mycena galopus* (Pers. ex Fr.) Kummer (7), Weißmilchender Helmling: Graubraun; Saft milchweiß. – *Mycena epipterygia* (Scop. ex Fr.)
S. F. Gray (8), Dehnbarer Helmling: Huthaut mit einer durchsichtigen gelantinösen Schichte bedeckt, die sich leicht abziehen läßt; Stiel gelb, dehnbar. – Alle hier
abgebildeten Helmlinge wachsen auf morschen Baumstümpfen (insbesondere Nr.
1–5) oder auf der Laub- oder Nadelschicht der Wälder. **Als Speisepilze** kommen
sie wegen ihrer geringen Größe **nicht in Betracht.**

TRICHOLOMA *(Armillaria)* MATSUTAKE (Ito et Imai) Sing. (1)
Krokodil-Ritterling, japanische Form
Hut erst halbkugelig mit eingerolltem Rand, der durch ein Velum mit dem Stiel
verbunden ist; später ausgebreitet, 8–18 cm breit, mehr oder weniger deutlich gebuckelt, zuletzt faserig; flach; gelblich, ockerfarben oder braun; Huthaut oft unregelmäßig felderig-aufspringend, besonders in der Mitte und auf einer breiten Ringzone längs des Randes; an den sich bildenden Spalten tritt der hellere Untergrund
bzw. das weiße Fleisch hervor. Hutrand fransig-geschmückt. Im Alter nimmt der
gesamte Hut eine dunkelbraune Färbung an. **Stiel** kräftig, ziemlich lang, manchmal
etwas gebogen; oberhalb des Ringes weißlich, darunter ockerfarben und schuppig.
Ring häutig, unregelmäßig, weiß. **Fleisch** dick und fest, weiß. **Geruch** sehr charakteristisch süßlich. **Geschmack** angenehm. **Lamellen** ziemlich dichtstehend, dick,
schmal; am Stielansatz ausgebuchtet; manchmal fast frei; **Sporen** weiß. Vorkommen: in Gruppen unter Kiefern; in Japan ein gesuchter Speisepilz, der nach Regenfällen im Sommer und Herbst auftritt. – Nach Ansicht mancher Autoren identisch
mit *Tricholoma caligatum* (Viv.) Ricken (2), dem Krokodil-Ritterling, der erst
bräunlich gefärbt ist und später violette Töne annimmt, und mit *Tricholoma pon-
derosum* (Peck) Sing. (3), der in Bergnadelwäldern ebenso vorkommt wie unter
zweinadeligen Kiefern an der Küste. Verwandte: *Tricholoma subannulatum*
(Batsch) Bres., der Fastberingte Ritterling, mit 5–20 cm breitem, kastanienbraunem, seidig-faserigem Hut, der in Nadelwäldern wächst und wegen seines bitterli-
chen Geschmackes nur nach Vorbehandlung (Überbrühen, Kochwasser wegschütten!) **eßbar** ist; und *Tricholoma robustum var. focale* (Fr.) Ricken,
Halsband-Ritterling, mit mildem Geschmack und 4–8 cm breitem rotorangefarbe-
nem Hut, dessen Oberhaut rissig-schuppig zerreißt; vor allem unter Kiefern auf
Sandboden; in geringen Mengen **eßbar,** sonst nur nach Abkochen.

TRICHOLOMA AURANTIUM (Schff. ex Fr.) Ricken
Orangeroter Ritterling
Hut konvex, dann ausgebreitet, 6–12 cm breit, mehr oder weniger gebuckelt, doch zuweilen auch niedergedrückt; Rand lange Zeit eingerollt; Huthaut klebrig, bei Feuchtigkeit schleimig, leicht abziehbar; schön orangefarben, später auch gilbend oder bräunend und am Rande meist blasser als in der Mitte; bedeckt mit dunkleren klebrigen Schüppchen, die sich besonders dicht in der Hutmitte konzentrieren. **Stiel** kräftig, erst voll, im Alter hohl; weißlich-mehlig an der Spitze, an der Basis bräunlich, dazwischen bedeckt mit zahlreichen welligen, stellenweise unterbrochenen Gürtelzonen, die aus kleinen, orangefarbenen Faserbüscheln bestehen. Der oberste dieser Gürtel ist zuweilen recht ansehnlich und kann einen Ring vortäuschen. **Fleisch** hart und weiß; im Stiel etwas rötlich. **Geruch** nach Wassermelonen oder Mehl, nicht gerade angenehm. **Geschmack** bitter. **Lamellen** ziemlich breit, am Stiel ausgebuchtet und nur stellenweise angewachsen; lediglich bei alten Pilzen zuweilen etwas herablaufend; weiß mit rötlich fleckenden Schneiden, später grauend. **Sporen** weiß. Vorkommen: Spätsommer bis Spätherbst in Gruppen unter Nadelbäumen, gern an grasigen Stellen. Wert: **nicht giftig;** vom Genuß ist aber abzuraten, da der Pilz selbst nach vorsorglichem Überbrühen seine bitteren Geschmacksstoffe nicht verliert. – *Tricholoma salero* Barla ist gleichfalls **ungenießbar** wegen seines bitteren Geschmacks: Hut 4–14 cm breit, kastanien- oder rotbraun; untere Stielhälfte mit rotfaseriger Zonierung.

TRICHOLOMA ALBOBRUNNEUM (Pers. ex Fr.)
Kummer
Weißbrauner Ritterling, Weißbrauner Giftritterling

Hut erst kegelig mit dünnem, eingerolltem Rand, dann konvex, schließlich flach, 6–12 cm breit; manchmal bucklig oder unregelmäßig gewellt und bedeckt mit feinen, dichten, bei Feuchtigkeit mit schmierigen Radialfasern; ocker- oder dunkelbraun, auch rotbraun mit dunklerer Mitte; Huthaut leicht abziehbar; Rand bei älteren Exemplaren zuweilen gerieft. **Stiel** robust, zylindrisch, mit etwas verdickter Basis, der mitunter eine zugespitzte, wurzelnde Verlängerung ansitzt; zu zwei Dritteln dunkelbraun oder rotbraun, faserig, im oberen Drittel weiß. (Die weiße und die braune Zone können entweder langsam ineinander übergehen oder aber scharf voneinander getrennt sein und dadurch einen Ring vortäuschen.) **Fleisch** sehr hart, schneeweiß. **Geruch** nach Mehl oder Kernseife. **Geschmack** oft, wenn auch nicht immer, bitter und herb. **Lamellen** dichtstehend, dünn, breit, am Stiel ausgebuchtet angewachsen; erst weiß oder cremefarben, später mit bräunlichen Flecken; Schneiden etwas gewellt und schartig. **Sporen** weiß. Vorkommen: in Bergnadelwäldern, aber auch in sandigen Kiefernwäldern der Ebene. Wert: **vor dem Genuß** des Pilzes ist **zu warnen,** da er sehr schwer verdaulich ist und vielfach Verdauungsstörungen hervorgerufen hat. Auf jeden Fall sollte man ihn vor der eigentlichen Zubereitung überbrühen und danach das Kochwasser wegschütten. – *Tricholoma flavobrunneum* (Fr.) Kummer, der Gelbbraune oder Gelbblättrige Ritterling, ähnelt *albobrunneum,* doch sind Stiel, Lamellen und Fleisch gelb gefärbt. Der Pilz wächst unter Laubbäumen, besonders bei Birken und Eichen und ist ein Speisepilz **minderer Qualität,** den man kaum empfehlen kann.

TRICHOLOMA USTALE (Fr. ex Fr.) Kummer (1)
Brandiger Ritterling

Hut 4–9 cm breit, klebrig; kastanienbraun mit hellerem Rand, der oft lappig oder wellig-verbogen ist. **Stiel** oft unregelmäßig verbogen; hart, bereift; erst weiß, dann braunsamtig mit dunkel-rotbräunlichen Fasern; Spitze stets weiß, Basis dunkler braun. **Fleisch** dick, fest, weißlich; leicht rötend. **Geruch** bei frischen Pilzen nach Mehl, bei älteren Exemplaren harzig oder firnisartig. **Geschmack** unangenehm bitterlich. **Lamellen** zum Stiel hin schmaler werdend und hakig-ausgebuchtet; weißlich, später oft rötlich fleckend. **Sporen** weiß. Vorkommen: in feuchten Laubwäldern und schattigen Niederungen, seltener auch im Nadelwald; stellenweise häufig. Wert: **ungenießbar** oder sonst schwach giftig. – *Tricholoma populinum* Lge. (2), Pappelritterling: **Hut** 7–12 cm breit, hellbraun mit dunkleren Flecken; Huthaut zu einem Drittel abziehbar. Lamellen leicht ablösbar; weiß. **Stiel** weiß, im Alter bräunlich; faserig; Basis knollig-verdickt, schwammig. **Fleisch** weiß. **Geruch** nach Mehl. **Geschmack** mehlartig oder etwas bitterlich. Vorkommen: in Gruppen unter Pappeln, gern auf Sandboden; oft büschelig verwachsen; Herbst und Spätherbst; an geeigneten Stellen häufig. Wert: frisch wenig empfehlenswert, wenn auch ungiftig; **in Öl konserviert hervorragender Speisepilz.** – Leicht zu verwechseln mit *Tricholoma ustaloides* Romagn., dessen Hut mehr rotbraun gefärbt ist. Der Mehlgeruch des Fleisches ist sehr intensiv und anhaltend. Von dem Genuß dieses Pilzes ist **abzuraten.** – *Tricholoma pessundatum* (Fr.) Quél. (3), Getropfter oder Rotbrauner Ritterling: **Hut** 6–12 cm breit, kastanienbraun; Stiel mit feinfilzigen, rotbräunlichen Faserbüscheln geschmückt; Geruch nach Gurken. Geschmack mehlartig, nicht bitter. Vorkommen: unter Nadelbäumen; Spätherbst; **ungenießbar.** – **Giftig** ist der leicht verwechselbare *Tricholoma montanum* Britz. (4); er wächst ebenfalls in Nadelwäldern, doch hat sein Fleisch einen bitteren Beigeschmack.

TRICHOLOMOPSIS RUTILANS (Schff. ex Fr.) Sing. (1)
Rötlicher Holzritterling

Hut erst halbkugelig, dann konvex und schließlich ausgebreitet, 5–18 cm breit;
Mitte zuweilen flach gebuckelt; Huthaut bedeckt mit anfangs dunkelrotem, später
kastanienbraunem Samtfilz, der besonders in der Mitte sehr dicht ist, sich zum
Rand hin jedoch feinschuppig auflöst und den gelben Untergrund durchscheinen
läßt. Der Hutrand ist ziemlich dünnfleischig und anfangs eingerollt. **Stiel** zylindrisch, fest, biegsam; erst voll, dann hohl; auf gelbem Grund dicht bedeckt mit roten Faserschüppchen, besonders an der Spitze. **Fleisch** hart, gelblich. **Geruch** unauffällig. **Geschmack** mild. **Lamellen** ziemlich dichtstehend, dünn, angewachsen
oder am Stielansatz ausgebuchtet; gelb; Schneiden flockig. **Sporen** weiß. Vorkommen: auf morschen Nadelholzstümpfen; büschelig; vielerorts häufig. Wert: **eßbar,**
aber geschmacklich minderwertig und schwer verdaulich.

TRICHOLOMOPSIS RUTILANS *var.* VARIEGATA Scop. ex Fr. (2)
Etwas kleiner und blasser als die typische Form. Die Lamellenschneiden sind nicht
flockig; der **Speisewert** ist **gering** wie der der Hauptform. – *Tricholomopsis decora*
(Fr.) Sing., der Olivgelbe oder Schwarzschuppige Holzritterling, kann noch größer
werden als *rutilans;* er ist auf goldgelbem Grund dunkelbraun oder schwärzlich geschuppt und wächst in Gebirgswäldern mit Vorliebe an Tannen- und Fichtenstümpfen. Sehr ähnlich ist auch *Tricholomopsis ornata* (Fr.) Sing., der büschelig
an Nadelholzstümpfen wächst und dessen gelbe Lamellen beim alten Pilz etwas
herablaufen. – Die Gattung Holzritterlinge *(Tricholomopsis)* unterscheidet sich
von den Ritterlingen *(Tricholoma)* durch ihre Bindung an Holz. Die ebenfalls
holzbewohnenden Vertreter der artenarmen Gattung *Armillariella* (Ringtrichter-
linge) sind durch herablaufende Lamellen gekennzeichnet. Am bekanntesten ist der
Hallimasch (S. 157), doch werden von verschiedenen Autoren auch der *Breitblättrige Rübling* (S. 125) und der *Shiitake-Pilz* (S. 181) zu dieser Gattung gestellt.

TRICHOLOMA ACERBUM (Bull. ex Fr.) Quél.
Gerippter Ritterling
Hut blaßocker, ockerrosa oder ockerrötlich; Mitte meist dunkler; erst halbkugelig, dann ausgebreitet, 7–12 cm breit; Rand dünn, gelbfilzig, lange eingerollt, erst im Alter mehr oder weniger gerade, und stets deutlich radialfurchig (»gerippt«): Huthaut seidig-trocken. **Stiel** kräftig; weißlich oder ähnlich wie der Hut getönt; Spitze anfangs mit gelbem Reif besetzt, der sich beim älteren Pilz in feine, vergängliche Flocken oder Körnchen auflöst. **Fleisch** dick, hart, weiß. **Geruch** unauffällig. **Geschmack** variierend: mild, herb, schärflich oder bitterlich. **Lamellen** dichtstehend, am Stielansatz ausgebuchtet; weiß oder cremefarben, an Druckstellen rötend. **Sporen** weiß. Vorkommen: in Laubwäldern, vor allem unter Buchen und Eichen, Sommer und Herbst. Wert: von dem Genuß des Pilzes ist **abzuraten,** da auch durch vorbeugendes Abkochen (Kochwasser wegschütten!) die in ihm enthaltenen Giftstoffe nicht vollständig entzogen werden. – An den gleichen Standorten kommt auch *Tricholoma pseudoacerbum* (Cost. et Duf.) Boursier = *Leucopaxillus tricolor* (Peck) Kühn., der Dreifarbige Krempentrichterling, vor: Hut 15–30 cm breit, Lamellen erst schwefelgelb oder grünlich-gelb, später gelb mit dunkleren Flecken; beim Austrocknen bräunend; Fleisch mild schmeckend; Stiel nicht flockig; **eßbar.** – *Tricholoma radotinense* Pilát et Charvát ist bislang nur aus der Tschechoslowakei bekannt, wo er unter Tannen gefunden wurde. Von *Tricholoma acerbum* unterscheidet sich dieser Pilz durch den glatten Hutrand und die schmutzig-ockerliche Färbung. Das Fleisch verfärbt sich an der Luft rosa, schmeckt – auch nach Abkochen – bitter und ist deshalb **ungenießbar.**

TRICHOLOMA PARDINUM Quél.
Tigerritterling

Hut anfangs glockig mit eingerolltem Rand; später konvex, 6–20 cm breit, schwach
gebuckelt, Rand unregelmäßig lappig, oft radialrissig; Huthaut leicht abziehbar,
graulich oder ockerlich, feinfilzig, bei jungen Exemplaren einheitlich dunkelgrau;
später nur noch in der Mitte so, während der Rest in graue oder rußbräunliche
Schüppchen aufspringt, die aus mehr oder weniger dreieckigen, konzentrisch angeordneten Faserbüscheln bestehen, zwischen denen – besonders am Rand, wo sie
weniger zahlreich sind – die hellere Unterschicht der Huthaut hervortritt. **Stiel**
kräftig, oft unregelmäßig verbogen; voll, faserig; längsstreifig; an der Spitze weiß,
mehlig-bereift; darunter feinfaserig oder mit sehr feinen bräunlichen Schüppchen
besetzt; Basis oft angeschwollen, blaß bräunlich. **Fleisch** dick und fest, lediglich am
Hutrand ziemlich dünn; im Hut weiß oder hellgrau, in der Stielbasis gelblich.
Geruch geringfügig nach Mehl, sich schnell verflüchtigend. **Geschmack** mild.
Lamellen dichtstehend, breit, am Stielansatz auslaufend oder ausgebuchtet angewachsen; erst weißlich, manchmal mit blaugrünem Schein, dann gelblich mit olivfarbenem Einschlag, im Alter ausblassend; Schneiden fein gesägt, jung Wasser-
tröpfchen ausscheidend (»tränend«). **Sporen** weiß. Vorkommen: fast ausschließlich im Bergland unter Fichten, Tannen und Buchen; gern in Gruppen oder
Hexenringen; in Norddeutschland sehr selten, in den Mittelgebirgen und im
Alpenvorland stellenweise häufig. Wert: der auf Grund seiner Größe und seines
angenehmen Geruches recht appetitlich erscheinende Pilz ist **stark giftig** und verursacht heftige Magenbeschwerden! – Ähnlich sind ferner: *Tricholoma hordum* (Fr.)
Quél.: schmächtiger als *pardinum*, Lamellen grau, schwarzbraun fleckend; selten;
zu meiden! – *Tricholoma venenatum*, blasser als *pardinum*, auch fast weiß und nur
im Alter etwas bräunend; in Hochwäldern, Nordamerika; **giftig.**

TRICHOLOMA VACCINUM (Pers. ex Fr.) Kummer (1)

Zottiger Ritterling, Wolliger oder Bärtiger Ritterling

Hut konvex, 5–8 cm breit, mit gebuckelter Mitte, bräunlich, dicht besetzt mit filzig-haarigen, rotbraunen Schuppen; Rand dünn, wollig-behangen, anfangs eingerollt, den Lamellen anliegend und eine Zeitlang von den Lamellenabdrücken gerieft. **Stiel** zylindrisch, bald hohl; faserig; weißlich mit braunem Schein, besetzt mit feinfaserigen braunen Resten der Cortina, die anfangs den ganzen Pilz einhüllt; Stielspitze weiß und bereift. **Fleisch** in der Hutmitte dick, sonst ziemlich dünn; hart, stellenweise rötlich anlaufend. **Geruch** schwach mehlartig. **Geschmack** mild, schärflich oder bitterlich. **Lamellen** etwas entferntstehend, dick, am Stielansatz ausgebuchtet; weißlich mit rotbräunlichen Flecken; Schneiden unregelmäßig gesägt. **Sporen** weiß. Vorkommen: in Gruppen und kleinen Büscheln in Bergnadelwäldern (Kiefern, Fichten); in Laubwäldern und im Flachland seltener. Wert: **Speisepilz** mittlerer Qualität.

TRICHOLOMA IMBRICATUM (Fr. ex Fr.) Kummer (2)

Feinschuppiger Ritterling

Ähnelt der vorigen Art: Hut 6–12 cm breit, ockerfarben; faserschuppig, doch manchmal auch fast glatt; Fleisch weiß und nicht verfärbend. Geschmack mild. Vorkommen: Spätherbst unter Kiefern und Lärchen, sowohl im Gebirge wie in der Ebene. Wert: **eßbar.** – Einen trockenen, wollig-schuppigen, nur 3–7 cm breiten Hut hat *Tricholoma psammopus* (Kalchbr.) Quél., der Lärchenritterling. Sein Stiel ist mit feinen, gelb- oder rostbraunen Körnchen besetzt, deren Färbung der des Hutes entspricht. Das Fleisch schmeckt bitter. Der Lärchenritterling wächst, wie sein Name bereits andeutet, mit Vorliebe unter Lärchen, wird jedoch vereinzelt auch unter anderen Nadelbäumen angetroffen. Er ist **ungenießbar.**

TRICHOLOMA TERREUM (Schff. ex Fr.) Kummer (1)
Mausgrauer Ritterling

Hut 4–7 cm breit, gebuckelt; Rand dünnfleischig und oft eingerissen; die graue Huthaut löst sich bald in gräuliche oder bräunliche, seidig-haarige Schüppchen auf. **Stiel** zylindrisch, weiß mit grauem Schein; im oberen Teil hohl. **Fleisch** dünn, zerbrechlich; grauend. **Geruch** kaum wahrnehmbar, angenehm. **Geschmack** mild, im Alter jedoch bitter. **Lamellen** entferntstehend, breit, dick, am Stielansatz ausgebuchtet angewachsen; erst weiß, später grauend; ziemlich brüchig; Schneiden gesägt. **Sporen** weiß-gelblich. Vorkommen: in Scharen, auch fast büschelig, vor allem in Nadelwäldern; bis in den Winter hinein; häufig. Wert: **eßbar;** jung guter Speisepilz. Er kann auch getrocknet oder in Öl konserviert werden. – Verwechslungsgefahr besteht mit dem **giftigen,** aber seltenen *Tricholoma groanense* Viola, der im Heidekraut in lombardischen Pinienhainen (italienisch »groane«) gefunden worden ist. – *Tricholoma virgatum* (Fr.) Kummer (2), Brennender Ritterling: Hut 4–8 cm breit, spitzbucklig; grau, zuweilen auch mit violettem oder rosafarbenem Einschlag und dunklerer Mitte; durchzogen von dunkler grauen, seidigen Radialfasern; Stiel verhältnismäßig lang, weiß, glatt, voll; **Geschmack scharf.** Vorkommen: hauptsächlich in Nadelwäldern (Kiefern). – *Tricholoma sciodes* (Seer.) Mart., der Schärfliche Ritterling, wächst vor allem im Laubwald und hat einen gewölbten, aber niemals spitzbuckligen Hut und bräunliche Lamellenschneiden. Er schmeckt bitter oder schärflich; **ungenießbar.** – *Tricholoma scalpturatum* (Fr.) Quél. (3), Gilbender Erdritterling: Hut grau oder bräunlich, am Rand schuppig aufspringend und gilbend; Lamellen dichtstehend, dünn, auf Druck gelb fleckend; Fleisch weiß, beim Eintrocknen gilbend; Geruch nach Mehl. **Eßbar.**

TRICHOLOMA EQUESTRE (L. ex Fr.) Quél.
Edelritterling, Echter Ritterling, Grünling
Hut 5–12 cm breit, mit mehr oder weniger deutlich ausgeprägtem Buckel; schwefelgelb oder olivgelb; Mitte zuweilen mit winzigen rotbräunlichen Schüppchen besetzt; Huthaut glatt, und besonders im Jugendzustand klebrig; abziehbar. **Stiel** fest, voll, faserig; schwefelgelb mit bräunlichen oder olivfarbenen Stellen; Basis etwas verdickt. **Fleisch** am Rand dünn, in der Hutmitte ziemlich dick; weißlich, unter der Huthaut und in der Stielbasis gelblich. **Geruch** schwach mehlartig. **Geschmack** angenehm. **Lamellen** dichtstehend, am Stiel ausgebuchtet-angewachsen, lebhaft schwefelgelb; Schneiden leicht gewellt. **Sporen** weiß. Vorkommen: im Herbst in Nadelwäldern, vor allem unter Kiefern auf Sandboden; sehr selten im Laubwald; mancherorts in Massen, in anderen Gegenden selten oder fehlend; kaum vor August. Wert: **guter Speisepilz.** – Es gibt noch zahlreiche andere **eßbare** Ritterlinge, insbesondere in der Verwandtschaft des *Mausgrauen Erdritterlings* (S. 143), von denen einige hier erwähnt seien: *Tricholoma orirubens* Quél., Rötender oder Rotblättriger Ritterling: Hut 5–8 cm breit; Lamellen und Fleisch neigen zur Rotverfärbung; Stielbasis manchmal grünfleckend; Geruch und Geschmack mehlartig. Der Rötende Ritterling wächst im Herbst in Laubwäldern, vor allem im Bergland, doch ist er verhältnismäßig selten. – *Tricholoma atrosquamosum* (Chev.) Sacc., Schwarzschuppiger Ritterling: gedrungen; Hut 4–8 cm breit, besonders in der Mitte dicht besetzt mit schwärzlichen Schuppen; Lamellenschneiden oft bräunlich; Geruch angenehm, an Pfeffer erinnernd. – *Tricholoma squarrulosum* Bres., Feinschuppiger Ritterling: von der vorigen Art lediglich durch den rußbraun geschuppten Stiel unterschieden. Beide Pilze sind Nadelwaldbewohner. – *Tricholoma cingulatum* (Fr.) Jacobasch, Beringter Erdritterling: im Vergleich mit anderen Ritterlingen ziemlich schmächtig; Hut 3–6 cm breit, Stiel mit flockig-faserigem Ring; auf feuchtem Boden, vor allem unter Weiden.

TRICHOLOMA PORTENTOSUM (Fr.) Quél.
Schwarzfaseriger Ritterling, Rußkopf, Schneeritterling

Hut auf grauem oder ocker-violettlichem Grund zur Gänze mit feinen Radialfasern überzogen, deren Farbe zwischen violett und schwarz variiert; glänzend, oft auch mit gelblichen oder olivfarbenen Reflexen; erst konvex, dann ausgebreitet oder unregelmäßig gewellt, 5–14 cm breit; Mitte gebuckelt und fast schwarz; Rand dünn, gewellt, bald radial einreißend; Huthaut glatt, klebrig. **Stiel** zylindrisch, kräftig, faserig, fest, mitunter unregelmäßig verbogen; weißlich mit gelblichem oder grauviolettem Schein; markig-ausgestopft; an der Spitze in seltenen Fällen feinschuppig; Basis zuweilen wurzelartig verlängert. **Fleisch** in der Mitte dick, am Hutrand dünner; zerbrechlich; stellenweise gelblich, sonst weiß; unter der Huthaut violett oder schwarz. **Geruch** nach Mehl, aber nicht sehr stark. **Geschmack** mehlartig. **Lamellen** etwas entferntstehend, ziemlich dick, auffallend breit; am Stielansatz auslaufend oder ausgebuchtet angewachsen; erst weißlich, dann gelblich oder mit grünlichem Ton. **Sporen** weiß. Vorkommen: einzeln oder in Gruppen und Kreisen vor allem in Nadelwäldern auf Sandboden, aber auch unter Laubbäumen, insbesondere Birken. Herbst und Spätherbst, mitunter noch nach dem ersten Schneefall.
Wert: **guter Speisepilz.** – Allzu sorglose und unerfahrene Pilzsammler seien daran erinnert, daß die Hüte des Schwarzfaserigen Ritterlings unter Umständen denen des *Grünen Knollenblätterpilzes* (S. 47/48) ähneln können, der jedoch durch seinen beringten und an der Basis bescheideten Stiel deutlich gekennzeichnet ist; ein typischer Geruch fehlt. Dagegen fehlen dem Schwarzfaserigen Ritterling Ring und Scheide, außerdem riecht und schmeckt er nach Mehl.

TRICHOLOMA SEIUNCTUM (Sow. ex Fr.) Quél. (1)
Bitterer Ritterling, Grüngelber Ritterling,
Gelbbräunlicher Ritterling
Hut erst halbkugelig, dann ausgebreitet, schließlich niedergedrückt, 5–15 cm breit;
feucht, klebrig; olivgelb oder zitronengelb mit hellerem Rand und dunklerer Mitte,
zuweilen mit schwärzlichen Radialfasern durchzogen; Hutrand auch beim alten
Pilz noch etwas eingerollt. **Stiel** kräftig, oft buchtig, weiß mit gelben oder olivgrü-
nen Flecken; voll. **Fleisch** hart, weiß, unter der Huthaut etwas getönt. **Geruch**
mehlartig. **Geschmack** erst mild, nach längerem Kauen bitterlich. **Lamellen** ziemlich entferntstehend, breit, am Stiel ausgebuchtet und mehr oder weniger deutlich
angewachsen; weiß mit grau-violetten Schneiden; in Hutrandnähe zitronengelb.
Sporen weiß. Vorkommen: September bis November in Nadelwäldern, besonders
auf saurem Boden. Im Flachland häufiger als im Gebirge. Wert: **ungenießbar,** da
er auch gut gekocht und gewürzt unangenehm schmeckt und Übelkeit und Erbrechen hervorrufen kann.
TRICHOLOMA SEIUNCTUM *var.* SQUAMULIFERUM Pilát (2)
Feinschuppige Variation des Grüngelben Ritterlings
Hut dunkel olivbraun oder olivgrün, faserschuppig; Rand beim reifen Pilz oft radial einreißend; Lamellen erst weißlich, dann gelblich oder gräulich; Geruch nach
Früchten; Geschmack mehlartig. Vorkommen: in Fichtenwäldern. Der **Speisewert**
ist **unbekannt.** Die Hutfarbe des Gelbbräunlichen Ritterlings erinnert zuweilen
verblüffend an die des *Grünen Knollenblätterpilzes* (S. 47/48), der jedoch einen
beringten und bescheideten Stiel besitzt.

TRICHOLOMA COLUMBETTA (Fr.) Kummer (1)
Seidiger Ritterling

Hut jung eiförmig oder glockig-gewölbt, dann flach, 5–10 cm breit, zuweilen mit gebuckelter Mitte; etwas klebrig, faserig-seidig, glänzend wie Atlas; rein weiß, manchmal mit gelben, grünen, blauen, violetten, rosafarbenen oder rostbraunen Flecken; Rand dünn, anfangs eingerollt, dann oft lappig oder wellig-verbogen und radial einreißend. **Stiel** schlank, zerbrechlich, faserig, voll; Basis oft verjüngt, in seltenen Fällen aber auch verdickt; meistens mit grünlichen oder bläulichen, seltener auch mit rötlichen Flecken. **Fleisch** weiß, hart. **Geruch** mild, angenehm; mitunter völlig geruchlos. **Geschmack** angenehm, mild. **Lamellen** fast dichtstehend; dünn; am Stielansatz ausgebuchtet; weiß; Schneiden fein gesägt. **Sporen** weiß. Vorkommen: Sommer und Herbst in Laub- und Nadelwäldern, in Gruppen. Wert: **guter Speisepilz.**

TRICHOLOMA ALBUM (Schff. ex Fr.) Quél. (2)
Strohblasser Ritterling

Hut konvex, 3–9 cm breit, in der Mitte oft mit spitzem, seltener mit breitem und stumpfem Buckel; anfangs weiß oder weißlich, später mit blaß cremefarbener oder hellbrauner Tönung, die in der Mitte intensiver ausgeprägt ist; Huthaut im Jugendstadium flaumig, dann glatt und trocken. **Stiel** zylindrisch; weiß mit rötlichen oder bräunlichen Zonen; zuweilen mit verdickter Basis. Fleisch hart, weiß. **Geruch** etwas unangenehm, bei *var. lascivum* (s. u.) widerlich süßlich. **Geschmack** bitter und etwas schärflich. **Lamellen** ziemlich entferntstehend (bei *var. lascivum* enger stehend), breit, am Stielansatz ausgebuchtet; erst weißlich, später cremefarben. **Sporen** weiß. Vorkommen: in Laub- und Nadelwäldern, besonders unter Buchen und Birken. Wert: beide Formen sind **ungenießbar.** In der deutschsprachigen Literatur trifft man sowohl die vollkommene Gleichstellung der beiden Formen, als auch die Aufspaltung in zwei verschiedene Arten an.

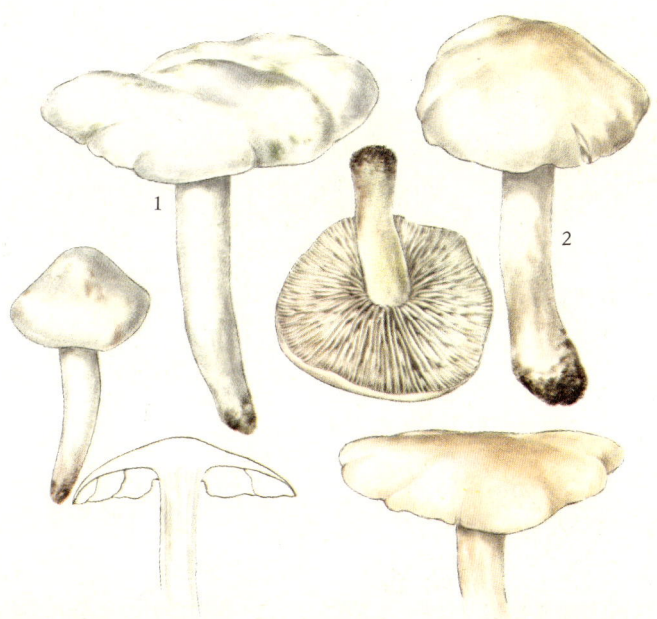

TRICHOLOMA SAPONACEUM (Fr.) Kummer (1)
Seifenritterling

Ein sowohl bezüglich seiner Ausmaße wie seiner Färbung außerordentlich variabler Pilz! **Hut** 5–15 cm breit; erst konvex, dann flach, oft mit unregelmäßig gewelltem Rand; Huthaut glatt; bei Trockenheit felderig aufspringend und stellenweise sich feinschuppig auflösend; grün-grau, olivgrün, braun, graubraun, aber auch blasser und sogar fast weiß (dunkel olivgrün bei *var. atrovirens* Fr. [3]); Mitte stets dunkler als der Rand. **Stiel** hart, verschiedenartig geformt, manchmal mit zugespitzter Basis (spindelförmig bei *forma napipes* Krbh. [4]); weiß, mit grünlichen oder rötlichen Stellen (bei *var. squamosum* Cke. [2] besetzt mit dunkleren Flocken und Schüppchen). **Fleisch** dick, weißlich, an der Luft rötlich anlaufend, wenn auch zuweilen sehr langsam. **Geruch:** auffallend stark nach Seife (oft als »Waschküchengeruch« beschrieben). **Geschmack** bitterlich. **Lamellen** ziemlich entfernt voneinander stehend, dünn, am Stiel ausgebuchtet; erst weiß oder weißlich mit grünlichem Schein, später oft rötlich gefleckt. **Sporen** weiß. Vorkommen: Gruppenweise in Laub- und Nadelwäldern auf allen Böden; August bis Spätherbst. Wert: **eßbar,** aber von geringer Qualität. – *Var. ardosiacum* Bres. ist **ungenießbar** und wächst im Sommer und Herbst unter Nadelbäumen; sein Hutrand ist eingerollt, die Hutfarbe graubraun; der Stiel auf weißem Grund schwärzlich gestreift und in der Mitte leicht angeschwollen. – Dem Seifenritterling sehr ähnlich ist *Tricholoma lavedanum* Gill., der in Bergnadelwäldern der gemäßigt warmen Zonen vorkommt und sich durch die schnelle Rotverfärbung des Fleisches auszeichnet; von seinem Genuß ist **abzuraten.** *Tricholoma sudum* (Fr.) Quél., der Falbgraue, Trockene oder Rasige Ritterling, zeichnet sich durch seinen oft radial gerunzelten Hutrand und seinen Geruch nach ranzigem Mehl aus. Er ist **giftig** und verursacht Magen- und Darmstörungen.

TRICHOLOMA SULPHUREUM (Bull. ex Fr.) Kummer (1)
Schwefelritterling

Hut schwefelgelb, in der Mitte oft leicht bräunlich; erst konvex, dann flach, 3–9 cm breit; zuweilen mit schwach gebuckelter Mitte, die jedoch auch niedergedrückt sein kann; seidig-glatt, trocken. **Stiel** zylindrisch; normalerweise schlank, seltener kurz und dick; längsstreifig; wie der Hut gefärbt; faserig; erst voll, später hohl. **Fleisch** ziemlich dünn, faserig; schwefelgelb, wenn auch meist blasser als der Hut. **Geruch:** widerlich nach Acetylen oder Schwefeldioxyd. **Geschmack** mild. **Lamellen** entferntstehend, breit, dick, gelb; am Stiel ausgebuchtet. **Sporen** weiß. Vorkommen: besonders in Laubwäldern, doch auch im Nadelwald; Herbst. Wert: **völlig ungenießbar.** Äußerlich dem *Grünling* (S. 144) ähnlich, der sich aber durch seinen angenehmen, wenig auffallenden Geruch unterscheidet.

TRICHOLOMA SULPHUREUM *var.* BUFONIUM (Pers. ex Fr.) Gill. (2)
Braunhütiger Schwefelritterling

Hutfarbe braun oder rotbraun, besonders in der Mitte; ungenießbar wie die typische Form. Auch *Tricholoma inamoenum* (Fr.) Quél., der Unangenehme oder Lästige Ritterling, riecht ausgesprochen widerlich: Hut 5–7 cm breit, weißlich oder hell bräunlich; Stiel verhältnismäßig lang, schmächtig, weißlich; Lamellen breit, entferntstehend, weißlich oder gelblich. Vorkommen: in Nadelwäldern, besonders gern im Gebirge. Ungenießbar. – Den genannten Arten ähnelt auch *Tricholoma sulphurescens* Bres.: Hut 4–6 cm breit, weißlich mit gelblichem Schein oder mit okkerfarbenen Flecken; Stiel verhältnismäßig lang, mit gelblichem Flaum überzogen; Fleisch gelb; Geruch rettichartig oder ranzig; Geschmack schärfer oder bitter. **Ungenießbar.**

TRICHOLOMA COLOSSUS (Fr.) Quél.

Riesenritterling, Hartpilz, Fleischpilz

Ein außerordentlich großer, schwerer und dickfleischiger Pilz mit einem kurzen und dicken Stiel, rotbrauner Hutfarbe und weißem Fleisch, das an der Luft langsam rot anläuft. **Hut:** rosa-bräunlich oder kräftiger rotbraun; erst konvex mit eingerolltem Rand, dann flach-gewölbt, 5–25 cm breit, oft unregelmäßig gebuckelt mit meist auch im Alter noch abwärts gebogenem Rand; Huthaut glatt oder etwas feinschuppig, mitunter – besonders in der Hutmitte – felderig-aufspringend; bei Feuchtigkeit leicht klebrig. **Stiel** kurz, dick; unterhalb der im Jugendstadium beringten Mitte oft verdickt; an der Spitze bereift, etwas schuppig; blaß-rußbraun oder rotbraun; Basis zuweilen knollig, doch auch spindelförmig, rötlich oder bräunlich. **Fleisch** dick und hart; erst weiß, dann rosa anlaufend und zuletzt hell rotbraun. **Geruch** angenehm. **Geschmack** bitterlich. **Lamellen** sehr engstehend, ziemlich dick; am Stiel angewachsen, manchmal aber auch ausgebuchtet oder abgerundet; weiß, später rötlich gefleckt. **Sporen** weiß. Vorkommen: einzeln oder in Gruppen mit deutlich voneinander getrennt stehenden Einzelexemplaren; in Nadelwäldern; Herbst bis Spätherbst. Wert: **eßbar;** frisch gepflückte Pilze sind – auch in gekochtem Zustand – etwas unverdaulich; besser ist es, sie in Öl zu konservieren, doch eignet sich der Pilz auch zum Trocknen und kann dann zu Pilzpulver zermahlen werden. – Könnte verwechselt werden mit dem *Halsbandritterling* (S. 135), der jedoch kleiner ist und einen dünneren Stiel besitzt. – *Der Gestiefelte* oder *Krokodil-Ritterling* (S. 135) hat einen dunkler braunen, oft violett verfärbenden Hut und einen längeren Stiel. – Der *Doppeltberingte Trichterling* (S. 156) unterscheidet sich durch die herablaufenden Lamellen und den zweifach beringten Stiel. Auch diese Art wird mitunter als »Hartpilz« bezeichnet. – Alle erwähnten Pilze sind **eßbar.**

LYOPHYLLUM *(Tricholoma)* GEORGII (Clus. ex Fr.) Quél. (1)
(= *Calocybe gambosa* [Fr.] Donk)
Mairitterling, Maipilz, Hufpilz, St.-Georgs-Ritterling
Hut weiß, blaß cremefarben, blaß ocker oder hell graubraun, seltener auch gelb
oder rötlich; mitunter fleckig; glatt, trocken, zuweilen felderig aufspringend; erst
halbkugelig, dann mehr oder weniger ausgebreitet, 5–15cm breit; im Alter fast
flach und oft unregelmäßig verbogen. Rand dickfleischig, jung eingerollt mit feinem, pulvrigem, sehr vergänglichem Flaum bestäubt, im Alter oft aufgebogen und
gewellt. **Stiel** kräftig, oft stämmig; etwas faserig; weißlich; voll; Basis ockerlich.
Fleisch ziemlich dick, sogar am Hutrand; weiß. **Geruch** mehlartig. **Geschmack** angenehm. **Lamellen** sehr dichtstehend, schmal; am Stiel oft gegabelt, abgerundet
oder ausgebuchtet und nur stellenweise angewachsen; cremefarben. **Sporen** weiß.
Vorkommen: an lichten Stellen des Waldes, unter Sträuchern und auf Wiesen, oft
im hohen Gras verborgen; in Gruppen und Hexenringen; April bis Juni, seltener
im Sommer und sehr selten auch im Herbst. Wert: **hervorragender Speisepilz,**
ebenso wie die folgenden Farbvarianten: *Var. gambosum* Fr. (2): Hut braun-röt-
lich fleckend, Lamellen in der Mitte bemerkenswert breit. *Var. graveolens* Pers. (3):
Hut aschgrau, Lamellen gräulich. *Var. palumbinum* Quél. (4): Hut weiß oder cremefarben mit rosa-violettlicher Mitte. *Var. albellum* Fr. (5): In allen Teilen schneeweiß. – Verwandt ist ferner der Kreuzsporige Ritterling, *Tricholoma goniosper-
mum* Bres., mit amethystfarbenen Lamellen; auf Wiesen und in Laubwäldern, gern
in hügeligem Gelände und in den Mittelgebirgen; ziemlich selten; Frühjahr bis
Herbst; **eßbar.**

LYOPHYLLUM *(Tricholoma)* AGGREGATUM (Schff. ex Fr.) Kühn. (1)
Büschelritterling, Frostrasling
Hut erst konvex oder glockig-gewölbt mit eingerolltem Rand, später flach, 4–12 cm breit, meist leicht gebuckelt; graubraun; radialfaserig; bei Trockenheit seidigglänzend; im Alter ausblassend. **Stiel** ziemlich fest; oft verbogen oder seitenständig, erst weiß, dann schmutzig-weißlich; faserig; Basis verdickt und mit dem Stielgrund anderer Pilze des gleichen Büschels klumpig verwachsen oder nur locker aneinander geheftet. **Fleisch** biegsam, dünn, weißlich. **Geruch** angenehm. **Geschmack** mild. **Lamellen** dichtstehend, weiß; am Stiel abgerundet-angeheftet; später etwas dunkelnd und leicht herablaufend. **Sporen** weiß. Vorkommen: an morschen Stümpfen oder in deren Nähe, aber auch an Wegböschungen und auf Komposthaufen, innerhalb und außerhalb des Waldes; Wert: **eßbar.** – *Lyophyllum loricatum* (Fr.) Kühn. (2), Knorpeliger Knäuelrasling: **Hut** 4–10 cm breit, bucklig; Huthaut knorpelighart, runzelig; Fleisch zäh. Vorkommen: an ähnlichen Standorten wie der Frostrasling; nicht selten auch einzeln wachsend. Wert: **eßbar.** – *Lyophyllum conglobatum* (Vitt.) Kühn. (3), Grauer Knäuelrasling, Erdsilberling: Dem *Frostrasling* sehr ähnlich: Hut 3–10 cm breit, grau oder blaßoliv; Geruch nach Weizenmehl; Geschmack bitterlich. Vorkommen: im Herbst auf Lichtungen, Wiesen und an Waldrändern, büschelig. Wert: **eßbar** nach vorherigem Überbrühen. – *Lyophyllum connatum* (Schum. ex Fr.) Sing., der Weiße Rasling, ist ein rein weißer Pilz, der gern büschelig an feuchten Stellen sowohl innerhalb wie außerhalb des Waldes, mitunter auch an morschem Holz wächst. **Guter Speisepilz.**

NYCTALIS ASTEROPHORA Fr. (1)
(= *Asterophora lycoperdoides* [Bull.] Ditm. ex S. F. Gray)
Stäubender Zwitterling
Hut erst halbkugelig oder fast rund, weiß, flockig; später konvex, 1–3 cm breit, hell nußbraun; bei der Reife mit einer bräunlichen, mehrere Millimeter dicken, pulverigen Schicht sogenannter Chlamydosporen bedeckt. **Stiel** oft verbogen, weiß, faserig-seidig; im Alter nußbraun. **Fleisch** verhältnismäßig dick, mit Fischgeruch; weiß; bei der Reife löst sich der obere Teil des Hutfleisches pulverig auf. **Lamellen** weißlich, ziemlich entferntstehend, schmal; mitunter auf verzweigte Runzeln reduziert oder ganz fehlend. **Sporen:** Die Basidiosporen, die bei den übrigen Blätterpilzen die Regel sind und auf der Oberfläche der Lamellen erzeugt werden, sind kaum entwickelt oder nur in geringer Zahl vorhanden; die aus den Hutfleischzellen gebildeten Chlamydosporen sind hellbräunlich gefärbt. Vorkommen: auf alten *Schwarztäublingen* (S. 205/206) oder anderen durch Fäule oder Trockenheit geschwärzten Täublingsfruchtkörpern, aber auch auf verfaulenden *Wolligen Milchlingen* (S. 186). Wert: **bedeutungslos.**
NYCTALIS *(Asterophora)* PARASITICA Bull. ex Fr. (2)
Beschleierter Zwitterling
Hut konvex, 0,5–1,5 cm breit, gewöhnlich spitz gebuckelt; später graulich; seidig, feinfaserig oder feinschuppig; Rand oft radial gerieft. **Stiel** dünn, verbogen, faserig; graulich. **Fleisch** dünn, grau, später in ockerliches Pulver zerfallend. **Lamellen** ziemlich entfernt stehend, dick, schmal; weißlich; bei der Reife in bräunliches Pulver zerfallend. **Sporen:** Basidiosporen weißlich, Chlamydosporen ockerlich. Vorkommen: auf verfaulenden Fruchtkörpern des *Blaublättrigen Weißtäublings* (S. 204) und *weißer Milchlinge* (S. 185/186). Wert: Beide Zwitterlingsarten sind nur in manchen Jahren häufiger anzutreffen und kommen **als Speisepilze nicht in Frage.**

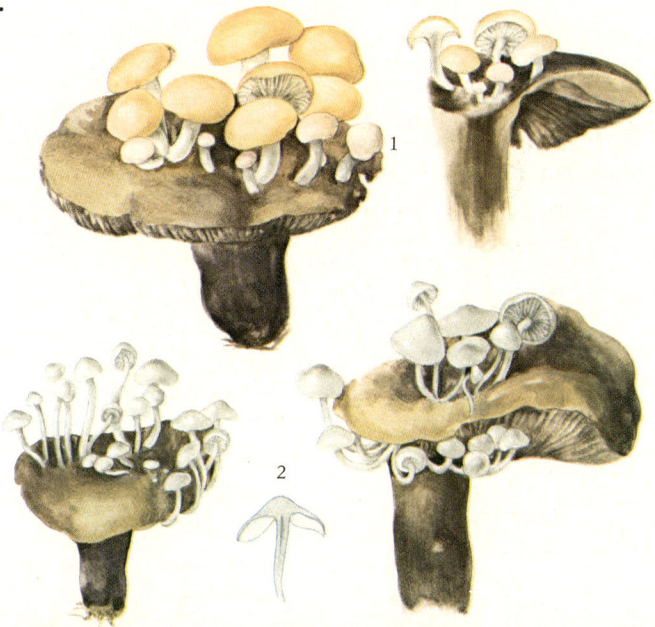

MELANOLEUCA GRAMMOPODIA (Bull. ex Fr.) Pat.
Rillstieliger Weichritterling

Hut graubräunlich, bei Feuchtigkeit dunkler und etwas schmierig; anfangs konvex, mit deutlich gebuckelter Mitte und eingerolltem Rand; dann flach, 6–26 cm breit; schließlich niedergedrückt, doch oft nach wie vor mit breitem Buckel in der Mitte und dünnem, nach unten umgeschlagenem Rand; Huthaut glatt, glänzend. **Stiel** schlank, kräftig und fest; mit dunkleren, rußbraunen Längsriefen gestreift, die sich deutlich vom weißlichen Grund abheben; mitunter etwas verdreht; Basis leicht knollig verdickt, weißflaumig. **Fleisch** in der Mitte des Hutes dick, am Rand dünner; etwas wäßrig; weißlich, bei Feuchtigkeit rauchgrau. **Geruch:** stark, Übelkeit erregend. **Geschmack** mild. **Lamellen** sehr dichtstehend, dünn, am Stiel angeheftet und im Alter leicht herablaufend; weißlich oder cremefarben, später hell rußbraun. **Sporen** weiß. Vorkommen: auf Weiden und Wiesen, auch in Gärten; oft sehr zahlreich in halbkreisförmig angeordneten Gruppen. Manchmal wächst der Pilz an Stellen, die sich durch besonders üppigen, auffallend dunkelgrünen Graswuchs auszeichnen und ist dann kaum zu entdecken. Im Gebirge ist er häufiger anzutreffen als im Flachland, wo überdies Formen mit abweichenden Merkmalen auftreten. Wert: Der Rillstielige Weichritterling ist **eßbar,** muß jedoch vor der eigentlichen Zubereitung einige Minuten in kochendem Wasser überbrüht werden, damit der unangenehme Geruch entfernt wird. – Von der gleichen Farbe wie *M. grammopodia,* zuweilen aber auch dunkler, ist *Melanoleuca brevipes* (Bull. ex Fr.) Pat., der Kurzstielige Weichritterling: Fruchtkörper gänzlich rußbraun-grau, mit einem im Verhältnis zur Hutbreite (3–6 cm) auffallend kurzen Stiel; in Wäldern, **eßbar.** – *Melanoleuca exscissa* (Fr.) Sing. ist gleichfalls ziemlich klein und gräulich gefärbt, kommt aber vor allem auf Wiesen vor und hat einen schmächtigen, mitunter exzentrischen Stiel. Der Pilz ist **eßbar.**

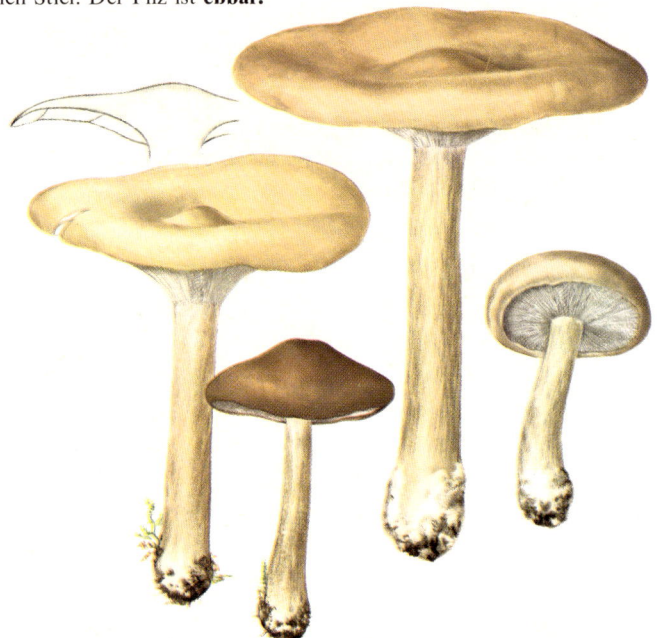

MELANOLEUCA VULGARIS Pat. (1)
Gemeiner Weichritterling
Hut erst konvex, stumpfbuckelig; dann flach, 4–8 cm breit, meistens mit mehr oder
weniger deutlich gebuckelter Mitte; dunkelrußbraun mit etwas hellerem Rand; bei
Regen oft durchfeuchtet und dann dunkler als bei Trockenheit. **Stiel** schlank, biegsam; weißlich; zur Gänze durchzogen mit gut erkennbaren bräunlichen Längsfasern; an der Spitze feinflockig; Basis oft leicht knollig verdickt und mit weißlichem
Flaum besetzt. Im Alter dunkelt der gesamte Stiel etwas nach, bleibt jedoch stets
heller als der Hut. **Fleisch** weich, weißlich, bei Feuchtigkeit grau und im Stiel leicht
gelblich; im Alter bräunend und lederig-zäh. **Geruch** geringfügig, unauffällig.
Geschmack mild. **Lamellen** dichtstehend, am Stiel ausgebuchtet; weißlich. **Sporen**
weiß. Vorkommen: in lichten Wäldern und auf Weiden, Frühsommer bis Herbst.
Weit verbreitet. Wert: **eßbar.**
MELANOLEUCA COGNATA (Fr.) Konr. & Maubl. (2)
Frühlings-Weichritterling
Hut 5–9 cm breit; goldockerfarben wie der rauhe Stiel, der etwas verdreht ist und
eine leicht knollige Basis besitzt. Vorkommen: April bis Juli an grasigen Stellen
unter Nadelbäumen und Pappeln. Wert: **eßbar.**
MELANOLEUCA EVENOSA *var.* STRICTIPES Sacc. (3)
Steifstieliger Weichritterling, Almen-Weichritterling
Hut 4–8 cm breit; weiß oder blaß ockerfarben; manchmal mit schwach bitterem
Geschmack; im Herbst auf Bergwiesen, in Gruppen; **eßbar.**
MELANOLEUCA CNISTA Fr. (4)
Hut 5–9 cm breit, weißlich; Anisgeruch; Geschmack leicht schärflich; Frühling und
Sommer, in trockenen Laubwäldern des Flachlandes; **eßbar.**

BIANNULARIA *(Catathelasma)* IMPERIALIS G. Beck
Doppeltberingter Trichterling, Wurzelmöhrling, Hartpilz
Hut erst kugelig, dann konvex, zuletzt flach, 5–20 cm breit, oft unregelmäßig wellig; Rand erst eingerollt (wodurch der junge Pilz im Querschnitt an ein ionisches
Säulenkapitell erinnert), dann aufgebogen und oft stellenweise einreißend; Huthaut trocken, oft eine Zeitlang mit den flockigen Resten einer Allgemeinhülle
(Velum universale) bedeckt; feinfaserig; bei älteren Pilzen von der Hutmitte aus
nach und nach felderig aufspringend, besonders bei Trockenheit; Hutfarbe mehr
oder weniger intensiv kastanienbraun oder olivbraun. **Stiel** kurz und dick, stämmig, hart, voll; erst weißlich, später gelblich; im oberen Teil längsgestreift; Basis
zugespitzt; mit zwei häutigen, weißlichen oder hell rußgrauen Ringen, von denen
der eine (als Rest der Teilhülle, *Velum partiale)* knapp unterhalb des Hutes, der
andere (als Rest der Gesamthülle) etwas oberhalb der Stielbasis sitzt. Beide Ringe
sind »aufsteigend«; sie lassen sich also nach unten abziehen (im Gegensatz zu
»hängenden«, nach oben abziehbaren Ringen, wie z. B. beim *Knollenblätterpilz,*
S. 47). **Fleisch** hart, weiß. **Geruch:** ein eigenartiges Gemisch aus Mehl-, Gurken-
und Blattwanzengeruch. **Geschmack:** angenehm, im Alter etwas bitterlich. **Lamellen** dichtstehend, schmal; am Stiel herablaufend; erst weißlich, später cremefarben,
schließlich grau; Schneiden schwärzlich. **Sporen** weiß. Vorkommen: im Herbst in
Nadelwäldern, gruppenweise. Die einzelnen Exemplare sind oft tief im Boden eingesenkt. Wert: **eßbar,** aber bei herkömmlicher Zubereitung zuweilen etwas unverdaulich. Sehr schmackhaft und besser bekömmlich wird der Pilz, wenn man ihn in
verdünntem Essig kocht und entsprechend gewürzt in Öl konserviert. – Ähnlich
ist der seltene *Armillaria zelleri* Stuntz & Smith, der allerdings nur einen einfachen,
stark ausgefaserten Ring besitzt und wegen seines bitteren Geschmackes als **ungenießbar** bezeichnet werden muß. *A. zelleri* ist eine amerikanische Art.

ARMILLARIELLA *(Clitocybe)* MELLEA (Vahl ex Fr.) Karst.
Hallimasch

Hut 3–6 cm breit, oft leicht gebuckelt; Rand dünnfleischig, anfangs eingerollt, später aufgebogen und unregelmäßig gewellt; erst gerieft, später radialrissig. Die gesamte Huthaut ist, besonders in der Mitte, dicht besetzt mit kleinen, dunkelbraunen Schüppchen und fühlt sich bei Feuchtigkeit etwas klebrig an. Alte Exemplare verkahlen. Die Grundfarbe des Hutes variiert je nach Standort zwischen honiggelb, zimtfarben, hell bräunlich, rot- oder olivbraun; auf Akazienholz wachsende Fruchtkörper können ausnahmsweise auch vollkommen weiß sein. **Stiel** schlank, faserig, elastisch, markig-ausgestopft; an der Spitze zuweilen hellrosa und längsstreifig, sonst bräunlich und vom Ring abwärts etwas dunkler werdend; Basis rußbraun, etwas verdickt, aber oft von anderen Pilzen des gleichen Büschels zusammengedrückt. **Ring** auffallend dick mit weißer, geriefter Oberseite und gelblicher, flockiger Unterseite. **Fleisch** im Hut fest, im Stiel faserig. **Geruch:** nicht sehr angenehm. **Geschmack:** etwas schärflich oder bitterlich. **Lamellen** nicht sehr dichtstehend, schmal, leicht herablaufend und streifig in die Stielriefung übergehend; erst weißlich mit gelblichen oder rosafarbenen Reflexen, schließlich blaß mit rötlichen Flecken. **Sporen** weiß: Vorkommen: im Herbst büschelig auf lebendem und totem Holz, an Stämmen und Stümpfen (Holzschädling!); manchmal auch an grasigen Stellen auf der Erde (in diesen Fällen ist das befallene Holz im Boden vergraben). Zuweilen wächst der Hallimasch auch einzeln und erreicht dann eine Hutbreite von 6–16 cm; die Stielbasis ist dann oft angeschwollen. Wert: **eßbar,** muß jedoch gut gekocht werden, wobei es sich empfiehlt, das Kochwasser wegzuschütten; auch zum Trocknen geeignet. Rohe Pilze sind giftig!

CLITOCYBE DEALBATA (Sow. ex Fr.) Kummer (1, 2)
Feldtrichterling, Weißer Gifttrichterling

Hut 2–6 cm breit, oft niedergedrückt; Rand erst eingerollt, dann aufgebogen und gewellt; Huthaut weiß bereift, nicht abziehbar. Der weißliche Reif löst sich beim alten Pilz auf creme-ockerfarbenem Grund unregelmäßig-fleckig auf. **Stiel** schlank, oft etwas gebogen, weiß, ockerlich gefleckt, zuweilen auch einseitig ockerfarben; etwas zäh, faserig, bald hohl. **Fleisch** feinfaserig und zäh oder zart und zerbrechlich; weiß. **Geruch:** schwach mehlartig. **Geschmack** mild. **Lamellen** dichtstehend, herablaufend; erst weißlich, später cremefarben. **Sporen** weiß. Vorkommen: gruppenweise auf Grasplätzen außerhalb des Waldes. Wert: **giftig!** – *Clitocybe rivulosa* (Pers. ex Fr.) Kummer (3), Rinnigbereifter Gifttrichterling: Von *dealbata* unterschieden durch den reifartigen Belag des Hutes, der sich im Alter in konzentrische Zonen auflöst, zwischen denen der blaß goldrosafarbene Grund zutage tritt. Stiel erst weiß, dann hellrosa; Fleisch weiß, unter der Huthaut ockerrosa. **Giftig!** Mit den Gifttrichterlingen kann *Clitocybe fragrans* (Sow. ex Fr.) Kummer, der Weiße Anistrichterling, verwechselt werden: Hut blaßocker; Geruch deutlich nach Anis; im Herbst in feuchten Wäldern. Eßbar, aber wegen **Verwechslungsgefahr** zu meiden! – *Clitocybe cerussata* (Fr.) Kummer (4), Bleiweißer Firnistrichterling: **Hut** 5–10 cm breit, gebuckelt oder niedergedrückt; erst weiß, dann gelbfleckend, manchmal auch mit rosalichem Schein; Rand oft bizarr zerrissen. Die Huthaut fühlt sich an, als sei sie mit einer dünnen Kalkschicht bedeckt. Sporen cremerosa; Vorkommen: auf humosem Boden, meist innerhalb des Waldes. Auf gedüngtem Boden wächst *var. difformis* Schum. Beide Formen sind **giftig!**

CLITOCYBE INFUNDIBULIFORMIS (Schff. ex Fr.) Quél.
Gelbbräunlicher oder Gebuckelter Trichterling
Hut sehr bald trichterförmig niedergedrückt, 3–10 cm breit, oft mit kleinem Buckel
in der Trichtermitte; Huthaut seidig, hellbräunlich (bei *var. catina* [Fr.] Mre. [auf
der Tafel unten rechts] blasser, nahezu weiß; bei *var. costata = Clitocybe costata*
Kühn. & Romagn., dem Gerippten Trichterling [in der Mitte der Tafel], ist die
Huthaut bräunlich gefärbt; der Rand ist lappig-gewellt und radial gefurcht). **Stiel**
zylindrisch, dünn, schlank, selten etwas gekrümmt; wie der Hut gefärbt; faserig (bei
var. costata mit dunkler braunen Längsfasern); zäh, biegsam; innen schwammig;
Basis leicht angeschwollen, weißflaumig. **Geruch:** angenehm nach Bittermandeln.
Geschmack: etwas zusammenziehend. **Lamellen** dichtstehend, nicht sehr breit; am
Stiel herablaufend; weißlich. **Sporen** weiß. Vorkommen: Hauptsächlich in feuchten
Sommer- und Herbstmonaten in Reihen und Ringen an grasigen Nadelwaldrän-
dern auf sandigem Boden, aber auch unter Laubbäumen und im Waldesinnern;
sehr häufig und an seinen Standorten meist sehr zahlreich. Wert: **schmackhafter
Speisepilz,** sollte aber gut gekocht werden; auch zum Trocknen geeignet. – Ähnlich
ist *Clitocybe* (Lepista) *vermicularis* (Fr.) Quél., der Lärchen- oder Wurzelschopf-
trichterling: etwas gedrungener als *infundibuliformis*, mit wurzelartigen Myzelsträngen an der Stielbasis; im Frühling (!) in Nadelwäldern, besonders unter Lärchen und Fichten; eßbar. *Clitocybe squamulosa* (Pers. ex Fr.) Lge., Feinschuppiger
Trichterling: Hut 3–5 cm breit, braun, ohne Hutbuckel, mit dunkleren Schüppchen
besetzt, Nadelwälder; Sommer und Herbst; **eßbar.** *Clitocybe incilis* Gill., Kerbrandiger Trichterling: Hut 3–10 cm breit, tonbraun, Rand radial gefurcht, unregelmäßig gewellt, fransig; Lamellen hell strohfarben; Stiel gedrungen, etwas heller als der
Hut; unter Nadelbäumen, ziemlich selten. **Speisewert unbekannt.**

CLITOCYBE GEOTROPA (Bull. ex Fr.) Quél.
Falber oder Ledergelber Riesentrichterling, Mönchskopf
Hut zuerst glockig mit eingerolltem, fein flaumigem Rand; später trichterförmig niedergedrückt, 10–20 cm breit, mit oft, aber nicht immer etwas aufgebogenem Rand und stets deutlich erkennbarem Buckel in der Trichtermitte; gelbockerlich, doch auch blasser und mitunter auch ins Orangefarbene nachdunkelnd; glatt, kahl. **Stiel** dick, sehr festfleischig, faserig, biegsam; etwas heller als der Hut, seidig glatt; erst voll, dann schwammig; Basis verdickt, weißflaumig oder -filzig. **Fleisch** erst weiß, dann cremefarben. **Geruch:** aromatisch nach Lavendel oder Bittermandeln. **Geschmack:** unauffällig, angenehm. **Lamellen** dichtstehend, am Stiel herablaufend, stellenweise gabelig; erst weiß, dann cremerosa mit stärker rosafarbenen Reflexen; elastisch, nicht brüchig. **Sporen** weiß. Vorkommen: in regenreichen Herbstmonaten an grasigen Stellen des Waldes, auf Lichtungen, auch unter Brombeergestrüpp; oft in Reihen oder Ringen und an seinen Fundorten meist sehr zahlreich. Wert: **guter Speisepilz;** bei älteren Pilzen verwende man nur die Hüte, da die Stiele zu zäh sind. – *Clitocybe maxima* (Fl. Wett. ex Fr.) Kummer, der Riesentrichterling, ist sehr ähnlich und teilt mit *geotropa* auch den angenehmen Geruch: Hut 20–60 cm breit, trichterförmig mit breitkrempigem Rand, ohne Buckel; Stiel kurz und dick; auf Wiesen, auch im Gebirge. Der Pilz wird zuweilen als Form zu *C. geotropa* gestellt. – *Clitocybe inornata* (Sow. ex Fr.) Gill., Graublättriger Trichterling: Hut 5–10 cm breit, schmutzigweißlich oder gräulich mit ockerlichem Schein; Stielbasis wollig-filzig; Geschmack mehlartig, Geruch anfangs angenehm nach Radieschen, später jedoch ranzig. Die beiden letztgenannten Arten sind **eßbar,** jedoch nicht besonders wertvoll.

CLITOCYBE *(Leucopaxillus)* GIGANTEA (Sow. ex Fr.) Quél.
Riesentrichterling, Riesen-Krempentrichterling
Hut erst weiß, bald cremefarben mit hellrosa Schein; danach zunächst gelbockerlich und schließlich hell rotbräunlich; an Druckstellen langsam rotbraun fleckend; erst konvex mit samtig-flaumigem, eingerolltem Rand, dann flach, 10–40 cm breit, zuletzt mehr oder weniger trichterförmig. Beim älteren Pilz ist der Hutrand dann glatt und leicht radial gefurcht oder eingerissen, oftmals auch lappig oder wellig-verbogen. Huthaut dünn, glatt; bald in der Mitte felderig aufspringend, später besonders am Rande kreisförmig aufplatzend und sich an den Bruchstellen etwas aufbiegend, wodurch eine hellere, seidig-weiche Unterschicht freigelegt wird. **Stiel** kräftig, dick, wie der Hut gefärbt oder etwas blasser; faserig, manchmal etwas radialrunzelig und stellenweise aufreißend; Basis zuweilen etwas verdickt. **Fleisch** dick und fest, biegsam, faserig; weiß; bei älteren Pilzen ziemlich weich. **Geruch** kaum wahrnehmbar. **Geschmack** angenehm. **Lamellen** sehr dichtstehend, dünn, mitunter gegabelt; leicht vom Hut trennbar und etwas heller als dieser. **Sporen** weiß. Vorkommen: auf Waldlichtungen und Weiden, besonders im Gebirge; oft in Hexenringen. Wert: **eßbar,** ebenso wie der Weiße Krempentrichterling, *Clitocybe* (Leucopaxillus) *candida* Bres., der rein weiß ist und möglicherweise lediglich eine Jugendform von *gigantea* darstellt.

CLITOCYBE NEBULARIS (Batsch ex. Fr.) Kummer
Nebelgrauer Trichterling, Nebel- oder Graukappe,
Herbstblattl

Hut anfangs konvex, dann flach, 6–26 cm breit, in der Mitte oft flach gebuckelt, schließlich niedergedrückt und etwas unregelmäßig verbogen; hellgrau oder, besonders in der Mitte, dunkler rußfarben, bei Trockenheit blasser; anfangs bedeckt mit feinem, grauem Reif, besonders am Rand, später glatt und glänzend; Rand erst eingerollt, später aufgebogen und gewellt; Huthaut dünn, fast vollständig abziehbar. **Stiel** kräftig, biegsam; voll, faserig-schwammig, später fast hohl; etwas heller als der Hut, feinschuppig-faserig, manchmal etwas längsrunzelig; Basis etwas verdickt, weißflaumig. **Fleisch** kompakt, im Alter weich; etwas faserig; weiß. **Geruch** unangenehm stark. **Geschmack** mild oder etwas schärflich. **Lamellen** leicht vom Hut abtrennbar; erst weißlich, dann cremefarben; dichtstehend; ungleich lang, schmal, am Stiel herablaufend (im Gegensatz zu denen des giftigen *Riesenrötlings*, die am Stielansatz auslaufen und erst rosa, dann roströtlich gefärbt sind, vgl. S. 119). **Sporen** weiß, dann cremefarben. Vorkommen: Spätsommer bis Spätherbst, besonders nach Gewittern; oft sehr zahlreich in großen Hexenringen und Reihen; sowohl in Laub- wie in Nadelwäldern. Wert: **verdächtig;** der Pilz ist roh schwach giftig; er sagt selbst nach entsprechender Vorbehandlung (einige Minuten abkochen, dann das Kochwasser wegschütten und die Pilze nach den üblichen Rezepten zubereiten) geschmacklich nicht jedermann zu und wird nicht immer vertragen. Andererseits ist der Nebelgraue Trichterling in vielen Gegenden Deutschlands ein begehrter, ja sogar volkstümlicher Speisepilz. – Ähnlich ist der *Fahlgelbe Trichterling* (S. 169) mit kürzerem Stiel und angenehmem, aromatischem Geruch. Er ist **eßbar.**

CLITOCYBE CLAVIPES (Pers. ex Fr.) Kummer (1)
Keulenfüßiger Trichterling

Hut graubraun, mitunter olivbraun verfärbend mit hellerem, bald jedoch gilbendem Rand; Mitte meist dunkler rußbraun; in seltenen Fällen finden sich auch Exemplare, deren Hutfarbe fast der des *Nebelgrauen Trichterlings* (S. 162) gleicht; erst konvex mit gebuckelter Mitte, bald ausgebreitet, 4–8 cm breit, schließlich mehr oder weniger tief niedergedrückt; glatt, bei Feuchtigkeit etwas schmierig; bei Trockenheit seidig-faserig, beinahe feinsamtig. **Stiel** eher konisch als zylindrisch; faserig; etwas heller als der Hut; weichfleischig, im Inneren schwammig; Basis auffallend angeschwollen, weißfilzig. **Fleisch** zart, bald schlaff; bei Feuchtigkeit mit Wasser vollgesogen, welches sich wie Saft auspressen läßt; weißlich. **Geruch** schwach. **Geschmack** mild. **Lamellen** sehr dichtstehend; ziemlich schmal; dicklich; am Stiel herablaufend; erst cremefarben, bei der Reife nach und nach gilbend. **Sporen** weiß. Vorkommen: im Herbst in Laub- und Nadelwäldern, besonders unter Lärchen; häufig. Wert: **eßbar.**

CLITOCYBE DICOLOR (Pers.) Lge. (2)
Starrer Trichterling, Zweifarbiger Trichterling

Hut 2–6 cm breit, schon sehr bald nahezu flach, dann niedergedrückt oder genabelt (manchmal auch leicht gebuckelt); graubraun mit dunklerer Mitte; bei Feuchtigkeit stärker gefärbt; bei Trockenheit und im Alter hellgrau ausblassend, jedoch das Braun der Hutmitte meist bewahrend. **Stiel** verhältnismäßig schlank; an der Spitze weiß; später von der Basis aufwärts grauend oder bräunend. **Geruch** aromatisch. Vorkommen: im Herbst in Laub- und Nadelwäldern, im Flachland ebenso wie im Gebirge. Wert: **eßbar.**

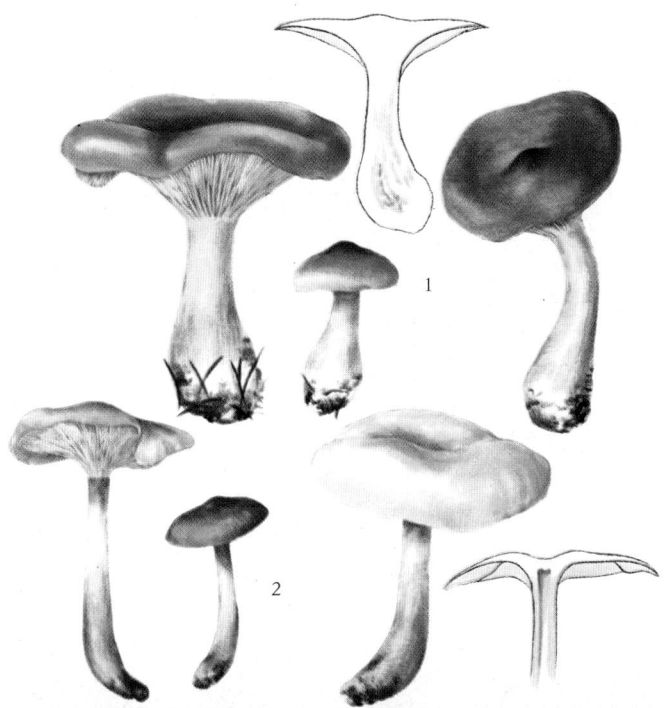

CLITOCYBE ODORA (Bull. ex Fr.) Kummer (1)
Anistrichterling, Grüner Anistrichterling
Hut anfangs konvex gewölbt, feucht, glatt, dann flach, 3–9 cm breit mit leicht gebuckelter Mitte; schließlich niedergedrückt und vollständig trocken; Rand wellig
verbogen; zuerst zartgrün, aber auch lebhafter grün mit blaugrünen oder blauen
Beitönen, fast ganz weiß bei *forma alba* Lge. (2); später ausbleichend und dann
mit grauen, gelblichen oder blaß ockerfarbenen Schattierungen. **Stiel** zylindrisch,
kräftig, ziemlich kurz; faserig, biegsam; erst weißlich, dann wie der Hut gefärbt,
wenn auch meist etwas heller; anfangs voll, später hohl; Basis leicht verdickt.
Fleisch weiß mit grünlichem Einschlag. **Geruch:** intensiv nach Anis. **Geschmack**
leicht bitterlich. **Lamellen** nicht sehr dichtstehend, schmal, dünn, am Stiel leicht
herablaufend; grün oder blaugrün, auch fast blau. **Sporen** weiß mit hellrosa Schein.
Vorkommen: zumeist im Laubwald zwischen abgefallenen Blättern; gruppenweise; auch im Nadelwald; im Herbst vielerorts häufig. Wert: Der Anistrichterling
ist **eßbar,** doch behält er auch nach dem Kochen seinen stark aromatischen
Geschmack bei, weshalb es sich empfiehlt, ihn zu Mischpilzgerichten und auch dann
nur in wenigen Exemplaren zu verwenden.
CLITOCYBE ODORA *forma* VIRIDIS With. (3)
Lamellen erst weiß, dann ockergelb. Der **Speisewert** beider Formen entspricht dem
der **Normalform.** – Den gleichen Geruch wie *odora* hat auch *Clitocybe suaveolens*
(Schum. ex Fr.) Kummer, der Dufttrichterling, doch unterscheidet er sich durch die
blaßbräunliche Färbung und den Standort in Nadelwäldern. *Clitocybe obsoleta*
(Batsch ex Fr.) Quél., der Verblichene oder Rasige Anistrichterling, ist rotbraun,
bleicht jedoch bei Trockenheit weißlich aus und wächst unter Kiefern. Die beiden
letztgenannten Arten sind für den Speisepilzsammler **ohne Bedeutung.**

CLITOCYBE *(Pleurotus)* ILLUDENS (Schw.) Sacc. (1)
Nordamerikanische Form des Leuchtenden Trichterlings
Hut erst konvex, dann flach, 6–12 cm breit; schließlich niedergedrückt; oft mit kleinem, auch im Alter noch deutlich erkennbarem Buckel; trocken, glänzend; faserig, leicht runzelig; orangefarben, bald ausblassend; Rand dünn, anfangs eingerollt, dann aufgebogen und unregelmäßig lappig. **Stiel** in der Länge sehr variierend; verbogen und mitunter exzentrisch; wie der Hut gefärbt, aber auch blasser mit bräunlichen oder schwärzlichen Flecken; längsgestreift oder sogar längsrunzelig; faserig; hart und voll. **Fleisch** zäh, faserig; orange, aber mit wechselnder Intensität; stellenweise kräftig orangegelb, anderwärts blasser; im Stiel meist dunkler als im Hut. **Geruch** unauffällig oder leicht unangenehm. **Geschmack** mild. **Lamellen** dichtstehend, dünn, schmal, oft gabelig; am Stiel herablaufend; erst orangefarben, dann bald ausblassend; bei der Sporenreife im Dunkeln phosphoreszierend. **Sporen** gelblichweiß. Vorkommen: Im gemäßigt kalten Klima an verschiedenen Laubbäumen, vor allem an Eichen. Wert: **giftig!** Verursacht heftigen Durchfall!
CLITOCYBE *(Omphalotus)* OLEARIA (Fr.) Mre. (2)
Leuchtender Trichterling, Ölbaum-Trichterling
Der der obigen Art ähnliche *Ölbaum-Trichterling* wächst zuweilen noch in den ersten Wintermonaten mit Vorliebe an alten Ölbäumen und auf den Rückständen ausgepreßter Oliven. Sein Hauptverbreitungsgebiet liegt im gemäßigt-warmen Klimabereich (Mittelmeerraum). Er erreicht eine Hutbreite von 6–18 cm, ist kräftig rot-orangebraun gefärbt und wie die nordamerikanische Form **giftig.** Viele Autoren halten *illudens* und *olearia* für identisch.

CLITOCYBE *(Armillariella)* TABESCENS (Scop. ex Fr.) Sing.
Ringloser Hallimasch, Hallimasch-Trichterling
Hut orange, ockergelb oder rotbräunlich, Mitte dunkelschuppig; erst konvex, dann ausgebreitet, 3–10 cm, mitunter auch mit großem halbkugeligem Buckel in der Hutmitte; sonst flach oder mit nur schwach angedeutetem Buckel, seltener auch niedergedrückt; faserig. **Stiel:** sehr lang, an der Spitze meist schmaler als an der oftmals verdickten Basis, die zuweilen durch andere Pilze des gleichen Büschels unregelmäßig zusammengedrückt sein kann; feinfaserig, glatt, ohne Ring; etwas heller als der Hut, doch mit hellbräunlicher bis rußbrauner Basis; voll, seltener auch hohl. **Fleisch** dünn, grau-weißlich im Hut, bräunlich und faserig im Stiel. **Geruch** angenehm. **Geschmack** etwas schärflich. **Lamellen** dichtstehend, verhältnismäßig breit; am Stiel herablaufend; erst cremefarben mit rosa Schein, später wie der Hut gefärbt, aber etwas blasser. **Sporen** weiß. Vorkommen: in dichten Büscheln an Laubholzstümpfen und -wurzeln; wenn er auf der Erde zu wachsen scheint, ist das befallene Holz im Boden vergraben. In Mitteleuropa außerordentlich selten; im Mittelmeergebiet häufiger. Wert: **eßbar,** sollte jedoch gut gekocht werden. – Unerfahrene Sammler können den Pilz mit einer Anzahl anderer büschelig wachsender Holzbewohner verwechseln, die zwar in den meisten Fällen nicht giftig, aber oft wegen ihres Geschmackes ungenießbar sind. Eine Ausnahme stellt lediglich der *Ölbaumtrichterling* (S. 165) mit einheitlich rotbrauner Hutfarbe dar. Der sehr bittere und **ungenießbare** *Grünblättrige Schwefelkopf* (S. 85) hat grünliche Lamellen, die nicht am Stiel herablaufen; das **eßbare** *Stockschwämmchen* (S. 91) hat einen beringten Stiel und seine Lamellen laufen nicht am Stiel herab; rotbräunliche Formen des **eßbaren** *Hallimaschs* (S. 157) können *tabescens* täuschend ähnlich sehen, doch sind sie durch ihren beringten Stiel gekennzeichnet.

CLITOCYBE *(Pseudoclitocybe)* CYATHIFORMIS (Bull. ex Fr.) Quél. (1)
Kaffeebrauner Trichterling, Becherförmiger Gabeltrichterling
Hut anfangs mit eingerolltem Rand und genabelter Mitte; bald trichterförmig,
3–10 cm breit; graubraun oder dunkelrußbraun, bei Feuchtigkeit dunkler als bei
Trockenheit; Rand bei alten Pilzen gerieft. **Stiel** schlank, an der Spitze meist
schmaler als an der Basis; fast wie der Hut gefärbt, aber manchmal auch auffallend
heller als dieser – so z. B. bei den hier abgebildeten Exemplaren; von oben bis unten
mit dunkleren Fasern überzogen, die zuweilen auch netzartig verbunden sind; elastisch; erst voll, dann bald hohl; Basis dicht weißfilzig. **Fleisch** dünn, weich, wäßrig,
rußigbraun. **Geruch** und **Geschmack** mild. **Lamellen** fast entferntstehend, am Stiel
angeheftet, im Alter deutlich herablaufend; erst weißlich, dann gräulich und
schließlich gräulich-gelb. **Sporen** weiß. **Vorkommen:** Vom Spätsommer bis zu den
ersten Nachtfrösten auf Wiesen, Feldern und vermodernden Holzabfällen, aber
auch in feuchten Wäldern auf dem Erdboden. Wert: **eßbar,** wie die folgenden
Variationen, die auch als selbständige Arten angesehen werden: *Var. expallens*
(Pers. ex Fr.) Quél. (2), Ausblassender Trichterling: kleiner und heller als die typische Form; auf Wiesen. *Var. vibecina* (Fr.) Quél.(3), Geriefter oder Weicher Trichterling: hell wie *expallens*, doch mit von Anfang an gerieftem Hutrand und striege-
lig-filziger Stielbasis; in Wäldern. *Var. brumalis* (Fr. ex Fr.) Kummer (4),
Wintertrichterling: gräulich, dünnfleischig; Huthaut bei Feuchtigkeit wie geölt er-
scheinend; im Spätherbst und in milden Wintern in Wäldern. *Var. pruinosa* Fr. ss.
Pilàt = *Clitocybe radicellata* Gill. (5), Bereifter Trichterling: kleiner, mit braunem
Hut und schmutzig-weißlichem Stiel; im Winter und im Frühjahr in Nadelwäldern.

HYGROPHOROPSIS *(Clitocybe)* AURANTIACA (Wulf. ex Fr.) Mre. (3)
Orangeroter Gabelblättling, Falscher Pfifferling
Hut lebhaft orange oder ockergelb (an sumpfigen Standorten auch fast weiß); erst
konvex mit eingerolltem Rand, dann flach oder niedergedrückt, 4–8 cm breit; bisweilen fast regelmäßig, manchmal aber auch sehr unregelmäßig wellig-verbogen
mit lappigem oder gewelltem Rand; feinsamtig, seidig, trocken. **Stiel** zylindrisch,
ziemlich schmächtig; oft verbogen und zuweilen exzentrisch; wie der Hut gefärbt;
elastisch, faserig; erst voll, später im unteren Teil hohl. **Fleisch** weich, ein wenig
schwammig; etwas blasser als die Hutoberfläche. **Geruch** kaum wahrnehmbar.
Geschmack mild, mitunter aber auch leicht schärflich oder unangenehm. **Lamellen**
ziemlich dichtstehend, dünn, schmal, gabelig verzweigt; am Stiel herablaufend; wie
der Hut gefärbt; Schneiden bisweilen etwas schartig. **Sporen** weiß. Vorkommen:
Hauptsächlich in Nadelwäldern; Herbst und Spätherbst; häufig. Wert: Mittelmä-
ßiger **Speisepilz;** gebraten recht schmackhaft. – Nicht mit dem **giftigen** *Ölbaum-*
Trichterling (S. 165) verwechseln, der auf Laubholzstümpfen oder auf dem Boden
unter Laubbäumen wächst! Ähnlich ist auch der beliebte *Pfifferling* oder *Eier-*
schwamm (S. 308).
HYGROPHOROPSIS AURANTIACA *var.* PALLIDA Peck (1)
Blasse Variation des Falschen Pfifferlings
Lamellen anfangs weiß, dann cremefarben; eßbar.
HYGROPHOROPSIS AURANTIACA *var.* NIGRIPES Trog (2)
Schwarzfüßiger Gabelblättling
Stielbasis dunkel-rußbraun. Der Pilz kommt auch auf stark vermorschten Stümp-
fen vor, wo er sich vermutlich von verborgenen Erdpartikeln ernährt. Er ist eben-
falls **eßbar.**

LEPISTA *(Clitocybe)* INVERSA (Scop. ex Fr.) Quél. (1)
Fuchsiger oder Fuchsroter Trichterling
Hut orange-ocker oder orange-braun, oft mit dunklerer Mitte; erst konvex, dann
trichterförmig, 3–10 cm breit; glatt, kahl (seltener auch feinschuppig), meist etwas
feucht; Rand anfangs eingerollt, dann oft wellig. **Stiel** kurz, hart, an der Spitze
meist verbreitert; manchmal etwas exzentrisch; erst weißlich, später wie der Hut
gefärbt; glatt, faserig; anfangs voll, dann schwammig und zuletzt bis knapp unter
die Huthaut hohl; Basis weißfilzig. **Fleisch** zäh, dünn, weißlich oder bräunlich.
Geruch: schwach anisartig. **Geschmack:** unauffällig oder leicht schärflich. **Lamellen** dichtstehend, dünn, schmal, am Stiel herablaufend, gleichmäßig ausgebildet, an
beiden Enden spitz zulaufend, nicht gegabelt; leicht vom Hut trennbar; erst weißlich, später orangefarben; Schneiden dunkler. **Sporen** weiß. Vorkommen: gruppenweise vor allem in Nadel-, aber auch in Laubwäldern; Herbst und Spätherbst.
Wert: minderwertiger **Speisepilz;** eignet sich am besten zum Braten. – Der **eßbare**
Lärchentrichterling (S. 159) wächst im Frühling und hat wurzelartige Myzelstränge
an der Stielbasis. Etwas kleiner ist *Lepista* (Clitocybe) *flaccida* (Sow. ex Fr.) Kummer, der von vielen Autoren als Laubwaldform zu *inversa* gestellt wird, aber auch
als *Flatteriger Trichterling* Artrang besitzt. Er ist etwas kleiner und blasser gefärbt
als der Fuchsige Trichterling und hat im Gegensatz zu diesem auffallend schlaffes,
weichliches Fleisch. – *Lepista* (Clitocybe) *gilva* ss. Konr. (2), Wasserfleckiger
Trichterling: Hut gelblich oder graugelb, später mehr oder weniger entfärbend, mit
kleinen dunkleren Flecken »getropft«; Lamellen gegabelt; Geruch aromatisch.
Vorkommen: vor allem in Bergnadelwäldern, doch auch unter Laubbäumen; **eßbar.**

LACCARIA LACCATA (Scop. ex Fr.) Bk. & Br. (1)
Rötlicher Lackpilz, Roter Lacktrichterling

Hut erst konvex, dann ausgebreitet, 4–6 cm, Mitte leicht genabelt (seltener auch mit kleinem Buckel); rosa, gelblich, orange-braun oder rotbraun; bei Feuchtigkeit meist dunkler gefärbt als bei Trockenheit; Rand wellig verbogen; Huthaut rauh, feinschuppig. **Stiel** zylindrisch, schmächtig, oft etwas verbogen; wie der Hut gefärbt; faserig-zäh; anfangs voll, doch bald hohl. **Fleisch** dünn; wie der Hut gefärbt, doch im trockenen Zustand ausblassend. **Geruch** und **Geschmack** unauffällig, mild. **Lamellen** entferntstehend, breit, dick, ungleich lang; etwas herablaufend; erst rosa, später mit weißem **Sporen**pulver bestäubt. Vorkommen: in feuchten Wäldern zwischen Gräsern und Moosen auf dem Erdboden; gerne unter Pappeln. Wert: **eßbar.** – *Laccaria amethystina* (Bolt. ex Hooker) Murr. (2), Violetter Lacktrichterling: Der ganze Fruchtkörper ist einheitlich violett gefärbt, blaßt aber im Alter etwas aus. Als **Speisepilz** wertvoller als *laccata*. – *Laccaria laccata* var. *proxima* Boud. (3), Fuchsiger Lacktrichterling: Hut 6–12 cm breit, fuchsig-braun, feinschuppig, Lamellen rosa-violettlich, an feuchten Standorten, **eßbar.** – *Laccaria laccata* var. *Sandicina* Fr. (4): Hut erst lila oder amethystfarben, dann gräulich; Stiel und Lamellen lila; **eßbar.** – *Laccaria tortilis* (Bolt. ex S. F. Gray) Cke. (5), Gedrehter Lacktrichterling: Hut 1,5–2 cm breit, wellig verbogen, blaßrot; Stiel kurz, verdreht, vom Hut fast völlig überdeckt; gern an morastigen Stellen; als Speisepilz **ohne Bedeutung.** – Auf Sandboden im Gebiet der Großen Seen in Nordamerika wächst *Laccaria trullissata* (Ellis) Peck: 3–6 cm breit, rotbraun mit blasserer Mitte; Lamellen entferntstehend rosaviolett; **ungenießbar,** da meist mit kaum abwischbarem Sand bedeckt.

RHODOPAXILLUS *(Tricholoma, Lepista)* NUDUS (Bull.) Mre.
Violetter Ritterling, Violetter Rötelritterling
Hut 3–15 cm breit, mit dünnem, bald aufschirmendem oder sogar aufgebogenem, stark gewelltem Rand, der mitunter tiefe Falten aufweist, die in der Form an den Schnabel einer Kaffeekanne erinnern; feucht, glatt; jung schön violett, dann gräulich mit bräunlicher Mitte; bei Trockenheit und im Alter ausblassend. **Stiel** kräftig, faserig, voll; violett oder amethystgrau mit rosa Schein; Basis verdickt, filzig. **Fleisch:** Im Hut gebrechlich, im Stiel faserig; violett. **Geruch** aromatisch. **Geschmack** angenehm. **Lamellen** dichtstehend, dünn, am Stiel ausgebuchtet-angewachsen, im Alter auch kurz herablaufend; jung violett, später ockerlich. **Sporen** rosa-violettlich, amethystfarben. Vorkommen: Zumeist im Herbst und Spätherbst, seltener auch zu anderen Jahreszeiten mit Ausnahme längerer Frostperioden; in Laub- und Nadelwäldern; in manchen Jahren massenhaft. *(Var. lilacinus* Quél. wächst nur in Nadelwäldern, ist lebhafter violett gefärbt und wird nicht so groß wie die Hauptform). Wert: roh schwach giftig; gekocht ausgezeichneter **Speisepilz.** Vorheriges Abkochen wird empfohlen. Ähnlich ist *Rhodopaxillus* (Lepista) *glaucocanus* Mre., der Blaßblaue Rötelritterling: jung violettgrau, später weißlich; Geruch und Geschmack unangenehm; an schattigen Stellen, besonders unter Buchen. Von seinem Genuß ist **abzuraten.** – *Rhodopaxillus sadicus* ist weniger fleischig und schlanker und wächst auf gedüngtem Boden. *Rhodopaxillus* (Lepista) *sordidus* Sing., der Lilagraue oder Fleischbraune Rötelritterling, ist kleiner und blasser als *nudus* und wächst im Spätherbst gruppenweise oder büschelig auf Wiesen und in Gärten und Parkanlagen. Die beiden letztgenannten Arten sind **eßbar.**

RHODOPAXILLUS *(Tricholoma)* SAEVUS (Fr.) Mre.
(= *Lepista personata* [Fr. ex Fr.] Cke.)
Lilastiel, Zweifarbiger Rötelritterling
Hut anfangs konvex oder flach gewölbt; dann fast flach, 5–15 cm breit, manchmal mit ziemlich unebener Oberfläche; blaßgrau, blaß-graurosa oder blaßbraun; manchmal auch mit rötlich-violetten Tönen; im Alter verblassend; Huthaut glatt, feucht, glänzend, leicht abziehbar; Rand erst eingerollt, dann wellig verbogen; fein bereift. **Stiel** kurz, zylindrisch; voll; blaßviolett; bekleidet mit weißen oder rosafarbenen, feinen Schüppchen oder Längsfasern; Basis oft verdickt. **Fleisch** massiv, weich; unter der Huthaut blaßviolett, sonst blaßgrau. **Geruch** angenehm. **Geschmack** mild, unauffällig. **Lamellen** dichtstehend, breit, gewellt; am Stiel abgerundet und im Alter manchmal etwas herablaufend; anfangs weißlich, später mit bräunlichem Schein. **Sporen** graurosa. Vorkommen: Herbst und Spätherbst bis zu den ersten Nachtfrösten; gern in großen Hexenringen auf feuchten Wiesen und Weiden. Es empfiehlt sich, die Pilze bei Trockenheit zu ernten, da sie bei feuchter Witterung außerordentlich wasserhaltig und schmierig sind. Wert: guter **Speisepilz.** Ähnlich ist *Rhodopaxillus* (Rhodocybe) *truncatus* (Schff. ex Fr.) Sing., der Würzige Rötelritterling: **Hut** 4–12 cm breit, blaß ockerrötlich; erst konvex, doch dann bald flach und unregelmäßig niedergedrückt; Mitte feinsamtig; Rand dünn, glatt, meist blasser als die Mitte, oft bizarr gelappt; Huthaut kaum abziehbar. **Stiel** kurz, kräftig, zylindrisch; mitunter mit verjüngter Basis; etwas heller als der Hut. **Fleisch** dick, cremeweiß. **Geruch** angenehm. **Geschmack** mild oder bitterlich. **Lamellen** dünn, ziemlich dichtstehend; am Stiel angewachsen oder leicht herablaufend; erst cremefarben, dann ockerlich. **Sporen** rosa. Vorkommen; in Nadelwäldern, besonders unter Fichten und Tannen. Wert: **eßbar.**

RHODOPAXILLUS *(Tricholoma)* PANAEOLUS (Fr.) R. Mre. (2)
Marmorierter Ritterling

Hut hell-braungrau, oft mit dunkleren, rundlichen Flecken »getropft«; erst konvex, bereift, mit eingerolltem, meist blasserem und mehlig-bereiftem Rand; dann flach, 4–12 cm breit, oder niedergedrückt, trocken, glatt; Rand schließlich wellig oder lappig-verbogen. **Stiel** stämmig, kräftig; trocken, längsstreifig, etwas heller als der Hut; erst voll und faserig, später schwammig und schließlich hohl; Basis im Alter zuweilen etwas verdickt. **Fleisch** zart, elastisch, schwammig, grau. **Geruch** mehlartig. **Geschmack** angenehm. **Lamellen** dünn, am Stiel angewachsen und im Alter etwas herablaufend; leicht vom Hutfleisch ablösbar; erst wie der Stiel gefärbt, dann hellbräunlich und schließlich rosabräunlich. **Sporen** graurosa. Vorkommen: gruppenweise auf Wiesen. Wert: guter **Speisepilz**; entwickelt beim Kochen einen etwas schärflichen Beigeschmack. – *Rhodopaxillus* (Lepista) *caespitosus* Bres. (1), Büscheliger Rötelritterling: Ähnelt *panaeolus,* ist jedoch schmutzig-weißlich oder sogar rein weiß gefärbt und wächst büschelig auf Bergweiden. Er ist **eßbar.** Zur Erinnerung noch einmal die wichtigsten eßbaren Vertreter der Gattung *Rhodopaxillus* (Rötelritterlinge): Der *Violette Ritterling* (S. 171) ist in allen Teilen violett gefärbt, riecht aromatisch und wächst im Spätherbst in Laub- und Nadelwäldern. Der *Lilastiel-Ritterling* (S. 172) ist grauviolett gefärbt; sein Stiel ist deutlich längsfaserig. Der Pilz wächst im Spätherbst auf Wiesen. Der *Blaßblaue Rötelritterling* (S. 171) wächst unter Nadelbäumen und Buchen. Bei ihm herrschen blaß–graublaue oder -violette Töne vor, und sein Geschmack erinnert ein wenig an Pfefferminz. Der *Würzige Rötelritterling* (S. 172) wächst unter Nadelbäumen. Sein Hut ist oft bizarr verbogen und ockerrötlich gefärbt; das Fleisch schmeckt etwas bitterlich. Der *Veilchenritterling* (S. 174) hat einen ockerrosa gefärbten Hut und einen weißen, faserigen Stiel. Er riecht auffallend aromatisch nach Rosen oder Veilchen und wächst unter Nadelbäumen, aber auch auf Wiesen.

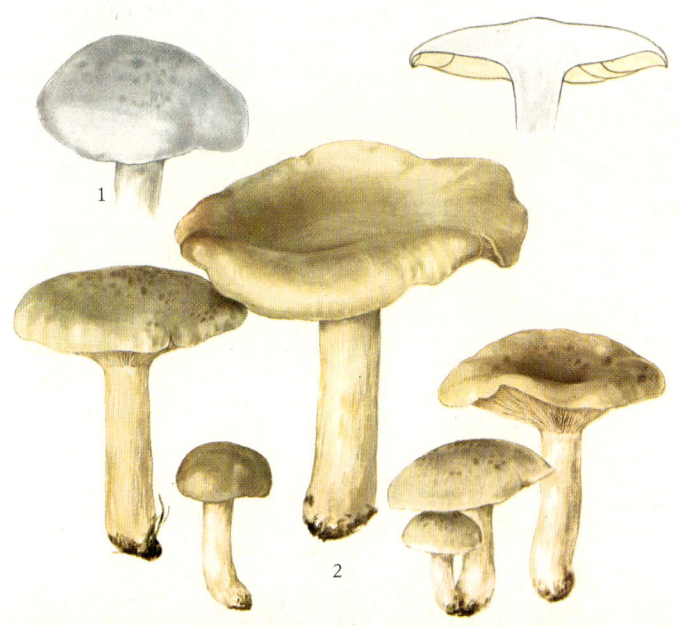

RHODOPAXILLUS *(Tricholoma)* IRINUS (Fr.) Kummer
Veilchenritterling
Hut 5–12 cm breit, flach gebuckelt, glatt; blaßocker oder fleischrosa, bei Feuchtigkeit kräftiger gefärbt als bei Trockenheit; Rand leicht gewellt. **Stiel** dickfleischig, faserig-zäh, später etwas brüchig; im oberen Teil faserig, silbrig-bereift, weiter unten mit ocker-bräunlichen Partien. **Fleisch** dick; weiß mit fein rosa-ockerlicher Marmorierung. **Geruch:** angenehm nach Veilchen oder Orangeblüten. **Geschmack:** angenehm. **Lamellen** dichtstehend, schmal, am Stiel ausgebuchtet-angewachsen; ockerrosa. **Sporen** rosa. Vorkommen: im Herbst an lichten Stellen in Mischwäldern, besonders unter Buchen und Kiefern, auch Wiesen. Wert: **eßbar;** wirkt bei manchen Menschen wie ein leichtes Abführmittel. – Die Gattung *Rhodopaxillus* (Rötelritterlinge) trennt von der Gattung *Tricholoma* (Ritterlinge) die rosasporigen Arten ab. Daher erklärt sich auch die doppelte Namensgebung: *Tricholoma irinum* und *Rhodopaxillus irinus.* Ebenfalls von *Tricholoma* abgetrennt wurde *Melanoleuca* (Weichritterlinge), deren Fruchtkörper dünnfleischiger und hygrophan sind. So lautet der neue Name z. B. *Melanoleuca grammopodia,* der alte *Tricholoma grammopodium.* Holzbewohnende Ritterlinge sind in der neueren Gattung *Tricholomopsis* (Holzritterlinge) vereinigt; der neuere Name *Tricholomopsis rutilans* hat den älteren Namen *Tricholoma rutilans* verdrängt. Ähnliche Umbenennungen, bei denen jeweils nur der Gattungsname geändert wurde, der Artname jedoch erhalten blieb, kommen auch in anderen Familien häufig vor. In der Praxis sind die stabileren Artnamen wichtiger als die oftmals variierenden Gattungsnamen.

CLITOPILUS PRUNULUS (Scop. ex Fr.) Kummer
Mehlräsling, Mehlpilz

Hut grauweißlich, in der Mitte meist etwas dunkler; anfangs gänzlich mit weißlichem, vergänglichem, bzw. nur am Rande verhältnismäßig dauerhaftem Reif bedeckt; erst konvex, mitunter auch schon im Jugendzustand unregelmäßig gewölbt, dann ausgebreitet, 5–12 cm, manchmal fast flach, aber auch niedergedrückt oder unregelmäßig buckelig: Rand erst dickfleischig, stark bereift und eingerollt, später dünner, lappig gewellt und teilweise aufgebogen, radialrissig; Huthaut bei Feuchtigkeit etwas klebrig, bei Trockenheit an gegerbtes Wildleder erinnernd (bei *var. orcella,* s. unten, ist die Huthaut stärker klebrig als bei *prunulus;* der Hutrand ist grob zerfetzt). **Stiel** gedrungen, oft etwas verbogen, mitunter exzentrisch, an der Spitze bereift, wie der Hut gefärbt; zuweilen unregelmäßig angeschwollen oder mit verdickter, weißfilziger Basis. **Fleisch** nur am Hutrand dünn, sonst dick, weich, zart. **Geruch** nach frischem Brotteig oder Mehl. **Geschmack** angenehm, doch manchmal auch bitterlich. **Lamellen** dichtstehend, dünn, schmal, am Stiel herablaufend; leicht vom Hutfleisch zu trennen; erst weiß, dann rosa, schließlich rosabräunlich. **Sporen** gelbrosa. Vorkommen: in Laub- und Nadelwäldern, besonders gern an lichten Waldstellen unter Eichen; gern in Standortgemeinschaft mit dem *Steinpilz* (S. 249). Wert: hervorragender **Speisepilz;** wird schnell gar; auch zum Trocknen geeignet. Um bittere Exemplare zu erkennen, koste man schon beim Sammeln ab und zu ein Stückchen. – *Clitopilus orcella* Bull. ex Fr., Klebriger Moosling: weiß, Huthaut klebriger als bei *prunulus,* Hutrand sehr uneben, zerfetzt; **eßbar.** Der Pilz wird meistens nur als eine Variation des Mehlräslings angesehen. Man hüte sich vor Verwechslungen mit kleinen weißen *Giftrichterlingen (Clitocybe rivulosa, dealbata, cerussata,* S. 158), die stets weiße Lamellen haben, während sich die Blätter des Mehlpilzes bei der Reife rosa färben.

PLEUROTUS OSTREATUS (Jacq. ex Fr.) Kummer
Austernseitling, Muschelpilz
Hüte muschelförmig, einander dachziegelig überlagernd; schwarz-violett, braun oder grau-ocker; im Alter schließlich ausblassend und gilbend; Rand erst eingerollt, später sich langsam aufbiegend, gewellt; Huthaut glatt (bei *var. glandulosus* [Tull.] Vogl. mit reflektierenden kleinen Körnchen besetzt); glänzend, in Stielnähe zuweilen feinsamtig; Durchmesser der einzelnen Hüte 5–15 cm; Durchmesser des gesamten Büschels 15–35 cm. **Stiel** seitlich ansitzend, meistens schräg aus dem Substrat hervorbrechend; mitunter nur andeutungsweise vorhanden, doch zuweilen auch sehr lang (so bei *var. stipitatus);* voll, hart, weiß, glatt; Grund filzig und mit anderen Stielen knollig verwachsen. **Fleisch** dick; erst zart, dann etwas zäh; weiß. **Geruch** und **Geschmack** angenehm. **Lamellen** mehr oder weniger dichtstehend, breit, am Stiel rillig herablaufend, ohne Querverbindungen; weiß oder cremefarben (bei *var. glandulosus* mit reflektierenden Körnchen besetzt). **Sporen** weiß mit blaßvioletten Schein. Vorkommen: im Spätherbst und in milden Wintern, sonst bis zu den ersten starken Frösten; büschelig an Laubholzstümpfen oder lebenden Bäumen, seltener auch an Nadelholz; stellenweise häufig. Wert: guter und begehrter **Speisepilz**, ebenso wie der Taubenblaue Seitling, *var. columbinus* Quél.: Hut bläulich oder graublau, im Alter oder bei starker Feuchtigkeit fleckend und schließlich wie die Normalform aussehend. Der Genuß überalterter Austernseitlinge kann Magenbeschwerden hervorrufen. – Neuerdings werden diese Pilze auch erfolgreich auf Laubholzstämmen und auf Strohballen gezüchtet.

PLEUROTUS CORNUCOPIAE Paulet ex Fr.
Rillstieliger Seitling

Hut erst konvex, dann niedergedrückt oder trichterförmig, aber zuweilen mit leichtem Buckel in der Mitte; oft unregelmäßig, 5–12 cm breit; anfangs feinflaumig, dann sehr bald glatt und glänzend; erst weißlich mit rötlichem Ton, dann ockergelb und zuletzt bräunlich. Stiel mitunter exzentrisch; im allgemeinen etwas gebogen; flaumig; weiß oder graugelblich, später bräunlich; normalerweise verzweigt. Den **Stiel** ziert ein Netz erhabener Adern, die am oberen Ende in die Lamellen übergehen. **Fleisch** dick; etwas faserig, doch immer recht zart und zerbrechlich; weiß, auf Druck etwas gilbend. **Geruch** nach Mehl oder leicht unangenehm. **Geschmack** angenehm. **Lamellen** am Hutrand aufgrund zahlreicher eingeschobener Lamelletten dichtstehend, in Stielnähe entsprechend weiter voneinander entfernt; am Stiel weit herablaufend und netzartig verbunden; in der Stielrillung fast bis zur Basis fortgesetzt; schmal, weiß, meist blaßrosa getönt, im Alter cremefarben. **Sporen** weiß mit rosaviolettlichem Schein. Vorkommen: auf Laubholz, besonders an Eichen, Ulmen, Pappeln und Buchen. Wert: guter **Speisepilz;** es empfiehlt sich, die Pilze vor der eigentlichen Zubereitung einige Minuten lang aufwallen zu lassen und das Kochwasser dann wegzuschütten. – Oftmals sind schon junge Pilze von Insektenlarven befallen. Es ist ratsam, schon beim Sammeln darauf zu achten. – Die nächsten Verwandten (sie sind **allesamt eßbar**) gehören in den Formenkreis von *Pleurotus ostreatus* (S. 176), so z.B. *Pleurotus pulmonarius* Fr. Er unterscheidet sich vom Austernseitling durch seinen Geruch, der allerdings nicht so intensiv ist wie der des Rillstieligen Seitlings; seinem Stiel fehlt die Netzzeichnung, und sein Vorkommen ist auf den Herbst und den Spätherbst beschränkt.

PLEUROTUS ERYNGII (DC. ex Fr.) Quél. (1)
Kräuterseitling

Hut graubräunlich; erst im Alter ausbleichend; seltener auch von Anfang an weiß-lich-blaß; erst konvex, dann ausgebreitet, 4–15 cm breit, unregelmäßig niederge-drückt; Rand fast immer eingerollt; Huthaut erst feinfilzig, bald glatt. **Stiel** norma-lerweise etwas exzentrisch; kräftig; glatt, kahl, weißlich, voll; Basis spindelförmig. **Fleisch** hart, weiß. **Geruch** unauffällig. **Geschmack** angenehm. **Lamellen** nicht sehr dichtstehend, breit, am Stiel herablaufend und dort stellenweise aderig verbunden; erst weißlich, später grauockerlich überhaucht. **Sporen** weiß. Vorkommen: auf brachliegendem, sandigem Boden; gern an Wegrändern; stets auf verrottenden Resten distelähnlicher Doldenblütler *(Umbelliferae)* wie dem Feld-Mannstreu *(Eryngium campestre* L.). Wert: ausgezeichneter **Speisepilz;** eignet sich auch zum Trocknen.

PLEUROTUS ERYNGII *var.* FERULAE Lanzi (2)
Hut graubräunlich oder rußbraun; erreicht größere Ausmaße als die Hauptform (5–18 cm breit), Stiel bauchig; auf Resten des Steckenkrauts *(Ferula)* im gemäßigt warmen Klima; nördlich der Alpen sehr selten. Wert: ausgezeichneter **Speisepilz;** eignet sich auch zum Trocknen.

PLEUROTUS ERYNGII *var.* NEBRODENSIS Inz. (3)
Weiß oder weißlich, 4–15 cm breit: ein Pilz des Berglands; in den Alpen bis in Höhen von 2200 m ü. M. beobachtet; stets auf vorjährigen Resten von Dolden-blütlern. Wert: ausgezeichneter **Speisepilz,** sowohl frisch wie getrocknet.

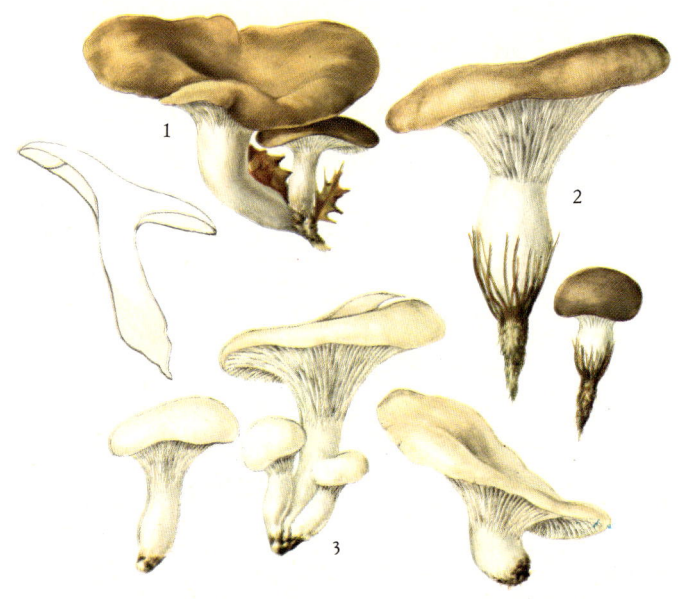

PLEUROTUS DRYINUS (Pers. ex Fr.) Kummer (1)
Berindeter Seitling, Eichenseitling
Hut 4–10 cm breit, unregelmäßig, oft höckerig; Huthaut weiß, weißlich, graulich
oder ockerlich, bedeckt mit faserigem Filz, der später in silbrige oder ockerliche ver-
gängliche Schüppchen zerfällt (bei *var. tephrotrichus* [Fr.] Bres. [2] ist die graue
Hutbekleidung grober und dauerhafter). Rand eingerollt. **Stiel** zylindrisch, exzentrisch, oft horizontal und sehr kurz; faserig, hart, fest, weißlich; auf Druck und beim
Vertrocknen gilbend. **Cortina** weißlich, feinflockig, vergänglich. **Fleisch** dick, weiß;
bald härtlich und zäh; im Stiel faserig. **Geruch** und **Geschmack** mild, angenehm.
Lamellen und Lamelletten dichtstehend, breit; erst weiß, später gelb; am Stiel rillig
herablaufend. **Sporen** weiß. Vorkommen: sowohl an lebendem wie an totem Holz;
hauptsächlich an Laub-, seltener an Nadelbäumen. Wert: jung guter **Speisepilz.** –
Pleurotus (Tricholomopsis, Lyophyllum) *ulmarius* (Bull. ex Fr.) Quél. (4),
Ulmenrasling: Hut 6–24 cm breit, gelblich, oft mit dunkleren Flecken; Lamellen
dichtstehend, am Stiel angeheftet oder auslaufend; Geruch ranzig. Geschmack bitterlich. Vorkommen: mit Vorliebe, aber nicht ausschließlich am Ulmenholz. Wert:
ganz jung **eßbar.** – *Pleurotus* (Panellus, Hohenbuehelia) *serotinus* (Schrad. ex Fr.)
Quél. (3). Gelbstieliger Seitling: Hut 4–10 cm breit, olivgrün oder braungrün;
Huthaut anfangs samtig, dann bald glatt und leicht klebrig; Rand gelblich, eingerollt; Lamellen dichtstehend, schmal, erst gelblich, dann bräunlich; Stiel seitenständig, gedrungen, auf gelblichem Grund mit olivfarbenen oder bräunlichen
Schüppchen bedeckt, die am oberen Ende besonders stark konzentriert sind;
Fleisch zäh, gelatinös. Vorkommen: auf Laubholzstümpfen, Herbst und Spät-
herbst. Wert: **kaum genießbar.**

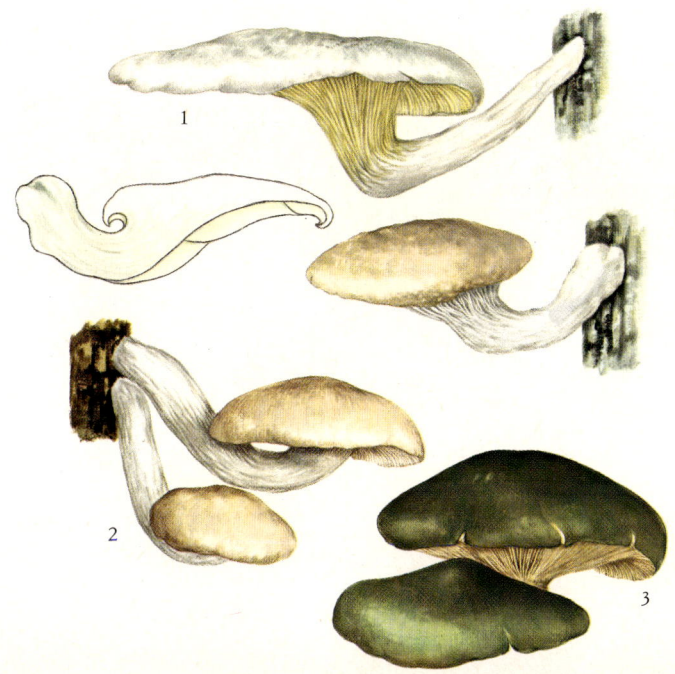

ACANTHOCYSTIS *(Hohenbuehelia)* GEOGENIUS (DC. ex Fr.) Sing. (1)
Erdmuschelling, Erd-Muschelseitling
Hut braun, bald mit grauem, olivfarbenem oder dunkler rußbraunem Einschlag
(dunkelorangebraun bei *var. queletii* Kühn. [2]), fächer- oder trichterförmig, 6–10
cm breit, auf einer Seite bis zum Boden gespalten; Huthaut mit einer leicht abziehbaren, gelatinösen, glänzenden Schicht bedeckt, die anfangs einen feinen, graulichen oder weißlichen Flaum trägt, der besonders dicht in der Nähe des Stieles auftritt und am unregelmäßig-welligen Hutrand fehlt. **Stiel** seitenständig,
weißflaumig, kaum ausgebildet. **Fleisch** zäh, dick; weiß mit bräunlichen Stellen.
Geruch und **Geschmack** mehlartig. **Lamellen** dichtstehend, dünn, schmal, erst
schneeweiß, dann cremefarben; weit herablaufend, **Sporen** weißlich-blaß. Vorkommen: Laub- und Nadelwälder, gern am Fuße der Bäume, ziemlich selten. Wert:
eßbar. Ebenfalls eßbar ist der blassere und dünnfleischigere Trichterförmige
Muschelseitling, *Acanthocystis* (Hohenbuehelia) *petaloides* (Bull. ex Fr.) Schulz.
– *Crepidotus mollis* (Bull. ex Fr.) Kummer (3), Gallertfleischiges Krüppelfüßchen:
Hut weißlich oder gelblich; halbkreisförmig, 3–8 cm breit; bedeckt mit gelatinöser,
abziehbarer Oberschicht (bei *var. calolepis* [Fr.] Pilàt ist die Huthaut obendrein besetzt mit bräunlichen Schüppchen, die sich, wenn die gelatinöse Schicht eintrocknet,
in dreieckigen Faserbüscheln anordnen). **Stiel** nicht oder nur andeutungsweise vorhanden, filzig. **Fleisch** schlaff, dünn, wäßrig, weißlich. **Geruch** und **Geschmack** unauffällig, mild. **Lamellen** dichtstehend, schmal, erst weiß, dann bräunlich. **Sporen**
bräunlich. Vorkommen: auf Laubholz. Wert: als Speisepilz **bedeutungslos.**

TRICHOLOMOPSIS EDODES (Berk.) Sing.
Shiitake-Pilz

Hut erst konvex, rund oder nierenförmig, dann ausgebreitet, 5–10 cm, mitunter auch niedergedrückt; oft mit unregelmäßig aufreißender Huthaut und dunkleren Schüppchen; mitunter auch geschmückt mit vergänglichen weißen oder ockerfarbenen Wärzchen, die vor allem in der Hutmitte und auf einer Ringzone längs des dünnfleischigen, oft wellig verbogenen und fransig-behangenen Hutrandes zu finden sind. **Stiel** gedrungen, oft exzentrisch ansitzend, mitunter etwas verbogen und in schrägem Winkel oder horizontal dem Substrat entspringend; an der Spitze weiß, glatt oder fein längsriefig; darunter weiß oder ockerlich, faserig gestreift, rauh. **Ring** weiß, dünn, vergänglich; bestehend aus faserigen Cortinaresten. **Fleisch** des Hutes weiß, fest; Fleisch des Stiels weißlich, ziemlich hart. **Geruch** angenehm; getrocknet stark aromatisch. **Geschmack** angenehm. **Lamellen** dichtstehend, ziemlich schmal, gegabelt, am Stielansatz auslaufend; jung weiß, dann bald ockerlich. **Sporen** weißlich. Vorkommen: im Bergland auf morschem Laubholz, insbesondere an Kastanien, Steineichen und Eichen; büschelig oder in Gruppen. Wert: ein begehrter **Speisepilz,** der im Fernen Osten gewerbsmäßig angebaut wird. In Japan impft man Stümpfe der Hodoghi-Eiche *(Quercus pasania)* mit seinem Myzel. Die Art ist verschiedentlich bei anderen Gattungen untergebracht worden, so z. B. bei *Armillaria* (Ringtrichterling), deren Lamellen jedoch herablaufen; bei *Cortinellus* (Schleiertrichterling) und *Tricholoma* (Ritterlinge), bei denen es sich aber um bodenbewohnende Pilze handelt, und bei *Lentinus* (Sägeblättlinge), die sich durch schartige (»gesägte«) Lamellenschneiden unterscheiden. Die Eingliederung bei *Tricholomopsis* (Holzritterlinge) liegt am nächsten.

LENTINUS *(Panus)* TIGRINUS (Bull. ex Fr.) Fr.
Getigerter Knäueling
Hut trichterig vertieft, 3–12 cm breit; Rand dünnfleischig, lange eingerollt, rissig; Huthaut braunfilzig, sich bald in Schüppchen auflösend, zwischen denen der seidig-glänzende, glatte Untergrund erkennbar wird. **Stiel** dünn, an der Spitze etwas verbreitert, verbogen, besetzt mit faserigen Cortinaresten, die einen Ring vortäuschen können; weißlich, unter dem Ring gesprenkelt mit vergänglichen Schüppchen; voll, faserig, zäh (bei *forma ramosipes* – unten links – ist der Stiel stärker verzweigt; die Verästelungen tragen jeweils eigene Hütchen). **Fleisch** biegsam, zäh, dünn, weiß; bald lederig; im Alter vertrocknend. **Geruch** nach Rahm. **Geschmack** etwas schärflich. **Lamellen** dichtstehend, schmal, herablaufend; erst weißlich, dann cremefarben; Schneiden gesägt. **Sporen** weiß oder cremefarben. Vorkommen: Frühling bis Herbst büschelig an Laubholz, insbesondere an Weiden, Pappeln und Buchen auf feuchtem Boden. Wert: jung **eßbar** – ebenso wie *Lentinus degener* Kalchbr., der Trichterförmige Sägeblättling: Hut rotbraun, schuppig, 5–20 cm breit; Stiel bauchig, dick; Geschmack angenehm; an Laubholz, selten. – Verwandt sind: *Lentinus adhaerens* (Alb. & Schw. ex Fr.) Fr., Harziger Sägeblättling: 3–6 cm breit, anfangs weißlich, dann ockerfarben; an den Lamellen eine harzige Flüssigkeit ausscheidend; auf Holz. – *Lentinus* (Lentinellus) *vulpinus* (Sow. ex Fr.) Kühn. et Mre., Fuchsiger Zähling: 4–11 cm breit, rostfarben (»fuchsig«), runzelig-streifig; Geschmack pfeffrig; büschelig an Holz. – *Lentinus* (Lentinellus) *omphalodes* (Fr.) Karst., Genabelter Zähling: 2–4 cm breit, dattelbraun; Stiel schmächtig, oft von der tief genabelten Hutmitte her durchbohrt; Geschmack bitter oder schärflich; auf im Boden vergrabenen Holzresten. – die zuletzt erwähnten Arten sind ausnahmslos **ungenießbar.**

LENTINUS LEPIDEUS Fr.
Schuppiger Sägeblättling, Anis-Sägeblättling

Hut erst halbkugelig-gewölbt, auf weißem Grund dicht besetzt mit groben, dunkleren Schuppen, auf Druck gilbend; später konvex, 5–12 cm breit, unregelmäßig-gewellt, faserig, gelb, felderig-aufspringend. Die Schuppen verschwinden im Alter fast völlig. **Stiel** gedrungen, faserig, weiß, braunschuppig; Basis schwärzlich, mit dem Substrat fast verwachsen mittels einer wurzelartigen, abgeplatteten Verlängerung. **Fleisch** hart, weiß, lederig-schwammig; vertrocknet ohne zu verfaulen. **Geruch** anisartig. **Geschmack** mild. **Lamellen** am Stiel herablaufend; erst weiß, dann gelblich; Schneiden gesägt. **Sporen** weiß. Vorkommen: an Nadelholzstümpfen und an verbautem Holz. **Ungenießbar.** – An dieser Stelle sei auch auf die Gattung *Panellus* (Zwergknäuelinge) hingewiesen. Es handelt sich dabei um holzbewohnende Pilze mit fächerförmiger Gestalt und zähem Fleisch, das kaum fault, sondern eher vertrocknet. Der Stiel ist nur rudimentär ausgebildet und seitenständig. **Als Speisepilze** kommen die Zwergknäuelinge **nicht in Betracht:** *Panellus stipticus* (Bull. ex Fr.) Karst., Herber Zwergknäueling: Hut 1–4 cm breit, ockergelb, mit kleinem, oben verdicktem und zur Basis hin schmaler werdendem Stielchen; Lamellen zimtbraun; Fleisch weich, aber zäh, mit zusammenziehendem Geschmack. Vorkommen: auf Laubholz, gern an Eichen. – *Panellus* (Phyllotopsis) *nidulans* (Pers. ex Fr.) Sing., Orangeseitling: 2–5 cm breit, ocker- oder orangegelb; Lamellen safranfarben, dichtstehend; ohne Stiel; Fleisch schleimig-zäh; Nadel- und Laubholz. – *Panellus mitis* (Pers. ex Fr.) Sing., Milder Zwergknäueling: 1–2 cm breit, weißlich oder cremerosa, mit gelatinösem Velum und mildem Geschmack; an trockenem Nadelholz.

PANUS CONCHATUS (Bull. ex Fr.) Fr. ([1] frisch; [2] getrocknet)
Buchenknäueling, Birkenknäueling
Hut fächerförmig oder unregelmäßig-trichterförmig, 5–10 cm breit; bräunlich, im
Jugendzustand mit feinem violettem Samtfilz bedeckt; Rand lappig-verbogen,
stellenweise aufgebogen und radialrissig; Huthaut löst sich mitunter in konzentrisch angeordnete Schüppchen auf. **Stiel** unregelmäßig, kurz, seitenständig; braun,
violettfilzig; Basis verdickt, flaumig. **Fleisch** dünn, lederig, biegsam, weiß. **Geruch**
aromatisch. **Geschmack** an Rettich erinnernd. **Lamellen** sehr dichtstehend, schmal,
herablaufend; erst blaß rotviolett (amethystfarben), später hellbraun, auf Druck
rostfleckig; Schneiden glatt. **Sporen** weiß. Vorkommen: Frühsommer bis Spätherbst an Laubholzstümpfen, sehr selten auch an Nadelholz. Sehr ausdauernd;
vertrocknet ohne zu verfaulen. Wert: **ungenießbar.**
LENTINELLUS *(Lentinus)* COCHLEATUS (Pers. ex Fr.) Karst. (3)
Aniszähling
Hut trichterförmig, 3–10 cm breit, oft sehr bizarr geformt, wobei eine Seite meist
bis zum Grunde gespalten ist; rotbraun, bei Trockenheit ausblassend; glatt; Rand
lange eingerollt, dann aufgebogen und oft radial eingerissen. **Stiel** mit tiefen Furchen und erhabenen Runzeln längsgestreift; verdreht; hart, faserig, hohl; wie der
Hut gefärbt, jedoch normalerweise mit dunklerer Basis. **Fleisch** dünn, knorpelig-
zäh, biegsam; erst weißlich, dann weinrötlich. **Geruch** stark nach Anis *(var. inolens*
Konr. & Maubl. ist geruchlos). **Geschmack** unauffällig. **Lamellen** dichtstehend,
schmal, am Stiel herablaufend; erst weißlich, dann cremeroafarben; Schneiden sehr
schartig. **Sporen** weiß. Vorkommen: auf alten Stümpfen, besonders an Buchen-
holz. Sehr ausdauernd; trocknet ein, ohne zu verfaulen. Wert: jung **eßbar,** aber unverdaulich.

LACTARIUS PIPERATUS (L. ex Fr.) S. F. Gray
Grünender Pfeffermilchling

Hut erst konvex, dann niedergedrückt oder trichterig-vertieft, 6–20 cm breit; glatt; regelmäßig; bei trockener Luft rissig; jung rein weiß, später mit bräunlichen Flekken; Rand erst eingerollt, später sich aufbiegend. **Stiel** gedrungen; auf weißlichem Grund grünlich oder rötlich überhaucht. **Fleisch** hart; cremefarben, an der Luft langsam grünend. **Geruch** kaum vernehmbar. **Geschmack** herb. **Milch** klebrig, sirupartig; erst weiß, dann grünend; sehr scharf. **Lamellen** außerordentlich dichtstehend, dünn, schmal, oft gegabelt; herablaufend; erst weiß und oft mit ockerlichen Reflexen, dann blaß cremefarben und nicht selten grünlichen; an Druckstellen bräunend. **Sporen** weiß. Vorkommen: in Laub- und Nadelwäldern, oft recht zahlreich. Wert: gilt allgemein als **ungenießbar,** wird jedoch auch nach regional unterschiedlichen Rezepten zubereitet: mancherorts wird er im offenen Feuer scharf gebraten; in anderen Gegenden trocknet man den Pfeffermilchling und zermahlt ihn dann zu Pilzpulver. Frische Pilze werden in kleinen Mengen wie Paprikaschoten zubereitet, können aber auch vor der eigentlichen Zubereitung abgekocht werden (Wasser abschütten!). Sie schmecken aber auch dann noch etwas seifig und sind außerdem schwer verdaulich. – Dem Grünenden Pfeffermilchling recht ähnlich und vielerorts häufiger als dieser ist *Lactarius pergamenus* (Swartz ex Fr.) Fr., der Echte Pfeffermilchling: Sein Stiel ist meist höher und schlanker, der Hut nicht ganz so fleischig, anfangs weiß, später gelblich und runzelig; das Fleisch tendiert zur Gelbverfärbung; die Milch ist weiß und auch an der Luft unveränderlich. – Alle mild schmeckenden Milchlinge können gegessen werden; es befinden sich **keine Giftpilze** darunter. Allerdings sind einige Arten wenig schmackhaft.

LACTARIUS VELLEREUS Fr.
Wolliger Milchling, Erdschieber
Hut anfangs flach gewölbt mit eingerolltem Rand, dann ausgebreitet, mit vertiefter Mitte, schließlich trichterförmig mit aufgebogenem, unregelmäßig gewelltem Rand; 8–15 cm breit; zur Gänze bedeckt mit rauhlichem Filz, der besonders bei Trockenheit deutlich erkennbar ist; erst weiß, dann schmutzig-weißlich oder gelblich mit bräunlichen Flecken. **Stiel** kurz und dick, oft deformiert, hart; erst rein weiß, später bräunlich gefleckt; feinfilzig wie der Hut; Basis zugespitzt. **Fleisch** dick und fest, brüchig; anfangs weiß, dann gelblich mit grünlichen Zonen. **Geruch** angenehm. **Geschmack** scharf. **Milch** spärlich, weiß, bitter schmeckend (bzw. scharf bei *var. bertillonii* Neuhoff). **Lamellen** nicht sehr dichtstehend, untereinander aderig verbunden, etwas herablaufend; erst weißlich mit blaugrünem oder gelblichem Schein, dann blaßocker. **Sporen** weiß. Vorkommen: Sommer und Herbst in Laub- und Nadelwäldern; gerne in feuchten Laubwäldern, gruppenweise; sehr häufig. Wert: **nicht zu empfehlen,** da auch nach Vorbehandlung kaum schmackhaft, jedoch nicht giftig. Den gleichen Speisewert hat der ähnliche *Lactarius velutinus* Bert., der vielfach als Variation des Wolligen Milchlings angesehen wird. Seine Milch schmeckt nicht bitter, sondern mild, das Fleisch dagegen brennend scharf. – Auch *Lactarius deceptivus* Peck ist kaum genießbar: gänzlich weiß, Milch reichlich, weiß und so bleibend. Wenn der Hut bei der Reife sich ausbreitet, löst sich die weiche Randzone der Huthaut ringförmig ab und bleibt stellenweise noch am Rande hängen. In der Mitte zerreißt die Huthaut schuppig und färbt sich langsam bräunlich. *L. deceptivus* ist in Nordamerika heimisch.

LACTARIUS CONTROVERSUS Pers. ex Fr.
Blutfleckiger oder Rosascheckiger Milchling
Hut anfangs flach mit niedergedrückter Mitte, dann trichterförmig vertieft, 6–30
cm breit, mit nach wie vor eingerolltem Rand; bei Feuchtigkeit klebrig; weiß mit
konzentrischen rosafarbenen Zonen; anfangs gänzlich, später nur noch am Rand
feinsamtig. Oftmals ist der Hut mit Laub oder Erde bedeckt, die er beim Hervorbrechen aus dem Boden mitgenommen hat (daher der Name »Erdschieber« für
ähnliche Arten!). **Stiel** gedrungen, glatt, weißlich. **Fleisch** dick und fest, brüchig,
feinkörnig; weiß, unter den farbigen Zonen des Hutes leicht rosa getönt. **Geruch**
weinartig, säuerlich, zuweilen recht unangenehm. **Geschmack** scharf. **Milch** weiß,
scharf. **Lamellen** dichtstehend, schmal, herablaufend; erst weiß, dann bald fleischrosa. **Sporen** weiß. Vorkommen: an grasigen Stellen in lichten Laubwäldern, gern
unter Pappeln; oft in großen Hexenringen. Wert: **eßbar mit Vorbehalt;** längeres
Kochen kann den Pilz entschärfen, ohne ihn freilich besonders schmackhaft zu machen. Besser ist es, ihn in verdünntem Essig zu kochen und entsprechend gewürzt
in Öl zu konservieren. – Ebenfalls an grasigen Stellen unter Pappeln wächst *Lactarius populinus* Heim, der Pappelmilchling: Hut cremerosa, dunkler als bei *controversus,* mit graulicher Zonierung; oft unförmig, tief getrichtert, 6–24 cm breit,
klebrig-schmierig; Fleisch verhältnismäßig elastisch, grünweißlich, mit brennend
scharfem Geschmack; Lamellen dichtstehend, rosaviolettlich (amethystfarben). –
Dunkler als *populinus* ist *Lactarius insulsus* Fr., der Schöne Zonenmilchling: Hut
oft sehr unregelmäßig gestaltet, lederfarben mit dunkleren Zonen; Stiel normalerweise gedrungen und etwas exzentrisch; Lamellen fleischfarben, etwas gekräuselt;
Fleisch weiß, an der Luft zunächst langsam rosa, schließlich graulich verfärbend;
Geruch nach Früchten. Geschmack der Milch brennend scharf. Vorkommen: unter
Laubbäumen; im Flachland häufiger als im Gebirge. Der Pappelmilchling und der
Schöne Zonenmilchling sind **ungenießbar.**

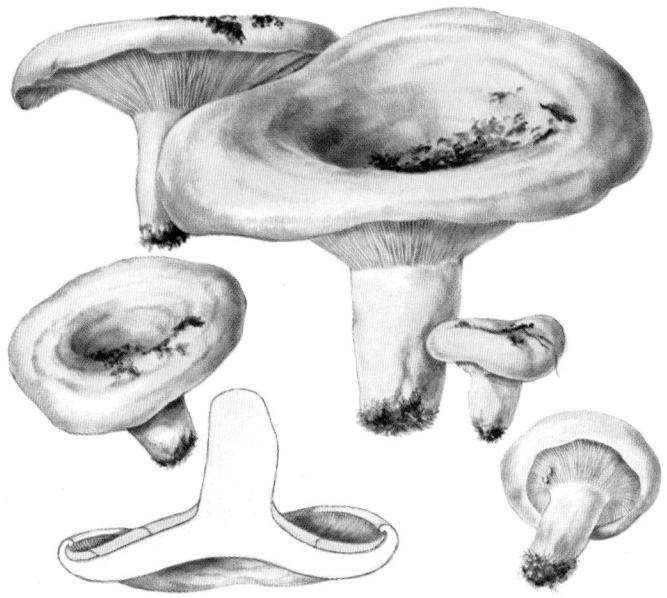

LACTARIUS TORMINOSUS (Schff. ex Fr.) S. F. Gray
Birkenmilchling, Falscher Reizker, Giftreizker
Hut erst konvex, dann flach, 5–12 cm breit, in der Mitte niedergedrückt und zuletzt trichterförmig; blaß cremeorange, hell rosabräunlich, oder hell fleischfarben; die Farben können mehr oder weniger stark ausgeprägt oder durch konzentrische Zonierung voneinander abgehoben sein; Oberfläche bedeckt mit haarigem Filz, der stellenweise zu Faserbüscheln verdichtet ist. Bei älteren Pilzen verklebt dieser Filz mit der trockenen, rauhlichen Huthaut fast bis zur Unkenntlichkeit; Hutrand eingerollt (im Querschnitt an ein ionisches Säulenkapitell erinnernd), aufgefasert in lange, weißliche, zottig-fransige Härchen. **Stiel** etwas heller als der Hut; unterhalb des Lamellenansatzes mit einer dunkleren, ringartigen Zone; mitunter mit kleinen oberflächlichen Gruben geschmückt; schon frühzeitig hohl. **Fleisch** derb, blaß cremefarben. **Geruch** nach Früchten. **Geschmack** leicht schärflich. **Milch** sehr reichlich; weiß, unveränderlich; sehr scharf. **Lamellen** sehr dichtstehend, dünn, schmal, am Stiel herablaufend, ziemlich widerstandsfähig; blaß cremerosa. **Sporen** weiß mit cremerosa Schein. Vorkommen: in Laubwäldern, vor allem unter Birken. Wert: **giftig;** verursacht Störungen des Verdauungsapparats. Berichte mancher Autoren über tödliche Vergiftungen, die durch den Birkenreizker hervorgerufen worden sein sollen, sind zwar nicht bestätigt, mahnen aber zur Vorsicht. – Ebenfalls **giftig** sind die folgenden Verwandten des Birkenreizkers, die sich beide durch den kleineren Wuchs, blassere Farben und ihren ungezonten Hut unterscheiden: *Lactarius pubescens* Fr., der Flaumige oder Moorreizker mit manchmal fast weißem Hut und *Lactarius cilicioides* ss. Konr. et Maubl., der Blasse Zottenreizker, der auch als Unterart des Birkenreizkers betrachtet wird und mehr blaßockerfarbene Farbtöne aufweist. Er ist nicht identisch mit dem Fransenmilchling, *Lactarius cilicioides* Fr. (S. 198). Bei der deutschen Namensgebung kommt es in dieser Gruppe mitunter zu Überschneidungen, da viele Arten einander sehr ähnlich sehen und auch wissenschaftlich noch nicht in allen Fällen einheitlich voneinander abgegrenzt sind.

LACTARIUS VOLEMUS Fr.

Brätling, Milchbrätling, Brotpilz

Hut anfangs gewölbt mit stark eingerolltem Rand, dann flach oder unregelmäßig verbogen, mit trichterig vertiefter Mitte und oft aufgebogenem, gewelltem Rand, 5–15 cm breit; gelblich oder orangefarben in verschiedenen Abstufungen: goldorange, rotorange oder braunorange; Mitte zumeist etwas dunkler; Huthaut trocken, nicht durchscheinend, im Alter rissig aufspringend *(var. oedematopus* Scop. ex Fr., der Dickfüßige Brätling, ist kleiner und dunkler braun gefärbt als die typische Form). **Stiel** auf halber Höhe manchmal etwas angeschwollen; hart, brüchig, voll; etwas blasser als der Hut; Basis weißlich, jedoch im Laufe der Zeit etwas bräunend. **Geruch** angenehm; besonders bei älteren Pilzen intensiv nach Hering. **Geschmack** mild. **Milch** sehr reichlich (bei Verletzung geradezu herausfließend!); mit mildem Geschmack und Heringsgeruch; weiß, an der Luft nach einiger Zeit zu einer hellbraunen, leimigen Masse gerinnend. **Lamellen** dichtstehend, dünn, schmal, leicht herablaufend; erst cremefarben, dann hellbräunlich; bei Verletzung sofort dicke Milchtropfen ausscheidend; an Druckstellen bräunend. **Sporen** weiß. Vorkommen: meist einzeln in Laub- und Nadelwäldern, Sommer und Herbst. Wert: **eßbar** nach entsprechender Vorbehandlung: Gekocht behält der Brätling einen eigenartigen, an Waschseife erinnernden Geschmack bei, der nicht jedermann zusagt. Scharf durchgebratene Pilze sind dagegen recht schmackhaft. In manchen Gegenden wird der Brätling auch roh gegessen. Gleichfalls eßbar sind die folgenden Verwandten des Brätlings: *Lactarius corrugis* Peck, mit zimtgelben Lamellen und konzentrisch gerunzelter Huthaut; Nordamerika. – *Lactarius rugatus* Kühn. & Romagn.: Kleiner als *volemus,* Hut fein gerunzelt; ausgezeichneter **Speisepilz.**

LACTARIUS RUFUS (Scop.) Fr. (1)
Rotbrauner Milchling

Hut erst glockig-gewölbt, dann flach, 3–10 cm breit, mit spitzbuckliger Mitte; rotbraun; Rand anfangs eingerollt, feinflaumig bereift, später aufgebogen und fast vollständig glatt. **Stiel** zylindrisch, graurötlich; jung mit weißlichem Reif bedeckt, der sich später rötlich verfärbt oder verschwindet; hart, erst voll, aber bald markig-ausgestopft; Basis wollig-filzig. **Fleisch** hart, brüchig, blaßrötlich; an den Randzonen und in der Stielbasis zumeist kräftiger gefärbt als in der Mitte. **Geruch** kaum wahrnehmbar. **Geschmack** sehr scharf. **Milch** unveränderlich weiß, brennend-scharf. **Lamellen** dichtstehend, schmal, am Stiel herablaufend; jung elfenbeinfarben, dann blaß-ockerrötlich; bei der Reife mit weißem **Sporenstaub** bedeckt. Vorkommen: in Nadelwäldern, bis in den Spätherbst hinein; vielerorts sehr häufig. Wert: **ungenießbar;** in manchen Gegenden wird er nach speziellen Rezepten in Öl konserviert und in kleinen Dosen als Würzpilz verwendet. – *Lactarius badiosanguineus* Kühn. et Romagn. (2), Braunroter Milchling: Etwas kleiner als *rufus* und nicht ganz so scharf schmeckend; fleischrötlich bis leberbraun; in Gebirgswäldern nicht selten; **ungenießbar.** Im Flachland vertritt den Braunroten Milchling der Leberbraune Milchling, *Lactarius hepaticus* Plowr. ap. Boud., der in Südeuropa schon im Frühling, in Mitteleuropa meist erst im Herbst auftritt. Auch bei *Lactarius acerrimus* Britz., dem Queradrigen Milchling, der in Laubwäldern vorkommt und beim *Zonenmilchling* (S. 198), den man vor allem in Bergnadelwäldern unter Fichten antrifft, finden sich braune, rötliche oder orangefarbene Töne. Die Milch dieser beiden Pilze schmeckt sehr scharf und bleibt unverändert weiß; ihre Hüte sind konzentrisch gezont. *Lactarius exumbonatus* Boud. (3) unterscheidet sich von *rufus* lediglich durch die nicht gebuckelte Hutmitte. – Alle in dieser Spalte erwähnten Milchlinge sind **ungenießbar.**

LACTARIUS MITISSIMUS Fr. = L. FULVISSIMUS Romagn. (1)
Milder Milchling
Hut 3–6 cm breit, gebuckelt; schmierig; erst braun, dann bald satt orangefarben; im Alter ausblassend; beim Vertrocknen etwas runzelig. **Stiel** zylindrisch, bald hohl; wie der Hut gefärbt. **Fleisch** erst hart, später weich; brüchig; gelblich mit Neigung zum Braunflecken. **Geruch** geringfügig nach Blattwanzen. **Geschmack** mild, nach längerem Kauen bitter. **Lamellen** dichtstehend, am Stiel herablaufend, creme-ockerfarben. **Sporen** cremefarben. Vorkommen: Nadel-, seltener Laubwälder. Wert: **eßbar,** aber nicht besonders schmackhaft. – *Lactarius ichoratus* ss. Kühn. & Romagn., ist sehr ähnlich, hat jedoch scharf schmeckende Milch und wächst im Laubwald. **Als Speisepilz** kommt er **nicht in Frage.**
LACTARIUS AURANTIACUS Fr. = L. MITISSIMUS ss. Romagn. (2)
Orangeroter Milchling
Hut orangefarben, bald gelb ausblassend; Geschmack des Fleisches schärflich oder bitterlich: Geschmack der Milch bitter, im Hals kratzend. Vorkommen: in Bergnadelwäldern; seltener im Flachland bzw. unter Laubbäumen. Wert: **Speisepilz** geringer Qualität, da er auch nach der Zubereitung seinen schärflichen Geschmack beibehält; am besten verwendet man den Pilz zum Trocknen. – Lärchenmilchling, *Lactarius porninsis* Roll.: Hut erst konvex, dann flach, 3–8 cm breit, schließlich etwas niedergedrückt; rot-orange; glänzend; Rand lange Zeit eingerollt; Lamellen dichtstehend, weiß oder blaß-orangefarben; Stiel wie der Hut gefärbt; zylindrisch; Milch weiß, unveränderlich. Vorkommen: unter Lärchen; im Gebirge häufiger als im Flachland. Wert: **eßbar;** Abkochen wird empfohlen.

LACTARIUS QUIETUS Fr. (1)
Eichenmilchling

Hut 3–10 cm breit, nur selten gebuckelt; rauh; dunkelbraun oder hell-rotbraun mit dunkleren Flecken, die am Rand oft konzentrisch angeordnet sind. **Stiel** verhältnismäßig lang, hart, bald hohl; etwas längsrunzelig und eingewachsen-faserig; etwas heller als der Hut, im Alter nachdunkelnd. **Fleisch** hart; auf weißem Grund rotbräunlich gescheckt. **Geruch** nach Blattwanzen. **Geschmack** mild. **Milch** spärlich, cremefarben, mild. **Lamellen** dichtstehend, breit, am Stielansatz gabelig; herablaufend; erst cremerosa, später bräunlich. **Sporen** blaß-fleischfarben. Vorkommen: hauptsächlich unter Eichen, häufig. Wert: **eßbar.** – *Lactarius subdulcis* Bull. ex Fr. (2), Süßlicher Milchling: **Hut** 2–6 cm breit, dünnfleischig; trocken, glatt oder fein gereift; ungezont; rotbraun. **Stiel** regelmäßig, etwas blasser als der Hut; Basis dunkler. **Fleisch** weich, brüchig, weinrot. **Geruch** nach Blattwanzen, aber weniger intensiv als bei *quietus.* **Geschmack** mild. **Milch** weiß; erst mild, nach einiger Zeit bitter oder schärflich. Lamellen brüchig; erst cremefarben, dann blaß-rötlichbraun; herablaufend. **Sporen** weiß. Vorkommen: Unter Buchen und Hainbuchen, nicht selten. Wert: **eßbar,** wenn auch ohne besondere Bedeutung. Verwechslungen mit *L. aurantiacus* und *L. mitissimus* (S. 191) sind harmlos. – Der *Ungezonte Schwefelmilchling* (s. a. S. 197) ähnelt *subdulcis*, ist jedoch durch die scharf schmeckende, sich innerhalb weniger Minuten auffallend schwefelgelb verfärbende Milch und die mehr ins Rosafarbene gehende Tönung des Hutes unterschieden. Das Fleisch riecht nach Geranien. Der Pilz wächst mit Vorliebe in trockenen Laubwäldern und ist **eßbar.** Beim Braten löst sich die für den scharfen Geschmack der Milch verantwortliche Substanz auf.

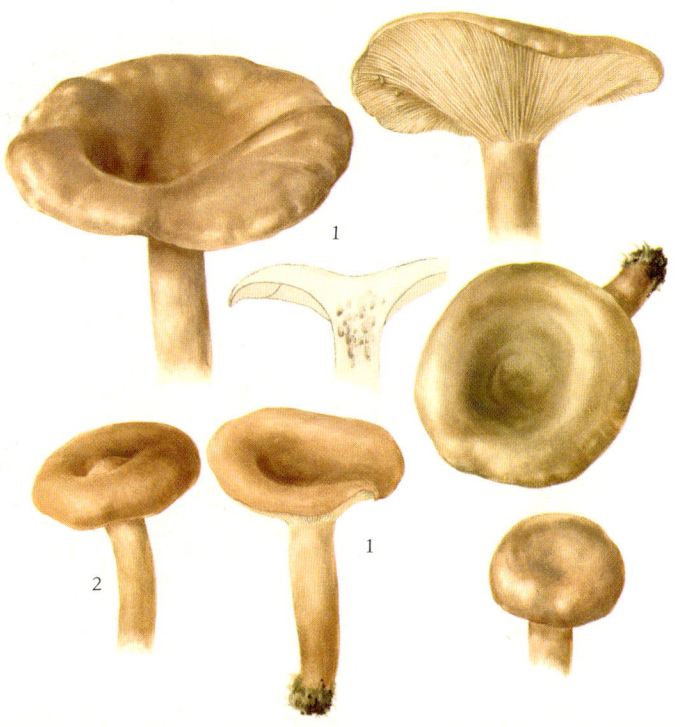

LACTARIUS PALLIDUS Pers. ex Fr. (1)
Fleischblasser oder Falber Milchling
Hut flach gewölbt, 5–15 cm breit; Mitte zuweilen gebuckelt, aber nicht selten auch von Anfang an niedergedrückt; später ausgebreitet und trichterförmig vertieft, oft bizarr verbogen; cremefarben, ockerrosa oder milchkaffeefarben; schmierig-klebrig; Oberfläche fein geadert oder gerunzelt; Rand eingerollt und erst sehr spät etwas aufgebogen, zylindrisch, manchmal etwas exzentrisch; **Stiel** erst voll, dann bald hohl; schmierig oder klebrig, vor allem an der Basis; etwas blasser als der Hut. **Fleisch** verhältnismäßig elastisch, dick, blaß cremefarben. **Geruch** fruchtartig. **Geschmack** etwas schärflich. **Milch** ziemlich reichlich, wäßrig-blaß; im ersten Augenblick mild, dann schärflich. **Lamellen** dichtstehend, ungleich lang; am Stiel breit angewachsen; weißlich mit fleischrötlichem Schein; später cremefarben mit ockerlichem Schein. **Sporen** cremefarben. Vorkommen: in Laubwäldern, besonders unter Buchen und Birken; sehr häufig. Wert: **eßbar,** aber auch nach entsprechender Vorbereitung allenfalls von mittlerer Qualität; kaum zu empfehlen.
LACTARIUS TRIVIALIS Fr. (2)
Nordischer Milchling, Blaureizker
Hut 5–20 cm breit, anfangs rötlich-violett (amethystfarben), später bräunlich oder blaßocker; schmierig. Stiel im Verhältnis zur Hutbreite oftmals länger als bei den hier abgebildeten Exemplaren; blaß-violett; erst voll, später hohl; Basis gelb oder gelblich mit schwärzlichen Flecken. Milch nach kurzer Zeit außerordentlich scharf schmeckend; weiß; an der Luft bildet sich auf den eintrocknenden Tröpfchen eine grünliche Haut. Vorkommen: in feuchten, moosigen Nadelwäldern; stellenweise häufig. Wert: **ungenießbar.**

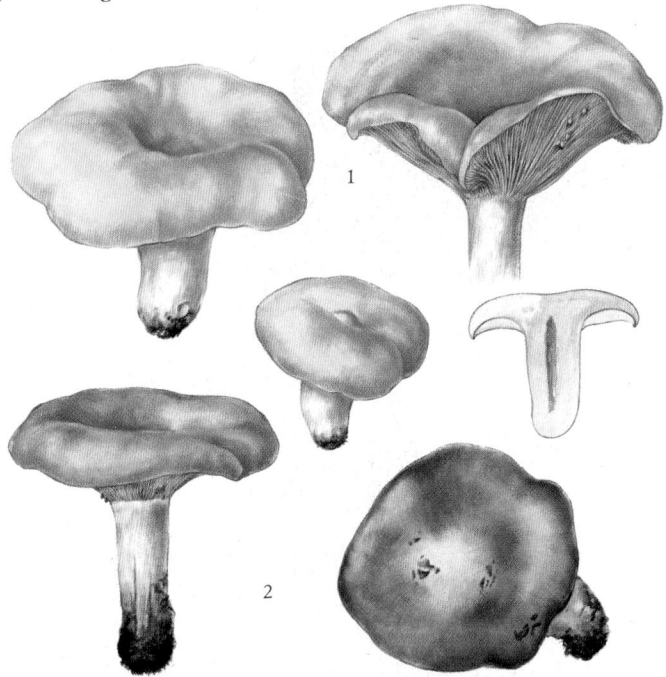

LACTARIUS HELVUS Fr.
Maggipilz, Bruchreizker, Filziger Michling

Hut 5–15 cm breit, erst leicht gebuckelt, dann niedergedrückt; ockerfarben; samtig-feinfilzig, trocken; Rand sehr bald aufgerollt und wellig verbogen. **Stiel** wie der Hut gefärbt; zylindrisch, bald hohl, zuweilen mit weißfilziger Basis. **Fleisch** blaß. **Milch** wäßrig-trübe mit eigenartigem Geruch nach Kokosnuß, gerösteter Zichorie oder Maggiwürze. **Geschmack** an Lakritze erinnernd. **Lamellen** dichtstehend; am Stielansatz zuweilen gegabelt; herablaufend; erst blaßgelblich, später ähnlich gefärbt wie Hut und Stiel. **Sporen** weiß oder blaßrötlich. Vorkommen: an feuchten Stellen in Nadelwäldern, häufig auch in Mooren. Wert: roh **ungenießbar** oder schwach giftig; getrocknet in kleinen Dosen als Gewürz verwendbar. – Auch der ungenießbare Dunkle Duftmilchling, *Lactarius fuscus* Roll. = *L. mammosus* Fr. riecht aromatisch-zimtartig: Hut 3–10 cm breit, grauschwärzlich mit violettem Einschlag; Milch unveränderlich weiß, nach einiger Zeit scharf; in Bergnadelwäldern und in Kiefernwäldern des Flachlandes. – Auch die folgenden kleinen Milchlinge kommen als Speisepilze nicht in Frage: *Lactarius cyathula* Ricken = *L. obscuratus* (Lasch) Fr., der Rotbraune Erlenmilchling: Milch wäßrig, aber im Gegensatz zu der des Bruchreizkers mit schärflichem Geschmack; Hut 1–3 cm breit, kastanienbraun mit grün-schwärzlichem Buckel; flach oder niedergedrückt; Rand mit langen, erhabenen Radialfurchen; Stiel schlank; unter Erlen auf feuchtem Boden. – *Lactarius spinulosus* Quél., Schüppchenmilchling: Hut 2–4 cm breit, Mitte gegabelt; dicht besetzt mit gleichmäßig angeordneten, pyramidenförmigen Flockenschüppchen; fleischocker-farben mit rosa-violettlichem (amethystfarbenem) Einschlag; Geschmack im ersten Augenblick mild, dann scharf; Milch wäßrig; auf feuchtem Boden, besonders bei Birken und Ulmen. *Lactarius lilacinus* (Lasch) Fr., Lilamilchling: Der vorigen Art sehr ähnlich, doch zumeist größer und mit weniger stark ausgeprägtem Buckel; unter Erlen.

LACTARIUS CAMPHORATUS Bull. ex Fr. (2)
Kampfermilchling

Gewöhnlich ist der Kampfermilchling klein und schmächtig, doch kommen hin und wieder auch große und kräftige Formen vor (3). **Hut** satt rotbraun mit dunklerer, anfangs gebuckelter Mitte und zumeist hellerem Rand; im Alter ausblassend; erst konvex, dann ausgebreitet; 3–6, ausnahmsweise bis 9 cm breit; schließlich niedergedrückt, doch meistens auch dann noch gebuckelt; Rand erst eingerollt, sich dann aufbiegend und radial gefurcht; trocken. Lamellen nicht durchscheinend. **Stiel** voll, wie der Hut gefärbt oder etwas dunkler, fein bestäubt. **Fleisch** dünn, rötlich; in der Stielbasis dunkler. **Geruch** nach Blattwanzen, gerösteten Zichorien oder Kampfer; getrocknete Pilze riechen stärker als frische. **Geschmack** mild, allenfalls leicht bitterlich. **Milch** wäßrig-weiß, ziemlich reichlich, mit süßlichem Geschmack. **Lamellen** dichtstehend, am Stielansatz gabelig; angewachsen oder leicht herablaufend; anfangs mit violettlichem Ton, später rötlich und schließlich wie der Hut gefärbt. **Sporen** cremefarben, bei der Reife die Lamellen aufhellend. Vorkommen: truppweise oder büschelig in Nadelwäldern, besonders unter Kiefern und in Laubwäldern (Eichen, Edelkastanien); in Südeuropa schon im Frühjahr, in Mitteleuropa vom Sommer bis zum Spätherbst; auch in trockenen Jahren; weit verbreitet. Wert: getrocknet guter **Würzpilz.**

LACTARIUS SERIFLUUS DC ex. Fr. (1)
Wässeriger Milchling

Mit dem gleichen Geruch wie der *Kampfermilchling,* doch gewöhnlich etwas größer und kräftiger als dieser: Hut 4–9 cm breit, gebuckelt, meist nicht ganz so dunkel wie die dunklen Formen von *camphoratus;* lediglich in der Mitte sepiabraun; Stiel wie der Hut gefärbt; kräftig; Milch spärlich, wässerig; Lamellen gelb; Sporen blaßrosa; unter Laubbäumen, seltener im Nadelwald. Wert: **Speisepilz** geringer Qualität.

LACTARIUS FULIGINOSUS Fr. (1)
Rußfarbener Milchling

Hut 3–11 cm breit, grau bis rußbraun; trocken, jung filzig bis feinschuppig, später glatt; Rand lappig. **Stiel** längsrunzelig, etwas heller als der Hut, oft fleckig. **Fleisch** weißlich; an der Luft rötend. **Milch** weißlich; langsam rötend. **Geruch** fruchtartig. **Geschmack** mild, nach einigem Kauen scharf. **Lamellen** am Stiel angewachsen und im Alter herablaufend; erst weißlich, dann ockerrosa. **Sporen** ockergrau. Vorkommen: unter Laubbäumen. – *L. pterosporus, Romagn.,* der Flügelsporige Milchling, wächst unter Hainbuchen und hat einen helleren, gerunzelten Hut und enger stehende, kräftiger gefärbte Lamellen. – *Lactarius acris* Bolt. ex Fr. (2), Rosaanlaufender Milchling: Hut rußbraun mit weißlichen Flecken, schmierig; Fleisch erst weiß, dann rosa und schließlich braun; Milch sehr scharf, weiß, an der Luft lebhaft rosa verfärbend und später langsam bräunend; in Laubwäldern. – *Lactarius picinus* Fr. (3), Pechschwarzer Milchling: dunkelbraun bis schwarz; Fleisch rosa oder orange fleckend; Milch weiß, scharf; in Bergnadelwäldern. – *Lactarius lignyotus* Fr., der Schwarzkopf-Milchling: dunkler gefärbt; Hut radial gerunzelt, gebuckelt; Hutrand und Stielspitze gefurcht; Lamellen schneeweiß, stellenweise rötlich gefleckt; Milch an der Luft rotbraun, mild; in Bergnadelwäldern. – *Lactarius pyrogalus* Bull. ex Fr. (4), Perlblättriger Milchling: rußig-oliv mit violettlichem oder blaßockerlichem Einschlag und undeutlicher Zonung; Lamellen entferntstehend, dick; Fleisch und Milch weiß; scharf; unter Haselnußsträuchern. – Mit Ausnahme des **eßbaren** *Schwarzkopf-Milchlings* sind alle hier erwähnten Arten **ungenießbar.**

LACTARIUS CHRYSORRHEUS Fr. (1)
Goldflüssiger Milchling

Hut schon frühzeitig niedergedrückt und zuletzt trichterförmig; 4–10 cm breit; trocken; gelbrosa, später hellrot mit dunkler ockerrötlichen Flecken, die oft in konzentrischen Zonen angeordnet sind. **Stiel** gedrungen; erst voll, dann bald hohl; weißlich mit rötlichem Schein und creme- oder ockerfarbenen Flecken. **Fleisch** weiß, mit orangefarbenen Randzonen; an der Luft schnell gilbend. **Geruchlos.** **Geschmack** scharf. **Milch** erst weiß, doch an der Luft sofort zitronengelb verfärbend; sehr scharf. **Lamellen** dichtstehend, dünn, am Stiel herablaufend, blaß cremefarben. **Sporen** blaß cremefarben. Vorkommen: in Laubwäldern; vor allem unter Edelkastanien und Eichen. Wert: **ungenießbar.** – *Lactarius tabidus* Konr.(2) (= *Lactarius theiogalus* [Bull.] Fr.), Flatterreizker: **Hut** 4–7 cm breit, ockerfarben oder lebhaft orangegelb; Huthaut bei anhaltender Trockenheit runzelig. Die Hutmitte weist fast immer einen kleinen, spitzen Buckel auf. **Stiel** schlank, schmächtig, etwas heller als der Hut. **Fleisch** und **Milch** weiß; bei Luftkontakt gilbend. **Geschmack** des Fleisches mild, Geschmack der Milch etwas schärflich. **Lamellen** blaßrosa. Vorkommen: Unter Laubbäumen, vor allem Birken, oder auch unter Nadelbäumen, insbesondere Kiefern; gern in Mooren. Wert: getrocknet **eßbar,** aber minderwertig; frisch gepflückte Pilze schmecken nach dem Kochen etwas scharf. Auch bei *Lactarius theiogalus* Ricken non Fr. = *L. decipiens* Quél., dem Scharfen oder Ungezonten Schwefelmilchling (S. 192) verfärben sich Fleisch und Milch an der Luft gelb; der Pilz ist jedoch kräftiger als *tabidus* ockerrosa gefärbt und kann mitunter auch an *chrysorrheus* erinnern. Die Hutmitte ist normalerweise nicht gebuckelt.

LACTARIUS SCROBICULATUS (Scop. ex Fr.) Fr. (1)
Strohgelber Milchling, Grubiger Erdschieber
Hut 6–24 cm breit mit niedergedrückter Mitte und eingerolltem, fransig-bewim-
pertem Rand; nicht oder nur undeutlich gezont; sattgelb in verschiedensten Abstufungen; klebrig, filzig. **Stiel** zylindrisch, kräftig, hartfleischig; bald hohl; erst weißlich, dann gilbend, mit auffallend ockerfarbenen Gruben gefleckt. **Fleisch** dick und
fest, brüchig; weiß; in der Stielbasis gelblich. **Geruch** nach Früchten. **Geschmack**
scharf. **Milch** sehr reichlich; erst weiß, doch an der Luft augenblicklich schwefelgelb
verfärbend; scharf. **Lamellen** dichtstehend, am Stiel herablaufend; cremefarben
mit gelben Schneiden. **Sporen** cremefarben. Vorkommen: hauptsächlich in Bergnadelwäldern. Wert: **ungenießbar.** – Dem Strohgelben Milchling ähneln u. a. die
folgenden Arten: *Lactarius cilicioides* Fr., Fransenmilchling (nicht identisch mit
dem auf S. 188 erwähnten *L. cilicioides* ss. Konr. & Maubl., dem Blassen Zottenreizker, der dem Birkenreizker sehr nahe steht): Hut ockerfarben mit dunkleren
Zonen und fransig-behangenem Hutrand; Stiel grubig; Milch brennend scharf,
weiß, an der Luft schnell gilbend; vor allem im Laubwald. – *Lactarius resimus* Fr.,
Wimpernmilchling: Rand nur im Jugendzustand flaumig-fransig; Hut ungezont;
unter Nadelbäumen und Birken. – *Lactarius repraesentaneus* Britz. (2), Violettmilchender Zottenreizker: Milch violett verfärbend; nicht scharf, sondern auch bitter;
in Bergnadelwäldern, ebenso wie *Lactarius zonarioides* Kühn. & Romagn. (3), der
Zonenmilchling. Er unterscheidet sich vom Strohgelben Milchling durch seinen
schmächtigen Wuchs, die sehr scharfe, unveränderlich weiße Milch und die mehr
orangegelbe oder orangebraune Färbung von Hut und Stiel. Im Flachland vertritt
ihn der Blasse Zonenmilchling, *Lactarius zonarius* Bull. ex Fr., der in Laubwäldern
auf Kalkboden heimisch ist. – Alle hier erwähnten Milchlinge sind **ungenießbar.**

LACTARIUS DELICIOSUS (L. ex Fr.) S. F. Gray
Edelreizker, Echter Reizker, Kiefernreizker

Hut 5–15 cm breit, trichterförmig mit im Alter mehr oder weniger aufgebogenem Rand; glatt, bei Feuchtigkeit klebrig; orangefarben mit dunkleren, konzentrischen Zonen; später grünend (wobei sich die dunkleren Zonen zuerst verfärben). Auch Druckstellen verfärben sich grün. **Stiel** zylindrisch, schon sehr bald hohl; wie der Hut gefärbt; mit feinem, rosa- oder ockerfarbenem Flaum bedeckt. **Fleisch** hart, brüchig, feinkörnig; weiß, unter den dunklen Zonen der Huthaut grünlich, sonst blaßorange und an der Luft schnell grünend, doch bald wieder verblassend. **Milch** orangerot; an der Luft langsam grünend. **Geruch** säuerlich. **Geschmack** des Fleisches mehr oder weniger scharf, Geschmack der Milch mild. **Lamellen** etwas blasser als der Hut; ungleich lang; herablaufend. **Sporen** weiß oder cremefarben. Vorkommen: in Nadelwäldern, besonders unter Kiefern und Wacholder. *(Var. salmonicolor* Heim & Lecl., der Lachsreizker, der auch als selbständige Art aufgefaßt wird, wächst vor allem in Kiefern- und Tannenwäldern. Er schmeckt mild und zeigt keine Grünverfärbung.) Wert: guter **Speisepilz;** eignet sich besonders zum Braten. Ähnlich und gleichfalls **eßbar** sind die folgenden Arten: *Lactarius semisanguifluus* Heim & Lecl., der Fichtenreizker (neuerdings auch *Lactarius deterrimus* Gröger genannt): Hut blaß orange-ocker mit konzentrisch angeordneten grünen Flecken; Lamellen graugrün fleckend; Fleisch weiß, an der Luft stellenweise blutrot; Milch orangefarben, später violettbraun verfärbend. Vorkommen: in Fichtenwäldern, meist erst im Herbst. – *Lactarius indigo* Schw. ist eine seltene, einheitlich indigofarbene nordamerikanische Art. – *Lactarius hemicyaneus* Romagn., der Blaumilchende Kiefernreizker, hat blaue Milch und blaues Hutfleisch und schmeckt mild; unter Kiefern, sehr selten.

LACTARIUS SANGUIFLUUS Paulet ex Fr. (2)
Südlicher Blutreizker, Weinroter Kiefernreizker
Hut erst konvex, dann flach, 5–12 cm breit, in der Mitte meistens etwas vertieft und zuletzt trichterförmig; rotorange, manchmal mit dunkleren, undeutlichen, konzentrischen Zonen; im Alter grünend. **Stiel** gedrungen, fest, brüchig; jung markig-ausgestopft, bald jedoch hohl; bei jungen Exemplaren weißlich, später nach und nach in die Färbung des Hutes annehmend; oft mit kleinen Gruben punktiert, die eine stärkere Farbkonzentration aufweisen. **Fleisch** hart, brüchig, ziemlich dick, feinkörnig; weiß; an der Luft besonders an den Randzonen blutrot fleckend (beim genauen Hinsehen erkennt man, daß die verfärbten Stellen aus winzigen nebeneinanderliegenden blutroten Pünktchen bestehen). Die Verfärbung geht schneller vonstatten als beim *Fichtenreizker* (S. 199), doch weichen die blutroten Töne bald einem dunkleren Weinrot und blassen am Ende graugrün aus. **Geruch** fruchtartig. **Geschmack** etwas schärflich. **Milch** dunkel-blutrot; an der Luft langsam purpurbraun verfärbend. **Lamellen** dichtstehend, am Stiel herablaufend; erst ockerfarben, später orangerot und zuletzt violettlich, an Druckstellen langsam grünend. Vorkommen: in Nadelwäldern; vor allem auf Kalkboden unter Kiefern. Die Pilze können mehr als 100 m vom dazugehörigen Baum entfernt stehen. Wert: guter **Speisepilz,** besonders zum Braten geeignet.
LACTARIUS SANGUIFLUUS *var.* JAPONICUS Kawamura (3)
Hellorangefarben, ohne grüne Flecken; Japan; **eßbar.**
LACTARIUS HATSUDAKE Tanaka (1)
Unterscheidet sich von *sanguifluus* und *deliciosus* hauptsächlich durch die sehr viel größeren Ausmaße. Der Pilz wächst in Japan, wo ihm als Speisepilz **keine Bedeutung** zugemessen wird.

LACTARIUS UVIDUS Fr. (1)
Klebriger Violettmilchling, Violettmilchender Milchling
Hut 5–8 cm breit, grauviolett oder ocker-violettlich, mitunter auch blasser und fast weißlich; ohne deutliche Zonung; schleimig-klebrig; Rand dünn, glatt. **Stiel** zylindrisch, bald hohl; klebrig; etwas blasser als der Hut; violett fleckend. **Fleisch** weich, brüchig; weiß mit gelblichem Schein; an der Luft oder bei Druck sofort schön violett anlaufend. **Geruch** angenehm. **Geschmack** scharf. **Milch** weiß, doch an der Luft sofort violett verfärbend; im ersten Augenblick mild, doch mit zunächst bitterem und dann brennend scharfem, anhaltendem Nachgeschmack. **Lamellen** dichtstehend, dünn, herablaufend, erst blaßrosa, dann gelblich. **Sporen** weiß oder cremefarben. Vorkommen: in schattigen, feuchten Wäldern, auch auf Moorboden, besonders unter Birken. Wert: **ungenießbar.** – *Lactarius violascens* (Otto) Fr. (3), Gezonter Violettmilchling: Ähnelt *uvidus*, da sein Fleisch gleichfalls violett anläuft, unterscheidet sich jedoch durch den dunkleren, kaum klebrigen und am Rande gezonten Hut und den weniger scharfen Geschmack. Vorkommen: in Laub- und Nadelwäldern. Wert: nach vorherigem Abkochen **eßbar.** – *Lactarius aspideus* Konr. et Maubl. (2) (= *L. aspideus var. flavidus* Boud.), Schildmilchling: Auch bei diesem Pilz verfärben sich Milch und Fleisch an der Luft augenblicklich violett oder violettblau: Hut 6–12 cm breit, blaßgelb, gezont; feucht; Lamellen erst cremefarben, dann gelblich; Milch erst mild, dann brennend scharf mit bitterlichem Beigeschmack. Vorkommen: gerne in Mooren unter Weiden; im Hochgebirge mehrere ähnliche Arten. Wert: **ungenießbar.**

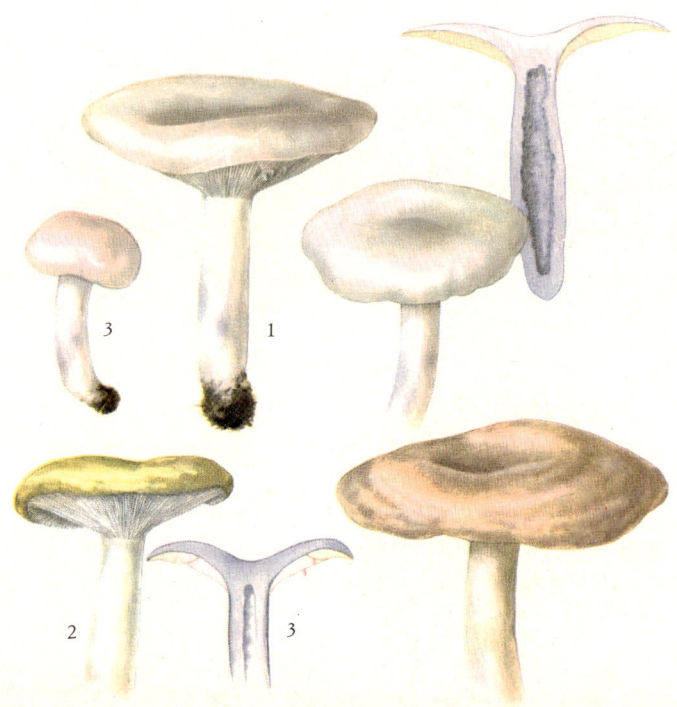

LACTARIUS BLENNIUS Fr. (1)
Graugrüner oder Grasgrüner Milchling

Hut 4–10 cm breit, im Alter niedergedrückt; olivgrün oder grasgrün (blaßgrün bei *forma viridis* Quél., dem Hellgrünen Milchling); nur selten mit konzentrischen Zonen; erst klebrig, dann bald trocken; Rand anfangs eingerollt, blaßgrün, feinsamtig, zuweilen mit dunkleren Flecken gesprenkelt. **Stiel** klebrig, etwas heller als der Hut; anfangs schwammig, später hohl; Basis fast weiß. **Fleisch** brüchig, weißlich, an der Luft langsam graugrün anlaufend; **geruchlos. Geschmack** mild mit schärflichem Nachgeschmack. **Milch** weiß, an der Luft graugrün verfärbend; scharf. **Lamellen** dichtstehend, am Stiel angewachsen und bei alten Exemplaren etwas herablaufend; weißlich, Druckstellen grauend. **Sporen** weißlich mit graugrünem Einschlag. Vorkommen: gruppenweise in Laubwäldern, besonders unter Buchen und Eichen im Fallaub; vielerorts sehr häufig. Wert: **ungenießbar.**

LACTARIUS VIETUS Fr. (2)
Graufleckender Milchling

Hut 3–8 cm breit, erst etwas biegsam, dann bald brüchig; mitunter leicht gebuckelt; grau-violettlich oder ocker-violettlich, selten mit undeutlicher Zonung; bald trocken und glänzend. **Stiel** schlank, bald hohl; blasser als der Hut und oft etwas fleckig. **Fleisch** dünn. **Geruch** schwach, mild. **Geschmack** schärflich. **Milch** spärlich; weiß; beim Eintrocknen graugrün verfärbend; sehr scharf. **Lamellen** dichtstehend; erst cremefarben, später cremerosa. **Sporen** cremefarben. Vorkommen: unter Birken und Kiefern auf feuchtem Boden. Wert: **ungenießbar** oder sogar schwach giftig.

LACTARIUS PLUMBEUS (Bull.) Quél.
(= *L. necator* [Bull. em. Pers. ex Fr.] Karst.)
Tannenreizker, Olivbrauner Milchling

Hut anfangs gewölbt, dann abgeflacht-konvex, 8–25 cm breit, Mitte leicht nieder-gedrückt; zumeist auffallend dunkel: rußig oliv, olivbraun oder dunkelgrün, aber auch braun wie z.B. der *Samtfußkrempling* (S. 244); in der Mitte meist dunkler als am Rand, der zuweilen gelblich gefärbt sein kann, lange Zeit eingerollt bleibt und bei jungen Pilzen mit einem dichten, schwefelgelben Samtfilz bedeckt ist. Die Huthaut ist feinfilzig, klebrig oder sogar schleimig; Ammoniak bewirkt eine auffallende Violettfärbung. **Stiel** kurz und dick, hart; bald hohl; mitunter grubig-ge-fleckt; bei Feuchtigkeit schmierig; etwas heller als der Hut; Basis schwärzlich. **Fleisch** massiv, hart; weißlich, aber an der Luft langsam bräunlich, rötlichgrau oder grauviolett verfärbend; **geruchlos. Geschmack** im ersten Augenblick mild, dann scharf. **Milch** weiß, an der Luft bräunend; brennend scharf. **Lamellen** dichtstehend, am Stiel herablaufend; strohblaß, zuweilen graubraun fleckend; Schneiden braun. **Sporen** cremefarben. Vorkommen: Spätsommer und Herbst in feuchten Laub- und Nadelwäldern, besonders aber unter Birken auf torfigem Boden; oft sehr zahlreich und vielerorts häufig. Wert: **ungenießbar** wegen des scharfen Geschmackes, wird jedoch in manchen Gegenden nach Vorbehandlung (Wässern, Abkochen) verwen-det. Im allgemeinen wird man auf den Tannenreizker, da er wenig appetitlich ist, wohl nur in Notzeiten zurückgreifen. – Grüne Formen des **ungenießbaren** *Gras-grünen Milchlings* (S. 202) sind normalerweise viel kleiner und unterscheiden sich zudem durch die weißbleibenden Lamellen und den Standort im Fallaub unter Buchen und Eichen.

RUSSULA DELICA Fr. (1)
Blaublättriger Weißtäubling

Hut flach gewölbt und von Anfang an mit niedergedrückter Mitte; später trichterförmig, 5–17 cm breit; erst weiß, dann oft mit hell-ockerfarbenen Flecken oder einheitlich blaß-ockerfarben; Rand eingerollt, später aufgebogen und unregelmäßig gewellt, zuweilen einreißend. Der Hut ist oft mit Erde, Fallaub oder Nadelstreu beschmutzt, die beim Hervorbrechen aus dem Boden mitgenommen werden. **Stiel** kurz und dick, weiß, am Lamellenansatz oft mit bläulichem Schein; später ockerlich gefleckt; erst glatt, später etwas gerunzelt. **Fleisch** massiv, hart, feinkörnig; weiß, an der Luft langsam braun oder weinrötlich anlaufend. **Geruch** nach reifen Früchten oder eigenartig nach Salz. **Geschmack** der Lamellen schärflich, sonst mild. **Lamellen** untermischt mit zahlreichen Lamelletten; ziemlich dick und entferntstehend; je nach der Dicke des Hutfleisches mehr oder weniger breit; oft gegabelt, etwas herablaufend; weiß oder cremefarben und mitunter mit charakteristischem bläulich-grünlichem Reflex; beim jungen Pilz oft mit tauartigen Tröpfchen besetzt. **Sporen** weiß oder blaß-cremefarben. Vorkommen: in kleinen Gruppen in Laub- und Nadelwäldern, oft tief im Boden steckend; häufig. Wert: **Speisepilz** von nur geringer Qualität. – *Russula pseudodelica* ss. Schff. (2) (= *Russula pallidospora* [Blum] Romagn.), Gelbblättriger Weißtäubling: Ähnelt sehr der vorigen Art; die Lamellen zeigen jedoch rosafarbene oder gelbliche Reflexe; das Fleisch riecht heringsartig; **eßbar**. – *Russula chloroides*, Schmalblättriger Weißtäubling: Ebenfalls *delica* sehr ähnlich; die Lamellen sind jedoch schmaler und dünner und stehen enger beieinander. **Eßbar.**

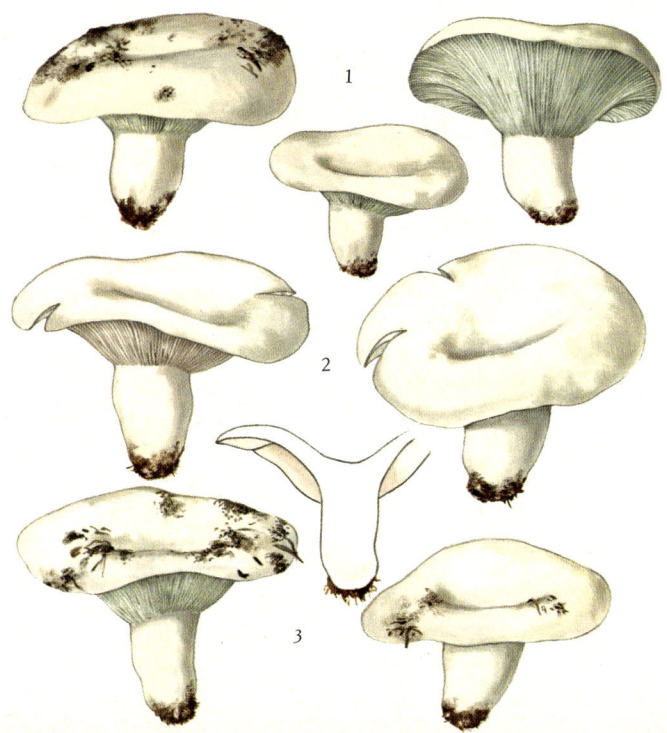

RUSSULA NIGRICANS (Bull.) Fr. (1)
Dickblättriger Schwarztäubling

Hut erst konvex, dann flach, 7–20 cm breit, oft trichterförmig-vertieft; anfangs weiß oder schmutzig-weißlich, dann graubräunlich oder rußig-grau, zum Schluß schwärzlich; Rand dickfleischig, eingebogen; glatt; meistens länger weiß bleibend als der Rest des Hutes; Huthaut trocken, in Dürreperioden feinfilzig und oft aufspringend. **Stiel** kurz, stämmig; erst weiß, doch bald grauend oder schwärzend; erst voll, dann markig-ausgestopft. **Fleisch** hart, sehr brüchig; weißlich; an Bruch- und Druckstellen und im Schnitt im Verlauf weniger Minuten blutrot anlaufend und später schwärzend. Ebenso verfärbt sich der Pilz auch auf Druck äußerlich. **Geruch** leicht fruchtartig. **Geschmack** mild; in den Lamellen etwas scharf. **Lamellen** auffallend entfernt voneinander stehend und durch Lamelletten voneinander getrennt; ungleich lang; brüchig; am Stiel angewachsen; erst weißlich oder blaßgelb, dann bräunlich und schließlich am äußeren Hutrand und von den Schneiden her langsam schwärzend. **Sporen** weiß. Vorkommen: Laub- und Nadelwälder, häufig. Wert: **Speisepilz** geringer Qualität.

RUSSULA DENSIFOLIA Secr. ss. Romagn. (2)
Dichtblättriger Schwarztäubling

Der vorigen Art sehr ähnlich: Hut 5–12 cm breit, rußbraun mit blaugrünen oder olivlichen Reflexen; Lamellen sehr dichtstehend, dünn, schmal, etwas herablaufend; weiß mit grünlichem Schein und oft grau- oder rotfleckig; Geschmack schärflich. Bei Druck oder Verletzung färbt sich das Fleisch des Pilzes zunächst rötlich und danach schwärzlich. Wert: **Speisepilz** geringer Qualität, ebenso wie die folgende Variation: *Russula densifolia var. densissima* Heim: Hut milchweiß, bisweilen mit ockerlichen Flecken.

RUSSULA ALBONIGRA Krbh. (2)

Schwarzweißer Täubling, Kohlentäubling,

Hut erst konvex, dann flach, 7–14 cm breit, zuletzt vertieft oder trichterförmig; jung weiß, später grau oder schwarzgrau, doch am Rand zumeist heller; Huthaut glatt, nicht glänzend; Rand eingerollt, glatt. **Stiel** kurz und kräftig; erst weiß, dann graubraun, schließlich schwärzlich. **Fleisch** hart, brüchig; weiß, an der Luft in wenigen Minuten schwärzend; nach einer halben Stunde kohlschwarz. In ähnlicher Weise verfärbt sich der Pilz überall an Druckstellen. **Geruch** geringfügig. **Geschmack** schärflich. **Lamellen** dichtstehend, ungleich lang, zuweilen gegabelt; etwas herablaufend; erst weiß oder blaß cremefarben, später grauschwarz. **Sporen** weiß. Vorkommen: in Laub- und Nadelwäldern, besonders unter Buchen. Wert: **eßbar,** aber kaum schmackhaft. – *Russula adusta* (Pers.) Fr. (1), Rauchbrauner Schwarztäubling: Ähnelt *albonigra,* wird jedoch beträchtlich größer (7–24 cm Hutbreite); etwas schmierig, dunkel-rußbraun; Fleisch weiß, nicht schwärzend, sondern sehr langsam zunächst rosa und dann rußig-braun verfärbend. **Minderwertig.** – Zur Erinnerung: *Russula albonigra:* Hut jung weiß, dann schwärzend; Lamellen dichtstehend; Fleisch weiß, sehr schnell schwärzend, nach einer halben Stunde pechschwarz. – *Russula adusta:* Hut rußbraun, Lamellen dichtstehend; Fleisch weiß, langsam rosa und danach rußbraun verfärbend. – *Russula nigricans* (S. 205): Hut weiß, dann schwärzlich; Lamellen entferntstehend; Fleisch weiß, an der Luft rot anlaufend, dann schwärzend. – *Russula densifolia* (S. 205): Hut rußbraun, Lamellen dichtstehend; Fleisch erst weiß, dann rötlich, zuletzt schwärzlich. – *Russula densissima* (S. 205): Hut milchweiß; Lamellen dichtstehend; Fleisch erst weiß, dann rötlich und schließlich schwärzend.

RUSSULA LEPIDA Fr. (1) (= *Russula rosacea* Pers. ex S. F. Gray)
Zinnobertäubling, Harter Zinnobertäubling
Hut erst halbkugelig, dann fast flach, 4–12 cm breit, zinnober- oder karminrot, zuweilen aber auch gelblich oder weißlich ausblassend; und dann nur noch mit vereinzelten roten Flecken, vor allem am Hutrand; Huthaut trocken, fühlt sich an wie
Wildleder; mit dem Hutfleisch verwachsen (nicht abziehbar); bei Trockenheit aufspringend, aber am Rand nur selten einreißend. (Bei *var. lactea* Pers. [2] ist die
Huthaut undurchsichtig und fast kalkweiß.) **Stiel** hart, aber brüchig; manchmal
weiß, doch oft – zumindest teilweise – rosa oder rötlich überhaucht. **Fleisch** fest
und auffallend hart wie ein Holzapfel; trotzdem brüchig, feinkörnig. **Geruch** nach
Zedernholz (Bleistift!); beim Kochen laugenartig. **Geschmack** der Lamellen bitterlich, sonst zunächst mild und erst nach und nach harzig, schärflich oder bitterlich
(sehr bitter bei *var. amarissima* Romagn.). **Lamellen** dichtstehend, besonders beim
jungen Pilz; brüchig; milchweiß mit cremefarbenem oder blaugrünem Schein;
Schneiden am Hutrand mitunter rot. **Sporen** blaß cremefarben. Vorkommen: in
Laub- und Nadelwäldern, vor allem unter Buchen und Eichen. Wert: **Speisepilz**
geringer Qualität; vor der Zubereitung sollte er überbrüht werden; in Öl konserviert nach vorherigem Abkochen in Essigwasser recht schmackhaft. – *Russula
aurora* Krbh. = *R. rosea* Quél., der Rosentäubling, ist ähnlich und gleichfalls **eßbar,** jedoch meist kleiner als *lepida* und mehr rosarot gefärbt; der Stiel ist flockig-
bereift und weiß. – *Russula linneai* Ricken hat einen schön weinrot gefärbten Stiel
und wird von manchen Autoren in den Formenkreis um den *Heringstäubling* (S.
214) gestellt.

RUSSULA VIRESCENS (Schff.) Fr.

Grünfelderiger Täubling,

Hut erst halbkugelig-gewölbt, dann mehr oder weniger flach, 5–12 cm breit, manchmal mit etwas niedergedrückter Mitte, zuweilen aber auch knollig verwachsen; Rand gewellt, glatt (seltener auch leicht radialfurchig); Huthaut nur am äußersten Rand abziehbar; anfangs weiß mit kleinen, kleiig-mehligen Flecken, die sich bald hellbräunlich oder grünlich färben. Später zerreißt die mit der Zeit dicker gewordene Huthaut in zahlreiche, vieleckige Schüppchen, die sich nach und nach gleichmäßig voneinander entfernen und die verschiedensten Grüntöne annehmen (grasgrün, gelbgrün, olivgrün, graugrün). Zwischen diesen Schüppchen ist der gelbliche oder gelbbräunliche, in der Mitte mehr graugrüne Untergrund zu erkennen. Bei älteren Pilzen ist – zumindest stellenweise – eine Tendenz zum Ausblassen festzustellen. **Stiel** kräftig; jung kleiig, später rauhlich; anfangs weiß, dann zuweilen mit hellbräunlicher Schattierung. **Fleisch** hart; erst weiß; später mitunter mit rosa oder fleisch-rötlichem Schimmer; unter der Huthaut grünlich. **Geruch** der jungen Pilze angenehm; im Alter etwas unangenehm nach Käse. **Geschmack** angenehm. **Lamellen** verhältnismäßig dichtstehend, brüchig; weiß oder blaß cremefarben, oft mit cremerosa Reflexen und braunen oder rötlichbraunen Flecken. **Sporen** weiß oder blaß cremefarben. Vorkommen: Truppweise oder einzeln an grasigen Stellen in Laubwäldern, besonders unter Birken, Eichen und Kastanien, aber auch unter Buchen und im Nadelwald. Wert: **Speisepilz** bester Qualität; kann roh, mit Olivenöl, Zitronensaft, Salz und Pfeffer gewürzt, als Salatpilz Verwendung finden, eignet sich aber auch zum Kochen. – Ein anderer Täubling, dessen Huthaut schuppig aufspringt, ist *Russula cutefracta* Cke. Er ist ebenfalls grün oder olivgrün gefärbt, kann aber auch violette Töne aufweisen. Die Huthaut platzt vor allem am Rande konzentrisch auf, wobei die Zwischenräume deutliche Linien bilden und stellenweise leicht rötlich wie das unmittelbar darunterliegende Fleisch getönt sind. **Eßbar.**

RUSSULA CYANOXANTHA Schff. ex Fr.

Frauentäubling, Violettgrüner Täubling

Hut 5–15 cm breit, oft niedergedrückt; schwarzviolett, blauviolett, lilagrau, blaugrau, schiefergrau (bei *var. peltereaui* Mre. [unten links] von Anfang an olivgrün oder olivgelblich) im Gegenlicht schillernd wie das Brustgefieder einer Taube; Huthaut bald trocken, erst fein radialfaserig, später radialrunzelig; Rand bei alten Pilzen grob gerieft. **Stiel** weiß, später mit graulichem oder violettem Schimmer; oft braunfleckig; runzelig. **Fleisch** im Vergleich zu anderen Täublingsarten relativ biegsam; unter der Huthaut rosa oder rosaviolettlich; sonst weiß, an der Luft langsam grauend. **Geruch** geringfügig; angenehm. **Geschmack** mild (bei *var. variata* Bann. nach längerem Kauen etwas scharf.) **Lamellen** ziemlich dick; etwas entferntstehend; breit; aderig verbunden; speckig-weich, biegsam, nicht splitternd; weiß mit blaugrünem oder bläulichem Schein; z. T. gegabelt. **Sporen** weiß. Vorkommen: hauptsächlich in Laubwäldern; schon ab Juni, häufig. Wert: ausgezeichneter **Speisepilz**. – Ähnliche Arten: *Russula grisea* Pers. ex Secr. = *R. palumbina* Quél., Graugrüner Täubling: Hut 5–10 cm breit, ebenso gefärbt wie *cyanoxantha*, doch öfter mit grauvioletten Tönen und zuweilen mit ausgeblaßter Mitte; Lamellen brüchig und mit zitronengelbem Schein; in Laubwäldern, besonders unter Birken und Buchen. – *Russula grisea* Gill. *var. ionochlora* Romagn., Gelbgrünvioletter Täubling: Hut 5–10 cm breit, grauviolett mit olivfarbener Mitte; Lamellen gelblich; junge Pilze schmecken etwas scharf; in Laubwäldern. – *Russula brunneoviolacea* Crawsh., Violettbrauner Samttäubling: Hut 3–9 cm breit, dunkelbraunviolett aufgrund einer dichten, reifartigen, abwischbaren Schicht auf der Huthaut, mitunter gelb gefleckt; Stiel gelblich; Lamellen erst weiß, bei der Reife cremefarben; vor allem unter Eichen und Buchen. – Alle hier erwähnten Täublinge sind **eßbar.**

RUSSULA HETEROPHYLLA Fr. ss. Schff.
Grüner Speisetäubling
Hut erst konvex, dann niedergedrückt, 5–12 cm breit; Huthaut glänzend und glatt,
zuweilen auch samtig-feinrunzelig, jedoch in der Mitte meistens glatt; bei Feuchtigkeit schmierig, bei Trockenheit aufspringend, kaum abziehbar; Rand glatt oder nur
bei alten Exemplaren etwas gerieft; rein grün, olivgrün oder gelbgrün (graugrün
bei *var. livida* Pers.; graugrün mit weißer Mitte bei *var. galochroa* Fr.; erst weiß,
dann hell-nußbraun mit oft stärker gefärbter Mitte bei *var. virginea* Cke.-Mass.).
Stiel zylindrisch, fein gestreift oder mit Netzzeichnung; erst weiß, dann von der oftmals verjüngten Basis herauf bräunend. **Fleisch** hart, etwas biegsam, weiß. **Geruch**
geringfügig. **Geschmack** mild. **Lamellen** auch im Alter noch sehr dichtstehend;
dünn, schmal (besonders in Stielnähe); am Stielansatz unregelmäßig-aderig verbunden und strichförmig herablaufend; schneeweiß, manchmal mit blaugrünem
Reflex; später mit rost- oder rußigbraunen Flecken (gelbfleckend bei *var. livida*).
Vorkommen: hauptsächlich unter Laubbäumen *(var. galochroa* gerne bei Birken;
var. virginea bei Eichen und Buchen), aber auch in Nadelwäldern. Wert: guter
Speisepilz. – Vom *Speisetäubling* (S. 211) unterscheidet sich *R. heterophylla* vor
allem durch die Farbe. Der *Grasgrüne Täubling* (S. 213) hat im Reifezustand gelbe
Lamellen und cremefarbenes Sporenpulver. Der *Grünfelderige Täubling* (S. 208)
fällt durch die trockene, sich in charakteristische Weise felderig-schuppig auflö-
sende Huthaut auf. – Alle auf dieser Seite erwähnten Täublinge sind **eßbar**.

RUSSULA VESCA Fr.
Speisetäubling, Fleischroter Täubling
Hut anfangs flach gewölbt (konvex), später mehr oder weniger niedergedrückt
(konkav), 5–11 cm breit; Huthaut fein gerunzelt und oftmals den Rand nicht ganz
erreichend, so daß die äußeren Lamellenenden unbedeckt bleiben, bis ungefähr zur
Mitte abziehbar; Rand glatt oder leicht radial gerieft; Hutfarbe im Normalfall ok-
kerbraun oder trüb fleischrot mit intensiver gefärbter Mitte, manchmal auch mit
violettlichen oder grünlichen Flecken; bei Trockenheit ausblassend. In Ausnahmefällen können jedoch auch hell-nußbraune oder graugrüne Formen mit blasser
Mitte und fleischrötlicher Randzone auftreten; satte rote oder rein violette Farbtöne kommen dagegen niemals vor. **Stiel** zylindrisch; erst weiß, dann gelblich; hart,
voll, im Alter schwammig und oft madig; Basis oft zugespitzt, bräunlich. **Fleisch**
dick und fest, solange es nicht von Insektenlarven befallen ist; erst weiß, dann mit
gelblichem Schein; unter der Huthaut oft etwas getönt; im Stiel zuweilen braunflek-
kend. **Geruch** unauffällig. **Geschmack** typisch nußartig. **Lamellen** zum Teil gegabelt, fast herablaufend; anfangs weiß, nicht selten mit braunrosafarbenen Schneiden, später blaß-cremefarben und von eingetrockneten Tautröpfchen oder Tränen
rostbraun gefleckt; ziemlich brüchig. **Sporen** weiß. Vorkommen: in Laubwäldern
des Flachlands; seltener im Bergnadelwald. Wert: guter **Speisepilz.** – Vor allem
durch die Färbung unterscheidet sich der Speisetäubling von ähnlichen Arten, z. B.
dem *Grünen Speisetäubling* (S. 210) und dem *Frauentäubling* (S. 209). Letzterer
ist durch die speckigen, biegsamen Lamellen zusätzlich gekennzeichnet. Beide
Arten sind **eßbar.**

RUSSULA AMOENA Quél. (1)
Schöner Täubling, Brätlingstäubling

Hut 2–8 cm breit, oft niedergedrückt; amethystfarben; violett, olivgrün oder zumindest olivgrün gezont; bald trocken, mehlig mit dunklerer Granulierung; Rand glatt. **Stiel** etwas blasser als der Hut, bereift (bei *var. citrina* Cost. [2] ist der Stiel weiß und der Hut zitronengelb; die oft auch als eigenständige Art – Pfirsichgelber Täubling – aufgefaßte *var. violeipes* Quél. [3] hat einen gelben oder grünlichen Hut und einen violetten Stiel.) **Fleisch** weiß. **Geruch** nach gekochten Krebsen, an den des *Brätlings* (S. 189) erinnernd. **Geschmack** mild. **Lamellen** dünn; erst weiß, dann cremefarben mit violetten Schneiden; zuletzt cremeockerfarben. **Sporen** cremefarben. Vorkommen: hauptsächlich in Nadelwäldern, zerstreut. Wert: **eßbar,** ebenso wie die folgenden Arten, die dem Schönen Täubling ähneln: *Russula azurea* Bres., Violetter Reiftäubling: Hut blaß- oder dunkelviolett, aber auch braun-, grau- oder blauviolett, sogar schön himmelblau mit dunkleren oder blasseren Flecken; Rand nur bei alten Pilzen gerieft; Huthaut trocken, rauhlich, dünn, leicht abziehbar; Stiel weiß; Lamellen breit, milchweiß und so bleibend, ebenso wie die Sporen. Vorkommen: vor allem in Nadelwäldern. – *Russula lilacea* Quél., Rotstieliger Reiftäubling: Hut rosaviolett oder dunkler rotbraun; Stiel weinrötlich überhaucht oder auf weißem Grund mit weinrötlichen Flöckchen besetzt; Sporen gelblich. Vorkommen: vor allem unter Eichen, Buchen und Haselnußsträuchern. Der außerordentlich scharf schmeckende und daher **ungenießbare** Scharfe Glanztäubling, *Russula firmula* Schff., hat einen purpurvioletten Hut und dottergelbe Lamellen und Sporen; er kommt sowohl in Laub- wie in Nadelwäldern vor.

RUSSULA AERUGINEA Lindbl.

Grasgrüner Täubling, Birkentäubling

Hut zunächst halbkugelig, dann bald flach und 5–10 cm breit mit niedergedrückter Mitte; blaßgrün, grasgrün oder olivgrün (in der Mitte zumeist intensiver gefärbt; Rand oft ausgeblaßt); zuweilen mit rostbraunen Flecken gesprenkelt; Rand anfangs glatt, später leicht radial gefurcht; Huthaut glatt, etwas schmierig, ungefähr bis zur Mitte abziehbar. **Stiel** ziemlich kräftig und mitunter etwas unregelmäßig; erst rein weiß, später oft braunfleckig, besonders an der Basis. **Fleisch** weiß; manchmal grauend. **Geruch** kaum wahrnehmbar oder gänzlich fehlend. **Geschmack** der Lamellen etwas schärflich, vor allem bei jungen Pilzen; später mild. **Lamellen** anfangs dichtstehend, später etwas weiter voneinander entferntstehend; am Stiel abgerundet und ab und zu etwas herablaufend; fast elastisch; erst blaß, dann cremefarben. **Sporen** cremefarben. Vorkommen: unter Birken, Kiefern und Fichten. Wert: **Speisepilz** geringer Qualität. – Recht ähnlich, aber heller und schmächtiger ist *Russula smaragdina* Quél., der Smaragdtäubling: Hut 2–5 cm breit, sehr zerbrechlich, zitronengelb mit Übergängen ins Grüne oder Olivgrüne, Rand gerieft; Stielfleisch aschgrau; Geschmack mild. Manche Autoren halten diesen Pilz nur für eine schwach entwickelte Form des Grasgrünen Täublings. – Ähnlich ist auch *Russula parazurea* J. Schff., der Blaugrüne Reiftäubling: Hut 4–7 cm breit, dunkel-blaugrün, dunkel-olivgrün oder graublau, zuweilen mit rötlicher Mitte; Huthaut abziehbar; Stiel weiß; Lamellen weiß; Geruch etwas an Käse erinnernd; Geschmack mild; vor allem in Laubwäldern. Der Smaragdtäubling und der Blaugrüne Reiftäubling sind **eßbar.**

RUSSULA XERAMPELINA (Schff. ex Secr.) Fr.
Heringstäubling
Ein außerordentlich variabler Pilz, der in verschiedenen Standortsformen vorkommt: in Nadelwäldern, vor allem unter Kiefern und Fichten, trifft man auf Formen mit blutrotem, in der Mitte fast schwarzem **Hut** und rosafarbenem oder rotem
Stiel *(var. erythropus* Pelt.[1]). Im Laubwald wachsende Heringstäublinge können
olivgrüne oder olivgelbe Hutfarben aufweisen, die in der Hutmitte meist intensiver
ausgeprägt sind als am Rand *(var. olivascens* Melz. & Zv. [2]). Der Stiel dieser
Laubwaldform ist weiß, kann jedoch auch von der Farbe des Hutes leicht überhaucht sein. Eine andere Laubwaldform *(var. fusca* Barbier [3]) hat einen braunen
oder braunvioletten Hut mit dunklerer Mitte und einen weißen oder braunviolett
überhauchten Stiel. **Hut** erst halbkugelig, mitunter höckerig, dann ausgebreitet,
8–15 cm, manchmal mit leicht vertiefter Mitte; Rand normalerweise glatt, seltener
leicht radial-gerieft; Huthaut kaum abziehbar. **Stiel** zuweilen etwas verbogen und
mit feinem Netz oder aderiger Riefung geschmückt; Basis mitunter verdickt.
Fleisch hart, weißlich oder hellgelb, auf Druck und im Alter braun fleckend, vor
allem am Stiel. **Geruch** nach gekochten Krebsen oder Heringslake; am stärksten
einige Zeit nach dem Abpflücken. **Geschmack** nußartig. **Lamellen** ziemlich entferntstehend, breit, ungleich lang, oft gegabelt; brüchig; erst weißlich, später cremefarben oder blaßgelb; nur beim Vertrocknen im Alter bräunend. **Sporen** blaß
ockerfarben. Wert: **eßbar.** – *Russula barlae* Mass. wird von vielen Autoren zu den
Variationen gestellt; sein Hut ist orange- oder rostbraun, seltener auch grün; eßbar.
Die rote Nadelwaldform des Heringstäublings wächst zuweilen in Standortgemeinschaft mit dem sehr scharf schmeckenden und daher **ungenießbaren** *Zitronen-
blättrigen Täubling* (S. 223), dem jedoch der Heringsgeruch fehlt.

RUSSULA OLIVACEA (Schff. ex Secr.) Fr.
Rotstieliger Ledertäubling

Hut jung halbkugelig oder fast ganz rund, später ausgebreitet, 7–20 cm, nicht selten mit vertiefter Mitte; purpurrot, olivbraun oder gelblich; Huthaut bei Feuchtigkeit schmierig, nicht abziehbar; bei Trockenheit fein bestäubt; zuletzt konzentrisch gerunzelt und aufplatzend; Hutrand nicht gerieft. **Stiel** weiß, meist rotfleckig, nicht gerunzelt. **Fleisch** weiß. **Geruch** kaum wahrnehmbar. **Geschmack** nußartig. **Lamellen** nicht sehr dichtstehend, dick, breit, brüchig; lange Zeit blaßgelb mit zitronengelben Schneiden, bei der Reife etwas dunkler. **Sporen** ockergelb. Vorkommen: in Laub- und Nadelwäldern; auf Kalkboden; nicht selten. Wert: guter **Speisepilz.** – Gleichfalls **eßbar** sind die im folgenden aufgeführten Täublinge: *Weißstieliger Ledertäubling* (S. 216): Hut bis fast zur Hutmitte abziehbar; Hutrand nach und nach stärker gerieft, bei älteren Exemplaren grob gefurcht; Lamellen im Reifezustand ockerbraun (dunkler als bei *olivacea*). Die Nadelwaldform des *Heringstäublings* (S. 214) hat einen blutroten Hut, die Laubwaldformen sind olivgrün oder bräunlich gefärbt und glattrandig. Die hellere Sporenfarbe und der charakteristische Geruch nach Heringen oder gekochten Krebsen schließen eine Verwechslung mit Rotstieligen Ledertäublingen aus. Der *Kleinsporige Ledertäubling* (S. 217) hat breitere und brüchigere Lamellen als *olivacea*.

Viele Täublingsarten sind ohne Mikroskop kaum bestimmbar. Der Mykologe achtet bei der Untersuchung besonders auf die Struktur der Sporen und der Huthaut und bedient sich auch verschiedener Reagenzien, die das Fleisch mancher Arten in charakteristischer Weise färben.

RUSSULA ALUTACEA Fr. em. Melz. & Zv.
Weißstieliger Ledertäubling

Hut erst halbkugelig, dann ausgebreitet, 7–20 cm, oft mit niedergedrückter Mitte; purpurrot mit olivlichen oder gelblichen Flecken, aber auch gelb-oliv, grün, dunkelbraun oder lederbraun; oft ausblassend und dann schließlich fast weiß; Huthaut schmierig und bis zur Mitte abziehbar; Rand anfangs radialstreifig, im Alter tief gefurcht. **Stiel** auf weißem Grund mehr oder weniger stark rot oder rosa geflammt; seltener rein weiß; fein längsrunzelig. **Fleisch** weiß. **Geruch** kaum wahrnehmbar. **Geschmack** mild. **Lamellen** nicht sehr dichtstehend, ziemlich dick und breit; von Anfang an blaß ockergelb getönt, später lederfarben; Schneiden in Hutrandnähe zuweilen rötlich. **Sporen** ockerfarben. Vorkommen: Laub- und Nadelwälder. Wert: guter **Speisepilz.** – Die etwas klebrige, leicht abziehbare Huthaut und die Riefen bzw. beim alten Pilz die tiefen Furchen des Hutrandes, verhindern eine Verwechslung mit dem *Rotstieligen Ledertäubling* (S. 215). Auch der *Braune Ledertäubling* (S. 217) hat jung einen gerieften Hutrand und eine leicht schmierige, abziehbare Huthaut, die jedoch bald seidig-trocken wird. Der Hut wird kaum jemals so groß wie der von *alutacea* und ist oft kakaobraun gefärbt; der Stiel ist weiß und nimmt im Alter eine ockerbraune Tönung an. Der Braune Ledertäubling wächst mit Vorliebe in Bergnadelwäldern. – Noch etwas kleiner ist *Russula velenovskyi* Melz. & Zv., der Ziegelrote Täubling: Hut 3–8 cm breit, ziegelrot bis braunviolett mit ockergelber Mitte, Huthaut feinsamtig oder fein granuliert; unter Buchen und Birken. – Alle in dieser Spalte erwähnten Täublinge sind gute **Speisepilze.**

RUSSULA INTEGRA L. ex Fr. (2)
Brauner Ledertäubling

Hut 5–15 cm breit, glatt; schon früh mit vertiefter Mitte und radial-furchigem Rand, der bei alten Pilzen wellig-verbogen ist; Huthaut abziehbar, bei Feuchtigkeit klebrig, sonst seidig-trocken; Grundfarbe braun, doch zuweilen mit grünem, gelbem, amarantfarbigem, violettem, kastanienbraunem oder purpurfarbenem Einschlag (niemals jedoch rot oder orange). **Stiel** verhältnismäßig lang, dick, glatt, weiß; im Alter oft runzelig und bräunlich überhaucht. **Fleisch** erst weiß und hart, später weich und gelblich. **Geruch** im Alter leicht nach Honig. **Geschmack** nußartig. **Lamellen** erst dichtstehend, später etwas weiter voneinander entfernt; breit, dick, zuweilen gegabelt; den Stiel nicht immer ganz erreichend; erst weiß, dann gelblich; die Lamellenschneiden sind, aus der Nähe betrachtet, auch beim reifen Pilz rein weiß. **Sporen** gelb. Vorkommen: in Gebirgsnadelwäldern häufig, im Flachland seltener. Wert: guter **Speisepilz.** Die Art ist leicht zu unterscheiden von *Russula pseudointegra* Arn. & Gor., dem Ockerblättrigen Zinnobertäubling: Hut 7–14 cm breit, lebhaft rot oder rosa; später fleckenweise entfärbend; Lamellen ockergelb; Geruch nach Laudanum; Geschmack pfefferminzartig; vor allem unter Eichen; **eßbar.**

RUSSULA ROMELLII Mre. (1)
Kleinsporiger Ledertäubling

Das auf der Tafel abgebildete kleine Exemplar darf nicht über die oftmals enormen Ausmaße hinwegtäuschen, die dieser Pilz erreichen kann: Hut 7–20 cm breit, rot, vom Rand her violett nachdunkelnd, in der Mitte zuweilen grün ausblassend; Rand erst gerieft, dann gefurcht. Huthaut glatt und glänzend; bei Feuchtigkeit klebrig; abziehbar. Lamellen breit, brüchig; in Laubwäldern; **eßbar.**

RUSSULA CAERULEA Fr. (1)
Buckeltäubling

Hut erst auffallend spitzbucklig, später verflachend, 3–10 cm breit, mitunter sogar niedergedrückt, doch stets mit leicht gebuckelter Mitte; violett oder blauviolett mit indigofarbenen Flecken; Rand dünn, erst glatt, später mit kurzen Furchen; Huthaut abziehbar, bei Feuchtigkeit klebrig, bei Trockenheit glänzend. **Stiel** schlank; weiß mit vereinzelten graulichen oder bräunlichen Flecken. **Fleisch** hart, weiß. **Geruch** angenehm. **Geschmack** des Fleisches mild oder bitter; Geschmack der Huthaut bitterlich. **Lamellen** dichtstehend, am Stielansatz verschmälert, sonst breit; dünn, gelblich, später gelbbräunlich. **Sporen** blaßgelb. Vorkommen: in grasigen Kiefernwäldern. Wert: **ungenießbar** wegen seines bitteren oder schärflichen Geschmacks, der auch beim Kochen nicht vergeht; außerdem ziemlich hart.

RUSSULA TURCI Bres. (2)
Jodoform-Täubling

Ähnelt *caerulea*, ist aber zumeist heller violett gefärbt und gilbt im Alter. Huthaut bei Trockenheit feinsamtig, bei Feuchtigkeit klebrig, das Fleisch ist dünn und weiß und schmeckt angenehm. Von der Stielbasis strömt ein eigenartiger Geruch nach unreifen Nußschalen oder Jodoform aus. Die anfangs creme- und später ockerfarbenen Lamellen sind recht dick und stehen beim jungen Pilz ziemlich gedrängt, entfernen sich jedoch später voneinander. Der Jodoform-Täubling wächst in Nadelwäldern und ist **eßbar.** – *Russula amethystina* Quél., der Amethyst-Täubling, unterscheidet sich von *turci* durch den oft gelbgefleckten Hut; eßbar. – *Russula firmula* Schff., Scharfer Glanztäubling: Hut dunkelviolett; Sporenpulver dottergelb; vor allem in Fichten- und Tannenwäldern; wegen des scharfen Geschmacks **ungenießbar.**

RUSSULA AURATA With.
Goldtäubling

Hut anfangs gewölbt, dann flach, 4–9 cm breit, bisweilen mit leicht vertiefter Mitte; lebhaft rot, rotorange oder lederrot, oft mit goldgelben oder zitronengelben Zonen (in seltenen Fällen auch einheitlich gold- oder zitronengelb); Rand glatt und nur bei sehr alten Exemplaren fein radial gerieft; Huthaut nur am Rand abziehbar. **Stiel** oft etwas unregelmäßig; auf weißem Grund stellenweise gelb gefleckt; Basis gelblich. **Geruch** geringfügig. **Geschmack** mild. **Lamellen** untereinander oft aderig verbunden; verhältnismäßig dichtstehend, zuweilen aber auch ziemlich entfernt voneinander; cremeweiß mit zitronengelben oder – besonders in Hutrandnähe – goldgelben Schneiden. **Sporen** ockergelb. Vorkommen: Sommer und Herbst (in Südeuropa bisweilen schon früher) hauptsächlich an feuchten Stellen in Laubwäldern, aber auch in Nadelwäldern. Wert: guter **Speisepilz,** der auf heißer Flamme ohne Wasser gekocht werden sollte; gart schnell. – Den gleichen Speisewert wie der Goldtäubling besitzt der größere Honigtäubling, *Russula melliolens* Quél. Er ist durch seinen unverwechselbaren Geruch nach Honig gekennzeichnet, der sowohl bei frischen wie bei getrockneten Exemplaren immer deutlich feststellbar ist: Hut 6–15 cm breit, lebhaft rot, purpurrot oder dunkelrot; Lamellen bei der Reife gelb; Stiel weiß mit rosa Flecken; Fleisch weiß, oft bräunlich gefleckt; unter Laubbäumen. – Der Weinrote Graustieltäubling, *Russula obscura* Rom., hat gleichfalls einen satt rot, rotviolett oder weinrot gefärbten Hut (6–12 cm breit), doch neigen die Lamellenschneiden und das Fleisch dazu, sich dunkelgrau zu verfärben. Der Pilz ist **eßbar** und wächst in Nadelwäldern auf feuchtem Boden.

RUSSULA LUTEA Huds. ex Fr. (1)
Weicher Dottertäubling, Schöngelber Täubling

Hut dünnfleischig und brüchig, erst konvex, dann flach, 2–6 cm breit, zuletzt auch etwas niedergedrückt; Huthaut vollständig und in einem Zug abziehbar; bei Feuchtigkeit klebrig, bei Trockenheit glänzend; narzissengelb oder ockergelb mit bisweilen intensiver gefärbter Mitte; Rand glatt oder nur im Alter leicht radial gerieft. **Stiel** schmächtig, schlank, fein längsrunzelig; brüchig, weiß. **Fleisch** dünn, brüchig, weiß. **Geruch** kaum wahrnehmbar. **Geschmack** säuerlich. **Lamellen** mehr oder weniger dichtstehend, gleichlang, untereinander aderig verbunden; brüchig; anfangs cremefarben, später wie der Hut gefärbt. **Sporen** gelb mit ockerlichem Einschlag. Vorkommen: in Laub- und Nadelwäldern. Wert: delikater **Speisepilz,** der bald nach dem Sammeln zubereitet werden sollte; wird sehr schnell gar.

RUSSULA CHAMAELEONTINA Fr. (2)
Zweifarbiger Chamäleon-Täubling

Klein und brüchig wie *lutea,* jedoch in der Färbung außerordentlich variabel: gelb, ockergelb, orange, rosa oder kirschrot; oft auch zweifarbig mit gelblicher Mitte und rosafarbener Randzone; Hutrand schon frühzeitig radialfurchig. Lamellen etwas entferntstehend, gelb. Fleisch im frischen Zustand geruchlos, später mit angenehmem Rosenduft *(var. vitellina* Fr., die auch als eigenständige Art aufgefaßt wird, riecht nach Essig; *var. ochracea* Pers. ex Fr. bleibt geruchlos). Vorkommen: hauptsächlich in Nadelwäldern. Wert: **eßbar.** – Ähnlich ist *Russula nauseosa* (Pers. ex Fr.) ss. Bres., der Geriefte Weichtäubling, der auch schon als Variation zu *Russula venosa* Vel., dem Milden Glanztäubling, gestellt wurde: Hut violett, grünlich oder gelblich mit bräunlicher Mitte und nahezu vollständig abziehbarer Huthaut; Stiel weiß; Lamellen gelb; Geschmack der Lamellen etwas schärflich; **eßbar.**

RUSSULA ATROPURPUREA Krbh.
Purpurschwarzer Täubling
Hut anfangs konvex, dann flach oder niedergedrückt, 5–15 cm breit; statt purpur-
farben mit nahezu schwarzer Mitte; manchmal auch erdbeerrot oder ziegelbraun,
oft mit zerstreuten heller weinroten oder bräunlichen Flecken; Rand heller als der
übrige Hut und nicht gerieft; Huthaut bei Feuchtigkeit klebrig und bei Trockenheit
glänzend, nur am Rand kurz abziehbar. **Stiel** groß, dick, rissig-schuppig; erst weiß,
später dann grauend; an der Basis bräunlich; anfangs voll, dann hohl. **Fleisch** hart,
brüchig weiß. **Geruch** geringfügig. **Geschmack** nur bei unreifen Exemplaren leicht
scharf, sonst mild. **Lamellen** breit, mitunter gegabelt; weiß mit cremefarbenen
Reflexen. **Sporen** rein weiß. Vorkommen: mit Vorliebe unter Eichen, aber auch
unter Nadelbäumen. – Einige ähnliche Täublinge: *Russula atrorubens* Quél.,
Schwarzroter Täubling: Hut dunkelrot oder blutrot mit fast schwarzer Mitte, 4–8
cm breit; Huthaut abziehbar; Stiel weiß, oft einseitig rötlich oder rosa überhaucht,
an der Basis auch gänzlich rot oder rosa; Lamellen schmal; Fleisch brüchig, unter
der Huthaut rot, scharf; in Wäldern auf sandigem Boden, selten. – *Russula aquosa*
Lecl., Wässeriger Täubling: Hut 4–9 cm breit, blaß rosaviolettlich mit dunkler violetter Mitte; Huthaut abziehbar; Fleisch brüchig mit Rettichgeruch und scharfem
Geschmack; unter Nadelbäumen. – *Russula marculata* Quél. et Roz., Geflecker
Täubling: Hut 4–10 cm breit, rot mit einzelnen gelben Stellen und gesprenkelt mit
kleinen, dunkleren Flecken; später gelblich ausblassend, wobei die Flecken sich
rostbraun verfärben; bei Feuchtigkeit klebrig-glänzend, bei Trockenheit matt;
Rand glatt; Stiel kurz, hart, weiß; Lamellen ockerlich; Geruch nach Honig, Rosen
oder Zedernholz. Geschmack zunächst mild, dann sehr scharf. – Alle hier erwähnten Täublinge sind **ungenießbar.**

RUSSULA SANGUINEA Fr.

Bluttäubling, Blutroter Täubling

Hut anfangs konvex, dann flach, 4–10 cm breit, manchmal mit etwas vertiefter Mitte; Huthaut trocken, nicht abziehbar, nur bei Feuchtigkeit klebrig und glänzend; blutrot; tomatenrot, rosarot oder rosa; später ausblassend und dann mitunter gänzlich oder zumindest teilweise weiß; Rand nur im Alter leicht gerieft. *(var. exalbicans* Secr., der Verblaßte Täubling, der in der Tafelmitte abgebildet ist, hat einen rotvioletten oder rosafarbenen Hut mit gelblicher Mitte und blaßt sehr schnell vollständig grau oder schmutzig-weißlich aus, wobei der Hutrand noch am längsten seine ursprünglichen Farben beibehält. Auch das Fleisch dieses Pilzes verfärbt sich grau.) **Stiel** kräftig, schlank, etwas längs runzelig, verhältnismäßig elastisch; bald hohl; rosarot oder rot, seltener weiß; im Alter oder auf Druck zunächst gelb und schließlich braunfleckend. **Fleisch** weiß, hart, brüchig. **Geruch** schwach fruchtartig. **Geschmack** scharf, aber von unterschiedlicher Stärke; auch bitterlich. **Lamellen** schmal, bald entferntstehend, fast immer am Stiel etwas herablaufend; erst weiß, doch schon bald cremefarben und schließlich blaßockerlich (bei *var. pseudorosacea* Mre. erreichen die Lamellen den Stiel nicht und färben sich bei Druck – ebenso wie das Fleisch – gelb). **Sporen** blaßockerfarben. Vorkommen: Spätsommer und Herbst in Nadelwäldern, besonders unter Kiefern. Wert: **ungenießbar** wegen des scharfen, nach dem Kochen bitteren Geschmackes. – Der *Purpurschwarze Täubling* (S. 221) ist ähnlich, hat jedoch einen dickeren und zudem weißen Stiel; beim *Speitäubling* (S. 224) ist die Huthaut klebrig-gänzend und läßt sich leicht abziehen; Lamellen und Stiel sind weiß; der *Zedernholztäubling* (S. 225) unterscheidet sich durch seinen eigentümlichen Geruch nach Zedernholz. – Die erwähnten Arten schmecken scharf und sind daher **ungenießbar.**

RUSSULA SARDONIA Fr. em. Rom. (1)
Feuriger oder Zitronenblättriger Täubling

Hut erst gebuckelt oder glockig-gewölbt, dann ausgebreitet, 5–10 cm, Mitte zuweilen niedergedrückt; violett, purpurviolett, purpurrot, rotbraun oder braunviolett, manchmal sogar teilweise oder vollständig grün oder gelblich; beim Vertrocknen blaßoliv. Huthaut nur am Rand abziehbar; Rand erst eingerollt, später langsam aufrollend, glatt oder nur im Alter mit leichten radialen Riefen. **Stiel** in der Mitte oft etwas angeschwollen, wie der Hut gefärbt oder etwas matter aufgrund eines feinen grauen reifartigen Belages; selten ist er ganz oder teilweise weiß. **Fleisch** erst hart, schließlich weich; weiß, nur unter der Huthaut etwas getönt. **Geruch** schwach fruchtartig. **Geschmack** scharf. **Lamellen** erst dichtstehend, bei zunehmender Reife sich mehr und mehr voneinander entfernend; schmal; von Anfang an cremefarben oder gelb. **Sporen** blaßockerlich. Vorkommen: Nadelwälder des Flachlandes, vor allem bei Kiefern; häufig. Wert: **ungenießbar;** beim Kochen verflüchtigt sich zwar die Schärfe, doch schmecken die Pilze dann bitter.

RUSSULA QUELETII Fr. (2)
Stachelbeer-Täubling

Sehr ähnlich dem *Feurigen Täubling,* doch etwas kleiner und zartfleischiger; in Gebirgsfichtenwäldern häufig, im Flachland seltener; Huthaut erst feucht, dann bald trocken und matt; Hutrand schon früh radial gestreift; Stiel mehr oder weniger einfarbig violett; Lamellen am Stiel angeheftet, erst weiß, dann cremefarben ohne gelben Einschlag; Geruch nach Geranien oder auffallend nach Stachelbeerkompott; Geschmack scharf. Sporen cremefarben; ungenießbar. – Außerordentlich ähnlich ist *Russula torulosa* Bres., der Gedrungene Stachelbeer-Täubling, der jedoch in Kiefernwäldern des Flachlandes (also an den gleichen Stellen wie der Feurige Täubling) vorkommt. Milde Exemplare dieses Pilzes sind **eßbar,** doch kommen oft auch scharfschmeckende Formen vor.

RUSSULA EMETICA Fr.
Speitäubling
Hut 3–11 cm breit, karminrot, seltener auch rosa, gelblich oder weißlich; schnell entfärbend; Rand meist heller, glatt, im Alter radialfurchig; Huthaut glatt und etwas klebrig, abziehbar. **Stiel** massiv, hart, glatt; weiß; erst voll, dann wattig ausgestopft. **Fleisch** bei der Normalform ziemlich brüchig, bei anderen Formen stabiler; oft wäßrig; unter der Huthaut leicht rötlich, sonst weiß. **Geruch** je nach Variation verschieden. **Geschmack** im ersten Moment mild, dann jedoch anhaltend brennend-scharf. **Lamellen** etwas entferntstehend bei der typischen Form, bei anderen Formen mehr gedrängt; am Stiel stellenweise angeheftet; weiß, oft mit gelblichem oder grünlichem Schein. **Sporen** rein weiß. Vorkommen: auf sandigem, feuchtem Boden in moosigen Wäldern; auch auf Moorboden und im Mulm zerfallender Baumstümpfe. Wert: **ungenießbar,** kann jedoch einzeln in Mischgerichten als Gewürz verwendet werden. – Im Durchschnitt kleiner als *emetica* ist *Russula mairei* Sing., der Buchen-Speitäubling: Huthaut samtig, trocken, kaum abziehbar; Fleisch weniger brüchig, unter der Huthaut rosa. – *Var. silvestris* Sing., der Kiefern-Speitäubling, erreicht kaum mehr als 3–5 cm Hutbreite. – *Var. betularum* (Hora) Romagn., der unter Birken wachsende Birken-Speitäubling, variiert sehr in der Farbe, hat jedoch meistens eine dunkler gefärbte Mitte. – Alle Speitäublingsformen sind **ungenießbar.** Der **eßbare** Milde Glanztäubling, *Russula venosa* Vel. = *R. nitida* Fr., unterscheidet sich von ihnen durch die nicht weißen, sondern ockerfarbenen Lamellen und den milden Geschmack.

RUSSULA BADIA Quél.
Zedernholz-Täubling

Hut 5–12 cm breit, dünnfleischig; bald mit niedergedrückter, bald mit genabelter Mitte; kirschrot, blaßrot oder bräunlich; am Rand heller und in der Mitte fast schwarz; oft mit helleren Flecken; Huthaut anfangs schmierig, dann trocken, abziehbar; Rand im Alter radial gefurcht. **Stiel** fein längsrunzelig; weiß, oft mit rötlichen oder rötlich-violetten Flecken. **Fleisch** weiß. **Geruch,** besonders an den Lamellen, deutlich nach Zedernholz. **Geschmack** im ersten Augenblick mild, doch dann unerträglich brennend-scharf. **Lamellen** ziemlich dichtstehend; brüchig; erst gelblich, dann jedoch schwach ockerfarben mit zuweilen etwas helleren Schneiden und rötlichen Flecken in der Nähe des Hutrandes. **Sporen** hell ockerfarben. Vorkommen: in Nadelwäldern, vor allem unter Kiefern und Tannen auf Sandboden; im Gebirge häufig, doch auch im Flachland verbreitet. Wert: **ungenießbar.** – Die folgenden Arten sind ebenfalls Nadelwaldbewohner mit vorwiegend roten Hutfarben, schmecken jedoch mild oder allenfalls leicht schärflich: *Russula paludosa* Britz., Apfeltäubling: Hut erst halbkugelig, dann konvex oder niedergedrückt, 4–14 cm breit; lebhaft rot (erdbeerrot) oder orange; Huthaut lange Zeit schmierig und fast bis zur Mitte abziehbar; glattrandig; Stiel zylindrisch oder spindelförmig, verhältnismäßig lang, weiß mit blaßroten Flecken, erst voll, dann schwammig-ausgestopft; Fleisch weiß, geruchlos, etwas schärflich; Lamellen gelblich; Sporen satt cremefarben; auf moorigem Boden. Guter **Speisepilz.** – *Russula viscida* Kudr., Lederstieltäubling: Hut 5–13 cm breit, dunkel rotbraun, weinrot oder blaßrot mit linsenförmigen, ockerfarbenen Flecken, schmierig; Stiel dick, längsrunzelig, gelblich, erst hart-, später weichfleischig; Lamellen schmal, dichtstehend, elfenbeinweiß; Fleisch weiß, im Alter bräunlich; Geschmack leicht schärflich; geringwertig.

RUSSULA FRAGILIS Fr. (1)
Wechselfarbiger Speitäubling

Hut 3–7 cm breit, niedergedrückt oder leicht gebuckelt; rot, weinrot, dunkelrot oder violett, auch karmin- oder rosarot mit fast schwarzer Mitte oder sogar dunkelbraun oder olivlich; zuweilen mit helleren oder himmelblauen Flecken; sogar fast weiß (auch kräftiger gefärbte Exemplare neigen dazu, schnell auszublassen). Rand radial gefurcht; Huthaut etwas schmierig, abziehbar. **Stiel** rein weiß mit Tendenz zur Gelbfärbung, aber niemals rot oder rötlich. **Fleisch** zart, brüchig, auch unter der Huthaut rein weiß. **Geruch** an Honig erinnernd. **Geschmack** erst scharf, dann mild. **Lamellen** anfangs dichtstehend, im Alter etwas mehr entfernt voneinander; dünn, brüchig; erst weiß, dann cremefarben. **Sporen** weiß. Vorkommen: an feuchten und schattigen Stellen in Laub- und Nadelwäldern; gern auf dem Erdboden zwischen Moosen, doch auch auf stark vermorschten Baumstümpfen; häufig. Wert: **ungenießbar.** – *Russula violacea* Quél. (2), Violetter Täubling: Der vorigen Art ähnlich, doch mit violetter Huthaut, die bald weißliche Flecken aufweist und dann verblaßt; Hutrand von Anfang an radial gestreift; Stiel hohl, weiß, Basis gelb. Sporen cremefarben. Vorkommen: im Herbst an lichten Stellen in Kiefernwäldern, aber auch unter Laubbäumen. Wert: **ungenießbar,** da er auch gekocht seine Schärfe beibehält. – *Russula puellaris* Fr. (3), Milder Wachstäubling: Ähnlich *violacea*, doch mit schmieriger ockerfarbener, purpurbrauner, scharlachroter oder violettroter Huthaut, die in der Mitte zumeist dunkler gefärbt ist als am oft nach unten gebogenen Hutrand, der schon frühzeitig höckerige Furchen aufweist. Stiel gelblich gefleckt. Fleisch jung weiß und verhältnismäßig fest, doch bald weich und gelb; auch auf Druck gilbend; Geruch und Geschmack mild. Lamellen gelblich mit goldgelben Flecken. Sporen gelblich. Vorkommen: gruppenweise in moosigen Wäldern, besonders unter Kiefern, Birken und Erlen. Wert: **eßbar.**

RUSSULA FELLEA Fr.

Gallentäubling

Hut erst kugelig, dann konvex und schließlich flach, 4–9 cm breit, zuweilen auch niedergedrückt; Huthaut schmierig, kaum abziehbar, einheitlich ockerfarben, wenn auch von wechselnder Farbintensität; Rand dünnfleischig, fast immer schon im Jugendstadium radial gestreift und später furchig-höckerig. **Stiel** gewöhnlich kräftig und voll; erst blaß, dann gelblich, schließlich von unten herauf ockerlich verfärbend. **Fleisch** anfangs creme-, später ockerfarben. **Geruch** süßlich. **Geschmack** gleichzeitig brennend-scharf und bitter. **Lamellen** dichtstehend (auch beim reifen Pilz); dünn; am Stielansatz zugespitzt und am Hutrand abgerundet (siehe Querschnitt!); weiß, allmählich die Farbe des Hutes annehmend; Schneiden oft mit einigen tauartigen Tröpfchen besetzt (»tränend«). **Sporen** weiß oder blaß-cremefarben. Vorkommen: vor allem in Buchenwäldern, doch auch unter einzeln stehenden Buchen. – Unter Buchen wächst auch der hübsche Sonnentäubling, *Russula solaris* Ferd. & Winge. Er ist etwas kleiner als der Gallentäubling: Hut 3–5 cm breit, chromgelb mit blaßgelbem Rand. Geruch parfümiert oder stark senfartig. – Der Hut des *Stinktäublings* (S. 229) ist 6–24 cm breit, der Hutrand höckerig-gefurcht; der Geschmack nicht nur scharf, sondern auch bitter und der Geruch widerlich stinkend. – *Russula farinipes* Rom. ap. Britz., Mehlstiel-Täubling: Hut 4–7 cm breit, ockerfarben; Stiel mehlig; Geruch fruchtartig, Geschmack bitter und sehr scharf. – Der *Ockertäubling* (S. 228) erreicht 4–10 cm Hutbreite, seine Farbe variiert zwischen ocker und gelb, seine Huthaut ist schmierig und der Hutrand ungerieft. – *Russula consobrina* Fr., Rußgrauer Täubling: Hut 3–9 cm breit, rußbraun oder -grau; Rand ungerieft; Geruch fruchtartig; Geschmack brennend-scharf; unter Nadelbäumen. – **Alle auf dieser Seite erwähnten Pilze sind ungenießbar.** – *Consobrina, farinipes, foetens* und *laurocerasi* (vgl. S. 229) zählen innerhalb der Täublingsfamilie zu einer Gruppe, die sich durch auffallend starken Geruch auszeichnet.

RUSSULA OCHROLEUCA (Pers.) Fr. (1), Ockertäubling, Zitronentäubling
Hut 4–10 cm breit, etwas niedergedrückt, ockerfarben mit gelbem, rötlichem oder
olivfarbenem Einschlag und oftmals brauner Mitte; feucht; manchmal besetzt mit
bräunlichen Körnchen; Rand etwas wellig verbogen, erst glatt, dann undeutlich gekerbt. **Stiel** weiß, oft gefleckt. Fleisch weiß. **Geruch** angenehm. **Geschmack** mild
oder scharf. **Lamellen** breit, cremefarben. **Sporen** weiß oder schmutzig-weißlich.
Vorkommen: vor allem in Fichten- und Kiefernwäldern, oft sehr spät im Jahr;
häufig. Wert: **ungenießbar,** zumindest die scharf schmeckenden Exemplare. – *Var.
citrina* Gill. (3) hat eine rein gelbe Huthaut; das unmittelbar darunterliegende
Fleisch ist gelblich getönt.
RUSSULA DECOLORANS Fr. (2), Orangeroter Graustieltäubling
Hut 5–15 cm breit, schon ziemlich trocken; Huthaut abziehbar, orangefarben mit
gelbem oder rotem Einschlag, später grauend und schließlich schwärzlich; Rand
erst glatt, dann gefurcht. **Stiel** zuweilen auffallend dick und massiv; längsrunzelig;
anfangs weiß, dann gräulich. **Fleisch** zart, weiß, später grauend und zuletzt
schwärzlich. **Geruch** und **Geschmack** angenehm mild. **Lamellen** fast dichtstehend,
am Stielansatz gegabelt und nicht angeheftet; anfangs weiß, schließlich gräulich.
Sporen blaß ockerfarben. Vorkommen: im Bergland vor allem in Tannenwäldern,
im Flachland gerne unter Kiefern; meist erst im Herbst. – An ähnlichen Stellen im
Nadelwald wächst der Apfeltäubling, *Russula paludosa* Britz. (S. 225) – Grauen-
des Fleisch hat auch der Moortäubling, *Russula claroflava* Grove: Huthaut chromgelb, Stiel weiß, bald grauend, Geschmack mild; unter Birken auf Moorboden; **eßbar.**

RUSSULA FOETENS Fr.

Stinktäubling

Hut anfangs fast rund, dann ausgebreitet, 6–24 cm, zuletzt mehr oder weniger niedergedrückt; ockergelb, manchmal auch mit gräulichem Einschlag und mit zumeist dunklerer Mitte; im Alter ausblassend; Rand dünnfleischig, von Anfang an mit langen, radialen Furchen und bei älteren Exemplaren oft wellig verbogen und stellenweise radial aufgespalten; die Furchen vertiefen sich allmählich und sind schließlich höckerig-erhaben. Huthaut klebrig, nur am Rande abziehbar. **Stiel** kräftig; erst weiß, später von unten herauf bräunlich fleckend; anfangs voll, dann bald hohl und sehr brüchig; die Höhlung des Stiels ist durchsetzt mit lockerem, bräunlichem Mark. **Fleisch** erst weiß, dann bräunlich; brüchig. **Geruch** stinkend. **Geschmack** der Lamellen scharf und Übelkeit erregend; Geschmack des Stielfleisches zuweilen mild. **Lamellen** etwas entfernt voneinander stehend, dick, schmal; stellenweise gegabelt; untereinander aderig verbunden; erst weißlich, dann cremefarben oder gelblich mit braunen oder rotbraunen Flecken; bei Feuchtigkeit und im Jugendstadium oft tränend. **Sporen** blaß cremefarben. Vorkommen: im Sommer und Frühherbst in Wäldern auf feuchtem Boden, gruppenweise. Wert: **ungenießbar.** – In fast allen Merkmalen stimmt der Mandeltäubling, *Russula laurocerasi* Melz., mit dem *Stinktäubling* überein, er ist lediglich im Durchschnitt kleiner (Hutbreite 4–7 cm) und riecht angenehm nach Bittermandeln. – *Russula illota* Romagn.: Hut 5–16 cm breit, bei Feuchtigkeit mit schleimigem, violettlichem Überzug; Lamellenschneiden schwärzlich punktiert. – Die Pilze aus der Verwandtschaft des Stinktäublings sind zwar **nicht giftig,** doch kommen sie aufgrund ihres Geruches und Geschmacks als Speisepilze nicht in Frage.

RUSSULA PECTINATA (Bull. ex St.-Am.) Fr. (1)
Kratzender Kammtäubling
Hut 4–7 cm breit (ausnahmsweise bis 10 cm), ockerbraun, dunkelbraun oder gelbbraun, in der Mitte oft gräulich, seltener auch gänzlich graubraun, olivgrau; Rand
wellig-verbogen und höckerig-radialriefig; Huthaut feucht, kaum abziehbar. **Stiel**
anfangs markig-ausgestopft, dann gekammert oder hohl; brüchig, erst weiß, dann
gräulich, zuletzt bräunlich. **Fleisch** weiß, unter der Oberhaut oft mit deren Farbtönen gezont. **Geruch** Übelkeit erregend, ekelhaft. **Geschmack** nicht besonders
scharf, aber ekelhaft und zuletzt bitter. **Lamellen** etwas entferntstehend, schmal;
untereinander aderig verbunden; erst weiß, dann cremefarben. **Sporen** satt cremefarben. Vorkommen: auf grasigen Lichtungen, gern in Laubwäldern auf Kalkboden. Wert: **ungenießbar.** – Sehr ähnlich ist *Russula pectinatoides* ss. Sing.: Stiel ok-
kerfleckig mit rostfarbener Basis; **ungenießbar;** auf sandigen Böden.
RUSSULA SORORIA Fr. ss. J. Schff. (2) (= *Russula amoenolens* Romagn.)
Camemberttäubling
Erinnert sehr an *pectinata,* ist jedoch im Durchschnitt etwas kleiner. Hut dunkel-
rußbraun, in der Mitte nicht selten fast schwarz; mit Camembert-Geruch und
scharfem Geschmack; an grasigen Stellen in Laubwäldern; **ungenießbar.** – *Russula
consobrina* Fr., der Rußgraue Täubling, riecht nach Früchten. Er hat einen klebrigen, glattrandigen, dunkel-rußbraunen, 3–9 cm breiten Hut. Geschmack sehr
scharf; unter Nadelbäumen an feuchten Stellen; **ungenießbar.** – *Russula mustelina*
Fr., Wieselfarbiger Täubling: Die Hutfarbe erinnert an die des *Steinpilzes* (S. 249):
Hut 6–15 cm breit, oft tief im Boden steckend, konvex, dickfleischig, glattrandig;
Stiel weiß, birnenförmig; Geruch geringfügig; Geschmack nußartig; in Bergnadelwäldern; vor allem unter Tannen und Kiefern; **eßbar.**

HYGROPHORUS *(Limacium)* RUSSULA (Schff. ex Fr.) Quél. (1)
Geflecktblättriger Purpurschneckling

Hut 4–18 cm breit, klebrig; rosaviolettlich mit dunkleren Schüppchen, die besonders dicht in der Hutmitte konzentriert sind; manchmal auch weißlich und mit pur-
purfarbenen Schüppchen bedeckt; Rand erst eingerollt, fein weißfilzig; später etwas
aufgebogen gewellt, lappig, radialrissig. **Stiel** dick, voll; weiß, purpurrot gefleckt;
im oberen Abschnitt flockig. **Fleisch** dick, hart, saftig; weiß oder mit rötlichem
Schein; an der Luft etwas rötend. **Lamellen** etwas gedrängt, dick, am Stiel ausgebuchtet-angewachsen und kurz herablaufend; erst weiß, dann blaßrötlich; an
Druckstellen rötlich-violett oder schwarzrötlich verfärbend. **Sporen** weiß. Vorkommen: gruppenweise in Laubwäldern, vor allem unter Buchen; im Flachland
häufiger als im Gebirge. Wert: Exemplare, die nicht bitter schmecken, sind **eßbar;**
es empfiehlt sich deshalb, jedes Exemplar einzeln zu kosten und nur die mild
schmeckenden Stücke zu verwenden. – Mit dem Purpurschneckling könnte *Hygrophorus capreolarius* Kalchbr., der Weinrote Schneckling, verwechselt werden: er ist
innen und außen violett oder weinrot gefärbt; die Hutmitte ist feinschuppig-körnig;
die Lamellen sind bräunlich oder purpur. Der Weinrote Schneckling wächst in
Bergnadelwäldern und ist **eßbar.** An den gleichen Stellen kommt auch *Hygrophorus purpurascens* (Alb. & Schw.) Fr., der Beschleierte Purpurschneckling vor: rötlich, Lamellen blaß mit roten Schneiden; Stiel besetzt mit Cortinaresten; **eßbar.** –
Hygrophorus erubescens Fr., Rasiger Purpurschneckling (2): schlanker und weniger schmierig als *russula;* Hut auf weißem Grund rosaviolett gefleckt; Lamellen
entferntstehend, herablaufend, blaß; Stiel ohne Cortina, rosaviolett punktiert, an
Druckstellen gelbfleckend. Vorkommen: in Bergnadelwäldern. Wert: **ungenießbar,** wegen des bitteren Geschmacks.

HYGROPHORUS *(Limacium)* EBURNEUS (Bull. ex Fr.) Fr. (1)
Elfenbeinschneckling
Hut 4–8 cm breit, schleimig-klebrig, oft gebuckelt; erst weiß, dann – besonders in der Mitte – gelblich. **Stiel** schlank, schlüpfrig; erst weiß, dann etwas gelblich; an der Spitze feinkörnig. **Fleisch** weiß, härtlich, zerbrechlich. **Geruch** etwas unangenehm. **Geschmack** mild. **Lamellen** entferntstehend, herablaufend, weiß. **Sporen** weiß mit ockerlichem oder rosafarbenem Einschlag. Vorkommen: vor allem unter Buchen, in Gruppen. Wert: **Speisepilz** mittlerer Qualität; aufgrund seines Geruches und seiner klebrig-schleimigen Beschaffenheit wenig einladend. – *Hygrophorus cossus* (Sow. ex Bk.) Fr., der Starkriechende Schneckling, ist nah verwandt mit *eburneus*, riecht jedoch stärker und unangenehmer und ist als Speisepilz **kaum zu empfehlen.** Kleiner und etwas weniger schleimig ist *Hygrophorus piceae* Kühn., der Fichtenschneckling, der in Bergnadelwäldern vorkommt; **eßbar.** – Die folgenden Variationen des Elfenbeinschnecklings, die zuweilen auch als selbständige Arten angesehen werden, sind gleichfalls **eßbar:** var. *chrysaspis* Metr., Gelbrandiger Schneckling (3): Geruch nach Ameisensäure; Lamellen blaß orangefarben. – *Var. carneipes* Kühn. (2): oberer Teil des Stieles weißflockig; Fleisch weiß, im Stiel außen und innen mit leichtem rötlichem oder rosafarbenem Einschlag. – *Hygrophorus* (Camarophyllus) *niveus* (Scop. ex Fr.) Karst. (4), Glasigweißer Ellerling: **Hut** 1–5 cm breit, nicht schleimig; weiß (bei *var. fuscescens* Bres. grau mit bräunlicher Mitte); Geruch angenehm; im Herbst auf Wiesen, **eßbar.** – *Hygrophorus* (Camarophyllus) *virgineus* (Wulf. & ex. Fr.) Karst. (5), Jungfern-Ellerling: Größer und fleischiger als der Glasigweiße Ellerling; Hut mitunter rötlich gefleckt; **eßbar.**

HYGROPHORUS *(Limacium)* CHRYSODON (Batsch) Fr. (1)
Gelbflockiger Schneckling, Goldzahnschneckling

Hut anfangs halbkugelig, dann ausgebreitet, oft unregelmäßig; Mitte gebuckelt oder niedergedrückt; Huthaut sehr schmierig, jung gänzlich überzogen mit einem gold-, schwefel- oder zitronengelben Velum, das sich bald in zahlreiche kleine Flöckchen auflöst, die auf der weißen Oberhaut, insbesondere längs des Randes, haftenbleiben; Rand fast immer etwas gewellt; die Huthaut verfärbt sich an Druckstellen gelblich. **Stiel** schlank, manchmal gebogen; bald hohl; schmierig, zartfleischig; weiß, am oberen Ende gelbflockig; an Druckstellen gelbfleckend. Fleisch zart, saftig, weiß. **Geruch** geringfügig. **Geschmack** angenehm oder kaum auffallend. **Lamellen** entferntstehend, nicht sehr breit; anfangs am Stiel nur angeheftet, später ein wenig herablaufend; erst weiß mit gelbflockigen Schneiden, dann cremefarben. **Sporen** weiß. **Vorkommen:** an grasigen Stellen in Bergwäldern; vor allem in Laubwäldern auf Kalkboden; mancherorts häufig. Wert: **eßbar.** Im Alter verfärbt sich der ganze Pilz gelblich. – Ebenfalls **eßbar** und recht ähnlich sind die folgenden Arten: *Hygrophorus leucophaeus* (Scop. ex Fr.) Fr., Seidiggerandeter Schneckling (2): Hutrand nicht goldflockig; Stielbasis und Hutmitte rostbraun; zuweilen ist der ganze Pilz leicht ockerrosa getönt; unter Laubbäumen. – *Hygrophorus discoideus* (Pers. ex Fr.) Fr., Braunscheibiger Schneckling: Hut rostbraun mit dunklerer Mitte; vor allem in Gebirgsnadelwäldern, aber auch unter Laubbäumen im Flachland. – *Hygrophorus karstenii* Sacc. & Cub.: Gänzlich weiß, doch mit gelben Lamellen; vor allem in Bergnadelwäldern der nördlichen Breiten unter Tannen; **wahrscheinlich eßbar.**

HYGROPHORUS *(Limacium)* PUDORINUS Fr.
Orangeschneckling
Hut zart rosa-orange mit dunklerer Mitte; anfangs fast kugelig mit weißfilzigem, eingerolltem Rand; später konvex und zuletzt manchmal sogar niedergedrückt, 5–18 cm breit mit lappig-verbogenem Rand; Huthaut erst schmierig, dann bald trocken. **Stiel** zylindrisch, kräftig, erst schmierig, aber schon bald trocken; glatt, kahl, voll; auf weißem Grund rosa-orangefarben überhaucht bzw. nur am oberen Ende rein weiß und dort im Jugendstadium mit tauartigen Tröpfchen besetzt; später mehlig-flockig und zuletzt feinschuppig. Beim Eintrocknen im Alter verfärbt sich der Stiel von der Basis herauf langsam gänzlich ockerfarben. – **Fleisch** massiv, hart; unter der Huthaut ockerfarben, im Inneren weiß und an der Peripherie rosa. **Geruch** und **Geschmack** harzig. **Lamellen** entferntstehend, breit, dick; am Stiel angewachsen oder etwas herablaufend; erst weiß, dann bald von den Schneiden herauf blaßrosa verfärbend. **Sporen** weiß. Vorkommen: gruppenweise unter Tannen und Fichten in Bergwäldern; im Flachland selten. Wert: **eßbar;** zur Entfernung des harzigen Beigeschmacks, der durch den Kochvorgang noch intensiviert wird, lege man die Pilze vor der Zubereitung eine Zeitlang in Essig- oder Salzwasser. Der Orangeschneckling kann auch in Öl konserviert werden. – Der *Isabellrötliche Schneckling* (S. 235) zeigt hellere Farbtöne als *pudorinus* und wächst in Laubwäldern. Sehr viel kleiner und sehr viel lebhafter gefärbt als der Orangeschneckling ist *Hygrophorus aureus* (Arrh.) Fr., der Goldgelbe Schneckling: Hut 3–6 cm breit; erst gebuckelt und später niedergedrückt mit wellig-verbogenem Rand; schmierig; rosa- oder rotorange mit goldgelbem Rand; Stiel verhältnismäßig lang, schmierig; Fleisch weiß, unter der Huthaut gelb; Lamellen entferntstehend, am Stiel angewachsen, gelblich; in Mischwäldern; besonders unter Kiefern; **eßbar.**

HYGROPHORUS *(Limacium)* POETARUM Heim
Isabellrötlicher Schneckling
Hut cremerosafarben, seltener auch schneeweiß mit nur einzelnen cremerosafarbenen Zonen; anfangs konvex oder flachkegelig, später ausgebreitet und oft unregelmäßig, 5–20 cm breit; leicht schmierig; seidig-glänzend; an der Spitze besetzt mit klaren, tauartigen Pröpfchen; später feinsamtig; weiß mit cremerosafarbenem Schein. **Fleisch** massiv, zerbrechlich; weiß, zumindest unter der Huthaut blaß fleischfarben. **Geruch** schwach, doch zuweilen auch kräftiger, nach Perubalsam. **Geschmack** nußartig. **Lamellen** entferntstehend, am Stiel herablaufend; elfenbeinweiß mit leichten rosagelben Reflexen. **Sporen** weiß. Vorkommen: in Laubwäldern, vor allem unter Buchen im Gebirge; im Flachland selten. Wert: **Speisepilz** bester Qualität. – Vom *Orangeschneckling* (S. 234) durch die blasseren Farben, den Standort im Laubwald und den Geruch unterschieden. – *Hygrophorus melizeus* Fr., der Dickschleimige oder Birkenschneckling, ist anfangs weiß und verfärbt sich später cremerosafarben, erreicht jedoch niemals die Ausmaße des Isabellrötlichen Schnecklings, sondern ist schlanker und zierlicher als dieser: Hut 3–6 cm breit, bei Feuchtigkeit mit einer dicken Schleimschicht bedeckt; Stiel lang, dünn, oft verbogen; Geruch stechend, widerlich; Lamellen entferntstehend, etwas herablaufend, erst weiß, dann gelblich; in Laubwäldern besonders bei Birken; geringwertiger **Speisepilz.** – Klein wie *melizeus* ist auch *Hygrophorus arbustivus* Fr.: Hut 2–7 cm breit, gebuckelt; ockerrosa mit dunklerer Mitte; Lamellen cremefarben, im Alter etwas herablaufend; Stiel schlank; unter Eichen und Nußbäumen; **eßbar.**

HYGROPHORUS *(Camarophyllus)* NEMOREUS (Lasch) Fr. (1)
Wald- oder Hainschneckling
Hut ocker-orangefarben oder blaß-rosabräunlich (die Farben sind am kräftigsten in der Hutmitte); anfangs halbkugelig oder glockig-gewölbt, mit eingerolltem Rand, dann flach, 4–10 cm breit mit breitem Buckel in der Mitte und aufgerolltem oder aufgebogenem Rand; Huthaut trocken, nicht schleimig, bedeckt mit feinen flaumigen Härchen, die oft zu winzigen Büscheln geordnet sind. **Stiel** zylindrisch, ziemlich schlank mit spindelig-zugespitzter Basis; zuweilen etwas verbogen; etwas blasser als der Hut, an der Spitze körnig bereift, faserig; voll oder markig-ausgestopft. **Fleisch** zart, weiß. **Geruch** geringfügig, nach Mehl. **Geschmack** angenehm. **Lamellen** entferntstehend, sehr breit, dick, herablaufend; erst cremerosa, dann wie der Hut gefärbt, aber etwas blasser. **Sporen** weiß. Vorkommen: in Wäldern, Herbst. Wert: mittelmäßiger **Speisepilz.**
HYGROPHORUS *(Camarophyllus)* PRATENSIS (Pers. ex Fr.) Karst. (2) Wiesen-Ellerling
Hut 4–8 cm breit, etwas blasser als der Waldschneckling und ohne Hutbekleidung und bereifte Stielspitze; Rand dünnfleischig. **Stiel** kräftiger als bei *nemoreus,* Spitze unbereift. **Fleisch** anfangs weißlich, dann blaßocker; verhältnismäßig hart; zerbrechlich; faserig. **Geschmack** mild. **Lamellen** entferntstehend, breit, herablaufend, untereinander aderig verbunden; erst cremefarben, dann blaßorange. **Sporen** weiß. Vorkommen: auf Wiesen außerhalb des Waldes. Wert: guter **Speisepilz.** – Lebhafter gefärbt ist *Hygrophorus* (Camarophyllus) *leporinus* (Fr.) Karst.: Hut 2–7 cm breit, gebuckelt, rosarot, feinflockig oder schuppig; Stiel blaßrosa; Lamellen entferntstehend, rosa; zwischen Gras und Moos unter Nadelbäumen; im Flachland meist größer und kräftiger als im Gebirge; **eßbar.**

HYGROPHORUS *(Limacium)* HYPOTHEIUS Fr. (1)

Frostschneckling

Hut mehr oder weniger olivbraun; faserig; jung mit einer olivbraunen Schleim-schicht überzogen, die beim Eintrocknen olivgrün, orangefarben oder gelb erscheint; Hutmitte zumeist dunkler; anfangs konvex mit eingerolltem Rand, dann flach, 3–7 cm breit und zuletzt sogar niedergedrückt, doch mit stets leicht gebuckelter oder genabelter Mitte und aufgebogenem, oft radialrissigem Rand. **Stiel** zylindrisch, weißlich mit gelblichen oder olivfarbenen Zonen, unterhalb des Ringes schleimig; voll. **Ring** schleimig, sehr vergänglich. **Fleisch** zart, weiß; unter der Huthaut und an der Peripherie des Stieles gelblich; an der Luft blaßrötlich anlaufend. **Geruch** schwach. **Geschmack** angenehm. **Lamellen** entferntstehend, breit, herablaufend; anfangs weißlich, dann goldgelb. **Sporen** weiß. Vorkommen: zur Zeit der ersten Nachtfröste im Spätherbst und zu Beginn des Winters; hauptsächlich in Nadelwäldern unter Kiefern oder Tannen. Wert: **eßbar.**

HYGROPHORUS *(Limacium)* EXPALLENS Boud. (2)

Ähnelt *hypotheius* und wird von manchen Autoren lediglich für eine Winterform des *Frostschnecklings* gehalten. Er unterscheidet sich durch blassere Farben und schmächtigeren Wuchs und ist gleichfalls **eßbar.**

HYGROPHORUS *(Limacium)* OLIVACEOALBUS Fr. (3)

Natternstieliger Schneckling

Ähnelt dem *Frostschneckling*, ist jedoch kräftiger und trägt fast immer einen deutlichen Buckel in der Hutmitte. Die Lamellen sind weiß. Der Natternstielige Schneckling ist ein guter Speisepilz und kommt vor allem in Fichten- und Kiefernwäldern vor. – Ähnlich ist ferner *Hygrophorus limacinus* Scop. ex Fr., mit graugrünen Lamellen, der vor allem in Nadelwäldern auf Kalkboden wächst. Auch dieser Pilz ist **eßbar** und schmackhaft.

HYGROPHORUS *(Limacium)* AGATHOSMUS Fr. (1)
Wohlriechender Schneckling

Hut 3–8 cm breit; glatt, schmierig; grau mit Neigung zur Braun- oder Violettfärbung; selten blasser grau oder schmutzig-weißlich; Mitte dunkler und mit klebrigen Wärzchen besetzt; Rand blaß bis fast weiß, anfangs eingerollt, später sich aufbiegend. **Stiel** ziemlich lang, zylindrisch; weiß bis blaßbraun, an der Spitze mit feinen erst weißlichen, dann bräunlichen Flöckchen gesprenkelt. **Fleisch** zart, saftig, weiß; unter der Huthaut grau. **Geruch** nach Bittermandeln oder Anis. **Geschmack** mild. **Lamellen** entferntstehend, breit, dick; am Stiel herablaufend; untereinander aderig verbunden; erst rein weiß, dann schmutzig-weißlich. **Sporen** weiß. Vorkommen: in Bergnadelwäldern, besonders unter Tannen und Fichten; im Flachland selten. Wert: **eßbar.** – *Hygrophorus hyacinthinus* Fr., der Hyazinthen-Schneckling, ist ebenfalls **eßbar** und unterscheidet sich praktisch nur durch seinen an Veilchen oder Hyazinthe erinnernden Geruch und die wurzelartig verlängerte Stielbasis; er ist im Durchschnitt etwas größer als *agathosmus*.

HYGROPHORUS *(Camarophyllus)*
CAMAROPHYLLUS (Alb. & Schw. ex Fr.) Fr. (2)
Grau- oder Rußbrauner Schneckling

Hut 6–12 cm breit, dunkelbraun, rußbraun oder schwärzlich, mit bläulichen Reflexen; bei anhaltender Trockenheit olivbraun fleckend; erst gebuckelt, dann niedergedrückt mit unregelmäßig-verbogenem Rand; Huthaut feucht, aber nicht schmierig, bei Trockenheit schnell austrocknend; nur am Rand abziehbar. **Stiel** kräftig, faserig, trocken; an der Spitze glatt, sonst fast feinfilzig; grau. **Fleisch** zart, weiß, unter der Huthaut grau. **Geruch** geringfügig. **Geschmack** mild. **Lamellen** erst weiß, dann graulich; entferntstehend, sichelförmig; durch erhabene Rippen untereinander verbunden. Vorkommen: Bergwälder, besonders bei Kiefern. Wert: guter **Speisepilz.**

HYGROPHORUS *(Camarophyllus)* MARZUOLUS (Fr.) Bres.
Märzellerling, Märzschneckling, Schneepilz
Hut schon frühzeitig abgeflacht oder niedergedrückt, 3–10 cm breit, unregelmäßig
wellig oder buckelig; aschgrau, zuweilen auch entfärbt, seltener mit ockerlichen
Tönen; später bleigrau bis schwärzlich, fleckig; Huthaut schon bald trocken, undurchsichtig. **Stiel** stämmig, verhältnismäßig kurz, weiß, an der Spitze kleiig-kör-
nig; an der Basis mehr grau. **Fleisch** dick, relativ zart, faserig; unter der Huthaut
und am Hutrand grau, sonst weiß. **Geruch** geringfügig. **Geschmack** mild. **Lamellen** anfangs engstehend, schmal im Verhältnis zum Hutfleisch, dick; später sich
auffallend voneinander entfernend; am Stiel bogig herablaufend; untereinander
aderig verbunden; stellenweise gegabelt; erst weiß, dann grau oder sogar schwärzlich mit hell bleibenden Schneiden. **Sporen** weiß. Vorkommen: gruppenweise in
Bergnadelwäldern, aber auch unter Eichen, Kastanien und Buchen; manchmal
schon zur Zeit der ersten Nachtfröste im Spätherbst, doch normalerweise erst gegen
Ende des Winters nach der Schneeschmelze bis ungefähr Ende Mai. Oft ist er unter
totem Laub, Holzabfällen oder im Moos verborgen. Hat man ein Exemplar ent-
deckt, dann lohnt es sich, in der Umgebung des Fundorts auch unter dem Fallaub
nachzuschauen; die Suche wird fast immer erfolgreich sein. Wert: ausgezeichneter
Speisepilz. – Im Spätherbst und zuweilen bis in den Winter hinein wächst *Hygrophorus pustulatus* (Pers. ex Fr.) Fr., der Schwarzflockige Schneckling, der ein wenig
an den *Wohlriechenden Schneckling* (S. 238) erinnert, aber kleiner und schlanker
ist: Hut 2–6 cm breit, graubraun (einheitlich grau bei *forma terebratus* Fr.),
schmierig, besetzt mit konzentrisch angeordneten feinwolligen Schuppenzonen;
Stiel dünn, relativ lang, zylindrisch, weiß; an der Spitze bräunlich punktiert;
Lamellen wachsartig, weiß, herablaufend; in Nadelwäldern (Kiefern, Tannen,
Fichten), ziemlich häufig; **eßbar.**

HYGROCYBE *(Hygrophorus)* PUNICEA (Fr.)
Kummer
Größter, Scharlachroter oder Granatroter Saftling
Hut anfangs glockig, dann mehr oder weniger regelmäßig ausgebreitet, 5–12 cm, mit gebuckelter Mitte; wenig fleischig, so daß die Lamellen im Gegenlicht durchscheinen; schmierig-glänzend; anfangs scharlachrot, später mehr und mehr entfärbend; bei Trockenheit ausblassend; Rand dünn, wellig-verbogen, im Alter oft radialrissig. **Stiel** kräftig, orangegelb mit rötlichen Längsfasern; Basis weißfilzig; bald hohl. **Fleisch** weiß, zuweilen auch mit den Farbtönen des Hutes; unter der Huthaut orangefarben, im Stiel gelb. **Geruch** und **Geschmack** angenehm. **Lamellen** entferntstehend, breit, dick, am Stiel angeheftet, im Alter ausgebuchtet; erst gelb oder cremefarben, dann rötlich mit gelben Schneiden. **Sporen** weiß. Vorkommen: im Sommer auf Wiesen und auf Bergweiden; im Flachland selten; gruppenweise. Guter **Speisepilz.** Gleichfalls **eßbar** sind die folgenden Arten, die mit dem Scharlachroten Saftling verwechselt werden können: *Hygrocybe intermedia* (Pass.) Fay., Trockener oder Feuerschuppiger Saftling: Hut 3–6 cm breit, orangerot, faserig und am Rande schuppig; Stiel orangefarben; Lamellen entferntstehend, zerbrechlich, erst weißlich, dann gelblich und zuletzt orangefarben. – *Hygrocybe* (Hygrophorus) *bresadolae* Quél. = *Hygrophorus speciosus* Peck, Orangegelber Schneckling: Klein wie *intermedia*, jedoch schmächtiger gebaut; Hut gelb mit orangefarbener Mitte; schleimig-feinflockig; im Herbst bei Lärchen auf Wiesen. – *Hygrocybe* (Hygrophorus) *lucorum* Kalchbr., der Lärchenschneckling: einheitlich gelb und nur am Hutrand weißflockig; Stiel glatt; im Herbst unter Lärchen.

HYGROCYBE CONICA (Scop. ex Fr.) Kummer (1)
Kegeliger Saftling

Enthält einen an der Luft schwärzenden Saft, der schließlich den gesamten Pilz schwarz färbt. **Hut** gelb, rot oder orangefarben, oft asymmetrisch, 3–6 cm breit, spitzbuckelig; Rand beim älteren Pilz lappig und schon frühzeitig eingerissen; radialfaserig; feucht. **Stiel** schlank, gelb; bald hohl. **Fleisch** dünn, zerbrechlich; nur unter der Huthaut gelb, sonst weiß. **Geruch** geringfügig. **Geschmack** mild. **Lamellen** dünn, breit; anfangs am Stiel angeheftet, später fast frei; erst weiß mit gelblichen Schneiden, später grünlich. **Sporen** weiß. Vorkommen: an grasigen Stellen. – *Hygrocybe nigrescens* (Quél.) Kühn. (4), der Schwärzende Saftling, ist nah verwandt: Hut lebhaft rot, radialfaserig, Stielbasis weiß; Saft an der Luft dunkel-rotviolett. – *Hygrocybe coccinea* (Schff. ex Fr.) Kummer (2), Kirschroter Saftling: Hut lebhaft rot, aber bald ausblassend. – Der Papageigrüne Saftling, *Hygrocybe psittacina* (Schff. ex Fr.) Karst. (3) ist anfangs rein grün und mit einer schleimigen Schicht bedeckt; später blaßt er gelbbräunlich aus und neigt stellenweise zur Rotfärbung; die Lamellen sind grün, haben aber gelbe Schneiden. – Der Stumpfe Saftling, *Hygrocybe chlorophana* (Fr.) Karst. (5) ist einheitlich gelb, sein Fleisch schwärzt nicht; der Hut hat anfangs einen eingerollten Rand und ist allenfalls stumpf-, niemals jedoch spitzbuckelig. – Alle Saftlinge sind **eßbar.**

GOMPHIDIUS GLUTINOSUS (Schff.) Fr.
Großer Gelbfuß, Großer Schmierling, Kuhmaul
Hut 5–12 cm breit, grauviolett oder braunviolett, später schwarzfleckig; überzogen
mit einer leicht abziehbaren Schleimschicht, die sich beim Eintrocknen in eine
wachsartige, glänzende Kruste verwandelt. Auch die Huthaut ist vollständig abziehbar. **Stiel** an der Spitze weiß; gelb oder gelblich im unteren Teil und besonders
an der Basis; bald violett oder schwärzlich gefleckt; voll. **Cortina** klebrig-schleimig,
grau oder rosaviolett; im Alter zusammenschrumpfend und am Stiel anliegend;
Fleisch des Hutes weich, weiß und nur unter der Huthaut grau; im Stiel fester, gelblich; in der Stielbasis satt gelb. **Geruch** angenehm, geringfügig. **Geschmack** unauffällig oder säuerlich. **Lamellen** entferntstehend, dick; herablaufend; am äußeren
Ende verzweigt; leicht vom Hutfleisch ablösbar; erst schmutzig-weißlich, dann
dunkel-rußfarben; Schneiden etwas gewellt. **Sporen** schwärzlich. Vorkommen: in
Nadelwäldern unter Kiefern und Fichten; unter Lärchen nicht selten in der Nähe
von verfaulenden *Grauen Lärchenröhrlingen* (S. 266); gruppenweise. Wert: guter
Speisepilz; die Schleimschicht ziehe man vor der Zubereitung ab. Beim Kochen
verfärben sich die Pilze schwarz. Auch zum Trocknen ist der Große Gelbfuß geeignet. – Entfernt ähnlich ist *Gomphidius nigricans* Peck, der sich bei Trockenheit
vollständig schwarz färbt. Er ist **eßbar.** – Der Gefleckte Gelbfuß, *Gomphidius ma-
culatus* (Scop.) Fr., erreicht nicht die Ausmaße des Großen Schmierlings, ist aber
gleichfalls **eßbar:** Hut 3–5 cm breit, etwas schmierig, ockerfarben (die von manchen
Autoren als selbständige Art aufgefaßte *var. gracilis* Bk. & Br., der Zierliche
Schmierling, ist noch heller und verfärbt sich stellenweise fleischrosa); schwarzfleck-
kig; Stiel schlank, weiß, rotfleckig; Fleisch unter der Huthaut rosa; in der Stielbasis
gelb; unter Lärchen im Gebirge; **eßbar.**

GOMPHIDIUS VISCIDUS L. ex Fr. (1)
Kupferroter Gelbfuß

Hut 3–10 cm breit, gebuckelt; erst schmierig, doch schon bald trocken; radialfaserig; kupferrot oder weinrot; seltener bräunlich oder gelblich. **Stiel** schlank, längsfaserig; erst gelb, dann wie der Hut gefärbt, doch in der Basis gelb bleibend; anfangs schmierig mit ringförmigen, ockervioletten Schuppenzonen; später knapp unterhalb des Lamellenansatzes mit Cortinaresten geschmückt. **Cortina** bei Feuchtigkeit klebrig; bei Trockenheit faserig, violettgrau; vergänglich. **Fleisch** hart, ockergelb mit violettem Schein; im Stiel dunkler; in der Stielbasis gelb. **Geruch** geringfügig. **Geschmack** angenehm. **Lamellen** entferntstehend, dick, verhältnismäßig breit; gabelig; herablaufend; leicht vom Hutfleisch ablösbar; erst gelbgrau, dann violettgrau und schließlich rostbraun; Schneiden gelblich, gewellt. **Sporen** dunkel rußbraun. Vorkommen: in Nadelwäldern, hauptsächlich unter Kiefern, gern im Moos. Wert: **eßbar,** aber nicht besonders schmackhaft. *Gomphidius* (Chroogomphus) *helveticus* Sing., der Helvetische Gelbfuß, ist ähnlich, unterscheidet sich jedoch durch den trockenen (nicht schleimigen!), faserig-feinschuppigen, terracottafarbenen (orange- bis rotbraunen) Hut und ebenso gefärbte Lamellen. Er wächst im Gebirge unter Fichten und Zirben und ist **eßbar.** – *Gomphidius roseus* (L.) Fr. (2), Rosenroter Schmierling: Hut rosarot; Stiel kurz, weiß mit rosa Zonung und gelber Basis; oft büschelig verwachsen mit dem *Kuhröhrling* (S. 269); **eßbar,** ebenso wie die beiden folgenden Arten, die aus Nordamerika bekannt sind: *Gomphidius vinicolor* Peck, mit hell rotvioletter Färbung, und *Gomphidius* (Chroogomphus) *rutilus* (Schff. ex Fr.) O. K. Miller mit anfangs olivbraunen oder grauen, später ockerlichen Tönen; Stiel anfangs ockerfarben und später blaß rotviolett. Viele Autoren halten *rutilus* und *viscidus* für identisch.

1

2

2

PAXILLUS INVOLUTUS (Batsch) Fr.
Kahler Krempling, Empfindlicher Krempling
Hut 6–12 cm breit, oft niedergedrückt; braun mit olivfarbenem, rußbraunem oder
gräulichem Einschlag; mitunter fleckig; bei Trockenheit ausblassend; Huthaut bei
Feuchtigkeit eingerollt (im Querschnitt an ein ionisches Säulenkapitell erinnernd).
Stiel kurz, nach oben hin etwas verbreitert; wie der Hut gefärbt, an der Spitze jedoch heller; hart, voll; Basis oft zugespitzt. **Fleisch** weich, bald schlaff; gelblich;
an der Luft safranfarben oder rosabräunlich. **Geruch** angenehm. **Geschmack** säuerlich. **Lamellen** dichtstehend; stellenweise miteinander verbunden, besonders in
Stielnähe; herablaufend; leicht vom Hutfleisch ablösbar; erst cremefarben, dann
ockergelb. Bei der geringsten Berührung bilden sich an den Lamellen – ebenso wie
an allen anderen Teilen des Fruchtkörpers – braune Flecken an den Druckstellen.
Sporen ockerfarben. Vorkommen: in feuchten Laub- und Nadelwäldern, auch in
Gärten unter Hecken; häufig. Wert: Galt lange Zeit als eßbar, ist jedoch **roh giftig;**
die Giftwirkung wird durch Abkochen abgeschwächt, doch nicht beseitigt. Beim
Kochen verfärben sich die Pilze schwärzlich. Etwas kleiner ist *Paxillus leptopus* Fr.
= *P. filamentosus* Fr., der Erlenkrempling, bei dem die gleiche Vorsicht geboten
ist wie beim Kahlen Krempling: Hut erst gelblich und glatt, später schuppig und
nur noch am Rand und in der Mitte fast glatt; Rand nicht eingerollt und im Alter
höckerig-radialfurchig; Stiel dünn, zuweilen exzentrisch ansitzend, schief; Fleisch
gelblich; vom Frühsommer bis zum Herbst unter Laub- und Nadelbäumen und in
Mischwäldern, am häufigsten jedoch – und nach Ansicht mancher Autoren ausschließlich – unter Erlen. Der Erlenkrempling wird vielfach lediglich für eine
Variation des Kahlen Kremplings gehalten.

PAXILLUS ATROTOMENTOSUS (Batsch) Fr.
Samtfußkrempling
Hut anfangs konvex, dann flach oder niedergedrückt, 10–30 cm breit, oftmals mit unregelmäßig buckeliger Oberfläche und stets etwas eingerolltem Rand: Huthaut trocken, samtig, später verkahlend; braun in den verschiedensten Abstufungen, jung meist dunkel-rußbraun, bei anhaltender Trockenheit aber auch heller ocker-graubraun oder graugelb. **Stiel** kurz und dick, oft exzentrisch ansitzend oder direkt seitenständig; dicht bedeckt mit dunkelbraunem bis fast schwärzlichem, samtigem Filz (der bei *forma hirsutus* grobhaarig oder borstig ist); Basis oft wurzelartig in das befallene Holz hinein verlängert. **Fleisch** dick, weich, oft wässerig; weißlich. **Geruch** angenehm. **Geschmack** bitterlich. **Lamellen** dichtstehend, am Stielansatz miteinander verwachsen; herablaufend; leicht vom Hutfleisch trennbar; blaß oliv-gelb, später ockergelb. **Sporen** blaßocker. Vorkommen: von Ende Juni an bis in den Spätherbst direkt an oder in unmittelbarer Nähe von Nadelholzstümpfen (vor allem an Kiefern und Fichtenholz), oft in Gruppen oder Büscheln zu drei oder vier Exemplaren. Wert: wegen des unangenehmen Geschmackes **kaum genießbar.** – Auf morschen Kiefernstümpfen wächst auch der Muschelkrempling, *Paxillus panuoides* Fr.: Hut 2–14 cm breit, becher- oder trichterförmig vertieft, aber auch gänzlich fächer- oder muschelförmig und dann stiellos oder mit nur schwach ausge-bildetem Stiel; Huthaut feinfilzig, narzissengelb; Lamellen dünn, stellenweise in-einander übergehend; am kurzen Stielchen herablaufend, safrangelb, zerbrechlich; Schneiden gekräuselt, uneben; Fleisch weich, dünn, cremefarben; Wert ganz jung **eßbar;** ältere Pilze sind lederig-zäh. – Auf verfaulendem Reisig in Nordamerika wächst der kleine, gänzlich stiellose *Paxillus corrugatus* Atk., mit geschlängelten Lamellen und unebenen Lamellenschneiden. Aufgrund seines unangenehmen Geruches muß man von seinem **Genuß abraten.**

BOLETUS *(Gyroporus)* CYANESCENS (Bull. ex Fr.) Quél. (1)
Kornblumenröhrling
Hut 5–15 cm breit, etwas unregelmäßig; weißlich oder mit gelben, braunen, grauen oder olivlichen Tönen *(forma lacteus* Lév. [2] ist rein weiß); Huthaut trocken, weich, samtig; mit Härchen oder Flöckchen besetzt, die etwas dunkler als die Grundfarbe getönt sind. **Stiel** kräftig; im oberen Teil glatt, weiß, darunter feinfilzig und wie der Hut gefärbt; hart, brüchig; erst voll, dann bald gekammert. **Fleisch** dick und fest, hart, weiß; an der Luft himmel- oder indigoblau (»kornblumen-blau«) verfärbend; je feuchter die Luft, desto schneller und intensiver die Verfär-bung. **Geruch** angenehm, geringfügig. **Geschmack** angenehm. **Poren** klein, rund; weißlich, später gilbend; auf Druck sofort blau anlaufend. **Röhren** stellenweise den Stiel erreichend; weißlich; **Sporen** gelblich. Vorkommen: auf sandigem oder steini-gem Boden in lichten Wäldern; ziemlich selten. Wert: hervorragender **Speisepilz.**
PHYLLOPORUS RHODOXANTHUS (Schw.) Bres. (3)
Goldblatt, Blätter-Röhrling
Hut dunkelbraun, orangebraun oder olivbraun; erst halbkugelig, schließlich aus-gebreitet, 2–10 cm breit, und mit niedergedrückter oder sogar trichterförmiger Mitte; Huthaut samtig-filzig, zuweilen rissig aufgesprungen. **Stiel** schmächtig, manchmal aber auch recht kräftig; faserig; anfangs schmutzig-weißlich mit rot-brauner, geriefter Spitze, später bräunlich; Basis gelblich. **Fleisch** mit rötlichem Schimmer, der sich an der Luft verstärkt. **Geruch** geringfügig. **Geschmack** mild. **Lamellen** entferntstehend, dick, breit, ungleich lang, herablaufend; miteinander durch schmalere Querrippen verwachsen; Schneiden unregelmäßig-wellig; gelb oder goldgelb, bei Druck blau anlaufend. **Sporen** olivbraun; **eßbar.**

BOLETUS *(Gyroporus)* CASTANEUS (Bull. ex Fr.) Quél.
Hasenröhrling

Hut anfangs kugelig, dann polsterförmig gewölbt, schließlich flach, 3–10 cm breit und manchmal im Alter sogar etwas niedergedrückt; Rand dünn, bei ausgetrockneten Exemplaren etwas gewellt; Huthaut erst samtig, feinfilzig, später mehr oder weniger glatt und glänzend; kaum abziehbar; kastanienbraun, auch zimtbraun oder orangebraun. **Stiel** etwas unregelmäßig, mit einer harten Rinde gleichsam gepanzert; fein gerunzelt, samtig, wie der Hut gefärbt oder etwas heller (dann aber stellenweise mit dunkleren Erhebungen oder Fleckchen); erst voll, doch bald schwammig ausgestopft und dann gekammert, zuletzt hohl. **Fleisch** des Hutes hart, brüchig; im Stiel weich und schwammig; weiß, lediglich unter der Huthaut blaßrosa oder blaßbraun, an der Luft zuweilen blaßrosa anlaufend; an Druckstellen gelbfleckend. **Geruch** kaum wahrnehmbar. **Geschmack** leicht nußartig. **Poren** klein, rund, erst weiß, dann gelblich. **Röhren** kurz, am Stiel ausgebuchtet und am Hutrand abgerundet; erst weiß, dann blaßgelblich und schließlich gelbbräunlich. **Sporen** gelblich mit grünlichem Schein. Vorkommen: einzeln oder in kleinen Gruppen unter Laubbäumen, besonders bei Buchen, Eichen und Edelkastanien auf kiesigem Boden; seltener auch unter Nadelbäumen. Wert: guter **Speisepilz;** bei älteren Exemplaren verwende man nur den Hut. – Der *Gallenröhrling* (S. 248) kann an ähnlichen Stellen wachsen (obwohl er Nadelwälder vorzieht) und ähnliche Hutfarben aufweist. Sein voller Stiel trägt jedoch ein Netz aus erhabenen Adern und seine Poren sind rosabräunlich gefärbt. Wegen seines außerordentlich bitteren Geschmackes ist der Gallenröhrling **ungenießbar.**

BOLETUS *(Tylopilus)* FELLEUS (Bull. ex Fr.) Karst.
Gallenröhrling

Hut erst ockerfarben, später dunkler braun; anfangs halbkugelig, dann konvex, zuletzt flach, 5–12 cm breit, zuweilen etwas niedergedrückt; Rand erst eingerollt, dann glatt und schließlich sogar etwas aufgebogen und gewellt. **Stiel** zylindrisch, kräftig; etwas blasser als der Hut; überzogen mit erhabenem, bräunlichem Netz mit weiten, etwas in die Länge gezogenen Maschen. Basis oft etwas verdickt. **Fleisch** dick, weich, zart; weiß, an der Luft blaßrosa anlaufend, unter der Huthaut bräunlich. **Geruch** angenehm, kaum wahrnehmbar. **Geschmack** gallenbitter. **Poren** anfangs klein, doch später ziemlich groß, eckig; erst weißlich, dann rosa und zuletzt schwarzviolett. **Röhren** ziemlich lang, am Stielansatz verkürzt und nicht oder nur knapp am Stiel angeheftet. **Sporen** rosa mit bräunlichem Schein. Vorkommen: in Laub- und Nadelwäldern, gern auf Sandboden; häufig. Wert: **ungenießbar.** – Wenn man den Gallenröhrling nicht kostet und somit an seinem bitteren Geschmack sofort erkennt, kann man ihn leicht mit dem *Steinpilz* (S. 249) oder dem *Weißen Bronzeröhrling* (S. 251) verwechseln. Ein versehentlich zwischen die Eßpilze geratener Gallenröhrling macht das gesamte Gericht **ungenießbar.** Um derartige Verwechslungen zu vermeiden, achte man auf die beim reifen Pilz rosafarbenen Röhren des Gallenröhrlings und die erhabene Netzzeichnung am Stiel; der Steinpilz und der Weiße Bronzeröhrling haben gelbe oder olivgrüne Poren und ein feineres Stielnetz, das sich kaum von der Oberfläche des Stiels abhebt.

BOLETUS *(Tubiporus)* EDULIS Bull. ex Fr.

Steinpilz, Herrenpilz

Den Steinpilz kann man mit Fug und Recht als einen »König« unter den Speisepilzen bezeichnen. Seine Beliebtheit läßt sich allenfalls mit der Popularität des *Kaiserlings* (S. 35) in Südeuropa vergleichen. **Hut** erst halbkugelig, dann mehr oder weniger regelmäßig polsterförmig gewölbt (konvex), 5–25 cm breit, selten auch etwas niedergedrückt; ockerfarben, rotbraun oder graubraun (seltener auch ausgeblaßt weißlich) mit normalerweise etwas hellerem Rand; Huthaut glatt und fein radialrunzelig; nicht samtig oder filzig; bei Trockenheit glänzend und trocken, bei Feuchtigkeit etwas schmierig. **Stiel** anfangs eiförmig, später nahezu zylindrisch, oft mit verdickter Basis; dickfleischig; voll; weißlich, hell nußbraun oder blaß rotbraun; überzogen mit einem feinen, an der Spitze weißen, nach unten zu dunkler werdenden Netz, das in den meisten Fällen allerdings nicht ganz bis zur Basis herabreicht. **Fleisch** erst ziemlich hart und kompakt, dann bald weich; unterhalb der Huthaut etwas bräunlich durchgefärbt, sonst rein weiß, auch oberhalb der Röhren. **Geruch** und **Geschmack** angenehm. **Poren** klein, rund; erst weiß, dann gelblich und zuletzt olivgrün. **Röhren** verhältnismäßig lang und fein; mit dem Stiel kaum verwachsen; erst weiß, dann gelblich, schließlich olivgrün. **Sporen** braunoliv. Vorkommen: sowohl in Laubwäldern – vor allem unter Eichen, Linden, Buchen und Hainbuchen – an sonnigen Stellen, aber auch unter Tannen und Fichten, sowohl in dunklen Schonungen wie an lichteren Stellen; in Gebirgswäldern häufiger als im Flachland. In regenreichen Jahren schon im Mai; bis November. Wert: hervorragender **Speisepilz,** vor allem gekocht; roh z. B. zu Salaten, sollte man nur beschränkte Mengen verwenden, da bei empfindlichen Personen Beschwerden auftreten können. – Manche Autoren nennen auch einen weißen *Boletus albus* Pers. und einen gelben *Boletus citrinus* Pelt. ex Gilb., bei denen es sich um Exemplare von *edulis* handeln dürfte, die an besonders schattigen Stellen wuchsen.

BOLETUS RETICULATUS (Schff.) Boud. non Rea
(= *B. aestivalis* Paulet ex Fr.) (1)
Sommersteinpilz, Eichensteinpilz

Hut 5–18 cm breit, oft etwas unregelmäßig gewölbt und zuweilen im Alter auch niedergedrückt; nußbraun oder graubraun (die Farbintensität schwankt), seltener gelblich oder weißlich; Rand gleichfarbig; Huthaut feinsamtig, schnell eintrocknend und dann in zahlreiche unregelmäßige Fetzen aufreißend, zwischen denen die etwas hellere Farbe des Grundes bzw. des Fleisches in unregelmäßigen maschigen oder netzartig-verbundenen Linien sichtbar wird (daher rührt vermutlich auch der Name *reticulatus* = netzartig). **Stiel** wie der Hut gefärbt; bis herab zur Basis mit einem fast regelmäßigen etwas erhabenen Netz mit mittelgroßen Maschen gezeichnet. **Fleisch** kompakt; erst hart, dann bald weich, milchweiß, auch unmittelbar unter der Huthaut; oberhalb der Röhren blaß gelblich. **Geruch** und **Geschmack** angenehm. **Poren** klein, erst weiß, dann gelblich, zuletzt olivgrün; in der Nähe des Hutrandes zuweilen leicht rötlich. **Röhren** anfangs weiß, dann gelblich, schließlich olivgrün; mitunter sehr lang; am Stielansatz fast immer abrupt verkürzt. **Sporen** olivbraun. Vorkommen: von April bis Oktober – hauptsächlich aber zwischen Mai und September – unter Eichen, Buchen und Tannen. Wert: hervorragender **Speisepilz.** – Sehr ähnlich und gleichfalls **eßbar** – vielleicht nur eine Form des Sommersteinpilzes – ist *Boletus rubiginosus* Pelt. (2) in Gilb., dessen Hut anfangs rotbraun und feinsamtig ist, später aber mehr und mehr verkahlt und hellbraun ausblaßt, während die Huthaut sich am Rande etwas runzelt. Selten!

BOLETUS *(Tubiporus)* AEREUS Bull. ex Fr.
Schwarzer Steinpilz, Weißer Bronzeröhrling
Hut erst halbkugelig-polsterförmig, dann konvex, 10–20 cm breit; feinsamtig und trocken; anfangs schwarzbraun, später fleckenweise aufhellend und mit dunkleren bronzefarbenen Stellen durchsetzt (»marmoriert«); rote oder rötliche Töne fehlen stets, doch können statt dessen stark ausgeblaßte ockerfarbene Exemplare vorkommen. **Stiel** massiv, derb, safranfarben oder zimtbraun; im Alter etwas ausblassend; fast immer mit einer deutlichen, an der Spitze weißen und am Grunde mehr rotbräunlichen Netzzeichnung überzogen. **Fleisch** hart und kompakt; auch unmittelbar unter der Huthaut rein weiß. **Geruch** und **Geschmack** angenehm. **Poren** erst klein, rundlich, weiß oder schmutzig-weißlich, bereift; später etwas größer, zunächst gelblich und dann olivgrün. **Röhren** sehr gedrängt, weißlich, am Stielansatz verkürzt und allenfalls knapp angewachsen. **Sporen** braunoliv. Vorkommen: an lichten Waldstellen unter Gebüschen und in hügeligen Mischwäldern, vor allem unter Edelkastanien und Eichen; im Sommer und in warmen Herbstmonaten; im Mittelmeergebiet häufiger als in Mittel- und Nordeuropa. Wert: hervorragender **Speisepilz.** – *Boletus edulis var. fuscoruber* Forqu., der Weinrothütige Steinpilz, hat einen satt rotbraunen Hut und stellt farblich ein Bindeglied zwischen *edulis* (S. 249) und *aereus* dar. In seinen typischen Formen ähnelt er dem *Kiefernsteinpilz* (S. 252): Stiel birnenförmig und zuweilen ebenso breit oder sogar breiter als der Hut, weiß, genetzt oder gestreift; in Mischwäldern, besonders unter Kiefern und Fichten, aber auch unter Buchen. Manche Autoren machen zwischen *fuscoruber* und *pinicola* keinen Unterschied. Beide Arten oder Formen sind hervorragende **Speisepilze.**

BOLETUS *(Tubiporus)* PINICOLA Vitt.
Kiefernsteinpilz

Hut erst halbkugelig, dann kissenförmig-gewölbt, 18–30 cm (in Ausnahmefällen sogar bis 40 cm) breit; oft etwas unregelmäßig, weinrot oder rotbraun; Huthaut runzelig, aber nicht samtig; anfangs bedeckt mit feinem Reif, der am Rand länger erhalten bleibt als in der Hutmitte; Rand oft schon von Beginn an unregelmäßig-buckelig oder lappig mit grünlichen, gelblichen oder weißlichen Flecken. **Stiel** sehr hart, anfangs eiförmig, dann birnenförmig mit verdickter Basis; erst weiß, dann okkerfarben mit anfangs weißem, später blaßviolettem Netz; Basis bräunlich mit dunklerer Netzzeichnung. **Fleisch** sehr dick und fest; unter der Huthaut bräunlich mit granatrotem Einschlag, sonst weiß. **Geruch** angenehm, aromatisch. **Geschmack** mild und angenehm. **Poren** klein, rund, regelmäßig; erst cremeweiß, dann auf gelblichem Grund mit rostbraunen Fleckchen gesprenkelt, schließlich oliv. **Röhren** verhältnismäßig lang und fein; in Stielnähe etwas kürzer und nicht oder kaum am Stiel angewachsen; erst cremeweiß, dann gelblich und zuletzt schön olivgrün. **Sporen** braunoliv. Vorkommen: im Sommer in trockenen Wäldern, vor allem unter Kiefern, Tannen, Buchen und Edelkastanien; im Süden vor allem im Gebirge, aber auch im Flachland, z.B. in der norddeutschen Tiefebene. Wert: delikater **Speisepilz;** färbt das Kochwasser grünlich. – In Nordamerika wächst der ähnliche *Boletus mirabilis* Murr.: Huthaut rauh, Stiel verhältnismäßig lang, rötlich, mit oder ohne Netz; hervorragender **Speisepilz.**

BOLETUS *(Tubiporus)* APPENDICULATUS Schff. ex Fr.
Anhängsel-Röhrling, Gelber Bronzeröhrling
Hut 8–20 cm breit, mitunter etwas unregelmäßig; fein samtig, trocken; rotbraun, kastanienbraun oder ockerfarben. Stiel dick und fest, oft schlauchförmig in die Länge gezogen; gelb, fein, genetzt; Basis knollig mit wurzelartiger Verlängerung (Name »Anhängsel«-Röhrling!); bräunlich. **Fleisch** anfangs fest, kompakt, dann bald verhältnismäßig zart; gelblich; an der Luft leicht blau oder rosa und im unteren Teil des Stieles rosaviolett anlaufend. **Geruch** im Schnitt nach frischem Brot. **Geschmack** angenehm. **Poren** eng, von Anfang an gelb mit rötlichem Beiton, bei Berührung blauend. **Röhren** kurz und fein, gelb oder gelblich, normalerweise am Stiel angewachsen. **Sporen** olivlich. Vorkommen: in Laubwäldern, vor allem bei Linden und Birken. Wert: hervorragender **Speisepilz.** – *Boletus impolitus* Fr., der Fahle Röhrling, ist gleichfalls **eßbar** und recht ähnlich: Hut etwas fleischiger, 8–20 cm breit; im Durchschnitt heller als bei *appendiculatus;* Stiel ungenetzt; Basis mit wurzelartiger Verlängerung, die oft tief im Erdboden steckt, vor allem, wenn der Untergrund weich ist; Fleisch weiß, nicht verfärbend; Geruch schwach säuerlich. Vorkommen: in Laubwäldern, besonders unter Eichen. – *Boletus fragrans* Vitt., Wohlriechender Röhrling: Hut 4–18 cm breit, oft unregelmäßig geformt; anfangs ockergrau, dann braun; Stiel ungenetzt, auf bräunlichem Grund dunkelrot marmoriert, Spitze gelblich; spindelförmig mit wurzelartig-verlängerter Basis, die tief in den Erdboden hineinreicht; Geruch säuerlich oder fruchtartig, doch meist nur schwach; im Hügel- und Bergland an sonnigen Waldstellen und auf Lichtungen in Laubwäldern; selten; **eßbar.**

BOLETUS *(Tubiporus)* REGIUS Krbh. (1)
Königsröhrling
Hut 8–20 cm breit, oft unregelmäßig gewölbt; karminrot, erdbeerrot, purpurrot-
braun oder braunrot-violett, stellenweise auch olivgrün; Huthaut feinsamtig, faserig oder filzig; trocken; im Alter oft felderig aufspringend, vor allem in der Hutmitte. **Stiel** dick; besonders im mittleren Teil oftmals etwas angeschwollen; gelb
oder gelbbraun überzogen mit feinmaschiger Netzzeichnung, die oben zumeist etwas heller, im unteren Teil des Stieles dagegen etwas dunkler als der Untergrund
gefärbt ist; das Stielfleisch blaut auf Druck; Basis oft etwas knollig verdickt und
in einer kurzen, wurzelartigen Verlängerung auslaufend; oft braun oder rötlich gefleckt. **Fleisch** kompakt, gelblich, in der Stielbasis rötlichviolett; an der Luft meistens blau anlaufend (die Verfärbung kann jedoch bei zu trockenen Exemplaren
ausbleiben). **Geruch** geringfügig. **Geschmack** angenehm. **Poren** klein; goldgelb
und zuweilen mit rosafarbenen Reflexen; bei Berührung blau oder blaugrün anlaufend. **Röhren** erst gelb, später dann olivgelb; am Stielansatz verkürzt und stellenweise angeheftet. **Sporen** braunoliv. Vorkommen: im Mittelmeergebiet schon
im Frühjahr, in Mitteleuropa kaum vor Juni, bis in den Herbst, auf lockerem Boden
an nicht zu trockenen Stellen in Laubwäldern, vor allem unter Eichen, Linden, Birken und Buchen. Wert: ausgezeichneter **Speisepilz;** man verwende ihn vorzugsweise in Mischgerichten, da er sonst etwas schwer verdaulich ist.
BOLETUS *(Tubiporus)* PALLESCENS (Konr.) Sing. (2) (= *B. fechtneri* Vel.)
Sommerröhrling, Silberröhrling
Die Art wird oft als Variation zum *Königsröhrling* gestellt, unterscheidet sich jedoch eindeutig durch ihren weißlichen oder blaß ockerfarbenen Hut; im **Speisewert**
dem Königsröhrling **ebenbürtig.**

BOLETUS *(Tubiporus)* CALOPUS Fr. (1)
Schönfußröhrling, Dickfußröhrling
Hut 5–20 cm breit, buckelig; ockerfarben oder olivocker (rein weiß bei *var. albus*
Vent. = *var. candicans* Fr.); Huthaut trocken, erst schwach filzig, dann glatt, kaum
abziehbar. **Stiel** kräftig; erst gelb mit weißem Netz, später karminrot mit blaßkar-
minrotem Netz. **Fleisch** dick und fest; gelblich; im Stielgrund bräunlich oder rötlich; an der Luft leicht blauend. **Geruch** leicht säuerlich. **Geschmack** im ersten
Augenblick mild, dann sehr bitter. **Poren** klein, rund, gelb; im Alter olivgrün mit
gelblichem Ton; an Druckstellen blaugrün verfärbend. **Röhren** fein; am Stielansatz
abgerundet-angewachsen; erst gelb, dann olivgrün oder blaugrün. **Sporen** ocker-
olivgrün. Vorkommen: gruppenweise an sonnigen Waldstellen, vor allem unter
Nadelbäumen in Bergwäldern, aber auch unter Laubbäumen und in der Ebene.
Wert: **ungenießbar.**

BOLETUS *(Ixocomus, Suillus)* PLACIDUS (Bon.) Sing. (2)
Elfenbeinröhrling
Hut 3–12 cm breit, anfangs weiß, dann gelblich mit rosaviolettlicher Mitte, zuletzt
bräunlich; Huthaut klebrig, leicht abziehbar. **Stiel** weiß mit gelben Flekken; bedeckt mit rotbraunen Körnchen, die zuweilen ein scheckiges Muster bilden.
Fleisch weiß, an der Peripherie gelblich. **Geruch** und **Geschmack** angenehm mild.
Poren erst weiß, dann goldgelb; tauartige Tröpfchen ausscheidend; zuletzt olivbraun. **Röhren** kurz, am Stiel angewachsen; zunächst schmutzig weißlich, dann
olivgrün. **Sporen** ockerfarben. Vorkommen: einzeln oder büschelig verwachsen
unter Weymouthskiefern und Zirben; stellenweise häufig, besonders im Gebirge.
Wert: **eßbar.**

BOLETUS *(Tubiporus)* ALBIDUS Rocq. (1) (= *B. radicans* Pers. ex Fr.)
Wurzelnder Bitterröhrling, Bitterschwamm
Hut erst konvex, dann flach, 6–24 cm breit; erst weiß, dann schmutzig-weißlich mit bräunlichem Beiton und oft grünfleckig; Huthaut fein bereift, bei Trockenheit beinahe filzig; Rand anfangs eingebogen, später verhältnismäßig dünn und glatt; mitunter radialrissig. **Stiel** erst birnenförmig, später etwas zylindrisch; im oberen Teil weiß mit feiner Netzzeichnung, in der Mitte weißlich mit grauen oder gelblichen Tönen, an der Basis grau- und grünfleckig, ohne rote Spuren; Basis wurzelartig verlängert. **Fleisch** dick und fest; weißlich mit blaßgelbem Schein; im Stiel oft kräftiger gefärbt; oberhalb der Röhren erst gelb und später blaugrün; an der Luft blauend (vor allem bei jungen Exemplaren!). **Geruch** geringfügig. **Geschmack** im ersten Augenblick mild, dann bitterlich oder auch stark bitter. **Poren** klein, rund; erst weiß, dann blaß zitronengelb; auf Druck grünfleckend. **Röhren** fein, vom Stiel fast getrennt; grüngelblich, dann olivgrün. **Sporen** gelbbräunlich. Vorkommen: an lichten Stellen im Laubwald, vor allem unter Eichen und Buchen. Wert: **ungenießbar** wegen des bitteren Geschmackes.
BOLETUS ALBIDUS *var.* EUPACHYPUS Konr.
Hut blaßockerfarben (d.h. etwas dunkler als die typische Form); Stiel dickbäuchig mit oft auch noch im Alter etwas verdickter Basis; zonen- oder fleckenweise karminrot, zuweilen auch – zumindest im oberen Teil – mit karminrotem Netz; Geschmack des Fleisches eindeutig bitter, wenn auch nicht so stark bitter wie das des *Gallenröhrlings* (S. 248); **ungenießbar.**

1

2

BOLETUS *(Tubiporus)* LURIDUS Fr.
Netzstieliger Hexenröhrling

Hut 5–20 cm breit; bei brauner Grundfarbe nach und nach olivgrün, rötlich, orangefarben oder ockergrau verfärbend; Huthaut erst samtig, später eingewachsen-feinschuppig; bei Feuchtigkeit klebrig. **Stiel** entweder kurz und sehr dick oder schlank und verbogen; hart, voll; an der Spitze gelb, im mittleren Abschnitt gelblich oder rötlich, am Grunde bräunlich; zur Gänze geschmückt mit einer feinen, dunkelroten Netzzeichnung. **Fleisch** im Hut weißlich; im Stiel orangefarben; in der Stielbasis schmutzig und meistens von Insektenlarven zerfressen, an der Luft sofort blauend; die verfärbten Stellen nehmen später grünliche und zuletzt gräuliche Töne an: ebenso verfärben sich alle anderen Teile des Pilzes bei Verletzung oder Druck; der Röhrenboden ist orange, rosaorange oder rot gefärbt. **Geruch** geringfügig. **Geschmack** angenehm. **Poren** klein, rund; anfangs orangefarben, dann rot; in der Nähe des Hutrandes oft gilbend. **Röhren** fein, lang; lediglich am Stielansatz verkürzt; erst gelblich, dann olivgrün. **Sporen** olivbraun. Vorkommen: in Laubwäldern, vor allem bei Buchen, doch auch unter einzelnen Laubbäumen an Straßenrändern und in Parkanlagen; in manchen Jahren schon im Juni; häufig. Wert: **roh giftig, gekocht** guter **Speisepilz;** beim Kochen gelb verfärbend. – Bei der geringsten Berührung läuft auch *Boletus junquilleus* (Quél.) Boud., der Gelbe Hexenröhrling oder Falsche Schwefelröhrling, intensiv blau an: Hut 4–18 cm breit; anfangs vollständig gelb, später orange oder bräunlich mit Ausnahme der Poren, die sich im Alter olivgrün verfärben; unter Buchen, aber auch im Nadelwald, selten; gut gekocht **eßbar.** – *Boletus frostii* Russ.: erst trübrot, dann ziegelrot, glänzend; Poren anfangs gelb, später rostbraun; Stiel rostbraun, mit weitmaschigem, erhabenem, gelbem Netz; unter jungen Eichen in Nordamerika, in Europa sehr selten; gekocht **eßbar.**

BOLETUS *(Tubiporus)* ERYTHROPUS Fr.
Schuster- oder Donnerpilz, Flockenstieliger Hexenröhrling
Hut 5–20 cm breit; braun, olivbraun, rußbraun oder purpurbraun; seltener auch
viel blasser und gelbfleckig; Huthaut im Jugendstadium und bei regnerischem Wetter feucht, dann bald feinsamtig und trocken. **Stiel** dick, in der Mitte oft etwas angeschwollen; auf gelbem oder orangegelbem Grund mit blutroten Flöckchen geschmückt, die im mittleren Stielabschnitt am dichtesten konzentriert sind;
ungenetzt; Basis bräunlich oder olivbraun. **Fleisch** gelb (auch am Röhrenboden);
an der Luft augenblicklich dunkelblau anlaufend und nach längerem Liegen rötlich;
nur selten von Insektenlarven befallen. **Geruch** und **Geschmack** angenehm. **Poren**
klein, rund; rot oder orange; auf Druck blau anlaufend (später nehmen die Druckstellen eine schmutzig-olivgrüne Tönung an). **Röhren** den Stiel nicht erreichend;
erst gelb, dann grünlich. **Sporen** braunoliv. Vorkommen: ab Mai an lichten Stellen
in Laub- und Nadelwäldern. Wert: **roh giftig,** gut **gekocht eßbar;** beim Kochen
bleibt das Fleisch gelb. – Verwandt ist *Boletus torosus* Fr., der Blutrotfleckende
Röhrling, mit dem der Flockenstielige Hexenpilz die klobige Gestalt, die Farbe des
Stiels und das gelbe, an der Luft augenblicklich blauende Fleisch gemeinsam hat:
Hut gelb, später gelbbraun mit blutroten Flecken; Stiel anfangs fast rund, später
birnenförmig, gelb mit rötlicher Basis und gelbem Netz; Fleisch gelb, an der Luft
sofort dunkelblau verfärbend, später langsam graugrün verblassend; Röhren gelb;
Poren erst gelb, später purpurrot; Sporen olivbraun; in Laubwäldern, selten; **roh
giftig,** doch nach Ansicht mancher Autoren **gekocht eßbar.**

BOLETUS *(Tubiporus)* QUELETII Schulz.
Glattstieliger Hexenröhrling

Hut 5–12 cm breit, oft unregelmäßig geformt; samtig; trocken; gelb- oder braunoliv, orangebraun oder karminrot (granatrot bei *var. lateritius* Bres. & Schulz., oben links); auf Druck dunkelblau fleckend, an Fraßstellen orangegelb. **Stiel** kräftig; anfangs an der Spitze gelb und an der Basis purpurbraun, mit der Zeit dann gänzlich purpurbraun; glatt oder mit kleinen bräunlichen Flöckchen besetzt. **Fleisch** im Hut massiv, anfangs hart, doch bald weich; im Stiel faserig und in der Basis recht hart; im Hut gelb und bei Luftkontakt sofort dunkelblau anlaufend; im Stiel rotbraun und an der Luft schwarzviolett verfärbend. **Geruch** angenehm, kaum wahrnehmbar. **Geschmack** im ersten Augenblick säuerlich, dann etwas bitter. **Poren** klein, anfangs rötlich und nur längs des Hutrandes gelb, dann gelboliv mit rosa Reflexen; bei Berührung dunkelblau fleckend. **Röhren** gelbgrün, im Alter olivgrün; auf Druck blaugrün fleckend; stellenweise am Stiel angeheftet. **Sporen** braunoliv. Vorkommen: in Laubwäldern; recht selten. Wert: **eßbar.** – Mit der *var. lateritius* des Glattstieligen Hexenröhrlings könnten ältere Exemplare des Blutroten Hexenröhrlings, *Boletus dupainii* Boud., verwechselt werden: Hut anfangs schmierig-schleimig, scharlachrot; später trocken und bis auf einige rote oder gelbe Flecken gelbbräunlich ausblassend; Stiel auf gelbbräunlichem Grund mit roten Körnchen besetzt; Fleisch gelblich, unter der Huthaut rötlich; Röhrenboden gelblich; an der Luft schwach blauend, in der Stielbasis jedoch grünlich verfärbend; im Sommer unter Laubbäumen, nur in Süd- und Westeuropa häufiger, sonst sehr selten. Wahrscheinlich **eßbar,** aber wenig einladend. Es empfiehlt sich, den Pilz zu meiden.

BOLETUS PURPUREUS Fr. (3)
Dunkler Purpurröhrling

Hut 5–20 cm breit, polsterförmig-gewölbt oder etwas unregelmäßig-gewellt; zumindest im Jugendstadium weißlich (bzw. blaßrosa oder cremegelblich bei *var. rhodoxanthus* Kbch. [1]); bedeckt mit feinem, weißlichem Flaum (graubraun bei *var. rubrosanguineus* ss. Imler [2]), den man jedoch nur selten zu Gesicht bekommt, da er sich schon bei der geringsten Berührung, ja sogar schon bei schwachem Wind, augenblicklich dunkelblau verfärbt und später langsam rosa oder karminrot wird; alte Exemplare sind oft violett oder schwärzlich gefleckt. **Stiel** anfangs ei- oder birnenförmig, dann mehr oder weniger zylindrisch; erst gelb mit sattgelbem Netz, doch schon bald purpurbraun mit rotem oder in irgendeiner Weise dunkler als die Grundfarbe getöntem Netz; fein samtig; bei der geringsten Berührung dunkelblau. **Fleisch** erst hart, später zart und schwammig; gelb, aber an der Luft augenblicklich blauend und nach einiger Zeit dunkelrot. **Geruch** mostartig. **Geschmack** angenehm. **Poren** klein; anfangs gelb, dann bald rot und zuletzt fast orangefarben; bei Berührung dunkelblau anlaufend. **Röhren** nicht sehr lang; am Stielansatz verkürzt und stellenweise angeheftet. **Sporen** olivbraun. Vorkommen: einzeln oder in kleinen Gruppen an lichten Stellen in Laubwäldern, insbesondere unter Buchen und Eichen; im Sommer; selten. Wert: **roh giftig;** auch gut gekochte Pilze können bei besonders empfindlichen Personen unangenehme Verdauungsstörungen und Erbrechen verursachen. Manche Autoren wagen es dennoch, den Purpurröhrling als »eßbar nach Abkochen« zu bezeichnen. Da aber derartige Vorsorgemaßnahmen die Verträglichkeit des Pilzes nicht garantieren können, muß von seinem Genuß abgeraten werden.

BOLETUS *(Tubiporus)* SATANAS Lenz
Satansröhrling, Satanspilz
Hut anfangs kugelförmig, später konvex, 6–30 cm breit; zunächst feinsamtig, doch schon bald verkahlend, erst weißlich oder oliv getönt, später oft mit gelben, roten, olivlichen, bräunlichen oder rostbraunen Flecken. **Stiel** dick, stämmig, hartfleischig, voll; auf blasserem, zumeist gelbem Grund mit einem engmaschigen, roten Netz überzogen, auf Grund dessen er mit Ausnahme der ockerfarbenen Basis aus einiger Entfernung betrachtet einfarbig rot zu sein scheint; zuweilen kann das Stielnetz auch rosa, braun oder oliv gefärbt oder aber durch ähnlich gefärbte Flecken ersetzt sein. **Fleisch** dick, bald schwammig; weißlich mit gelblichen Flecken; an der Luft nur langsam blauend und später wieder verblassend. **Geruch** und **Geschmack** bei jungen Exemplaren angenehm, bei älteren Pilzen widerlich. **Poren** klein, rund, erst gelb, dann bald rot und im Alter verblassend; auf Druck zunächst blau, dann blaugrün verfärbend. **Röhren** stellenweise am Stiel angeheftet; erst gelb, dann olivgrün. **Sporen** olivbraun. Vorkommen: in Südeuropa schon im Frühling, sonst erst vom Sommer an an sonnigen Stellen in Laubwäldern auf Kalkboden; vielerorts selten. Wert: **giftig!** – Ähnlich ist *Boletus lupinus* Fr. ss. Romagn., der ebenso wie die folgende Art im Deutschen unter dem Namen »Wolfsröhrling« bekannt ist. Sein Stiel ist jedoch allenfalls undeutlich genetzt und meistens mit einem unregelmäßig scheckigen, bräunlichen Flaum gemustert. Bei *Boletus lupinus* ss. Bres. ist die Huthaut zuweilen grünlich getönt; außerdem ist der Stiel weniger intensiv rot gefärbt als der des Satanspilzes, mit einem blutroten Netz überzogen und an der Spitze lebhaft gelb gefärbt. Beide Wolfsröhrlinge sind seltene Laubwaldbewohner und **giftverdächtig.** – Eine nordamerikanische Art ist *Boletus eastwoodiae* (Murr.) Sacc. & Trotter: Hut olivocker, Poren scharlachrot; Stiel gelb und rot mit Spuren eines sehr feinen, ockerrötlichen Netzes; auf Druck dunkelblau fleckend; **giftig.**

BOLETUS *(Trachypus)* CARPINI Schulz. ex Pears. (1)
(= Leccinum griseum [Quél.] Sing.)
Hainbuchenröhrling
Hut 4–16 cm breit; ockerfarben, braun, olivbraun oder dunkel rußbraun (weiß bei *var. niveus* Fr. [3], die unter Birken wächst und auch als Variation zum *Birkenpilz* [4] gestellt wird; fast schwarz und feinsamtig bei *var. oxydabilis* Sing. [2], die auch als selbständige Art angesehen wird); Huthaut glatt, bei Feuchtigkeit etwas schmierig, bei Trockenheit runzelig und felderig aufspringend, nicht abziehbar. **Stiel** schlank; kräftig; dicht bedeckt mit rauhem, erst dunkelgrauem, später schwärzlichem Filz. **Fleisch** bald weich; weißlich; an der Luft rosa anlaufend, später grauend; in der Stielbasis zunächst grünlich, dann schwärzlich verfärbend. **Geruch** angenehm, geringfügig; **Geschmack** angenehm. **Poren** klein, rund; erst weiß, dann gelbbräunlich und schließlich gelblich-grau. **Röhren** fein, lang; gräulich. **Sporen** tabakbraun. Vorkommen: In Gruppen unter Hainbuchen, Eichen und Nußbäumen. Wert: **eßbar;** beim Kochen schwärzend.
BOLETUS *(Trachypus),* (LEUCOPHAEUS Pers.) (4)
(= Leccinum scabrum Bull. ex Fr.)
Birkenpilz, Birkenröhrling
Hut 6–18 cm breit, bräunlich; Huthaut feinsamtig, niemals felderig aufspringend; Stiel verhältnismäßig dünn, schlank; Fleisch weiß, graurosa; in der Stielbasis grünlich verfärbend, doch sehr langsam und nur schwach und deshalb bei manchen Exemplaren kaum auffallend; Poren erst weiß, dann graurosa, nicht gelb; im Alter dunkelgrau; Röhren lang, wie die Poren gefärbt; Sporen tabakbraun; in Gruppen unter Birken; **eßbar.**

BOLETUS *(Leccinum)* AURANTIACUS (Bull. ex Fr.) S. F. Gray (3)
Espenrotkappe

Hut 4–20 cm; anfangs orange, dann braun, rot oder gelb; Huthaut samtig, am Hutrand überstehend; bei Trockenheit rissig-aufspringend. **Stiel** sehr bald schlank, kräftig; weißlich, dicht bedeckt mit sehr feinen, weißen, parallelstreifig angeordneten Faserschüppchen, die bei der geringsten Berührung rotbraun verfärben und als rostbraune Runzeln fortbestehen; Basis auf Druck grünlich oder dunkelblau verfärbend. **Fleisch** im Hut schon bald weich, im Stiel lange Zeit hart bleibend; an der Luft erst graurosa verfärbend und später schwärzend. **Geruch** geringfügig, angenehm. **Geschmack** angenehm. **Poren** klein, rund, grau. **Röhren** fein, lang, den Stiel nicht erreichend; weißlich. **Sporen** tabakbraun. Vorkommen unter Hainbuchen, Birken und – hauptsächlich – bei Zitterpappeln (Espen); seltener bei anderen Bäumen. Wert: **eßbar,** beim Kochen schwärzend. – *Boletus* (Leccinum) *rufescens* Secr. (2), Heiderotkappe: Ähnelt *aurantiacus,* hat jedoch einen heller gefärbten Hut, dunklere, erst graugelbe, dann olivgrüne und zum Schluß rußbraune Poren. Das Fleisch ist härter und schmackhafter als das der Espenrotkappe, die flockige Stielbekleidung von Anfang an schwärzlich gefärbt; die Sporen sind tabakbraun. Die Heiderotkappe wächst vorzugsweise unter Birken und ist ein bekannter und begehrter **Speisepilz.** – *Boletus duriusculus* (Kalchbr. & Schulz.) Sing. (1), Pappelröhrling: Hut grau oder rußbraun; samtig-filzig; Stiel mit hervortretenden schwärzlichen Längsrippen oder -furchen, Basis grünfleckend; Fleisch an der Luft langsam graurosa und später schwärzlich verfärbend; Sporen rußbraun; unter Pappeln; **eßbar.**

BOLETUS *(Trachypus, Leccinum)* CROCIPODIUS (Let.) Watling
Gelber Rauhfuß, Gelber Birkenröhrling
Hut anfangs halbkugelig, schließlich ausgebreitet, 3–12 cm breit; erst zitronengelb
oder olivgelb, später bräunlich, braunoliv oder ockerbraun; Huthaut kaum abziehbar; erst feinfilzig, dann glatt und in zahlreiche kachelartige Felder aufspringend,
die fast regelmäßig angeordnet sind; in den Zwischenräumen wird der blassere
Untergrund sichtbar. **Stiel** erst eiförmig, dann fast schlank; auf blaß-zitronengel-
bem Grund mit gleichfarbigen Körnchen besetzt, die sich später bräunlich färben,
während die Grundfarbe unverändert gelblich bleibt; Basis spindelartig-zugespitzt.
Fleisch massiv; erst hart, doch schon recht bald weich und wässerig; im Stiel hart
bleibend, faserig; gelblich, an der Luft jedoch rötlich oder rötlichviolett verfärbend
und schließlich schwärzend. **Geruch** und **Geschmack** angenehm. **Poren** anfangs
weißlich und rundlich, später dann stets lebhaft zitronengelb und zuletzt braunoliv
und eckig. **Röhren** verhältnismäßig lang; stellenweise den Stiel erreichend; erst zi-
tronen-, später olivgelb. **Sporen** gelbbräunlich. Vorkommen: gruppenweise unter
Laubbäumen, vor allem bei Buchen und Eichen; recht selten. Wert: **eßbar;** das
Fleisch wird jedoch beim Kochen unangenehm breiig. – Kleiner als der Gelbe
Rauhfuß und lebhaft gefärbt ist die *Föhren-Rotkappe, Boletus* (Leccinum, Trachy-
pus) *vulpinus* Watling, die auf sandigem Boden unter Kiefern und Fichten zwischen
Heidekraut wächst. Ähnlich ist ferner *Boletus lepidus* Bouchet, der noch gegen
Ende November vorkommt und bislang nur im Mittelmeerraum und an der fran-
zösischen Atlantikküste gefunden worden ist.
Die beiden zuletzt erwähnten Arten sind gleichfalls **eßbar.**

BOLETUS *(Ixocomus, Suillus)* ELEGANS Schum. ex Fr.
(= *Suillus grevillei* [Klotzsch] Sing.)
Goldröhrling
Hut 4–15 cm breit, oft gebuckelt; gelb oder orangefarben mit oft braunfleckiger Mitte; bei Feuchtigkeit schmierig oder schleimig. **Stiel** voll, faserig; an der Spitze mit bräunlicher Netzzeichnung; unterhalb des Ringes braunstreifig oder braun punktiert; Basis olivbraun oder schwärzlich. **Ring** erst weiß, schleimig, später bräunlich und trocken, am Stiel anliegend. **Fleisch** erst hart, dann bald weichlich; nach Regen sehr wasserhaltig; gelb, an der Luft rosa oder braunviolett verfärbend. **Geruch** geringfügig. **Geschmack** säuerlich. **Poren** gelb, später gelbbräunlich, zuletzt olivgelb. **Röhren** gelb, zusammengedrückt, später graurosa; bei Trockenheit olivbraun; am Stiel etwas herablaufend. **Sporen** blaßolivgelb. Vorkommen: stets in der Nähe von Lärchen, gern an sonnigen und grasigen Stellen; gruppenweise. Wert: **eßbar;** vor der Zubereitung entferne man die leicht abtrennbare, klebrige und unverdauliche Huthaut und den Ring. Der Goldröhrling kann auch getrocknet oder nach vorherigem Abkochen in entsprechend gewürztem Essigwasser in Öl konserviert werden. – *Boletus* (Suillus) *flavus* With. ex Fr. = *Suillus nueschii* Sing., der Gelbe Röhrling, ist etwas kleiner als *elegans*, hat jedoch größere Poren und bei der Reife graue und nicht olivbraune Röhren. Er wächst ebenfalls unter Lärchen und ist **eßbar,** wenn auch etwas schwer verdaulich. – Noch kleiner ist *Boletus* (Suillus) *flavidus* (Fr.) Sing., der Moorröhrling, der nicht bei Lärchen, sondern bei Kiefern auf moorigem Boden wächst und einen gebuckelten Hut besitzt; **eßbar.**

BOLETUS *(Ixocomus, Suillus)* VISCIDUS L. ex Fr. (1)
(= *Suillus aeruginascens* [Secr.] Snell)
Grauer Lärchenröhrling
Hut 4–12 cm breit, grau mit braunen oder grünlichen Beitönen (rötlichgelb oder
braunviolett bei *var. bresadolae* [Quél. in Bres.] Mos., 3); Rand gelbbräunlich und
etwas gerunzelt; Huthaut bei Feuchtigkeit klebrig, bei Trockenheit etwas schup-
pig-aufreißend. **Stiel** anfangs wie der Hut gefärbt, dann bräunlich; an der Spitze
zunächst fein genetzt und später bräunlich bestäubt; voll. **Ring** dünn, weiß, bald
am Stiel anhaftend und bräunlich. **Fleisch** schon sehr bald weichlich-schlaff und
wässerig; grauweiß, an der Luft dunkler grau mit verschiedenfarbigen Zonen; im
Stiel mehr braun. **Geruch** und **Geschmack** angenehm. **Poren** groß, eckig; erst
schmutzig-weißlich, später wie der Hut gefärbt. **Röhren** lang, doch am Stielansatz
sehr kurz und herablaufend; erst grau, später mit olivbräunlichem Einschlag. **Spo-
ren** bräunlich. Vorkommen: in Südeuropa schon im Frühjahr, im Norden vom
Sommer bis in den Herbst ausschließlich bei Lärchen. Wert: **eßbar;** die klebrige
Huthaut ziehe man vor der Zubereitung ab.
BOLETUS *(Ixocomus, Suillus)* TRIDENTINUS (Bres.) Sing. (2)
Rostroter Lärchenröhrling
Hut 5–15 cm breit, klebrig-schmierig, anfangs gelb, dann bald schön rotorange
oder rostbraun; Huthaut aufgerauht durch kleine Schüppchen, die im Verlaufe des
Wachstums sich mehr und mehr voneinander entfernen; Stiel wie der Hut oder et-
was heller gefärbt, an der Spitze mit feiner Netzzeichnung (Fortsetzung der etwas
herablaufenden Röhrenschicht); Fleisch weich, gelb, an der Luft blaßrosa;
Geschmack säuerlich; Sporen gelbgrünlich; ausschließlich bei Lärchen; **eßbar.**

BOLETUS *(Ixocomus, Suillus)* LUTEUS (L. ex Fr.) S. F. Gray
Butterpilz, Butterröhrling

Hut erst halbkugelig oder gebuckelt, später verflachend, doch oft auch im Alter noch stumpfbucklig, 4–14 cm breit; fein radial gestreift; kastanienbraun, ockerfarben oder rotbraun, zuweilen auch mit violettem Schein aufgrund einer klebrigen, die Huthaut überziehenden Oberschicht, die bei dem in Nordamerika wachsenden *Boletus* (Ixocomus, Suillus) *subluteus* (Peck) Snell sehr dick und viel dauerhafter als bei der europäischen Form ist; bei Trockenheit und im Alter ausblassend; Huthaut abziehbar; Rand oft mit Bruchstücken der erst weißlichen, später dann olivbraunen Haut behangen, die beim jungen Pilz Hutrand und Stiel miteinander verbindet, beim Aufschirmen des Hutes dann zerreißt und als Ring am Stiel zurückbleibt. **Stiel** fest; oberhalb des Ringes blaßgelb und mit mehr oder weniger intensiv ocker gefärbten Körnchen besetzt; in der Nähe der Stielbasis bräunlich. **Ring** groß mit eingerissenem Rand; erst klebrig und schmutzig-weißlich, später am Stiel antrocknend und braunviolett verfärbend. **Fleisch** weich; im Alter sehr wässerig; zitronengelb oder schmutzig-weißlich, unter der Huthaut mitunter rosa; an der Luft nicht verfärbend. **Geruch** und **Geschmack** unauffällig. **Poren** gelb, rund, klein; später eckig und erst gelb-, schließlich olivbräunlich. **Röhren** relativ lang, am Stiel angewachsen; erst gelb, später dann mit ocker- oder olivfarbenem Schein. **Sporen** ockerbraun. Vorkommen: Sommer bis Herbst ausschließlich unter Kiefern, gern an grasigen Stellen; häufig. Wert: jung und nach Entfernung der klebrigen und schleimigen Teile guter **Speisepilz;** im Alter auch nach Entfernung von Röhren und Stiel nur minderwertig.

BOLETUS *(Ixocomus, Suillus)* GRANULATUS (L. ex Fr.) O. Kuntze
Schmerling, Körnchenröhrling

Hut 4–14 cm breit (in Palästina sind Exemplare mit bis zu 24 cm breiten Hüten
gefunden worden); manchmal etwas unregelmäßig verbogen; braun, mit ockerfarbenen, gelben oder roten Beitönen; im Alter ausblassend; je nach Witterung
schmierig-klebrig oder trocken; Huthaut abziehbar. **Stiel** kräftig; im Jugendstadium an der Spitze milchige Tröpfchen ausscheidend, die auch an den Röhrenmün-
dungen auftreten können; auf gelbem Grund mit anfangs blaßgelblichen, später
bräunenden Körnchen punktiert. **Fleisch** weich; gelb, im Stiel bräunlich. **Geruch**
und **Geschmack** mild, angenehm. **Poren** gelblich, etwas eckig. **Röhren** kurz, am
Stiel angeheftet; erst blaßgelb, später oliv. **Sporen** ockerfarben. **Vorkommen:** ausschließlich unter Kiefern; ziemlich häufig; erscheint in günstigen Jahren in mehreren Fruktifikationsperioden. Wert: jung schmackhafter **Speisepilz.** Vor der Zubereitung ziehe man die unverdauliche, klebrige Huthaut ab, wobei es sich empfiehlt,
Handschuhe zu tragen, da der von den schmierigen Pilzen herrührende Schmutz
sonst hartnäckig an den Fingern haften bleibt. Allerdings sind Schmerlinge, die auf
diese Weise von ihrer Oberhaut befreit werden, nicht mehr besonders appetitlich.
Um den Schleim zu entfernen, überbrüht man die Pilze daher am besten einige
Minuten lang in kochendem Wasser, das danach fortgeschüttet werden sollte. –
Ähnlich und gleichfalls eßbar sind die folgenden Arten: *Boletus albidipes* (Peck)
Sing.: heller als *granulatus*, Hutrand fransig-behangen. – *Boletus* (Suillus) *collinitus* (Fr.) O. Kuntze, Ringloser Butterpilz: Stiel schlank, ohne Ring; zur Gänze gesprenkelt mit feinkörnigen Fleckchen; Stielbasis mit gelbrosa Myzelfasern; Poren
ohne milchige Tröpfchen. Vorkommen: hauptsächlich im Gebirge. – *Boletus leptopus* (Pers.) Sing. ähnelt *collinitus*, hat jedoch einen helleren Hut und einen gedrun-
generen Stiel; unter Kiefern am Strand, nicht im Gebirge; dem Schmerling naheste-
hend.

BOLETUS *(Ixocomus, Suillus)* BOVINUS (L. ex Fr.) O. Kuntze
Kuhröhrling

Hut anfangs konvex, dann ausgebreitet, 4–12 cm, oft etwas gebuckelt; ockergelb, orange oder blaßbraun; Huthaut bei Feuchtigkeit schmierig-klebrig, bei Trockenheit knorpelig, oft rissig; kaum abziehbar; Rand dünnfleischig, lappig verbogen. **Stiel** dünn, oft nur kurz und verbogen; wie der Hut gefärbt, jedoch an der Spitze deutlicher gelb und an der Basis blasser, seltener auch bräunlich; zuweilen am oberen Ende etwas verbreitert und an der Basis spindelartig zugespitzt. **Fleisch** im Hut gelbbräunlich; weich, auffallend biegsam und schwammig, schon frühzeitig fast schleimig und von Maden zerfressen; im Stiel lebhafter gefärbt, etwas faserig; an der Luft manchmal leicht rosa anlaufend, seltener auch etwas blauend. **Geruch** geringfügig, angenehm. **Geschmack** angenehm. **Poren** schon bald sehr weit, eckig, dünnwandig; erst grau, später gelbbräunlich und schließlich olivbraun. **Röhren** kurz, herablaufend; vom Hutfleisch kaum ablösbar; im Alter und auf Druck olivbraun fleckend. **Sporen** olivbraun. Vorkommen: in Kreisen oder in Büscheln an grasigen Stellen in Kiefernwäldern, gern auf Moorboden; im Gebirge wie im Flachland häufig; oft in Standortgemeinschaft mit dem *Rosenroten Schmierling* (S. 243). Bei büschelig wachsenden Exemplaren gehen die Hüte oft ineinander über. Wert: **Speisepilz** von geringer Qualität. – Eßbar ist auch der in nordamerikanischen Kiefernwäldern beheimatete *Boleus americanus* (Peck) Snell, der die Hutfarbe, die schmierige Beschaffenheit der Oberhaut und die weiten Poren und Röhren mit dem Kuhröhrling gemeinsam hat, sich jedoch durch die den Hutrand schmückenden fransigen Reste der Teilhülle *(Velum partiale)* und den schlanken und dünnen Stiel unterscheidet.

BOLETUS *(Ixocomus, Suillus)* VARIEGATUS (Sow. ex Fr.) O. Kuntze
Sandröhrling
Hut anfangs halbkugelig, dann konvex, 5–15 cm breit, mitunter auch fast flach
oder unregelmäßig-wellig mit dünnfleischigem Rand; Huthaut anfänglich bedeckt
mit einem ockerfarbenen, feuchten und rauhen, aber noch einheitlichen Filz, der
sich später glättet und in zahlreiche kleiige bräunliche und gleichmäßig auf dem Hut
verteilte Schüppchen aufspringt, zwischen denen der ockergelbe Untergrund sichtbar wird. **Stiel** zylindrisch, dick, kräftig, im Querschnitt zuweilen wie ein Kegel-
stumpf geformt; glatt; mehr oder weniger blaß ockergelb; Basis oft verdickt oder
verbogen und normalerweise fein weißfilzig. **Fleisch** dick, weich; gelblich, safranfarben oder blaß orange; in der Stielbasis rötlich; an der Luft blauend. **Geruch**
schwach nach Essig, Rettich oder Chlor. **Geschmack** süßlich. **Poren** erst klein, mit
der Zeit größer werdend; anfangs olivgelb, später rauchbraun; auf Druck blauend.
Röhren kurz; am Stiel angeheftet; kaum vom Hutfleisch ablösbar; olivgrün. **Sporen** olivbraun. Vorkommen: nur bei Kiefern, oft in Gruppen und nicht selten sogar
in Massen. Wert: **eßbar.** – Die Beschaffenheit seiner Huthaut erschwert die botani-
sche Einordnung des Sandröhrlings: Für die Schmierröhrlinge *(Ixocomus* oder
Suillus), zu denen er meistens gerechnet wird, ist sie eigentlich zu trocken, für die
Filzröhrlinge *(Xerocomus)* dagegen zu feucht. – Auch *Boletus sulphureus* Fr. =
Pulveroboletus hemichrysus (Bk. & Curt.) Sing., der Schwefelröhrling, hat einen
feinschuppigen, 5–10 cm breiten Hut und an der Luft schnell blauendes Fleisch.
Er wächst gleichfalls unter Kiefern, kommt jedoch auch an modrigen Stümpfen vor
und ist einheitlich schwefelgelb gefärbt. **Eßbar,** aber sehr selten.

BOLETUS *(Ixocomus, Suillus)* PIPERATUS (Bull. ex Fr.) O. Kuntze (1)
Pfefferröhrling
Hut 2–6 cm breit, ockerbraun; kahl und glatt; bei Feuchtigkeit schmierig-klebrig.
Stiel schlank, brüchig, etwas blasser als der Hut; Basis gelb, filzig. Fleisch zart, ok-
kergelb; im Hut rein gelb; an der Luft unveränderlich. **Geruch** geringfügig, kaum
wahrnehmbar. **Geschmack** pfeffrig-scharf. **Poren** groß, mit gezackten Rändern;
rotbraun. **Röhren** rotbraun, etwas herablaufend. **Sporen** olivbraun mit rötlichem
Schein. Vorkommen: in Laub- und Nadelwäldern, besonders unter Kiefern und
Birken. Wert: **ungenießbar.** – Ähnlich, wenn auch etwas heller und größer als der
Pfefferröhrling ist *Boletus* (Pulveroboletus) *lignicola* (Kbch.) Pilát, der Nadelholz-
röhrling: Poren zunächst gelb, später grünlich; Fleisch gelb, an der Luft schnell
blau. **Geschmack** mild. Vorkommen: an Nadelholz; **eßbar.**
BOLETUS *(Xerocomus)* AMARELLUS (Quél.) Kühn. (2)
Bitterlicher Röhrling
Hut 2–6 cm breit, ockerlich mit rötlichem Rand; bei Feuchtigkeit leicht schmierig.
Stiel gedrungen; gelb; an der Spitze mit roten Körnchen besetzt. **Fleisch** weiß,
oberhalb der Röhren rötlich; in der Stielbasis gelb. **Geschmack** säuerlich mit bit-
terlichem Nachgeschmack. **Poren** erst gelb, dann rot. **Sporen** bräunlich. Vorkom-
men: unter Nadelbäumen; **ungenießbar.**
BOLETUS *(Xerocomus, Pulveroboletus)* CRAMESINUS (Secr.) Sing. (3)
Goldporiger Röhrling
Hut 2–6 cm breit, erst rot, doch schon frühzeitig ausblassend; schmierig. **Stiel** gelb
mit rötlichen oder bräunlichen Reflexen oder Flecken. **Fleisch** weißlich, unter der
Huthaut blaß rötlich; im Stiel faserig. **Geschmack** mild. **Röhren** und **Poren** gelb.
Sporen bräunlich. Vorkommen: an grasigen Stellen unter Laubbäumen.

BOLETUS *(Xerocomus)* SUBTOMENTOSUS (L. ex Fr.) Quél. (2)
Ziegenlippe

Hut 3–15 cm breit; gelboliv oder braunoliv; feinfilzig; Huthaut bei Trockenheit und im Alter rissig, ausblassend. **Stiel** gelbbräunlich, manchmal mit rötlichen oder bräunlichen Flecken; samtig oder flockig; entweder mit fast erhabenen orange-braunen Längsrippen gezeichnet, die stellenweise netzartig verbunden sind, oder aber glatt mit bräunlichen Tupfen; hart, voll, faserig. **Fleisch** erst massiv und hart, dann bald weich; im Hut gelblich-weiß, unter der Huthaut bräunlich und im Stiel meistens kräftig gelbbraun, insbesondere in der Basis. **Geruch** geringfügig. **Geschmack** erst säuerlich, dann mild. **Poren** groß, unregelmäßig mit zackigen Rändern; lebhaft goldgelb; auf Druck nicht blauend. **Röhren** verhältnismäßig lang, am Stiel angeheftet; erst gelbbräunlich, dann olivgrün. **Sporen** gelb mit oliv-farbenem Einschlag. Vorkommen: in Südeuropa schon im Frühjahr, im Norden kaum vor Juni, bis in den Spätherbst hinein, gern an grasigen Stellen in Laub- und Nadelwäldern; häufig. Wert: **eßbar,** aber nicht besonders schmackhaft; beim Kochen ziehen die Pilze etwas Schleim.

BOLETUS *(Xerocomus)* SPADICEUS (Fr.) Quél. (1)
Brauner Filzröhrling

Ähnelt der *Ziegenlippe,* unterscheidet sich jedoch durch den purpurbraunen, mit-unter auch rosa getönten Hut, der mit einem feinen gelbbräunlichen Samtfilz be-deckt ist. Der gelbe Stiel ist mit rotbraunen, flockigen Körnchen punktiert, die netzartig oder zumindest unregelmäßig-scheckig angeordnet sind. Das Fleisch ist im Hut blaßgelblich und im Stiel – besonders im unteren Teil – kräftiger gefärbt. Der *Braune Filzröhrling* wächst in Nadelwäldern und ist ein guter **Speisepilz.**

2

1

BOLETUS *(Xerocomus)* CHRYSENTERON (Bull. ex St. Amans) Quél. (1)
Rotfußröhrling

Hut 3–12 cm breit; ockerbraun oder olivbraun mit rötlichem Rand; Huthaut samtig-filzig, trocken, bald felderig aufspringend, wobei sich das zwischen den einzelnen Feldern hervortretende Fleisch ebenso rot färbt wie an Fraßstellen. Im Herbst
findet man oft dunkler kastanienbraun oder sepiabraun gefärbte Stücke, deren
Huthaut nicht zerreißt. **Stiel** hartfleischig; gelb; im oberen Teil mit roten Längsstreifen, weiter unten mit roten Punkten, Flecken oder Streifen; auf Druck blauend;
voll. **Fleisch** weich; unter der Huthaut rot und in der Stielbasis bräunlich, sonst
gelb; oberhalb der Röhren an der Luft blau anlaufend, im Stiel dagegen rötlich verfärbend. **Geruch** fruchtartig. **Geschmack** angenehm. **Poren** groß, eckig; erst blaßgelb, dann grün; auf Druck blauend. **Röhren** am Stiel angeheftet; olivgelb. **Sporen**
olivbraun. Vorkommen: in Laub- und Nadelwäldern, gern an grasigen oder moos-
reichen Stellen; häufig. Wert: **eßbar,** ebenso wie die folgenden Arten: *Boletus*
(Xerocomus) *versicolor* Rostk., Blutroter Röhrling (2): Huthaut rosarot, blutrot
oder purpurrot, bald fleckig-ausblassend; Stiel ungestreift; an der Spitze gelb, im
Mittelabschnitt rötlich und an der Basis bräunlich; das Fleisch ist unter der Oberhaut rötlich durchfärbt. Der Blutrote Röhrling wächst an ähnlichen Stellen wie der
Rotfußröhrling. – *Boletus* (Xerocomus) *armeniaceus* Quél., Aprikosenfarbener
Röhrling (3): Hut klein, nur 2–5 cm breit, aprikosenfarben; Stiel goldockerfarben,
an der Spitze mehr gelb, in der Mitte karminrot überhaucht; in Laubwäldern.

BOLETUS *(Xerocomus)* BADIUS (Fr.) Kühn. ex Gilb.

Marone, Maronenröhrling, Braunhäuptchen

Hut erst halbkugelig, dann polsterförmig-gewölbt oder fast flach, 4–14 cm breit, mitunter auch etwas unregelmäßig-gewellt; braun, zuweilen sehr dunkel und beinahe schwarz, manchmal aber auch blaß ockerbraun; Huthaut trocken, feinfilzig, bei Feuchtigkeit etwas schmierig; kaum abziehbar. **Stiel** entweder dick und stämmig oder dünn und schlank; voll, faserig; sehr viel heller als der Hut oder nur an der Basis dunkelbraun. **Fleisch** erst hart, dann weich und zuletzt weichlich-schlaff; im Stiel längsfaserig; schmutzig-weißlich oder stellenweise blau fleckend. **Geruch** geringfügig, nach Früchten. **Geschmack** mild. **Poren** anfangs sehr klein und weiß, im Alter größer, eckig und olivgelb; auf Druck dunkelblau fleckend. **Röhren** am Stiel angeheftet; erst blaßgelblich, dann olivgelb. **Sporen** olivbraun. Vorkommen: am häufigsten in Nadelwäldern, aber auch unter Laubbäumen (Buchen, Eichen, Edelkastanien); oft in Scharen. Wert: guter und begehrter **Speisepilz**. – Sowohl dem Maronenröhrling wie auch dem *Kiefernsteinpilz* (S. 252) recht ähnlich sieht *Boletus badio-rufus* Heim, über dessen **Genießbarkeit** noch **nichts bekannt** ist, da er erst wenige Male und bislang nur in Frankreich gefunden worden ist: Hut kissenförmig mit eingerolltem Rand, purpurbraun; Stiel mit wurzelartig-verlängerter Basis; olivgrün; an der Spitze von einem feinen Netz mit sechseckigen Maschen überzogen; Fleisch weiß, an der Luft nicht verfärbend; Geruch kräftig; Geschmack angenehm; Röhren herablaufend, bei der Reife olivgrün.

BOLETUS *(Xerocomus)* PULVERULENTUS Opat.
Schwarzblauender Röhrling

Hut braun, olivbraun oder weinrot, im Jugendstadium oft heller und mit gelben Tönen; an Druckstellen zunächst blau, dann olivgrün verfärbend; erst halbkugelig mit eingerolltem Rand; später ausgebreitet und unregelmäßig buckelig mit wellig-verbogenem Rand, 3–14 cm breit; zunächst feinsamtig, dann glatt; bei Feuchtigkeit schmierig. **Stiel** verhältnismäßig dünnfleischig, aber hart; zylindrisch, jedoch an der Spitze etwas verbreitert und oftmals verbogen; Basis zugespitzt und mit einer horizontal im Boden steckenden wurzelartigen Verlängerung versehen; feinsamtig; an der Spitze goldgelb, im Mittelabschnitt dunkelbraun mit purpurroten Flecken; rußbraun oder dunkel-olivbraun an der Basis; voll. **Fleisch** weich, gelblich; an der Luft augenblicklich dunkelblau und danach allmählich dunkelgrün verfärbend. **Geruch** geringfügig. **Geschmack** junger Pilze angenehm, bei alten Exemplaren bitter. **Poren** verhältnismäßig grob, etwas unregelmäßig; goldgelb oder zitronengelb; bei der geringsten Berührung zunächst tiefblau und dann grünlich verfärbend. **Röhren** lang; am Stiel angeheftet und manchmal auch etwas herablaufend; chromgelb, später langsam olivgrün verfärbend. **Sporen** oliv. Vorkommen: an feuchten oder moosigen Stellen in Laub- und Nadelwäldern, gern bei Tannen, Buchen oder Edelkastanien; auch in Parkanlagen; mancherorts häufig. Wert: guter **Speisepilz.** – Kann im ersten Moment an eine *Ziegenlippe* (S. 272) oder einen *Maronenpilz* (S. 274) erinnern, ist jedoch durch die lebhaft gelbe Stielspitze und das bei Luftkontakt (an Schnitt- und Druckstellen oder beim Anbruch) sofort blauende Fleisch unverwechselbar charakterisiert.

BOLETUS *(Boletinus)* CAVIPES (Opat). Kalchbr. (1)
Hohlfußröhrling
Hut anfangs zwiebelförmig mit kleinem, spitzem Buckel in der Mitte; später ausgebreitet, 5–14 cm breit, oft unregelmäßig-buckelig mit lappigem, fransig-behangenem Rand; Huthaut trocken, wildlederartig, bedeckt mit groben Faserschuppen,
die besonders dicht in der Hutmitte konzentriert sind und den zumeist helleren
Grund vollständig überwachsen. Ihre Farbe variiert zwischen braun *(forma ferru-
gineus* G. Beck) und gelb *(forma flavidus* Magn.). **Stiel** etwas heller als der Hut
und oberhalb des Ringes gelb; in der Mitte leicht verdickt (schlauchförmig); schon
beim jungen Pilz brüchig und hohl: Bei Feuchtigkeit sammelt sich in der Höhlung
des Stiels Wasser an. **Ring** erst weiß und klebrig, später faserig-fädig und gelblichbraun. Fleisch im Hut blaßgelblich, weich; im Stiel faserig und zumindest in der
Basis mit rosafarbenem Schein. **Geruch** kaum wahrnehmbar. **Geschmack** angenehm. **Poren** groß, eckig; in radialen Kreisen oder Reihen angeordnet; am Stielansatz sehr weit; erst blaßgelb, später olivgelb. **Sporen** olivgelb. Vorkommen: nur
unter Lärchen, vor allem im Gebirge an sonnigen Waldstellen; gern an Nordhän-
gen; im Flachland seltener. Wert: mittelmäßiger **Speisepilz;** eignet sich am ehesten
zum Trocknen.
BOLETUS *(Boletinus)* PICTUS Peck (2, 3)
Weinroter Röhrling
Ähnelt dem *Hohlfußröhrling,* erreicht jedoch dessen Ausmaße nicht und ist schön
weinrot gefärbt. Der Pilz war bislang aus Nordamerika und dem Fernen Osten
(Japan) bekannt, ist aber inzwischen auch in Norddeutschland unter Weymouthskiefern *(Pinus strobus)* beobachtet worden; er ist **eßbar.**

BOLETUS *(Porphyrellus)* PORPHYROSPORUS Fr.
(= *Porphyrellus pseudoscaber* [Secr.] Sing.)
Porphyrröhrling, Düsterer Röhrling, Umbraröhrling
Hut 5–15 cm breit, dunkelgrau, graubraun oder rußbraun; an Druckstellen
schwärzend; Huthaut samtig, trocken, nicht glänzend; bei anhaltender Trockenheit
aufspringend; Rand dünnfleischig, anfangs eingebogen. **Stiel** kräftig; erst eiförmig,
dann zylindrisch, oft verbogen; mitunter auch recht schlank; wie der Hut gefärbt,
jedoch mit blasserer Basis; faserig, aber nicht runzelig; zur Gänze punktiert mit
winzigen, dunklen Körnchen. **Fleisch** lediglich am Hutrand dünn, sonst dick; anfangs hart, dann weich; im Stiel faserig; erst weiß, dann schmutzig-weißlich, an der
Luft – besonders im oberen Teil des Stieles – graurot, oberhalb der Röhren blaugrün verfärbend; mit der Zeit vollständig schwarzgrau. Das Fleisch färbt Kochwasser rußbraun und hinterläßt auf Papier grüne Flecken. **Geruch** geringfügig.
Geschmack säuerlich. **Poren** verhältnismäßig groß, rund oder unregelmäßig-eckig;
anfangs blaß graubraun, später ockerfarben, olivgrau, purpurbraun oder dunkel-
rußbraun; bei Berührung zunächst blaugrün und dann allmählich rußbraun verfärbend. **Röhren** verhältnismäßig lang, nur am Stielansatz verkürzt bzw. ausgebuchtet und lediglich stellenweise angeheftet; erst blaß graubräunlich, später
olivgrau; an der Luft erst purpurrosa, dann graurosa anlaufend. **Sporen** kakaofarben. Vorkommen: einzeln oder in kleinen Gruppen in Bergnadelwäldern, besonders unter Tannen; in der Ebene und in Mischwäldern seltener. *Var. fuligineus* Fr.
ist kleiner und dunkler als die Hauptform und wächst ausschließlich unter Nadelbäumen. Sein Fleisch oberhalb der Röhren und die Röhren selbst verfärben sich
an der Luft nicht. Wert: **Speisepilz** mittlerer Qualität.

BOLETUS *(Strobilomyces)* STROBILACEUS (Scop. ex Fr.) Berk.
Strubbelkopfröhrling, Schwarzer Schuppenröhrling
Der gesamte Pilz ist zunächst weißlich, nimmt dann bald eine rosagraue Tönung
an und verfärbt sich zuletzt in allen Teilen dunkel-rußbraun oder schwarz. **Hut**
dunkel-graubraun; erst halbkugelig, dann konvex und mehr oder weniger ausgebreitet, 3–15 cm, dicht bedeckt mit großen, dreieckigen, dachziegelig angeordneten
Faserschuppen, die dunkler als der Untergrund gefärbt sind und am Hutrand über-
stehen, wo sie nicht selten in langen, herabhängenden, schwärzlichen Fransen aus-
fasern. **Stiel** im Verhältnis zur Hutbreite oft recht lang, entweder kräftig und am
oberen Ende verbreitert oder aber schmächtig mit verjüngter Stielspitze und deutlich knolliger Basis; auf aschgrauem Grund dicht bedeckt mit dunkleren, flockigen
Schuppen; oberhalb des Ringes auf blaßrötlichem Grund fein genetzt, im Alter jedoch auch hier schwärzend. **Ring** vergänglich, faserig, schwärzlich. **Fleisch** hart,
zäh; weißlich, an der Luft zunächst rötlich, dann violettgrau verfärbend (schwärzlich bei *var. floccopus* [Vahl ex Fr.] Karst. – dieser Name wird vielfach auch als Syn-
onym für die Gesamtart aufgefaßt); im Alter vertrocknet der Pilz, anstatt zu verfaulen. **Geruch** und **Geschmack** angenehm, mild. **Poren** groß (in Hutrandnähe
etwas enger, am Stielansatz weiter), vieleckig, regelmäßig; anfänglich weißlich und
an Druckstellen rötend, später schwarz. **Röhren** lang, entweder am Stiel angeheftet
und manchmal herablaufend oder aber am Stiel abgerundet und frei. **Sporen** sepiabraun oder schwarz-purpurn. Vorkommen: einzeln oder in kleinen Gruppen in
Laub- und Mischwäldern der Gebirge und in hügeligem Gelände; seltener im
Flachland; gern auf weichem, lockerem Erdreich, wie man es außerhalb des Waldes
an Maulwurfshügeln finden kann. Wert: jung **eßbar,** doch wegen der Härte des
Fleisches nicht besonders wertvoll.

279

lividus Bol.

BOLETUS *(Gyrodon)* LIVIDUS (Bull. ex Fr.) Sacc. (1)
Erlengrübling
Hut 4–20 cm breit, mitunter unregelmäßig niedergedrückt; ockergelb oder rostok-kerfarben; Huthaut glatt, schmierig; durchzogen mit feinen rußbraunen Radialfa-sern; Rand wellig-verbogen. **Stiel** schlank, an der Spitze verbreitert und oft mit leicht verjüngter Basis; oft verbogen oder gar exzentrisch ansitzend; bereift, etwas dunkler als der Hut; erst voll, später schwammig, faserig. **Fleisch** zart; im Hut blaßgelblich, im Stiel gelbbräunlich; an der Luft – zumindest oberhalb der Röhren – blauend. **Geruch** geringfügig. **Geschmack** säuerlich. **Poren** klein, gezähnelt; erst gelb, dann grün und schließlich schwärzlich. **Röhren** kurz, am Stiel herablaufend; olivgelb. **Sporen** olivbraun. Vorkommen: in feuchten Wäldern (Flußauen, Seenie-derungen) unter Birken, Haselnußsträuchern und vor allem – nach Ansicht vieler Autoren sogar ausschließlich – bei Erlen. Wert: guter **Speisepilz.**
POLYPORUS *(Polyporellus)* BRUMALIS (Pers. ex Fr.) Fr. (2)
Winterporling
Hut 2–12 cm breit, blaßocker, ockerfarben oder rußbraun; erst feinsamtig und fa-serschuppig, doch schon bald glatt; Rand eingebogen und – zumindest im Jugend-stadium – mit überstehenden Borsten bewimpert. **Stiel** schlank, kräftig, heller als der Hut; erst feinschuppig und feinkörnig, später glatt. **Fleisch** weich, biegsam, zäh, weiß. **Geruch** und **Geschmack** angenehm. Poren klein, rund; erst weiß oder cre-mefarben, dann grau. **Sporen** weiß. Vorkommen: im Spätherbst, Winter und Frühling an totem Laubholz; häufig. Wert: jung **genießbar.** – Ähnlich ist *Polypo-rus arcularius* (Batsch ex Fr.) Fr. der Weitlöcherige Porling, mit weiten, an die Waben eines Wespennestes erinnernden Poren.

POLYPORUS *(Melanopus)* SQUAMOSUS (Huds. ex Fr.) Fr.
Schuppiger Porling

Hut kreis- oder halbkreisförmig, 10–60 cm breit; flach und nur am Stielansatz etwas niedergedrückt; auf creme- oder blaßockerfarbenem Grund dicht besetzt mit dunkleren, in konzentrischen Kreisen angeordneten Schuppen, die am Hutrand spärlicher sind als in der Mitte. **Stiel** kurz und dick, oft exzentrisch oder schief ansitzend; anfänglich schmutzig-weißlich, doch schon sehr bald von der Basis herauf schwarz-braun verfärbend. **Fleisch** weiß; erst zart, dann bald elastisch-ledrig und schließlich korkig; oft von kleinen Käfern bewohnt, die u. a. zur Verbreitung des Pilzes beitragen. **Geruch** mitunter honigartig, manchmal auch nach ranzigem Mehl. **Geschmack** angenehm oder süßlich. **Poren** anfangs klein und schmutzig-weißlich, später nach und nach immer weiter werdend und etwas gilbend; Ränder gezähnelt. **Röhren** sehr kurz, mitunter im Querschnitt kaum erkennbar; am Stiel netzaderig herablaufend; erst weißlich, dann gelbbräunlich. **Sporen** weiß. Vorkommen: einzeln oder in Büscheln mit mehreren am Stielgrund verwachsenen Exemplaren an lebendem oder totem Laubholz, sehr selten auch an Tannen. Mai bis August. Der Schuppige Porling ist standorttreu, d. h., er kann jahrelang an ein und demselben Baum auftreten. Wert: ganz jung **eßbar.** – Ebenfalls einen schwarzen Stiel hat der ledrig-zähe und deshalb ungenießbare Löwengelbe oder Veränderliche Schwarzfußporling, *Polyporus varius* (Pers. ex Fr.) Fr.: Hut 3–12 cm breit, ockergelb, dünnfleischig, glatt (nicht schuppig!); sehr häufig an Laubholzästen. – *Polyporus forquignoni* Quél. sieht aus wie eine Miniaturausgabe des Schuppigen Porlings: Hut 1–15 cm breit; schuppig; Rand fransig; fleischig, nicht ledrig, zerbrechlich; Stiel niemals schwarz; an Laubholzästchen; jung **eßbar.**

POLYPORUS *(Polystictus, Coltricia)* PERENNIS (L. ex Fr.) Murr. (1)
Dauerporling
Hut trichterförmig, 3–9 cm breit, gelbbräunlich, rostbraun oder braun; fein radialstreifig und mit dunkleren Ringen konzentrisch gezont; erst feinsamtig, dann glatt;
Rand dünnfleischig, seidig, fransig-bewimpert. **Stiel** dünn, anfangs gelbfilzig, später rostbraun und glatt, faserig; voll. **Fleisch** dünn, lederig-zäh, rostbraun. **Geruch**
und **Geschmack** unauffällig. **Poren** erst klein und rund, später unregelmäßig-eckig;
anfangs weißlich, bereift, dann graubraun. Röhren kurz, herablaufend, graubraun.
Sporen gelblich. Vorkommen: in sandigen Nadelwäldern; überdauert mitunter den
Winter. Wert: **ungenießbar.** – *Polyporus* (Melanopus) *Picipes* Fr. (3), Süßriechender Porling: **Hut** 5–15 cm breit; braun; etwas schmierig, etwas eingewachsen-faserig, glatt, seidig-glänzend (auch im Alter, wenn die Oberfläche runzelig-uneben
wird); Rand dünnfleischig, biegsam. **Stiel** im unteren Teil schwarzbraun, weiter
oben heller; erst samtig-behaart, dann verkahlend; mitunter verkümmert oder fehlend. **Fleisch** dünn, elastisch, lederig-zäh, weiß. **Geruch** süßlich, kräftig. **Poren**
klein, weiß oder cremefarben. **Röhren** kurz. **Sporen** weiß. Vorkommen: an Laubholz, selten auch an Nadelholz; **ungenießbar.** – *Polyporus elegans* (Fr.) Karst. (2),
Schöner Porling: Ähnelt dem *Süßriechenden Porling,* unterscheidet sich jedoch
durch den nur in der unteren Hälfte schwarzbraunen, im oberen Teil weißlichen
Stiel. Der Pilz wird oft nur als eine Form von *P. varius* (S. 280) betrachtet. Er ist
ebenso **ungenießbar** wie der Schwarzfußporling, *Polyporus melanopus* Pers. ex Fr.,
der einen im Jugendstadium feinflockig-bereiften Hut und einen kurzen, schwärzlichen und nicht selten verdrehten Stiel besitzt.

POLYPORUS *(Caloporus, Albatrellus)*
OVINUS (Schff. ex Fr.) Kotl. & Pouzar
Schafporling

Hut anfangs konvex mit lappigem und eingerolltem Rand; schmutzig-weißlich, glatt, kahl; später flach, 6–12 cm breit, sogar unregelmäßig niedergedrückt mit wellig-verbogenem Rand; zunächst blaßgelblich, dann olivgelb und schließlich olivbräunlich, gelbfleckig; Huthaut felderig-zerklüftet. **Stiel** kurz und dick, zuweilen etwas verbogen oder exzentrisch; wie der Hut gefärbt, jedoch oft mit dunkleren, feinschuppigen Flecken; Basis oft spindelförmig zugespitzt. **Fleisch** massiv, hart, brüchig; erst schmutzig-weißlich, dann gelbbräunlich. **Poren** sehr klein, weiß, dann gelblich; **Röhren** sehr kurz, unregelmäßig verlaufend, weißlich, dann gelblich. **Sporen** weiß. Vorkommen: einzeln oder in büschelig-verwachsenen Gruppen von zwei oder drei Exemplaren, deren Hüte oft ineinander übergehen, in Nadelwäldern, vor allem unter Kiefern im Gebirge und dort oft in großen Scharen; im Flachland seltener. Wert: jung guter **Speisepilz;** vorheriges Abkochen ist ratsam; beim Kochen gilbend; eignet sich auch zum Konservieren in Öl. – *Polyporus* (Albatrellus) *cristatus* (Pers. ex Fr.) Kotl. & Pouz., der Grüne Kammporling, erreicht ungefähr die gleichen Ausmaße wie der Schafporling, sein Hut ist jedoch von Anfang an braunoliv gefärbt und erinnert an alte Exemplare von *ovinus;* die Huthaut ist anfangs feinsamtig und springt im Alter felderig-schuppig auf. Der gelbbräunliche oder olivgrüne Stiel ist bis zur Basis herab von der Porenschicht überzogen; das Fleisch wird frühzeitig hart und brüchig und schmeckt säuerlich oder leicht bitter. Der Grüne Kammporling wächst auf humusreichem Boden oder an stark vermischtem Holz in Laub- und Nadelwäldern (gern bei Eichen) und ist **ungenießbar.**

POLYPORUS *(Caloporus, Scutiger)*
PES-CAPRAE (Pers. ex Fr.) Bond. & Sing.
Ziegenfußporling
Hut auf grünlichem Grund dicht bedeckt mit bräunlichen bis dunkel-rußbraunen, vielfach in Büscheln zusammengedrängten und stellenweise sparrig abstehenden Schuppen; anfangs konvex mit eingerolltem Rand, später flach-gewölbt, 6–12 cm breit, mit etwas aufgebogenem, welligem Rand. Der Hut ist oft durch eine tiefe Furche, die sich bis in die Stielbasis fortsetzen kann, in zwei Teile gespalten und ähnelt dann in der Form dem Fuß eines Paarhufers. **Stiel** kräftig, kurz, oft etwas unregelmäßig oder gespalten, zuweilen auch verbogen; glatt; schmutzig-weißlich mit gelbbräunlichem oder ockerfarbenem Schein; voll. **Fleisch** weiß mit grünlichem Schimmer. **Geruch** und **Geschmack** angenehm, nußartig. **Poren** groß, schmutzig-weißlich. **Röhren** kurz, am Stiel herablaufend. **Sporen** weißlich. Vorkommen: an lichten Stellen in Laub- und Nadelwäldern, besonders bei Tannen und Buchen im Gebirge. Wert: jung guter **Speisepilz,** der sich auch roh als Salatpilz verwenden läßt; es empfiehlt sich, die schuppige Huthaut und harte Teile des Stieles zu entfernen. – Ebenfalls in Nadelwäldern, und zwar an Stümpfen oder im Boden vergrabenen Wurzeln von Tannen, Fichten oder Kiefern, wächst ein anderer Porling mit braunfilziger Hutoberfläche, der Kiefern-Braunporling, *Phaeolus schweinitzii* (Fr.) Pat.: kreiselförmig, 10–30 cm breit mit höckeriger, filziger Oberfläche; Poren groß, unregelmäßig-zerschlitzt, erst gelbbräunlich oder oliv, später braun, seitlich am Stiel fast bis zur Basis herablaufend; Fleisch safranfarben, jung weich und schwammig, im Alter korkig verhärtend. Es kommen mitunter auch hufförmige, seitlich am befallenen Holz ansitzende und daher völlig stiellose Exemplare vor. Der Kiefern-Braunporling ist **ungenießbar.**

POLYPORUS *(Caloporus, Albatrellus)*
CONFLUENS (Alb. & Schw.) Kotl. & Pouz.
Semmelporling

Der Pilz ist verschiedenartig gestaltet und besteht meistens aus mehreren überein-
anderliegenden **Einzelhüten** mit unregelmäßiger Oberfläche und lappigen Rändern, die zu einem büschelartigen Gebilde von 15–35 cm Durchmesser zusammengewachsen sind; Huthaut nicht abziehbar, glatt; gelbrosa; im Alter oft etwas
aufreißend und ockerfarben oder ockerrosa. **Stiel** kurz, unregelmäßig; oben verbreitert und verzweigt in die Hüte übergehend; am Grund zu einem fleischigen
Strunk vereinigt; glatt; bereift; schmutzig-weißlich mit rosafarbener Basis; hart,
brüchig, voll. **Fleisch** hart und kompakt, brüchig; im Alter korkig. **Geruch** geringfügig. **Geschmack** säuerlich oder schwach bitterlich; alte Exemplare sind eindeutig
bitter, besonders im Fleisch an der Hutoberfläche. **Poren** anfangs weiß oder blaßrötlich, winzig; später etwas weiter und die Farbe des Hutes annahmend, wenn auch
in abgeschwächter Intensität. **Röhren** bis fast zur Stielbasis herablaufend; kurz;
vom Hut- bzw. Stielfleisch nicht ablösbar; erst schmutzig-weißlich, später gelbbräunlich. **Sporen** weiß. Vorkommen: in Nadelwäldern, im Gebirge häufiger als
im Flachland. Wert: jung **eßbar,** doch empfiehlt es sich, Semmelporlinge nur im
Mischgericht zu verwenden, da sie oft bitterlich schmecken. Durch Abkochen vor
der eigentlichen Zubereitung werden jedoch die Bitterstoffe entzogen. Auf jeden
Fall entferne man immer die Huthaut und die Porenschicht (am besten eignet sich
dazu ein scharfes Kartoffelschälmesser). Beim Kochen färbt sich das Fleisch gelb.
– Beim Genuß großer Mengen dieses Pilzes kann eine leicht abführende Wirkung
eintreten. Semmelporlinge können auch getrocknet oder in Öl konserviert werden.

POLYPORUS *(Boletopsis)* LEUCOMELAS (Pers.) Fay.
Rußgrauer oder Rußbrauner Porling
Hut: grau oder schwärzlich mit violetten Reflexen, auf Druck rotbraun fleckend; Oberfläche erst glatt, eingewachsen-feinfaserig, seidig, dann runzelig oder rissig; anfangs halbkugelig mit lappigem, am Stiel anliegendem Rand, später ausgebreitet, 6–15 cm, oft höckerig oder niedergedrückt, mit gewelltem und mitunter bizarr verbogenem Rand. **Stiel** unregelmäßig, normalerweise kurz und stämmig, hartfleischig; manchmal etwas exzentrisch; wie der Hut gefärbt, aber mit schmutzig-weißlichen oder gelbbräunlichen Flecken; anfangs samtig-feinschuppig; später glatt; erst voll, dann stellenweise ausgehöhlt. **Fleisch** sehr dick, zart, faserig, weiß; an der Luft zunächst rötlich und später schwarz verfärbend. **Geruch** unauffällig. **Geschmack** des Hutfleisches angenehm, im Stiel bitterlich. **Poren** weit, eckig oder etwas in die Länge gezogen, zuweilen mit schartigen Rändern; erst weiß, später graulich. **Röhren** gräulich, kurz, am Stiel herablaufend. **Sporen** weiß. Vorkommen: in Gebirgswäldern, vor allem unter Nadelbäumen; im Flachland selten. Wert: **Speisepilz** mittlerer Qualität; es empfiehlt sich, die Pilze vor der eigentlichen Zubereitung einige Minuten lang zu überbrühen und dann das Kochwasser sorgfältig abzuschütten. Erwähnenswert ist auch der kleine Wabenporling, *Favolus europaeus* Fr. = *Polyporus mori* Poll. ex Fr; dessen große, eckige Poren an die Waben eines Wespennestes erinnern: Hut cremefarben, schuppig, kaum breiter als 6 cm; Stiel kaum länger als 3 cm, Basis schwarz; gerne an Eschen und Obstbäumen, aber in Mitteleuropa nur in warmen Gebieten und Jahren auftretend; ungenießbar.

POLYPORUS *(Polypilus, Laetiporus)* SULPHUREUS (Bull. ex Fr.) (2)
Schwefelporling
Hut unregelmäßig-bizarr geformt mit höckeriger Oberfläche; zumeist horizontal
aus dem Substrat hervorbrechend und dachziegelig übereinander liegend, insgesamt 20–40 cm breit; an den Rändern wellig-verbogen und durch tiefe Furchen in
größere Lappen unterteilt, an der Ansatzstelle meistens zu einem kompakten, erst
schmutzig-weißlichen, dann gelbbräunlichen Klumpen vereinigt, der auch die Form
eines kurzen Strunkes haben kann; Oberfläche satt gelb, zitronengelb oder gelbrosa
(bzw. schön rosa bei der im Fernen Osten vorkommenden *var. miniatus* [Jungh.]
Imazeki [1]); im Alter verblassend, aber oft gelbbräunlich fleckend. Die schwefelgelben **Poren** überziehen die Unterseite der Hüte, sind klein, anfangs rundlich und
später eckig und schwitzen tauartige, blaßgelbliche Tropfen aus. Die **Sporen** fallen
bei der Reife auf die tiefer sitzenden Hüte und bedecken diese mit einer dichten,
pulvrigen, erst gelben und später weißen Schicht. **Fleisch** dick, weich, saftig; blaßgelblich; mit angenehmem **Geruch** und säuerlichem **Geschmack.** Im Alter hart und
brüchig mit süßem Geruch. Vorkommen: vom Frühjahr bis zum Herbst, vor allem
an lebenden Laubbäumen, die von dem Pilz mit der Zeit ausgehöhlt und zum Ein-
sturz gebracht werden; gern an Obstbäumen; an Nadelholz und an Stümpfen weniger häufig. Wert: im Jugendstadium **eßbar.** – Lediglich einen gelben Hutrand besitzt *Osmoporus* (Trametes) *odoratus* (Wulf. ex Fr.) Sing., die Fencheltramete, die
das ganze Jahr über an Nadelholzstümpfen beobachtet werden kann: Fruchtkörper
unregelmäßig geformt, 6–14 cm breit und mitunter zu mehreren verwachsen;
Oberfläche runzelig, filzig, rostbraun, mit zuweilen sehr auffallendem gelben
Rand; Poren eckig, zimtbraun; Röhren lang, weiß bereift; Fleisch hart, rostbraun,
mit anhaltendem Fenchelgeruch; **ungenießbar.**

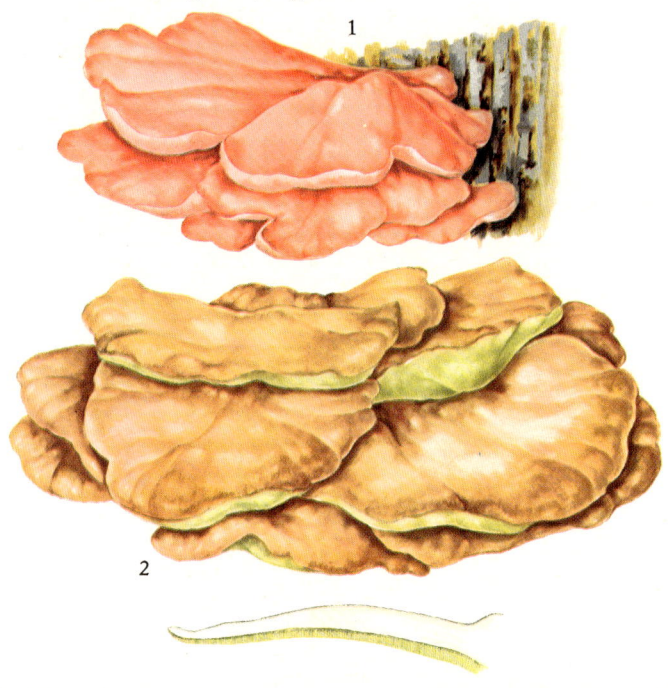

1

2

POLYPORUS *(Polypilus, Grifola)*
FRONDOSUS (Dicks. ex Fr.) S. F. Gray (1)
Klapperschwamm, Laubporling
Aus einem kräftigen, weißlich bereiften Strunk entwickeln sich zahlreiche, schräg
herauswachsende Äste, deren Enden zu horizontalen, spatel- oder fächerförmigen
Hüten mit gewellten Rändern verbreitert sind; die Oberseite dieser Hüte ist braun,
graubraun oder gräulich gefärbt, etwas runzelig und feinsamtig und mit dunkleren
Radialfasern durchzogen. Die untere Seite der Hüte ist mit einer sehr schmalen
Röhrenschicht mit kleinen, rundlichen **Poren** bekleidet, die stellenweise in die
Länge gezogen sind und bei alten Pilzen lamellenförmig fast bis zur Stielbasis her-
ablaufen. Das gesamte Büschel erreicht einen Durchmesser von 15–40 cm. **Fleisch**
weiß, etwas faserig, zerbrechlich. **Geruch** ziemlich kräftig, aromatisch. **Geschmack**
angenehm. **Sporen** weiß. Vorkommen: Sommer und Herbst an Stämmen und
Stümpfen verschiedener Laubbäume, vor allem an Eichen. Wert: jung **eßbar.**
POLYPORUS *(Grifola)*
FRONDOSUS *var.* INTYBACEUS (Fr.) Pilát (2)
Spatelhütiger Büschelporling
Hüte schräg nach außen oder sogar aufwärts gebogen; Ränder lappig. Der Fruchtkörper sieht eher aus wie ein aus mehreren Einzelexemplaren bestehendes Bündel.
Stiele büschelig verwachsen, wellig verbogen; schmutzig-weißlich oder gräulich mit
gelben Flecken und rotbraunem Strunk, in dem die Stiele zusammengewachsen
sind; Poren groß; erst schmutzig-weißlich, dann leicht grauend; Mehlgeruch. Wert:
jung **eßbar.**

POLYPORUS *(Polypilus, Grifola)* UMBELLATUS (Pers. ex Fr.) Pilát
Ästiger Büschelporling, Eichhase
Aus einem dicken, auf weißlichem Grund blaßrosa oder ockerlich getönten Strunk
entspringen zahlreiche, kleinere und kürzere zylindrische Verästelungen, die sich
ihrerseits wiederum mehrfach verzweigen und an den äußersten Enden zu kleinen
runden Hütchen erweitern. Die Anzahl dieser **Hüte** schwankt zwischen fünfzig und
zweihundert pro Fruchtkörper. Der Durchmesser der Einzelhüte liegt bei 2–4 cm;
sie lassen sich wie folgt beschreiben: anfangs konvex mit bereits genabelter Mitte,
später ausgebreitet und niedergedrückt, schließlich fast trichterförmig vertieft;
Huthaut auf hell-nußbraunem, zuweilen jedoch auch dunkler braunem oder
grauem Grund, bedeckt mit dunkleren Faserschüppchen und oft etwas rissig; Rand
dünnfleischig, wellig-verbogen und mitunter radialrissig. Die Hutunterseite ist mit
einer schmutzig-weißlichen, schmalen **Röhrenschicht** überzogen, deren weiße
Mündungen **(Poren)** anfangs rundlich und später eckig sind und am Stiel herablaufen. Das **Fleisch** ist weiß und zart und in den Ästen etwas faserig; es riecht mehlartig
und schmeckt angenehm. Die **Sporen** sind weiß. Vorkommen: in den Sommermonaten (Juli–August), mitunter auch noch im Herbst, in Laubwäldern, besonders
unter Eichen und Buchen. Der Eichhase ist an Holz gebunden, kann jedoch, wenn
er auf vergrabenen Wurzeln sitzt, eine bodenbewohnende Art vortäuschen; er
wächst jedoch auch direkt an Stümpfen und am Grunde der Stämme. Die büscheli-
gen Fruchtkörper können eine Gesamtbreite und -höhe von 30 cm, manchmal sogar von einem halben Meter erreichen. Der Eichhase ist ein guter und aufgrund seiner Größe auch ergiebiger **Speisepilz**, der allerdings leicht verdirbt und dann allein
schon wegen des sich beim Faulen entwickelnden üblen Geruchs nicht mehr genießbar ist. Es empfiehlt sich daher, ihn nach dem Sammeln sobald als möglich zuzube-
reiten.

POLYPORUS *(Polypilus, Meripilus)* GIGANTEUS (Pers. ex Fr.) Karst.
Riesenporling
Hut fächerförmig, einander dachziegelartig überlagernd: braun, rostfarben oder
rußbraun mit schwärzlichen Flecken; feinfaserig-samtig; grob radialrunzelig mit
intensiver gefärbten konzentrischen Vertiefungen; Rand blaß, feinkörnig, in kleine
Lappen unterteilt und oft eingerissen. Der gesamte Fruchtkörper verfärbt sich beim
Vertrocknen und im Alter schwärzlich und kann einen Durchmesser von mehr als
einem halben Meter erreichen. **Stiele** meist nicht getrennt, sondern in einem unregelmäßigen, schmutzig-weißlichen, massigen Strunk vereinigt. **Fleisch** bald faserig-zäh und lederig; schmutzig-weißlich, an der Luft oder auf Druck zunächst rötend, dann bald schwärzend. **Geruch** kräftig, angenehm. **Geschmack** säuerlich. Die
Unterseite der Hüte bleibt für eine Weile glatt und schmutzig-weißlich; erst später
bildet sich die schmale **Röhrenschicht,** die sich ebenso wie die kleinen, anfangs weißen und zuletzt grauen **Poren** auf Druck schwarz verfärbt. **Sporen** weiß oder
schmutzig-weißlich. Vorkommen: an Laubholzstümpfen, insbesondere von
Buchen und Eichen; oft sehr üppig und den befallenen Stumpf vollständig überwu-
chernd. Wert: nur im frühen Jugendstadium, solange das Fleisch noch zart ist, **eßbar.** – An lebenden Nadelbäumen im Gebirge wächst der Bergporling, *Polyporus*
(Polypilus, Bondarzewia) *montanus* Quél. Sein langer Stiel ähnelt dem Stamm
eines Laubbaumes, aus dem zahlreiche, ockerfarbene, in der Form an Füllhörner
erinnernde Hüte entspringen, an deren Längsseiten eine bis zum Stiel reichende
Röhrenschicht herabläuft. Das schmutzig-weißliche, mitunter bitter schmeckende
Fleisch ändert seine Farbe nicht. Der Bergporling kann die Ausmaße des Riesen-
porlings erreichen. Sogar junge Pilze sind oft schon auffallend groß.

CORIOLUS *(Trametes)* VERSICOLOR (L. ex Fr.) Quél. (2)
Schmetterlingsporling, Bunte Tramete

Der Pilz besteht aus zahlreichen, fächerförmigen, dünnfleischigen und lederig-zä-
hen **Hüten,** die seitlich miteinander verwachsen sind und sich von einem gemeinsamen Mittelpunkt horizontal in verschiedene Richtungen ausbreiten und oft einander überlagern; Gesamtbreite 6–12 cm. Die Ränder sind wellig-verbogen, die
Oberflächen in verschiedenfarbig seidig-glänzende, konzentrische Zonen eingeteilt
und samtfilzig. Die Poren sind erst weiß und rundlich und später gelblichbraun und
unregelmäßig zerrissen, die Sporen schmutzig-weißlich oder ockerlich. **Vorkommen:** ganzjährig auf morschem Laubholz, selten auf Nadelholz. – Der ähnliche
Zonenporling, *Coriolus* (Trametes) *zonatus* (Nees ex Fr.) Pilát ist weniger dünn,
seine Oberfläche ist höckerig und zumeist bräunlich gefärbt ohne seidigen Glanz.
Die Poren sind anfangs weiß und im Alter oft grau oder graugrün. – *Lenzites*
(Gloeophyllum) *Saepiaria* (Wulf. ex Fr.) Karst. (1), Zaunblättling: Vorherrschend
braun gefärbt; Hutfilz eher struppig-borstig als samtig; Unterseite mit dichtste-
henden, dünnen und starren Lamellen, die sich mehrfach verzweigen und in der
Mitte oft zu weiten Poren verbunden sind; anfangs sind sie gelbbräunlich, später
rostbraun gefärbt und fein bereift; Sporen weiß. Vorkommen: das ganze Jahr über
an Nadelholz, sogar an verarbeitetem Holz; häufig. An ähnlichen Stellen kommt
auch *Lenzites* (Gloeophyllum) *abietinum* (Bull. ex Fr.) Karst., der Tannenblätt-
ling, vor: Lamellen entferntstehend; Farbe Braun. – Holzbewohnende, lederig-
zähe Pilze mit filzig-zottiger, gezonter Oberfläche und dünnem Fleisch, deren
Unterseite jedoch glatt ist, sind *Stereum purpureum* Pers., der Violette Schichtpilz,
mit grauer Ober- und violetter Unterseite und *Stereum hirsutum* (Willd.) Pers., der
Zottige Schichtpilz, mit gelbbräunlicher Ober- und gleichfarbiger Unterseite. –
Keiner der erwähnten **Pilze** ist **eßbar.**

1

2

DAEDALEA *(Trametes)* QUERCINA (L. ex Fr.) Pilát (2)
Eichenwirrling
Halbkreisförmig, 6–30 cm breit, mehr oder weniger dickfleischig; Oberfläche korkfarben, runzelig; am Rande mit mehr oder weniger erhabenen konzentrischen Zonen. Die Unterseite ist mit einer Röhrenschicht überzogen, die im Gegensatz zu der der Röhrlinge, aus dem gleichen Gewebe wie das Hutfleisch besteht. Die anfangs rundlichen Poren dehnen sich mit der Zeit aus, weshalb ihre Trennwände schließlich Lamellen ähneln, untereinander jedoch durch Querverbindungen labyrinthisch verbunden sind. Das Fleisch ist geruchlos und erinnert sowohl in seiner Beschaffenheit wie in seiner Farbe an Kork; bei mehrjährigen Pilzen ist es undeutlich geschichtet. Die Sporen des Eichenwirrlings sind weiß. Vorkommen: meistens an lebenden Eichen und Edelkastanien, auch an totem Holz. – Ähnlich ist *Trametes hexagonides* Fr., die sich jedoch durch regelmäßige, sechseckige Poren unterscheidet und häufiger an bearbeitetem Holz wächst.
TRAMETES GIBBOSA (Pers. ex Fr.) Fr. (1)
Buckeltramete
Von oben *quercina* ähnelnd, aber blasser und mit einem feinen Filz überzogen. An der Ansatzstelle oft von Algen grün gefärbt, ansonsten grau mit zuweilen schwach rosafarbenem Beiton; Poren erst weiß, dann gelbbräunlich, entweder rundlich geformt oder verlängert, so daß die Trennwände wie Lamellen erscheinen. Fleisch ist zäh, weiß wie die Sporen. Das ganze Jahr über an Laubbäumen und an bearbeitetem Holz. – *Trametes hispida* Bagl. = *T. extenuata* Dur. & Mont., die Braune Borstentramete, ähnelt den vorigen beiden Arten, ist jedoch kleiner und außen und innen braun gefärbt. – **Alle** erwähnten **Arten** sind **ungenießbar.**

1

2

POLYPORUS *(Piptoporus)* BETULINUS (Bull. ex Fr.) Karst. (1)
Birkenporling, Birkenschwamm
Hut hufförmig; am Substrat stielartig zusammengezogen, 8–16 cm breit; anfangs gewölbt, später breiter werdend und verflachend, halbkreisförmig; Huthaut grau oder braun und im Alter verblassend oder einreißend, papierartig-dünn und strei- fig-abziehbar; Rand auch im Alter noch etwas eingerollt. **Stiel** verkümmert; ledig- lich noch an der Ansatzstelle (d. h. dort, wo er aus der Rinde der befallenen Birke hervorbricht) erkennbar. **Fleisch** anfangs zart und saftig, fast gelatinös; später kor- kig; erst weiß, dann schmutzig-weißlich, schließlich etwas gelbbräunlich getönt. **Geruch** und **Geschmack** säuerlich. **Poren** sehr klein, rund; erst weiß, dann schmut- zig-weißlich. Die **Röhrenschicht** ist kurz und weißlich und neigt dazu, sich im Alter vom Hutfleisch abzulösen. **Sporen** weiß. Vorkommen: an Birken; Holzzerstörer. Wert: **ungenießbar.**

TRAMETES RUBESCENS (Alb. & Schw.) Fr. (2)
(= *Trametes confragosa var. rubescens* Alb. & Schw.)
Rötende Tramete
Halbkreisförmig, 6–12 cm breit; höckerig, nicht filzig; mitunter weiß und auf Druck rosa fleckend, doch häufiger gelblich, rötlich oder bräunlich; zuweilen auch von der Ansatzstelle her mehr oder weniger intensiv schwarzpurpurn verfärbend. **Fleisch** manchmal recht massiv, meistens aber ziemlich dünn; korkig; erst weiß, dann rosarot, zuletzt bräunlich. Die Unterseite des Hutes ist entweder mit zunächst weißen und rundlichen und später etwas in die Länge gezogenen, rosa gefärbten **Poren** oder mit untereinander aderig-verbundenen **Lamellen** von anfangs weißer, dann cremerosa und schließlich bräunlicher Farbe. **Sporen** cremefarben. Vorkom- men: das ganze Jahr hindurch an Laubbäumen; Holzschädling. Wert: **ungenieß- bar.** – *Lenzites* (Trametes) *tricolor* Bull., die Dreifarbige Tramete, ist lediglich eine Abart: dünnfleischig, biegsam, kräftiger weinrot gefärbt, Unterseite lamellig; **un- genießbar.**

1

2

UNGULINA MARGINATA Fr. (1)
(= *Fomitopsis pinicola* [Swartz ex Fr.] Karst.)
Rotrandiger Schichtporling
Hufeisen- oder konsolenförmig; 10–30 cm breit und 8–16 cm dick. Kruste harzig,
runzelig, erst orangerot, dann weiß, gelblich oder bräunlich, im Alter oft rissig und
dunkler braun mit roter Kante; Substanz korkig-zäh, gelblich, im Alter etwas
bräunend. Die Poren sind klein, rund und schmutzig-weißlich oder blaßgelblich,
die Röhren geschichtet und die Sporen weiß. Vorkommen: an lebendem wie an totem Holz. – *Ungulina* (Fomes) *Fomentaria* L. ex Fr. (2), Echter Zunderschwamm:
Hufeisen- oder konsolenförmig; 10–40 cm breit und 10–20 cm dick. Im ersten Jahr
ist die Kruste ziemlich weich, aschgrau und konzentrisch gefurcht, die Substanz
korkig-zäh und etwas schwammig. Später verhärtet die Kruste und nimmt einen
graubräunlichen, am Rande mehr rostbräunlichen Ton an (bei *var. inzengae* [De
Not.] Erb. [3], bleibt sie weißlich und bei *var. nigricans* Fr. [Bourd. & Galz.] ist
sie von Anfang an schwarz). Auch die Substanz wird härter, bleibt jedoch gelbbraun oder hell rotbraun. Poren: klein, rund, anfangs grau, später ockerlich; Röhren rostbraun und mehrfach geschichtet. Sporen weiß. An Laubholz, mehrjährig,
wie auch *Ungulina* (Fomitopsis) *officinalis* (Vill. ex Fr.) Bond. & Sing., der Lär-
chen-Baumschwamm, der noch größer werden kann: Oberfläche weiß, gräulich
oder gelblich (oft mehrfarbig); Substanz bald hart, korkig, weiß; Geruch mehlartig; Geschmack bitter; an Lärchen. Früher war der Pilz sehr begehrt und wurde zur
Herstellung von Arzneimitteln und bitterem Likör herangezogen. – **Alle** erwähnten **Pilze** sind **ungenießbar.**

INONOTUS *(Xanthochrous)* HISPIDUS (Bull. ex Fr.) Karst. (1)
Pelz- oder Samtporling
Hufförmig; 15–40 cm breit und 10–20 cm dick; anfangs gelbbräunlich, orangebraun oder rostfarben, zuletzt schwärzend; Oberhaut dicht haarig-zottig. Fleisch
erst schwammig, wasserhaltig, gelbbräunlich, später trocken, brüchig und rostbraun. Poren klein, rund, erst gelbbräunlich, dann dunkelbraun; Röhren lang,
deutlich getrennt vom Hutfleisch, frisch tauartige Tropfen ausscheidend. Vorkommen: Parasit an Laubholz, vor allem an Obstbäumen; Sommer bis Herbst; jahrelang am gleichen Stamm erscheinend. – *Phellinus robustus* (Karst.) Bourd. & Galz.
(2), Eichen-Feuerschwamm: 10–30 cm breit und ebenso dick; mehrjährig; braun.
Ähnelt dem *Zunderschwamm* (S. 293), aber ohne eine deutlich von der holzigen
Substanz abgesetzte Kruste; Fleisch und Röhrenschicht sind rostockerfarben, die
Sporen weißgelblich. Vorkommen: Parasit an alten Eichen. – An Tannen wächst
der ähnliche Tannen-Feuerschwamm, *Phellinus hartigii* (Allesch. et Schnabel)
Bond. – Der Falsche Zunderschwamm, *Phellinus igniarius* (L. ex Fr.) Quél.,
wächst gerne an Weiden und hat eine dunkler braun gefärbte Substanz. – Der
Pflaumen-Feuerschwamm, *Phellinus pomaceus* (Pers.) Mre., ist kleiner, 3–6 cm
breit, oft unregelmäßig geformt und wächst an Steinobst-, selten auch an Apfel-
und Birnbäumen.
PHELLINUS NIGRICANS auct. p.p. (3) (= *Phellinus trivialis* [Bres.] Kreisel)
Schwarzer Feuerschwamm
Hufförmig; 5–20 cm breit und ebenso dick; Oberseite überzogen mit einer harten,
schwarzen Kruste, die jedoch von der Hutsubstanz nicht deutlich getrennt ist; glän-
zend, im Alter oft rissig; Rand weißlich oder ockerlich; an Laubbäumen. – Mit
Ausnahme der jungen *Pelzporlinge* sind alle erwähnten Pilze **ungenießbar.**

GANODERMA LUCIDUM (Leyss. ex Fr.) Karst. (2, 3)
Glänzender Lackporling

Hut fächer- oder kreiselförmig, 5–12 cm breit; recht(2)- oder schräg(3)winklig zum seitenständigen Stiel. Die Hutoberfläche ist unterteilt in konzentrische Zonen, deren Zentrum der obere Stielansatz bildet; der Wulst des Stielansatzes paßt sich bisweilen der Wellenlinie des oftmals unregelmäßig-verbogenen Hutrandes an. Kruste glänzend violettbraun, rotbraun oder rotschwärzlich, aber auch gelbbräunlich. **Stiel** gleichfalls überkrustet und wie der Hut gefärbt, zuweilen allerdings fast schwarz; unregelmäßig; manchmal 15–30 cm lang, in anderen Fällen verkrümmt oder völlig fehlend. **Fleisch** (Substanz) erst biegsam, dann lederig-zäh; rostbraun. **Poren** klein; erst weiß, dann bräunlich. **Röhren** anfangs kurz, später etwas länger werdend; erst weiß, dann gelbbräunlich. **Sporen** bräunlich. Vorkommen: an Laubholz, vor allem an Stümpfen von Edelkastanien und Eichen. Scheinbar bodenbewohnende Exemplare wachsen auf vergrabenem Holz. Der Glänzende Lackporling ist sehr schnellwüchsig. – *Ganoderma tsugae* Murr. (4) ist größer als *lucidum* und schön rot gefärbt mit gelbem Rand; eine japanische Art. – *Ganoderma applanatum* (Pers. ex Wallr.) Pat. (1), Flacher Lackporling: Kann bis zu 60 cm Durchmesser erreichen; stiellos oder allenfalls mit etwas verdickter, zusammengezogener Ansatzstelle; Oberfläche runzelig-höckerig, konzentrisch gezont; matt, nicht glänzend; einheitlich braun mit hellerem Rand; Poren weiß und auf Druck bräunend. – Die Lackporlinge sind **ungenießbar.** Man kann die oftmals eigenartig geformten und haltbaren Fruchtkörper zu Dekorationszwecken verwenden, was man aber aus Gründen des Naturschutzes nicht tun sollte.

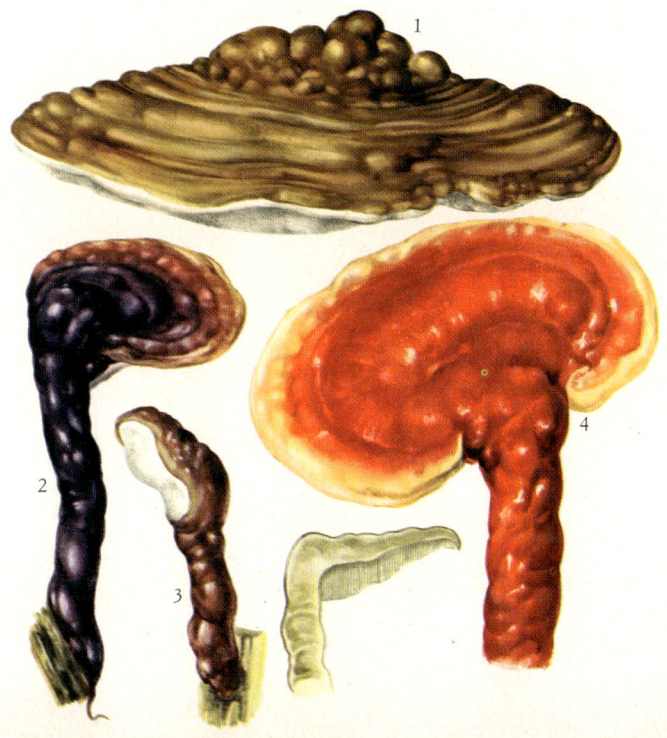

FISTULINA HEPATICA Schff. ex Fr.
Leberreischling, Ochsenzunge, Leberpilz
Der Pilz, der wie eine Ochsenzunge geformt ist, erreicht eine Breite von 10–20 cm.
An der dem befallenen Holz zugewandten Seite ist der Fruchtkörper verschmälert
und bildet mitunter einen deutlich erkennbaren Stiel aus, während in anderen Fällen nur schwache und kaum auffallende Andeutungen eines Stieles vorhanden sind.
Der Hutrand ist normalerweise dünn und gleichmäßig, kann aber auch lappig unterteilt sein. Die Oberfläche ist anfangs von feinen Papillen gelb gefärbt, später
dunkler rot und zuletzt rotbraun bis leberfarben. Die Unterseite ist überzogen mit
zahlreichen sehr kleinen **Röhren,** die voneinander vollständig isoliert sind, wie z. B.
die Borsten einer Bürste; sie sind anfangs gelblich und später örtlich gefärbt und
bräunen an Druckstellen. Das **Fleisch** ist saftig und faserig und zeigt auf rotem
Grund eine weißliche Marmorierung. **Sporen** rotbräunlich oder graurosa. **Geruch**
angenehm, geringfügig. **Geschmack** säuerlich oder bitterlich. Vorkommen: an alten Eichen und Edelkastanien, auch an Stümpfen. Wert: nach Entfernung der Huthaut und der Röhrenschicht **eßbar.** Der Leberpilz eignet sich in rohem Zustand zur
Verwendung in Salaten, wenn er zuvor einige Stunden in Essig- oder Salzwasser
gelegt wird, so daß die bitteren oder zusammenziehenden Geschmacksstoffe gelöst
werden. Vor dem Servieren lasse man dann die Pilze gut abtropfen und schmecke
sie noch einmal mit den entsprechenden Gewürzen ab. Man kann die Ochsenzunge
jedoch wie ein Kotelett braten oder einwecken.

HERICIUM *(Dryodon)* CORALLOIDES (Scop. ex Fr.) S. F. Gray (1)
Korallen-Stachelbart, Bart- oder Eiskoralle
An einem kurzen, längsrunzeligen, horizontal dem Holz entspringenden Strunk
entwickeln sich zahlreiche einander überlagernde Verästelungen, deren Enden
dichte Büschel aus bis zu 2 cm langen dünnen und zugespitzten Stacheln tragen,
die anfangs weiß sind und später eine cremefarbene Tönung mit blaßrosa Reflexen
annehmen. Die Gesamtbreite des Fruchtkörpers kann 30 cm betragen. Das Fleisch
ist weiß und brüchig; es riecht schwach, aber angenehm und schmeckt bitterlich;
die Sporen sind schmutzig-weißlich. Vorkommen: vom Spätsommer bis zu den ersten frühwinterlichen Nachtfrösten an Stümpfen oder alten Stämmen verschiedener
Laubbäume; seltener auch an Nadelholz; hauptsächlich an Buchen, Ulmen,
Eschen, Nußbäumen, Eichen und Kiefern. Wert: **eßbar;** sollte jedoch vor der
eigentlichen Zubereitung einige Minuten lang abgekocht werden; das Kochwasser
ist wegzuschütten. – *Hericium* (Dryodon) *erinaceus* (Bull. ex Fr.) Quél. (2), Igel-
Stachelbart: Kleiner und kompakter als die Eiskoralle mit gleichmäßigen, eng an-
einanderliegenden, fein bereiften Stacheln, die etwas fleischiger und elastischer sind
als die der Eiskoralle. Wert: nach Abkochen **eßbar.** – Ähnlich ist *Hericium* (Dryodon) *caput-medusae* Bull., der Medusen-Stacheling, dessen Strunk jedoch in mehrere Hauptäste aufgeteilt ist und dessen Stacheln in bizarrer Weise in alle Richtungen ragen. Er ist nur im frühen Jugendstadium, und auch dann nur nach Abkochen,
eßbar. – *Hericium caput-ursi* Fr. (3), Ästiger Stachelbart, Bärenkopf: Der Fruchtkörper ist unterteilt wie *coralloides*, seine Stacheln kommen jedoch denen von *erinaceus* näher und hängen büschelig von den Zweigenden herab. Der Ästige Stachelbart ist nur im Jugendzustand nach Abkochen **eßbar.**

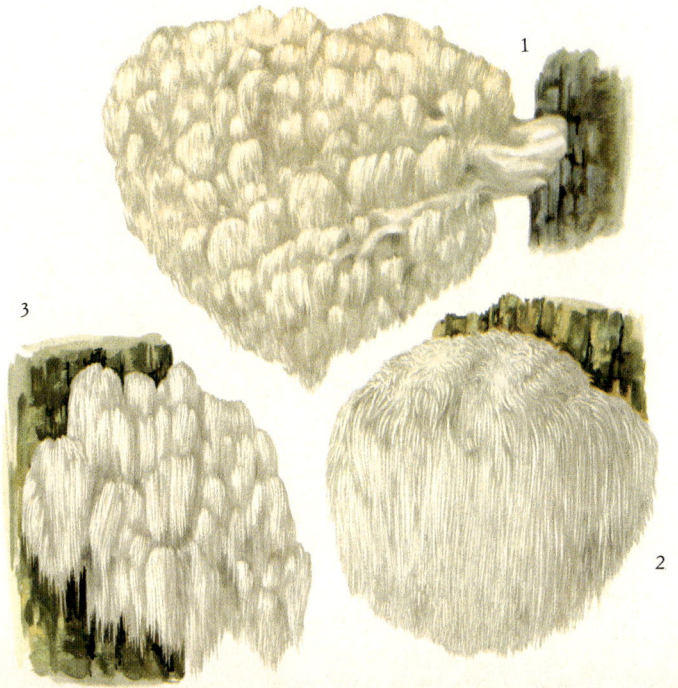

HYDNUM *(Sarcodon)* REPANDUM L. ex Fr. (1)
Semmelstoppelpilz, Semmelgelber Stacheling
Hut 5–15 cm breit, oft unregelmäßig-verbogen mit lappigem, gewelltem Rand; ok-kergelb mit rötlichem oder rosa Einschlag (bzw. orangerot mit weißlichem Stiel bei *var. rufescens* Pers. [3], und rein weiß bei *var. album* [Quél.] Rea [4]; Oberfläche feinsamtig-bereift. **Stiel** kräftig, mitunter unregelmäßig oder exzentrisch, wie der Hut gefärbt. **Fleisch** härtlich, brüchtig, etwas faserig; weiß, an der Luft zuweilen etwas gilbend. **Geruch** geringfügig. **Geschmack** säuerlich, bei alten Exemplaren bitter. Stacheln dichtstehend, ungleich lang, am Stiel herablaufend; zerbrechlich; erst schmutzig-weißlich, später die Farbe des Hutes annehmend. **Sporen** creme-weiß. Vorkommen: in Laub- und Nadelwäldern, gern in kleinen Gruppen; Spät-sommer und Herbst. Wert: jung guter **Speisepilz;** im Alter bitter und unappetitlich. Zur Entfernung der Bitterstoffe kann man die Pilze vor der eigentlichen Zuberei-tung überbrühen und die Stacheln mit einer kleinen Bürste entfernen. – *Hydnum* (Sarcodon) *Laevigatum* (Swartz) Quél. (2), Widerlicher Stacheling: Hut glatt, nicht schuppig, graubraun; Stacheln lang, graubraun mit weißen Spitzen; Fleisch blaß-grauviolett, später grauweißlich, bitter; in Nadelwäldern; **ungenießbar.** – Ähnlich sind: *Hydnum umbilicatum* Peck, Genabelter Stacheling: schmächtig; braun oder orangefarben; Hut oft gezont, Mitte vertieft; Stacheln verhältnismäßig lang; **eßbar.** – *Hydnum* (Bankera) *fuligineo-album* Schmidt ex. Fr., Rötender Sta-cheling: Hut weiß mit rußfarbenem oder bräunlichem Rand; Stiel feinschuppig; Fleisch weiß, an der Luft rosa anlaufend, lederig-zäh; **ungenießbar.**

HYDNUM *(Sarcodon)* IMBRICATUM (L. ex Fr.) Karst. (1)
Habichtspilz, Rehpilz
Hut trichterig vertieft, 5–25 cm breit; Rand lappig oder wellig-verbogen; dunkel-rußbraun; Oberfläche bedeckt mit sparrig abstehenden Schuppen, die besonders dicht in der Hutmitte konzentriert sind. **Stiel** derb und kurz, ockergrau. **Fleisch** anfangs hart und zäh, schmutzig-weißlich; später weicher und rußbräunlich. **Geruch** bei jungen Pilzen angenehm mild, bei älteren widerlich. **Geschmack** herb und etwas bitter. Stacheln dichtstehend, fein, lang, brüchig; am Stiel herablaufend; erst gräulich, dann bräunlich. **Sporen** ockerbräunlich. Vorkommen: gruppenweise in Nadelwäldern; vielerorts häufig. Wert: jung **eßbar;** vorheriges Abkochen und das Entfernen der Huthaut und der Stacheln wird empfohlen. Am besten schmecken Habichtspilze getrocknet und zu Pilzpulver zermahlen, doch eignen sie sich auch zum Einmachen.
HYDNUM *(Sarcodon)* SCABROSUM Fr. (2)
Gallenstacheling
Hut 5–15 cm breit, bräunlich, schuppig; Stacheln schmutzig-weißlich; Geschmack herb oder bitter; unter Kiefern; ungenießbar. – Ähnlich ist der Schuppige Stacheling, *Hydnum* (Sarcodon) *squamosum* Fr., Hut 4–8 cm breit, Schuppen faserig, rötlich; Stiel kurz, weiß; Stacheln fein, weinrötlich; Fleisch weiß, mild; **geringwertiger Speisepilz.** – Die folgenden Stachelinge sind **ungenießbar** und recht selten: *Hydnum* (Sarcodon) *amarescens* Quél.: weniger schuppig bis glatt, ockerrötlich; Stacheln kurz; Geschmack bitterlich. – *Hydnum* (Sarcodon) *fennicum* Karst., Finnischer Stacheling: Stielbasis außen und innen blau. – *Hydnum* (Sarcodon) *fuligineo-violaceum* Kalchbr., Brennender Stacheling: gänzlich dunkel-grauviolett; Geschmack scharf, im Hals kratzend. – *Hydnum acre* Quél., Scharfer Stacheling: Geschmack pfeffrig-scharf und bitter; Hut 5–10 cm breit, rauh; erst gelb, dann olivgrün; im Herbst unter Laubbäumen auf sandigem Boden. – *Hydnum abietum:* Hut weiß mit grüner Mitte, schmierig; Stacheln sehr lang; unter Nadelbäumen in Nordamerika.

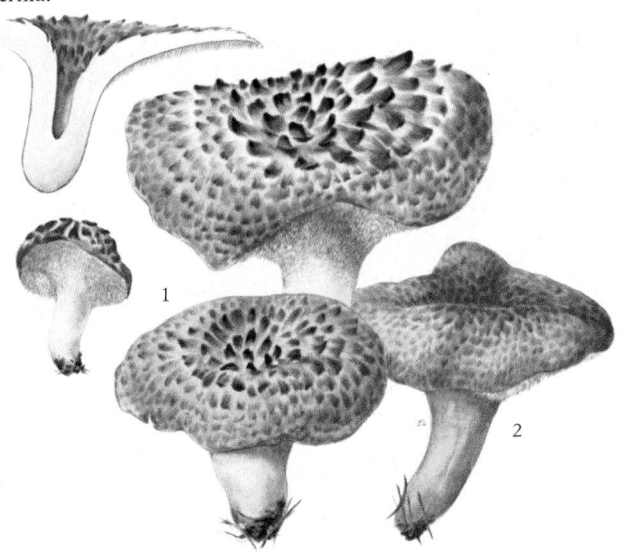

CALODON SUAVEOLENS (Scop. ex Fr.) Quél. (1)
Wohlriechender Korkstacheling
Hut kreiselförmig, 4–9 cm breit; erst weißlich, dann ocker mit bläulichem Einschlag; Oberfläche höckerig, filzig; Rand wellig-verbogen. **Stiel** kurz, filzig; erst
blau, dann rußbraun. **Fleisch** faserig, korkig; in der Basis indigofarben, im Hut
nach oben hin heller werdend; konzentrisch gezont, am Rand nahezu weiß. **Geruch**
anisartig. **Stacheln** dünn, kurz, herablaufend; erst bläulich, dann bräunlich. **Sporen**
ockergrau. Vorkommen: in Bergnadelwäldern, vor allem bei Tannen, wie auch *C.
caeruleum* (Hornem. ex Fr.) Karst. (2), der Bläuliche Korkstacheling, der anfangs
blau, später bräunlich gefärbt ist und auf weißlichem Grund blaugezontes Fleisch
besitzt. – *C. aurantiacum* (Alb. & Schw.) Quél. (3), Orangegelber Korkstacheling:
Hut orangegelb mit weißem Rand; Stiel orangegelb; Stacheln erst weiß, dann gelb
und zuletzt rostfarben; in Bergnadelwäldern. – *C. ferrugineum* (Fr.) Pat. (7), Rotbrauner Korkstacheling: Hut erst weißfilzig und mit roten Tropfen besetzt, zuletzt
rostbraun. – *C. nigrum* (Fr.) Quél. (6), Schwarzer Korkstacheling: Hut blau-
schwarz mit weißem, bewimpertem Rand; Geruch nach Lakritze. – *C. graveolens*
(Delastre) Quél. (5), Starkriechender Korkstacheling: Hut dünnfleischig, ockerrötlich; Stiel schmächtig, schwärzlich; Stacheln weiß; Geruch nach Lakritze oder
Ersatzkaffee. – *Auriscalpium* (Leptodon) *Vulgare* S. F. Gray (4), Ohrlöffelstacheling: **Hut** herzförmig, 1–2 cm breit, dünnfleischig, lederig-zäh, Oberfläche filzig-
zottig; erst braun, später schwärzlich. **Stiel** seitenständig, schlank, haarig-filzig,
braun. **Stacheln** zäh, graubraun. Vorkommen: auf verrottenden Kiefernzapfen.
Alle auf dieser Seite erwähnten **Pilze** sind **ungenießbar.**

SPARASSIS CRISPA Wulf. ex Fr.
Krause Glucke
Der Pilz erinnert an einen Badeschwamm oder einen Kopfsalat. **Stiel** strunkartig, dick, kurz, fleischig, faserig; weißlich; mehrfach verzweigt. Äste bandartig gewunden, wellig-verbogen, mit flachen, oftmals gekräuselten oder ineinander übergehenden Enden und gesägtem Rand; erst weißlich, dann gelblich und zuletzt blaßbräunlich. **Fleisch** weiß, elastisch, faserig. **Geruch** geringfügig, harzig. **Geschmack** nußartig. **Sporen** schmutzig-weißlich. Vorkommen: bis in den Spätherbst hinein am Grunde alter Kiefern oder an Kiefernstümpfen, wenn auch nicht ausschließlich; so wurde eine vollständig weiße Krause Glucke am Fuße eines Maulbeerbaumes gefunden. Wert: hervorragender **Speisepilz,** solange nicht überaltert und bald nach dem Sammeln zubereitet. – Ähnlich und gleichfalls **eßbar** sind die folgenden Arten: *Sparassis radicata* Weir: Arme blattartig, klein, stark gekräuselt; Stiel bzw. Strunk zylindrisch, dick, oft großenteils unter Laub und Holzabfällen, von denen sich das Myzel des Pilzes ernährt, verborgen. Vorkommen: am Fuße von Nadelbäumen in Nordamerika. – *Sparassis laminosa* Fr., Eichenglucke: bestehend aus wenigen, ziemlich langen und regelmäßigen und nur stellenweise gekräuselten Ästen, die mitunter nur in vertikaler Richtung wachsen. Vorkommen: hauptsächlich am Grunde alter Eichen, wenn auch nicht ausschließlich; ein Exemplar mit nur vier weißen, blattartig-breiten, senkrecht nach oben gerichteten Ästen, die teilweise verflochten waren, wurde in einem ausgetrockneten Bachbett zwischen einer Brombeerhecke und einer Asphaltstraße gefunden.

CLAVARIA *(Ramaria)* BOTRYTIS Pers. ex Fr. (1)
Trauben-Ziegenbart, Rötliche Koralle, Hahnenkamm
Der Pilz erinnert im ersten Augenblick in Form und Farbe an einen reifen Blumen-
kohl: 6–16 cm breit, 8–20 cm hoch; Endäste winzig, kurz, gabelig-verzweigt, rötlich oder amethystfarben, in nach und nach breiter werdenden Zweigen zusammenfließend, die ihrerseits letztlich in einen dicken, verhältnismäßig kurzen und
fleischigen, an der Basis abgerundeten Strunk von anfangs schmutzig-weißlicher
und später ockerlicher Färbung münden. **Fleisch** weiß, hart, zerbrechlich. Geruch
geringfügig. **Geschmack** säuerlich oder bitterlich. **Sporen** blaßocker. – Vorkommen: im Herbst in lichten Wäldern, vor allem unter Buchen; seltener in Nadelwäldern. Wert: **eßbar** mit Vorbehalt; bei besonders empfindlichen Personen kann sich
nach dem Genuß der Pilze eine leicht abführende Wirkung einstellen. Man verwende deshalb nur beschränkte Mengen und entferne die Zweigenden. Vor der
eigentlichen Zubereitung überbrüht man die Pilze einige Minuten lang und schüttet
danach das Kochwasser fort.
CLAVARIA BOTRYTIS *var.* PARVULA Bourd. & Galz. (2)
Diese Varietät erreicht nicht die Ausmaße der Stammform; die Zweigspitzen sind
rosa oder purpurrosa gefärbt. – *Clavaria botrytis var. rufescens* Schff. wird indes
noch größer als die Stammform: Zweige erst gelbbräunlich, dann ockerfarben mit
rosaroten oder graurötlichen Spitzen; Geschmack säuerlich; auf dem Erdboden in
Laub- und Nadelwäldern. Im ersten Augenblick wirkt der Pilz auffällig zweifarbig
mit einer orangefarbenen oberen und einer weißen unteren Hälfte. – Beide Unter-
arten der Rötlichen Koralle sind unter den gleichen Voraussetzungen **eßbar** wie die
Stammform.

CLAVARIA *(Ramaria)* FORMOSA Pers. ex Fr. (1)
Schöne Koralle, Dreifarbiger Ziegenbart
Gesamthöhe 10–20 cm. Strunk rotgelb; Äste hell rosaorange, lang, elastisch, im
Querschnitt rundlich; Zweigspitzen zwiegespalten, zitronengelb; Fleisch bröckelig,
schmutzig-weißlich und an der Luft weinrötlich verfärbend; Geschmack säuerlich
oder bitterlich. Wert: **schwach giftig,** wirkt wie ein starkes Abführmittel. – Sehr
ähnlich, aber einheitlich rosaorange gefärbt, ist *Clavaria* (Ramaria) *elegans* Huber,
die Elegante Koralle. Sie ist **ungenießbar.**
CLAVARIA *(Ramaria)* FLAVA Schff. ex Fr. (2)
Zitronen- oder Schwefelgelbe Koralle
Gesamthöhe 8–16 cm. Strunk schmutzig-weißlich oder gelblich mit weinroten
Flecken; Zweige zylindrisch, glatt, gelb mit kurzen Endästen. Fleisch bröckelig,
weiß. Geruch und Geschmack angenehm, mild. Sporen blaßocker. Vorkommen:
vor allem unter Buchen und Tannen im Gebirge, aber auch im Flachland. Wert:
eßbar; bei manchen Personen kann jedoch eine abführende Wirkung auftreten.
CLAVARIA *(Ramaria)* AUREA Schff. ex Fr. (3)
Goldkoralle, Goldgelber Ziegenbart
Gesamthöhe 10–14 cm. Strunk blaß-cremefarben; Zweige goldgelb, kurz, starr;
Enden in zwei Teile gespalten, goldgelb; Fleisch hart, weiß. Geruch und Geschmack
angenehm. Sporen blaßocker; in Wäldern, vorzugsweise unter Nadelbäumen.
Wert: **eßbar;** bei manchen Personen kann jedoch eine abführende Wirkung auftreten. – In Nordamerika wächst die ähnliche *Clavaria* (Ramaria) *gelatinosa* Coker
in Laub- und Nadelwäldern: gelb mit im Schnitt gelatinös erscheinendem Fleisch,
das fein marmoriert ist wie ein geschliffener Achat. Wert: **ungenießbar;** kann bei
besonders empfindlichen Personen Verdauungsbeschwerden hervorrufen.

CLAVARIA *(Ramaria)* PALLIDA Schff. ex Fr. (1)
Blasse Koralle, Bauchwehkoralle, Bleicher Ziegenbart
Gesamthöhe 6–12 cm; Strunk ockergrau mit blasser Basis; Äste cremerosa mit
rötlich-violetten Spitzen; Fleisch hart, weiß; Geruch und Geschmack angenehm,
mild. Sporen blaßocker. Vorkommen: in Laubwäldern. Wert: **giftig.** – *Clavaria*
(Ramaria) *Cinerea* (Bull.) Schroet. (2), Graue Koralle: Gesamthöhe 5–10 cm;
Strunk weißlich, blaß- oder dunkelgrau; Äste ungleich lang, runzelig, rauchgrau,
Enden entweder stumpf-gezähnelt oder knapp unterhalb der Spitze pfriemlich verdickt. Fleisch brüchig, weiß; Geruch und Geschmack angenehm, mild; Sporen weiß
mit blaugrünlichem Schein; im Herbst in Wäldern. Wert: **eßbar,** kann jedoch bei
manchen Personen wie ein leichtes Abführmittel wirken. – *Clavaria pyxidata* (Pers.
ex Fr.) Doty (3), Becherkoralle: Gesamthöhe 7–14 cm. Strunk schmächtig, weißlich mit bräunlichen Flecken; Äste umgekehrt-kegelförmig mit becherförmigen
Enden, deren Ränder weiß oder gelblich gezähnelt sind; Geschmack schärflich; auf
morschem Holz, selten. Wert: **eßbar,** kann jedoch bei manchen Menschen wie ein
leichtes Abführmittel wirken. – *Clavaria stricta* (Pers. ex Fr.) Quél. (4), Steife
Koralle: Gesamthöhe 5–10 cm. Strunk dünnfleischig, bräunlich oder violettbraun
mit filziger Basis; Äste starr parallel, fast senkrecht, rotgelb; Enden zugespitzt,
gelb. Fleisch frühzeitig zäh; Geruch würzig. Geschmack bitter und schärflich, eigenartig metallisch. Vorkommen: im Herbst auf morschem Holz. Wert: **ungenießbar.**

1

4

2

3

CLAVARIA *(Ramaria)* CRISTATA Holmskj. (1)
Kammförmiger Ziegenbart, Kammkoralle
Gesamthöhe 2–6 cm; Strunk schmutzig-weißlich, glatt, bereift, Basis filzig; Äste plattgedrückt, weißlich, unregelmäßig, entweder nur zu wenigen oder aber zahlreich und engstehend; Enden gelb oder grau und mehrfach aufgeteilt (»kammförmig«); Fleisch zäh, weiß; Sporen weiß. Vorkommen: auf dem Erdboden in Laub- und Nadelwäldern; gern an Wegrändern. Wert: **eßbar.** – *Clavaria* (Ramaria) *Abietina* Pers. ex Fr. (2), Gelbgrüne Koralle.
Fichten-Ziegenbart: Gesamthöhe 2–6 cm; Strunk schmächtig, cremefarben oder ockergelb; Äste dichtstehend, runzelig, erst gelb, dann orangefarben, schließlich ockergelb und olivgrün; Enden gedrängt, spitz, zweifach oder dreifach unterteilt; Fleisch schlaff; Geruch geringfügig; Sporen rostockerfarben. Auf Druck verfärben sich alle Teile dieser Koralle grün. Vorkommen: unter Nadelbäumen, insbesondere in Fichtenwäldern. Wert: **eßbar.** – *Clavaria rugosa* Bull. ex Fr. (3), Runzelige Koralle: Gesamthöhe 5–12 cm; sehr verschieden gestaltet, entweder einfach oder verzweigt; weißlich, gelblich oder aschgrau; in der gesamten Länge durchzogen mit tiefen Runzeln oder Furchen; Fleisch brüchig, weiß; Geruch und Geschmack kaum wahrnehmbar; Sporen weiß; in Laub- und Nadelwäldern, gern an Wegrändern; **eßbar.** – *Clavaria fusiformis* Sow. ex Fr. (4), Spindelförmige Keule: Bestehend aus einzelnen, spindelförmigen, 5–12 cm hohen, gelben und innen hohlen Exemplaren, die an der Basis büschelig zusammengeheftet sind. Man findet diese Pilze im Herbst an grasigen Stellen, nicht selten längs der Wege. Sie sind **eßbar.**

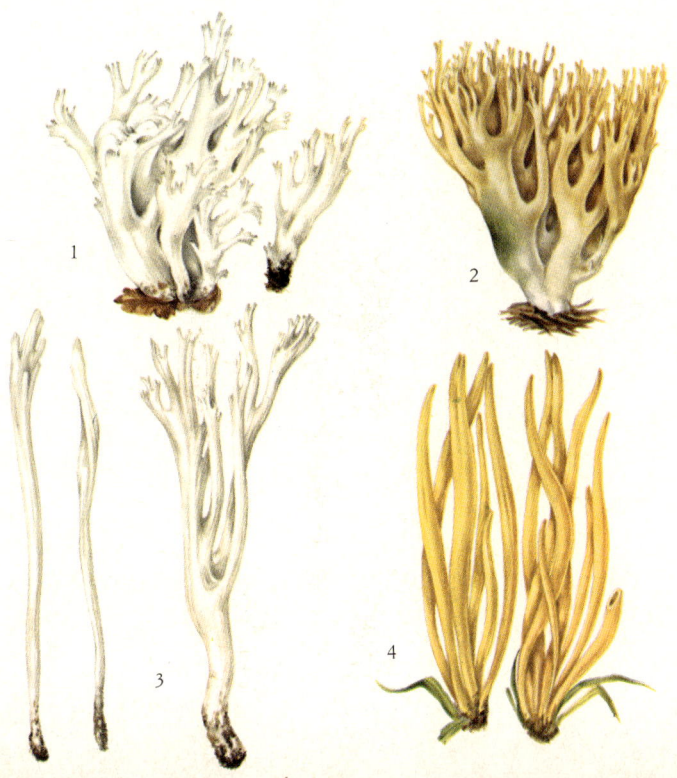

CLAVARIA *(Clavariadelphus)* FISTULOSA Holmskj. ex Fr. (1)
Röhrige Keule
10–20 cm hoch, gestreckt-keulenförmig; bräunlich; hohl; auf vermodernden Holzresten; **eßbar.** – *C. Helvola* Pers. ex Fr. (2), Goldgelbe Keule: 3–6 cm hoch, keulenförmig mit etwas plattgedrückten Spitzen; gelb; Fleisch weißlich, biegsam; büschelig an moosigen Stellen; **Speisewert unbekannt.** – *C. Argillacea* Pers. ex Fr. (3),
Heidekeule: 3–8 cm hoch, keulenförmig, flachgedrückt, längsfurchig; Spitze mitunter erweitert oder zweilappig, im unteren Teil blaßgelb, an der Spitze entweder
gleichfarbig, gräulich oder grünlich; Basis filzig. Vorkommen: auf sandigem oder
torfigem Boden, büschelig; Herbst. Wert: **eßbar.** – *C. Ligula* Schff. ex Fr. (4), Zun-
genkeule: 4–12 cm hoch, keulenförmig; am oberen Ende entweder abgerundet, abgestutzt oder zugespitzt; grau- oder ockerviolettlich; Fleisch weiß. Vorkommen: in
Scharen am Fuße von Nadelbäumen in Tausenden von Einzelexemplaren; **eßbar.**
– *C. Fumosa* Pers. ex Fr. (5), Rauchgraue Keule: 6–10 cm hoch, verlängert-spindel-
förmig, an der Basis mit anderen Exemplaren verwachsen; mitunter abgeflacht und
längsfurchig; anfangs gelbviolett, dann rußgrau; brüchig. Vorkommen: büschelig
in Laub- und Nadelwäldern; **eßbar.** – *C. Vermicularis* Sow. ex Fr. (6), Wurmförmige
Keule: 6–15 cm hoch mit blaßgelblicher Spitze, brüchig. Vorkommen: an grasigen
und moosigen Stellen, in dichten Büscheln. *Var. fragilis* Holmskj. (7) ist innen
hohl. **eßbar.**

CLAVARIA *(Clavariadelphus)* PISTILLARIS L. ex Fr. (1)
Herkuleskeule

Keulenförmig, 8–24 cm hoch; gelbbräunlich oder ockergelb, zuweilen auch mit orangefarbenem Einschlag; Oberfläche erst glatt, später etwas gerunzelt, kleiig-bereift; Fleisch schmutzig-weißlich, weich; Geschmack bitterlich; in Laubwäldern; geringwertiger **Speisepilz.** – *Clavaria* (Clavariadelphus) *Truncata* Quél. (2), Abgestutzte Keule: Ähnelt der vorigen Art, ist jedoch durch den scharfkantig abgesetzten, flachen Scheitel, die kräftigere Radialfurchung, das süßlich schmeckende Fleisch und das Vorkommen in Nadelwäldern unterschieden. Die Abgestutzte Keule erreicht eine Höhe von 6–16 cm und ist als **Speisepilz** geringwertig. – *Nevrophyllum* (Gomphus, Cantharellus) *Clavatum* Pers. ex Fr. (3), Schweinsohr: Plump keulenförmig oder kreiselförmig, 3–6 cm hoch; Scheitel abgestutzt, niedergedrückt oder leicht trichterig vertieft; Rand bizarrgelappt und gekräuselt; auf der Scheitelfläche ockerfarben, an den Seiten violett oder fleischrosa und schließlich bräunlich; von oben nach unten überzogen mit anfangs purpurvioletten und später ockerfarbenen, aderig-verbundenen Leisten, die bei der Reife nach und nach etwas dicker werden. Oftmals sind die Fruchtkörper auf einer Seite mehr oder weniger tief aufgeschlitzt. **Fleisch** weiß mit aromatischen, zuweilen etwas bitterlichem Geschmack; oft von Insektenlarven befallen, die vom Stielgrund aufwärts den Pilz zerfressen. **Sporen** ockerfarben. Vorkommen: vor allem in Tannenwäldern der Gebirge, aber auch unter anderen Bäumen, gern in zu Kreisen und Reihen angeordneten Gruppen mit zahlreichen Einzelexemplaren. Wert: jung hervorragender **Speisepilz;** alt auch nach längerem Kochen bitterlich schmeckend. Die Bitterkeit scheint örtlich zu schwanken.

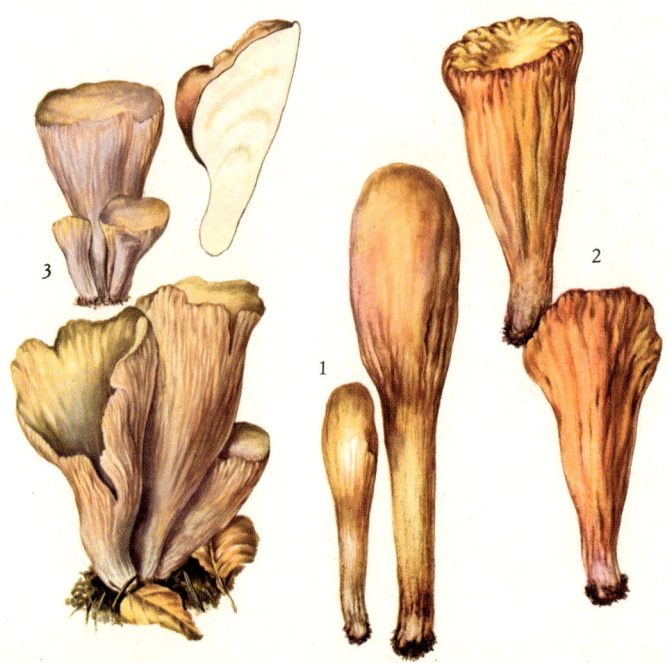

CANTHARELLUS CIBARIUS L. ex Fr. (1)

Pfifferling, Eierschwamm, Reherl, Rehling, Kantharelle

Kreiselförmig (wie ein gefüllter Trichter), 3–10 cm breit; Oberfläche anfangs feinsamtig und etwas feucht, dann bald glatt und trocken mit wellig-verbogenem, gekräuseltem Rand. Leisten dick und weit herablaufend, jedoch die Stielbasis nicht erreichend. Die Normalform ist in allen Teilen goldgelb gefärbt. *Var. neglectus* Souché (2) ist blasser und schmächtiger als die Hauptform, ihre Leisten sind mit einem blaßvioletten Flaum überzogen; *var. albus* Fr. (6) ist bis auf die Lamellen rein weiß; *var. amethysteus* Quél. (5) ist gelb, seine Hutoberfläche ist vor allem im Zentrum violettlich geschuppt; *var. ianthinoxanthus* Mre. hat amethystfarbene Leisten. **Fleisch** etwas faserig, zäh; je nach Variation weiß oder gelb. **Geruch** angenehm. **Geschmack** etwas schärflich. **Sporen** weiß oder blaßgelb. Vorkommen: von Mai bis in den Herbst in Wäldern, gruppenweise. Wert: einer der beliebtesten **Speisepilze.** Gleichfalls **eßbar** sind folgende Arten: *C. friesii* Quél., Samtpfifferling: feinsamtig, schön orangefarben. – *C. (Hygrophoropsis) olidus* (Quél.) Métr., Duftpfifferling: fleischrosa, Geruch süßlich (bonbonartig); im Herbst in Fichten-wäldern, selten. – *C. sinuosus* Fr.: braun oder rußgrau; Leisten blaß-gelbbräunlich, verkümmert; unter Laubbäumen. – *C. floccosus* Schw. (3): 12–24 cm hoch, hohl; auf gelbem Grund rosa oder rot verfärbend; in der Stielhöhlung und auf der Hutoberfläche geschuppt. Vorkommen: Ferner Osten, Nordamerika. Wert: **eßbar.** – *C. pallidus* Yasuda ap. Lloyd (4): Weißlich mit graurötlichem oder grauviolettlichem Einschlag; eine japanische Art, ungenießbar. In Mitteleuropa kennt man eine **eßbare** *var. pallidus* R. Sch. des Pfifferlings, die besonders in Buchenwäldern vorkommt. Gleichfalls **eßbar** ist der winzige, einheitlich rot gefärbte *C. cinnabarinus* Schw., der aus Nordamerika bekannt ist.

1
2
3
4
5
6

CRATERELLUS *(Cantharellus)* LUTESCENS Pers. (1)
Goldstieliger Pfifferling, Duftender Leistling,
Gelbe Kantharelle
Hut trichterförmig, 2–5 cm breit, mit wellig-verbogenem, oder fein gekräuseltem
Rand; Oberseite anfangs grau und feinflockig, später glatt und radial gestreift,
braun oder rußgrau; Unterseite anfangs rosagelb, glatt, später orangegelb und mit
einigen wenig hervortretenden Rippen überzogen, die stellenweise aderig verbun-
den sind. **Stiel** verhältnismäßig hoch (Gesamthöhe des Pilzes 7–12 cm), an der
Basis spindelförmig zugespitzt; gelb oder orangegelb; runzelig gefurcht; erst voll,
doch schon bald hohl. Bei älteren Pilzen gehen die trichterig vertiefte Hutmitte und
die Höhlung des Stiels ineinander über. **Fleisch** dünn, faserig, zäh, blaßgelb-weiß.
Vorkommen: in feuchten Bergnadelwäldern; in Gruppen oder in Büscheln; oft im
Heidekraut verborgen. Wert: guter **Speisepilz,** wenn auch etwas zäh.
CANTHARELLUS TUBAEFORMIS Bull. ex Fr. (2)
Trompetenpfifferling, Durchbohrter Leistling
Dem *Goldstieligen Pfifferling* recht ähnlich: 5–15 cm hoch; Hut feinfilzig, trichter-
förmig; anfangs braun und später gelbbräunlich; Leisten erhaben, lamellenähnlich,
oft gegabelt und untereinander durch Queradern verbunden, anfangs gelb, später
grau. Vorkommen: hauptsächlich in Nadelwäldern (gern bei Kiefern), doch auch
in Laubwäldern. Wert: guter **Speisepilz.**
CANTHARELLUS TUBAEFORMIS *var.* LUTESCENS Fr. (3)
Gelber Trompetenpfifferling
Hut gelb mit olivlichem Schein; eßbar. – Erinnert sei an dieser Stelle auch an den
Gezonten Adermoosling, *Cantharellus* (Leptoglossum) *muscigenus* (Bull. ex Fr.)
Karst, der in großen Scharen auf Holzabfällen und im Moos wächst. Getrocknet
und zu Pilzpulver zermahlen stellt er ein hervorragendes, aromatisches **Gewürz**
dar.

CRATERELLUS *(Cantharellus)* CORNUCOPIOIDES L. ex Fr. (1)
Herbst- oder Totentrompete
Geformt wie ein leeres Füllhorn; 5–12 cm hoch, mit lappigem Rand (der bei *var.
crispus* Sow. stark gekräuselt ist). Die Hutoberfläche ist rußgrau oder graubraun
und mit kleinen dunkleren Schüppchen besetzt; die übergangslos mit dem Stiel ver-
schmolzene Seitenfläche bzw. Hutunterseite ist glatt oder etwas gerunzelt, aschgrau, graubräunlich oder grauviolettlich gefärbt und fein bereift. Bei Feuchtigkeit
wird der gesamte Pilz schwärzlich. **Fleisch** dünn, elastisch, häutig. **Geruch** und
Geschmack mild. **Sporen** weiß. Vorkommen: mitunter in großen Büscheln an
feuchten oder sogar schlammigen Stellen in Laubwäldern. Wert: begehrter **Speisepilz,** der sich auch zum Trocknen und zur Herstellung von Pilzpulver eignet.
CANTHARELLUS CINEREUS Pers. ex Fr. (2)
Grauer Pfifferling, Schwarz- oder Ganzgrauer Leistling
Ähnelt der *Totentrompete*, jedoch im Durchschnitt kleiner und heller grau gefärbt.
Hutunterseite mit deutlich hervortretenden, stumpfschneidigen Leisten überzogen,
die bereits an grobe Lamellen erinnern und z. T. direkt, z. T. durch Queradern mit-
einander verbunden sind. Mitunter zeigen die bleigrauen Leisten einen bläulichen
Beiton. **Fleisch** elastisch. **Geruch** nach Pflaumen. **Geschmack** angenehm. **Sporen**
weiß. Vorkommen: in feuchten Wäldern, insbesondere bei Buchen. Wert: **eßbar.**
– Der ähnliche Kohlenleistling, *Cantharellus* (Geopetalum) *carbonarius* (Alb. &
Schw. ex Fr.) Pat., unterscheidet sich durch seinen dunkelgrauen Hut mit weißen
Leisten auf der Unterseite und den schmutzig-weißlichen, vollen Stiel. Der Kohlen-
leistling wächst auf alten Feuerstellen, z. B. nach Waldbränden, und ist **eßbar.**

DICTYOPHORA DUPLICATA (Bosc.) Ed. Fischer (3)
Schleierdame
Hut fingerhutförmig, hohl mit durchbohrter Spitze; Oberfläche wabenartig gekammert und bedeckt mit anfangs gelbgrünem, dann dunkel-olivgrünem Schleim,
der sich zuletzt in eine übelriechende schwärzliche Flüssigkeit auflöst, nach deren
Abtropfen der weiße Untergrund sichtbar wird. **Stiel** zylindrisch, hohl, schwam-
mig-porös; weiß. **Gesamthöhe** 12–14 cm. Am unteren Hutrand hängt ein reifrockartig ausgebreitetes, weitmaschiges **Netz** von sehr vergänglicher und empfindlicher
Beschaffenheit, das normalerweise bis ungefähr zur Stielmitte herabreicht. **Volva**
als »Hexenei« anfänglich den gesamten Pilz einhüllend und weißlich, blaßrosa oder
gelbbräunlich gefärbt, später ockerlich getönt und nurmehr den Stielgrund umge-
bend. **Fleisch** porös, brüchig, weiß. **Geruch** unangenehm stinkend. **Sporen** gelbgrünlich. Vorkommen: in warmen und regnerischen Sommermonaten meist einzeln in Laubwäldern; Nordamerika und Mitteleuropa.
DICTYOPHORA INDUSIATA (Pers.) Ed. Fischer (1)
Tropische Schleierdame
Das Netz ist etwas engmaschiger und beständiger als bei *duplicata*. Der Pilz wächst
in den Tropen und ist auch in Japan festgestellt worden.
PHALLUS IMPUDICUS L. ex Pers. (2)
Stinkmorchel
Der Pilz ähnelt der *Schleierdame,* doch fehlt ihm das charakteristische Netz. Vorkommen in Wäldern, Parkanlagen, auf Wiesen und Feldern und in Gebüschen. –
Die kleine Hundsrute, *Mutinus caninus* Huds., erreicht eine Höhe von 6–12 cm;
sie ist am oberen Ende zugespitzt oder streichholzkopfartig abgerundet und auf rotem Grund mit stinkendem grünlichem Sporenschleim bedeckt; der Stiel ist brüchig, zart und netzlos. Im reifen Zustand sind alle diese Pilze aufgrund ihres üblen
Geruchs absolut **ungenießbar.** Manche Leute verzehren jedoch die noch geschlossenen Hexeneier, die sich vor allem zum Braten eignen.

CLATHRUS CANCELLATUS Tournef. ex Fr.

Gitterling

Anfänglich besteht der gesamte Pilz aus einem 2–3 cm breiten, eiförmigen Gebilde mit dicker, weißer Außenhaut *(Volva)*, das mit einem kurzen, wurzelartigen Fortsatz, der ein wenig an einen Mäuseschwanz erinnert, im Boden verankert ist. Das »Hexenei« ist oft von der Basis bis ungefähr zur Mitte herauf deutlich gerunzelt. Im Verlaufe der weiteren Entwicklung des Pilzes zerreißt zunächst die Volva, so daß sich aus ihr eine 6–12 cm hohe, rosafarbene Kugel erheben kann, die durch zahlreiche vieleckige oder rundliche Maschen netzartig durchbrochen ist. Nach und nach streckt sich diese aus einem schwammigen, zerbrechlichen Gewebe bestehende Kugel, wodurch die einzelnen Maschen linsenförmig in die Länge gezogen werden, und nimmt schließlich eine schön blutrote oder ziegelrote Färbung an. Auf der porösen, gekammerten Innenseite der reifen Gitterkugel haftet eine braune oder grünliche, beinahe feinkörnige Schleimschicht, in der die Sporen enthalten sind. Dem reifen Pilz entströmt ein unerträglicher Verwesungsgeruch. Vorkommen: in Südeuropa schon vom Frühjahr an, bis in den Herbst, an feuchten und schattigen Stellen unter Laubbäumen, doch zuweilen auch außerhalb des Waldes auf Wiesen. In Mitteleuropa außerordentlich selten. Wert: **ungenießbar.** – Mitunter tritt der Gitterling in einer Form auf, zu der der lateinische Name *discancellatus* passen würde. Bei ihr entwickeln sich aus der Volva 5–6 rote Arme, die lediglich an der Spitze miteinander verbunden sind. Diese Form steht *Clathrus ruber f. kusanoi* (S. 313) sehr nahe, die sich nur durch ihre blasse, rosafarbene Tönung unterscheidet.

ANTHURUS ASEROEFORMIS MacAlpine (1)

Tintenfischpilz

Im Jugendstadium präsentiert sich der Pilz als ein schmutzig-weißliches, nicht selten rosa überhauchtes Gebilde. Nachdem die häutige Hülle dieses »Hexeneis« geplatzt ist, entwickeln sich fünf oder sechs polypenartige Arme, die zumindest anfänglich jeweils zu zweit an den Spitzen miteinander verbunden bleiben und außen rosig-weißlich, auf der Innenseite dagegen scharlachrot gefärbt sind. Später entfalten sich diese Arme wie Blütenblätter und stützen sich mit ihren mitunter weit über den Rand der Eihülle hinausragenden Enden ab. Der Pilz erreicht eine Gesamthöhe von 7–14 cm. Das sehr vergängliche scharlachrote Gewebe schrumpft jedoch bald zusammen, verfärbt sich schwärzlich und riecht außerordentlich unangenehm. Der Tintenfischpilz ist in manchen Gegenden Mitteleuropas, so in Württemberg, stellenweise sehr häufig, während er andernorts noch fehlt. Man findet ihn in feuchten Sommermonaten in lichten Laubwäldern und auf Wiesen.

PSEUDOCOLUS SCHELLENBERGIAE (Sumst.) Johnson (2)

Die wenigen rosafarbenen Arme dieses polypenähnlichen Pilzes sind an ihren Spitzen und an ihrem Ursprung innerhalb der Volva miteinander verbunden. Der Fruchtkörper erreicht eine Höhe von 4–7 cm und sieht beim Hervorbrechen aus der Hülle wie eine kleine, längsseitig gespaltene Spindel aus. *Pseudocolus schellenbergiae* ist in Japan, Nordamerika und auf Kuba gefunden worden.

CLATHRUS RUBER *forma* KUSANOI (3)

Etwas kleiner und blasser als der *Tintenfischpilz;* weniger Arme; 4–7 cm hoch; in Wäldern, Japan. – **Alle** auf dieser Seite erwähnten **Pilze** sind **ungenießbar**.

CYATHUS CRUCIBULUM Hoffm. (1) (= *Crucibulum vulgare* Tul.)
Tiegelteuerling
0,5–1 cm breit, nestförmig; anfangs von einem weißen Häutchen verschlossen, das
bald aufplatzt; außen bräunlich, innen ockerfarben; im Inneren finden sich 8–10
eiförmige, flache Sporenkapseln, die mit einem winzigen Fädchen an der Innen-
wand angeheftet sind. Vorkommen: an Holzabfällen, Frühjahr bis Herbst, wie
auch *Cyathus striatus* (Huds. ex Pers.) Wild (2), der Gestreifte Teuerling: nestförmig, 0,5–1 cm breit; außen rußig-braun, filzig, innen grau und senkrecht gerippt
mit 10–12 grauen Sporenkapseln. *Cyathus olla* (Batsch) Pers. (3), der Topfteuer-
ling, erinnert an eine umgedrehte Glocke. Er wird 0,5 cm breit und bis 1,5 cm hoch;
außen rußig-braun und bereift, innen grau, seidig-glatt. *Sphaerobolus stellatus*
Tode ex Pers. (4) Kugelschneller: anfangs kugelig, 0,2–0,3 cm breit; später sternförmig aufreißend und eine kleine, grauglänzende Kugel freilegend, die bei der
Reife weit fortgeschleudert wird; auf Holz. *Tulostoma brumale* Pers. (5), Zitzen-
Stielbovist: kugelig, 0,5–2,5 cm breit; erst bräunlich, dann grau; anfangs von einer
doppelten Hülle umschlossen; die anfänglich am Boden liegende Sporenkugel wird
bald auf einem harten, etwas geschuppten Stiel emporgehoben. Am Scheitel öffnet
sich bei der Reife eine kreisförmige Mündung, aus der ein bräunliches Pulver – die
reifen Sporen – entweicht. Vorkommen: Herbst und Winter auf sandigem Grund
an sonnigen Stellen, auch auf Kalkresten und im Moos. *Tulostoma granulosum*
Lév. (6), Gewimperter Stielbovist: Mündung zackig; Endoperidie unterseits mit
Sand oder Erde besetzt; Stiel feinkörnig. Vorkommen: im Herbst auf nacktem,
stickstoffreichem Boden. – Alle hier erwähnten Pilze sind **ungenießbar.**

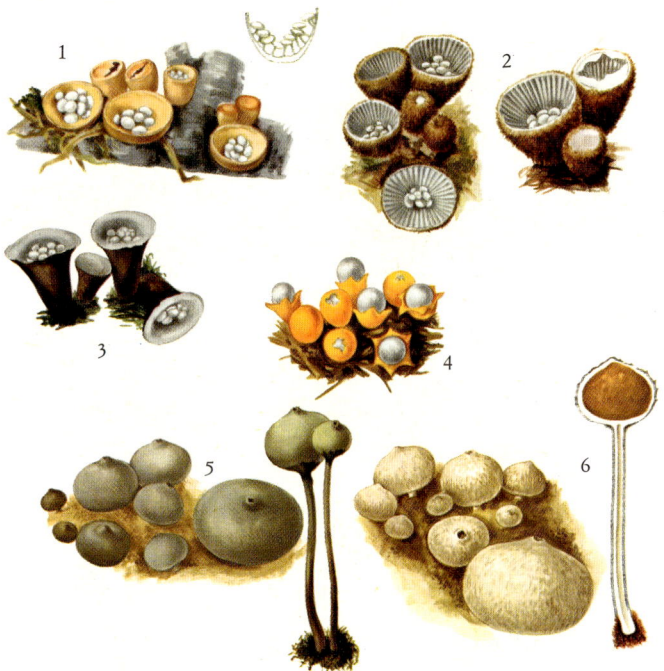

SCLERODERMA AURANTIUM L. ex Pers. (1)

Echter oder Dickschaliger Kartoffelbovist
Kugelig; 3–12 cm breit; mit faserigen Myzelsträngen im Boden verwurzelt;
Außenschale derb, elastisch, lederig-zäh, gelbbräunlich oder orange, im Alter okkerlich; runzelig, warzig; Scheitel bei der Reife aufplatzend. Fleisch erst weiß, bald
rosa und dann schwarzviolett, zuletzt in dunkel-olivbraunes Sporenpulver zerfallend. Geruch nach Tinte. Vorkommen: an warmen und trockenen Stellen in Laub-
und Nadelwäldern; gern an Wegböschungen und auf Torfboden, seltener auch an
alten Stümpfen. Wert: **ungenießbar** oder schwach giftig; kann Magenbeschwerden
hervorrufen. – *Scleroderma verrucosum* Pers. (3), Dünnschaliger Kartoffelbovist:
Kleiner als *aurantium:* 3–7 cm breit; Außenschale weniger derb, dicht besetzt mit
feinkörnigen Warzen, die etwas dunkler sind als der bräunliche Untergrund; an der
Basis befindet sich ein kurzer, runzeliger Fortsatz. Vorkommen: auf dem Erdboden, seltener auch an alten Stümpfen, an warmen und trockenen Stellen in sandigen
Wäldern. Wert: **ungenießbar.** – *Boletus* (Xerocomus) *parasiticus* (Bull. ex Fr.)
Quél. (2), Schmarotzerröhrling: **Hut** 3–8 cm breit, olivgelb, feinsamtig; bei Trok-
kenheit oft felderig aufspringend. **Stiel** faserig, verbogen; Basis zugespitzt. **Fleisch**
hart, massiv, gelb. **Geruch** und **Geschmack** angenehm, mild. **Poren** groß, rundlich;
erst gelb, später rötlich-gelb. **Röhren** kurz, am Stiel angewachsen. Vorkommen:
auf *Scleroderma aurantium,* seltener auch auf *Scleroderma verrucosum* parasitie-
rend; die befallenen Pilze werden steril. Wert: **eßbar.** – *Boletus astraeicola* Imazeki
wächst in Japan an jungen *Wettersternen* (S. 320); sein Hut ist rauchgrau gefärbt.
Auch dieser Pilz ist vermutlich **eßbar.**

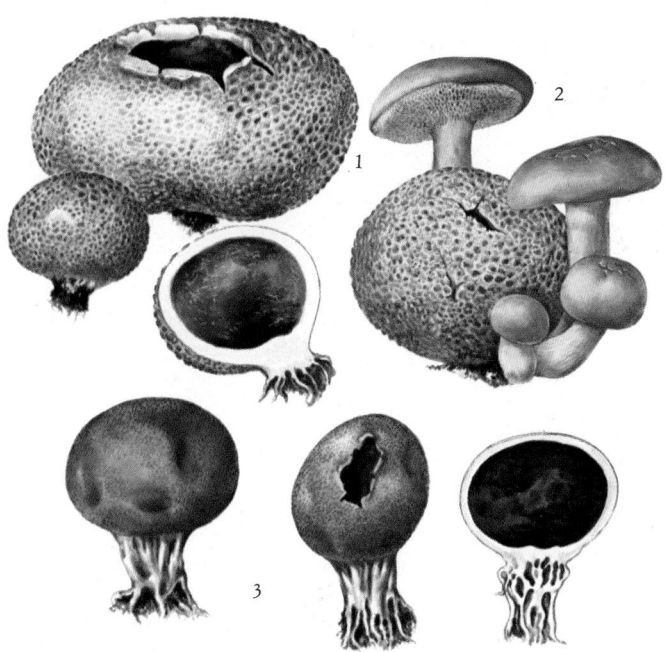

LYCOPERDON *Calvatia)* MAXIMUM Batsch ex Pers.
(= *Langermannia gigantea* [Batsch ex Pers.] Rostk.)
Riesenbovist
Die kugelrunden, manchmal auch etwas abgeflachten und an der Basis leicht gerunzelten Fruchtkörper erreichen einen Durchmesser von 5–50 cm und bleiben
mittels eines kurzen, mitunter verkümmerten und kaum bemerkbaren Myzelstran-
ges mit dem Erdboden verbunden. Die Schale ist zweischichtig: Die äußere Hülle
(Exoperidie) ist anfangs auffallend dick, weich und weißfilzig, wird jedoch bald
glatt, nimmt eine gelbliche oder bräunliche Tönung an und löst sich zuletzt in zahlreiche einzelne Felder auf, die nach und nach zerfallen. Die innere Hülle *(Endoperidie)* ist dagegen dünn und weiß und verfärbt sich im Laufe der Zeit graulich oder
rußig-braun; sie ist brüchiger als die Außenhülle und reißt bei der Reife vom Scheitel her unregelmäßig auf. Das **Fleisch** ist anfangs weiß und kompakt, später gilbt
es und wird zusehends weicher, um zuletzt als klumpig-zusammengeballtes dun-
kelbraunes Pulver sein Endstadium zu erreichen. Bei Druck oder schon beim geringsten Windhauch entweicht dieser Sporenstaub nun in kleinen Wolken. **Geruch**
und **Geschmack** beim unreifen Pilz mit weißem Fleisch mild und angenehm, im
pulverisierten Zustand unangenehm. **Sporen** tabakbraun. Vorkommen: hauptsächlich auf Feldern und in Gärten, manchmal auch auf Bergweiden und an lichten
Stellen des Waldes; gern an Wegrändern; ohne Ansprüche an die Bodenbeschaf-
fenheit. Wert: jung ein hervorragender **Speisepilz,** der roh zu Salaten verwendet
werden kann, sich aber auch zum Braten in Butter eignet und in wenigen Minuten
gar wird. Vor der Zubereitung entferne man die Außenhülle.

LYCOPERDON *(Calvatia)* CAELATUM (Bull.) Morg.

Hasenstäubling, Hasenbovist, Getäfelter Stäubling

Der Pilz hat die Form einer – wenn auch sehr dicken – Birne, deren verschmälertes
Ende nach unten gerichtet ist, und erreicht eine Breite von 6–16 cm. Im Jugendstadium ist er rein weiß und dicht besetzt mit zugespitzten Flöckchen, die später zerfal-
len. Während sich der Pilz langsam grau verfärbt, reißt die Außenhülle *(Exoperidie)* felderig auf und überzieht den gesamten Fruchtkörper mit Ausnahme des
Stieles mit einem Mosaik aus vieleckigen, pyramidenartig zugespitzten Feldern.
Unter der dicken Exoperidie, die den ganzen Pilz umhüllt, findet sich eine dünnere
Endoperidie (Innenhülle), die ihrerseits das weiße Fleisch im Innern des Pilzes ein-
schließt, im Gegensatz zur Exoperidie aber die schwammig-markige Substanz des
Stieles nicht umfaßt (vgl. Querschnitt!). Mit der Zeit verfärbt sich die Innenmasse
zunächst gelbbräunlich, dann olivgrün und wird schließlich zu einem braunen Brei.
Zur gleichen Zeit beginnt die inzwischen bräunliche Exoperidie sich vom Scheitel
her aufzulösen, während die knorpelig-verhärtete, gleichfalls bräunliche Endoperidie an der Spitze einreißt. Durch diese unregelmäßig zerschlitzte Öffnung entweicht nun nach und nach, unter dem Einfluß des Windes, die inzwischen zu einem
klumpig-zusammengeballten tabakbraunen Sporenpulver verwandelte Innenmasse. Auf Wiesen und Weiden kann man noch im darauffolgenden Jahr die scha-
lenförmigen, hohlen Reste des Hasenbovistes oder anderer großer Stäublinge mit
den braunen oder rußgrauen, papierartigen Überbleibseln ihrer Endoperidie und
den markig-ausgestopften Stielen finden. Geruch und Geschmack des noch weißen
Fleisches sind mild und angenehm. Vorkommen: vor allem auf Bergweiden, gern
in Reihen und Gruppen; Sommer und Herbst. Wert: jung hervorragender **Speisepilz,** der sich roh zur Verwendung in Salaten eignet, aber auch in Scheiben geschnit-
ten und paniert wie ein Kotelett in der Pfanne gebraten werden kann. Vor der
Zubereitung entferne man die Stiele und die beiden Hüllen. **Sobald das Fleisch sich
zu verfärben beginnt,** wird der Pilz **ungenießbar.**

LYCOPERDON GEMMATUM Batsch (1) (= *Lycoperdon perlatum* Pers.)
Flaschenbovist, Flaschenstäubling
Oberer Teil kugelig; weiß mit gräulichem, gelbbräunlichem oder blaßrosa Schein; oft mit leicht gebuckeltem Scheitel, der beim reifen Pilz unregelmäßig aufreißt; zur Gänze besetzt mit leicht vergänglichen kleinen Stacheln, an die bei überalterten Pilzen nur noch eine feine Netzzeichnung mit vieleckigen Maschen erinnert. **Stiel** kurz, entweder zylindrisch mit leicht verbreitertem oberem Ende und spindelförmig zugespitzter Basis oder gänzlich umgekehrt-kegelförmig; schmutzig-weißlich; glatt oder feinschuppig; Gesamthöhe 3–8 cm. **Fleisch im Kopfteil** anfangs weiß und fest mit angenehmem Geruch und Geschmack, später aufweichend, gelbgrün und zuletzt in dunkel-rußbraunes, klumpig-zusammengeballtes Sporenpulver zerfallend; **Stielfleisch** erst weiß und schwammig, später gelbbräunlich und zäh, ohne Trennwand in das Hutfleisch übergehend. Vorkommnen: in Wäldern, einzeln oder in kleinen Gruppen; auch in kleinen Büscheln. Wert: **Speisepilz** bester Qualität, der auch roh gegessen werden kann. Es empfiehlt sich, nur das junge, noch feste und rein weiße Fleisch des Kopfteils zu verwenden.
LYCOPERDON (*Calvatia*) SACCATUM (Vahl) Morg. (2)
Beutelstäubling
Wird größer als der Flaschenbovist aufgrund seines langen, oft längsrunzeligen Stiels. Im Jugendstadium ist der Kopfteil dicht besetzt mit winzigen Körnchen oder Stacheln, die jedoch sehr vergänglich sind. Bei der Reife öffnet sich am Scheitel der Außenhülle (*Exoperidie*) zunächst eine kleine runde Mündung, während die Innenhülle (*Endoperidie*) unregelmäßig aufreißt; durch die Öffnungen kann das olivbraune Sporenpulver nach außen dringen. Wert: **eßbar.**

LYCOPERDON ECHINATUM Pers. (1)

Igelstäubling, Igelbovist

3–6 cm hoch, bräunlich, mit an den Spitzen sich pyramidenförmig vereinigenden Stacheln besetzt, die später abfallen und ein vieleckiges Streifenmuster auf der Oberfläche hinterlassen. Fleisch anfangs schmutzig-weißlich, später rußartig; in Wäldern; **ungenießbar.** – *L. Piriforme* Schff. (2), Birnenbovist: 3–7 cm hoch; anfangs schmutzig-weißlich, dann gelbbräunlich, kleiig-feinschuppig; Stielbasis runzelig; Fleisch erst weiß, später rußartig; büschelig auf Stümpfen; jung **eßbar.** – *L. Umbrinum* Pers. (3), Bräunlicher Stäubling: Verkehrt birnenförmig; 3–5 cm hoch; oft gebuckelt; erst gelbbräunlich, dann mehr oder weniger braun; dicht besetzt mit büschelig-vereinigten Wärzchen. Fleisch erst weißlich, später rußartig; **ungenießbar.** – Weißlich wie der *Birnenbovist* gefärbt und mit feinkörnigen Stacheln besetzt ist *Lycoperdon* (Vascellum) *pratense* Lloyd, der Flache Stäubling, der auf Wiesen vorkommt und jung eßbar ist. – Dem *Igelstäubling* ähneln *Lycoperdon pulcherrimum* Bk. & Cke., der Schönste Stäubling und *Lycoperdon pusillum* Schum. ex Pers., der Heidestäubling, die jedoch kleiner sind und im Alter eine glatte Oberfläche haben, auf der die abgefallenen Stacheln keine Abdrücke hinterlassen; **jung eßbar.** – *Bovista nigrescens* Pers. (4), Eierbovist: Unterscheidet sich von *B. plumbea* (5) durch seine anfangs bleigraue, später braune und schließlich schwarze Innenhülle; auf Wiesen und Bergweiden; jung **eßbar.** *Bovista plumbea* Pers. (5), Grauer Bovist: kugelig, 2–5 cm breit, praktisch stiellos; weiß, erst glatt, dann runzelig; unter der sich bald auflösenden Außenhülle *(Exoperidie)* erscheint eine knorpelige, bleigraue Endoperidie, die sich bei der Reife am Scheitel öffnet; Fleisch weiß, später rußartig, ohne sterile Basis; auf Wiesen und Weiden, vor allem im Gebirge; jung **eßbar.**

ERDSTERNE – GEASTER

Anfangs kugelig und von einer fleischigen Außenhaut *(Exoperidie)* umgeben, die sich bald spaltet und in mehreren Lappen nach außen umbiegt, wodurch eine Innenkugel *(Endoperidie)* freigelegt wird. Später rollen sich die Lappen der Exoperidie unter der Endoperidie ein. Bei der Reife öffnet sich der Scheitel der Innenkugel, so daß das Sporenpulver entweichen kann. *Geaster fimbriatus* Fr. (1). Gefranster Erdstern: 4–8 cm breit, Mündung fransig. *Geaster rufescens* Pers. (2): Rötender Erdstern; 4–8 cm breit; Fleisch an Bruchstellen rötend. *Geaster fornicatus* (Huds. ex Pers.) Hooker (3), Großer Nesterdsten: 5–10 cm breit und 7–15 cm hoch; mit vier bogenartigen Lappen. – *Geaster melanocephalus* Czern., Schwarzköpfiger Haarstern: Innenkugel bei der Sporenreife schwarz, ohne Haut. *Geaster triplex* Jungh. (4), Halskrausenerdstern: 6–10 cm breit; die Innenkugel ist von einer »Halskrause« umgeben. *Geaster quadrifidus* Pers. (5), Kleiner Nesterdstern: 2–3 cm breit, vierlappig; Innenkugel gestielt. *Geaster striatus DC.* (6), Kragenerdstern: 3–7 cm breit; Innenkugel gestielt mit »Kragen«. *Geaster nanus* Pers. (7), Kleiner Erdstern: 1,5–2,5 cm breit; gern im Dünensand. *Geaster mirabilis* Mont. (8): 1,5–2 cm breit; mit fünf Lappen, die sich nur wenig zurückbiegen; auf totem Laub in warmen Gegenden. *Geaster pectinatus* Pers. (9), Kammerdstern: 3–7 cm breit; purpurbraun, bereift, 6–12lappig. *Astraeus hygrometricus* Pers. (10), Wetterstern: 4–10 cm breit; ohne Buckel; Unterseite dunkelbraun, Oberseite heller und fein genetzt. Die 6–10 Lappen entfalten sich bei Feuchtigkeit; bei Trockenheit rollen sie sich wieder zusammen. Alle Erdsterne sind ungenießbar.

AURICULARIA *(Hirneola)* AURICULA-JUDAE
(Bull. ex Schw.) Schroet. (1)

Judasohr, Holunderschwamm

Becher- oder ohrförmig, 3–10 cm breit, stiellos oder mit sehr kurzem, seitlichem Stielansatz; Substanz dünn, elastisch, durchsichtig. Außenseite feinfilzig, olivgrau oder rotbraun, deutlich gerunzelt durch unregelmäßig verlaufende Adern, die stellenweise untereinander verbunden sind. Innenseite anfangs glatt, dann bald durch scharfkantige Rippen gefurcht; grau, grauviolett, braun oder purpurbraun und im Alter schwärzlich. Bei der Reife erweitert sich der Fruchtkörper und flacht etwas ab. **Fleisch** gelatinös, zäh. **Sporen** weiß. Vorkommen: das ganze Jahr über, vor allem aber im Winter, besonders an alten Holunderstämmen, aber auch an Nußbäumen, Buchen, Robinien und Weiden. Wert: **eßbar,** auch roh.

AURICULARIA MESENTERICA Dicks. ex Fr. (2)

Gezonter Ohrlappenpilz

Blattförmig, 5–12 cm breit, relativ dickfleischig, unregelmäßig-lappig; die untere Hälfte des Pilzes ist mit dem Holz, von dem sich der Pilz ernährt, verwachsen; die obere steht waagerecht vom Holz ab und ist oft bizarr verbogen. Die teilweise angewachsene Oberfläche ist filzig-behaart, in konzentrische Zonen aufgeteilt und aschgrau, hellgrau oder bräunlich gefärbt; die Unterseite ist mit netzartig verbundenen Adern gerunzelt und anfangs purpurgrau, später dann dunkel-violettbraun gefärbt. **Fleisch** bei Feuchtigkeit gelatinös, bei Trockenheit ausdörrend und verhärtend und schließlich lederig-zäh. **Sporen** weiß. Vorkommen: das ganze Jahr hindurch, vor allem aber vom Herbst bis zum Frühjahr auf totem oder lebendem Laubholz. Wert: **ungenießbar.**

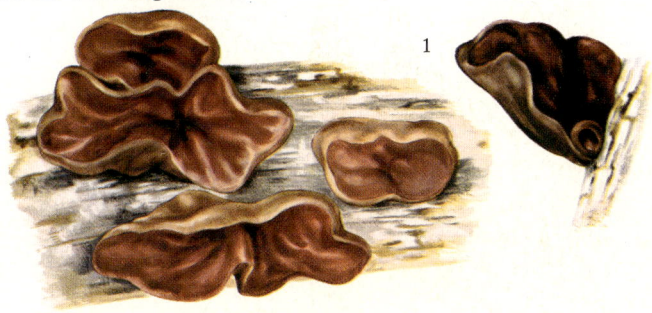

1

2

TREMELLODON *(Pseudohydnum)* GELATINOSUM Fr. (1)
Zitterzahn, Eispilz

Hut 4–8 cm breit, sehr verschiedengestaltig: entweder in der Form einer Auster ähnlich, oder aber völlig unregelmäßig ausgebildet, grauweißlich, rußig-braun oder braun mit bläulichem Beiton; Rand dünn, lappig oder unregelmäßig gewellt. Die Unterseite des Hutes ist dicht besetzt mit gelatinösen **Stacheln.** Der **Stiel** ist entweder bis auf einen kurzen, seitlichen Ansatz verkümmert oder etwas deutlicher entwickelt und dann meistens verbogen, seltener auch gerade. **Fleisch** gelatinös, an Wackelpudding erinnernd, elastisch; weiß mit blaugrünlichem Schein. **Geruch** und **Geschmack** harzig. **Sporen** weiß mit blaßbläulichem Schimmer. Vorkommen: Sommer bis Herbst, sogar bis in den Winter hinein, an Nadelholzstümpfen, insbesondere an Kiefernholz. Wert: **eßbar;** kann auch roh zu Salaten verwendet werden, wobei jedoch der harzige Beigeschmack etwas stört.

CALOCERA VISCOSA Pers. ex Fr. (2)
Klebriger Hörnling, Klebriges Schönhorn

Strauchförmig; 3–6 cm hoch, dicht verzweigt und einem *Korallenpilz* (vgl. S. 303) nicht unähnlich, jedoch durch die elastisch-zähe und etwas gelatinöse Konsistenz des **Fleisches** eindeutig unterschieden, gelb oder orangefarben; bei Trockenheit knochenhart und dunkler orangerot. Jede Verästelung endet wie ein kleiner Bakkenzahn in zwei oder drei kleinen Spitzen. Die **Stielbasis** ist stets trocken und feinfilzig und wird innerhalb des befallenen Holzes durch einen weißen, bandartigen Myzelstrang fortgesetzt. **Sporen** ockergelb. Vorkommen: das ganze Jahr hindurch an verfaulendem Nadelholz, insbesondere an Kieferstümpfen. **Wertlos.**

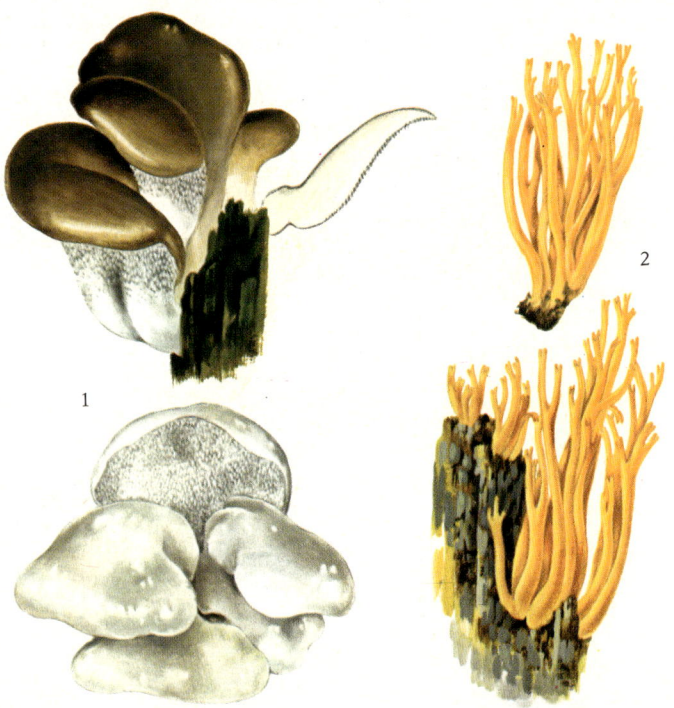

GYROCEPHALUS RUFUS (Jacq.) Bref.
(= *Guepinia helvelloides* DC. ex Fr.)
Roter Gallerttrichter

Geformt wie ein Füllhorn, 3–12 cm hoch, dünnfleischig, auf einer Seite von oben bis unten gespalten; rosa oder rot; Innenfläche glatt; Außenseite glatt oder leicht längsrunzelig und bei der Sporenreife kleiig bereift; am Grunde ist der Fruchtkörper zu einem kurzen, vollen Stielansatz zusammengezogen, der blasser gefärbt ist als die anderen Teile des Pilzes. **Fleisch** gelatinös, durchsichtig, glänzend, etwas schmierig, zäh; rosa. **Geruch** moschusartig. **Geschmack** angenehm. **Sporen** weißlich oder cremerosa. Vorkommen: gruppenweise oder büschelig verwachsen an grasigen oder moosigen Stellen in feuchten Gebirgswäldern; im Flachland seltener. Wert: **eßbar;** kann im frühen Jugendstadium auch roh als Salatpilz verwendet werden; ältere Pilze müssen gekocht werden. – An dieser Stelle seien auch noch zwei andere Pilze erwähnt, die gleichfalls in Kiefernwäldern vorkommen können, ansonsten aber keine Gemeinsamkeiten mit dem Roten Gallerttrichter haben: *Pisolithus tinctorius* (Mich. ex Pers.) Coker et Couch, Erbsenstreuling: kugelförmig, 5–15 cm breit mit dünner, gelbbräunlicher Hülle, die sich später rußig-braun verfärbt und im oberen Teil unregelmäßig aufspringt; Fleisch anfänglich gelblich und in zahlreiche »erbsen«förmige Zellen unterteilt, die später in eine bräunliche Masse zerfallen. Vorkommen: unter Nadelbäumen auf sandigem Boden. Wert: jung guter, aromatischer **Speisepilz,** der sich als Gewürz verwenden läßt. – *Rhizopogon luteolus* Fr., Gelbbräunliche Wurzeltrüffel: unregelmäßig, beinahe kugelförmig, 2–6 cm breit mit dünner, schmutzig-weißlicher, wollig-filziger Hülle; später ockerfarben und mit einzelnen rotbraunen Fasern bedeckt; innen erst weißlich, später ockerlich. Vorkommen: in Kiefernwäldern, unterirdisch oder nur zur Hälfte aus dem Erdboden hervortretend. Wert: jung **eßbar,** doch nicht besonders wertvoll.

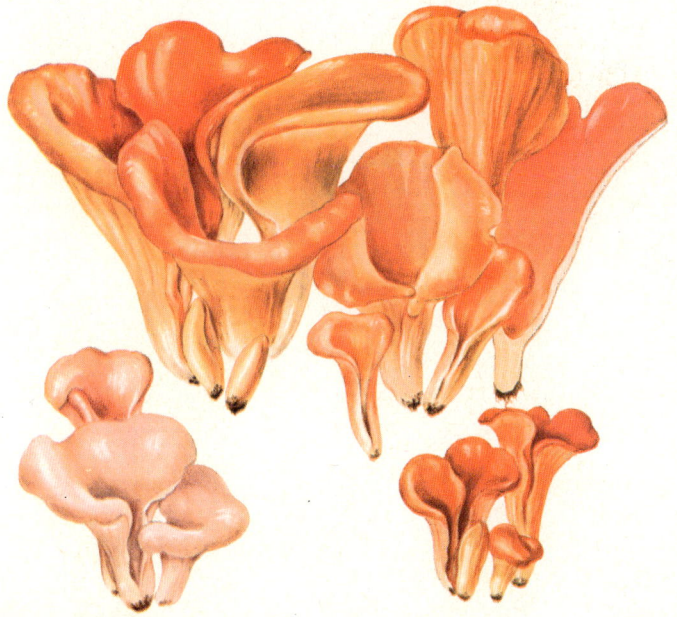

MORCHELN – MORCHELLA

Alle Morcheln sind hohl, haben wachsartiges Fleisch und wachsen im Frühling. Sie sind **eßbar** und eignen sich auch zum Trocknen, doch empfiehlt es sich, nur junge, noch nicht verdorbene Exemplare zu verwenden und diese gut zu reinigen, da sie oft von Schnecken befallen sind und sich in den Gruben des Hutes oft Sand- und Erdpartikel ablagern. Die Morcheln im engeren Sinn (Gattung *Morchella*) sind gekennzeichnet durch ihren kugeligen, spitzkegeligen oder unregelmäßig geformten Hut, der am unteren Rand mit dem Stiel verwachsen ist. Von ihnen werden die halbfreien Morcheln (Gattung *Mitrophora*) abgetrennt, deren unterer Hutrand frei ist. Gemeinsam sind beiden Gattungen die wabenartigen Gruben des Hutes und der runzelige, bereifte, rein weiße Stiel, der entweder zylindrisch oder unregelmäßig aufgedunsen sein kann. Die Sporen sind ockerfarben. Manche Autoren halten die im folgenden angeführten *Morchella*-Arten lediglich für Variationen von zwei Haupttypen, *Morchella esculenta* und *Morchella elata*.

Morchella rotunda (Pers.) Krbh. (1), Rundmorchel: 12–14 cm hoch, Hut kugelig, ockerrötlich mit weiten Gruben; unter Laubbäumen im Gras. – *Morchella esculenta* Pers., die Speisemorchel, ist sehr ähnlich und vermutlich identisch. *Morchella vulgaris* Pers. (2), Graue Morchel: 8–16 cm hoch, Hut eiförmig; rußgrau, im Alter ockerfarben; zuweilen auch blaßgrau oder weißlich. – *Morchella crassipes* Krbh. (3), Dickfüßige Morchel: 15–30 cm hoch; Hut spitzkegelförmig mit unregelmäßigen Gruben; Stiel hoch, aufgedunsen, kleiig. – *Morchella spongiola* Boud. (4): 6–12 cm hoch; Hut kugelig, ockerfarben; Gruben recht klein und tief, unregelmäßig; Stiel fest; auf Sandboden, sogar am Strand.–*Morchella umbrina* Boud. (5), Umberbraune Morchel: 6–10 cm hoch, Hut kugelförmig, dunkelbaun; Gruben fast regelmäßig, rundlich.

MORCHELLA HORTENSIS Boud. (1) Gartenmorchel
10–15 cm hoch, Hut eiförmig, rußig-graubraun; die Hutbasis ist durch einen kreisförmigen Kragen vom Stiel getrennt; Gruben unregelmäßig; Stiel manchmal sehr dick angeschwollen.

MORCHELLA COSTATA (Vent.) Pers. (2) Gerippte Morchel
10–25 cm hoch; Hut mit deutlichen Längsrippen; durch kreisförmigen Kragen vom Stiel abgesetzt. Ähnlich, wenn auch schmächtiger, ist die in nordamerikanischen Nadelwäldern beheimatete *Morchella angusticeps* Peck.

MORCHELLA CONICA Pers. (3) Spitzmorchel
5–15 cm hoch; Hut olivbraun, deutlich spitzkegelig; von der Hutspitze bis zur Basis verlaufen leicht kenntliche Längsrippen; der untere Hutrand ist durch einen kreisförmigen Kragen vom Stiel abgesetzt.

MORCHELLA ELATA Fr. (4) Hohe Morchel
7–14 cm hoch; Hut langgezogen, normalerweise spitzkegelig, olivbraun; der untere Hutrand ist durch einen kreisförmigen Kragen von der Stielspitze abgesetzt; Stiel ockerlich. – *Morchella* (Mitrophora) *hybrida* Sow. ex Grev. (5), Halbfreie Morchel: 9–16 cm hoch; Hut ockerbraun, klein, zugespitzt, mit deutlichen Längsrippen; die untere Hälfte des Hutes ist frei, d. h. nicht mit dem Stiel verbunden. – *Morchella* (Mitrophora) *rimosipes* DC. (6), Käppchenmorchel: 12–14 cm hoch; Hut klein, zugespitzt, olivbraun, etwa zu einem Drittel über die Stielspitze herausragend; Stiel hoch und relativ dick, kleiig. – Die Runzelverpel, *Verpa bohemica* Krombh., unterscheidet sich durch ihren nur an der Spitze mit dem Stiel verwachsenen, enggrubigen Hut. Ihr ähnelt *Verpa digitaliformis* Pers. ex Fr., die Fingerhutverpel, deren Hut nur gerunzelt ist. Beide Verpeln sind **eßbar.**

GYROMITRA ESCULENTA Pers. ex Fr.

Frühjahrslorchel, Giftlorchel

Hut knollig; in der Form an ein Gehirn erinnernd; braun; innen hohl und weißlich. **Stiel** oft zusammengedrückt; runzelig gefurcht, weißlich oder blaßrosa überhaucht, bald hohl, Gesamthöhe 8–16 cm. **Fleisch** dünn, wachsartig; weißlich oder blaßrosa. **Geruch** und **Geschmack** unauffällig, angenehm. **Sporen** hellgelb. Vorkommen: im Frühling (sehr selten auch im Herbst) an verhältnismäßig kühlen Stellen in sandigen Wäldern und angrenzendem Brachland, an Straßen- und Wegrändern; hauptsächlich unter Kiefern. Wert: **roh lebensgefährlich giftig! Nach Vorbehandlung** ist der Pilz **eßbar,** doch wird er auch dann von empfindlichen Menschen nicht vertragen. Vergiftungen können auch nach unzureichend gekochten Gerichten, nach dem Genuß zu großer Mengen des Pilzes oder nach mehreren aufeinanderfolgenden Mahlzeiten eintreten. Auch wenn das Kochwasser nicht abgegossen wird, besteht Vergiftungsgefahr. Wer noch nie Lorcheln gegessen hat, sollte nur eine kleine Menge zu sich nehmen. Auf jeden Fall müssen die Pilze vor der eigentlichen Zubereitung einige Minuten lang abgekocht werden; das Kochwasser ist wegzuschütten. Getrocknete Lorcheln sind ungiftig; es sollten nur gesunde und noch junge Exemplare getrocknet werden. Trotz ihrer Unberechenbarkeit werden die Pilze vielerorts in Europa auf dem Markt verkauft und sind seit Jahrhunderten als Speisepilze geschätzt. – Im Bergland tritt die Riesenlorchel, *Gyromitra gigas* (Krombh.) Cke., auf. Sie ist blasser und wird größer als die Frühjahrslorchel und ist ebenso wie diese nur **nach Vorbehandlung eßbar.**

HELVELLA *(Physomitra, Gyromitra)* INFULA Schff. (1)
Bischofsmütze, Mützenlorchel
8–16 cm hoch. Der Hut ist geformt wie eine Mitra (Bischofsmütze) und durch tiefe
Falten wulstig-verbogen; Außenseite braun; Innenseite meist nur teilweise ver-
deckt, weiß, fein granuliert. Stiel weißlich, bereift, gerunzelt; innen bald hohl bzw.
gekammert. Fleisch dünn, zerbrechlich, weißlich. Vorkommen: im Herbst, selten
im Frühjahr; **eßbar.** *Helvella crispa* Fr. (2): Herbstlorchel; 6–14 cm hoch. Hut
weißlich, Innenfläche der Hutlappen gräulich. Stiel kräftig; längsrippig, mit lang-
gezogenen Kammern; weißlich; Waldwege, Gebüsche; Herbst; **eßbar.** *Helvella
monachella* Scop. ex Fr. (3), Weißstielige Lorchel: 5–10 cm hoch. Hut mitraförmig,
dunkel-rußbraun; Innenfläche der Hutlappen weißlich. Stiel weiß; glatt oder leicht
gerunzelt; in Wäldern; Frühjahr; **eßbar.** *Helvella lacunosa* Afz. ex Fr. (4), Grubenlorchel: 6–12 cm hoch. Hut schwärzlich, Lappeninnenseite heller. Stiel weißlich,
längsrippig, grubig; in Laubwäldern; **eßbar.** – *Helvella californica* Phill. (5): 6–12
cm hoch. Ähnelt der Grubenlorchel, der Stiel ist jedoch kürzer und dicker und weniger stark gerippt. Wert: **ungenießbar.** Vorkommen: in Wäldern, Nordamerika,
ebenso wie die beiden folgenden Arten: *Helvella caroliniana* Nees mit gehirnartigen
Hutlappen ist **eßbar,** doch leicht zu verwechseln mit der **giftigen** *Helvella under-
woodii* Seaver, die sich jedoch durch den kürzeren und dickeren, glatten Stiel unterscheidet. – *Helvella elastica* Bull. (6), Elastische Lorchel: 4–8 cm hoch; Hut mitraförmig, grauweiß oder blaßrosa; Stiel weiß, schlank, glatt oder schwach
längsrunzelig; Wegränder, Gebüsche; **eßbar.**

PEZIZA *(Helvella)* ACETABULUM L. ex Fr. (1) (= *Acetabula vulgaris* Fuck.)
Hochgerippter Becherling, Pokal-Rippenbecherling
Becherförmig; 4–11 cm hoch. Wände dünnfleischig, brüchig, wachsartig mit nach
innen eingerolltem, gewelltem und oftmals lappig-unterteiltem Rand. Außenfläche
steril; graubraun, anfangs verhältnismäßig hell, doch mit der Zeit kräftiger gefärbt;
kleiig. Innenfläche dunkler braun als die Außenseite, fertil (d. h., mit der sporener-
zeugenden Fruchtschicht überzogen); glatt. **Stiel** dick, schmutzig-weißlich; grob
gefurcht und wie ein verkleinerter alter Eichenstamm aussehend; die Stielrippen erweitern sich an der Spitze und umranken die Basis des Bechers. **Sporen** blaß. Vorkommen: im Frühjahr auf sandigem Boden, oft in Gruppen. Wert: **roh giftig; gut
gekocht eßbar.** – *Peziza* (Disciotis) *venosa* Pers. (2), Aderiger Scheibenbecherling:
Becherförmig; 3–15 cm breit. Innenseite braun mit runzeligem Grund; Außenseite
weißlich, kleiig; Stiel kurz, weißlich. Becherwände dünnfleischig, brüchig, wachsartig. Bei *var. reticulata* (Grav.) Boud. bilden die Runzeln am Grunde des Bechers
ein erhabenes Adernetz. Vorkommen: im Frühjahr, gern an Böschungen. Wert:
roh giftig; gut gekocht eßbar. – Ähnlich ist *Peziza* (Discina) *perlata* Fr., der Scheibenbecherling: innen braun, außen weißlich, gerunzelt, kurzgestielt oder stiellos;
im Frühjahr auf Stümpfen; bedeutungslos. – *Peziza* (Helvella) *costifera* Nannf.,
Graubrauner Rippenbecherling: grau; Rand wellig; Stiel blasser; die verzweigten
Rippen reichen bis zur Mitte des Bechers herauf; Frühling und Sommer; **roh giftig,
gut gekocht eßbar.**

PEZIZA *(Otidea)* ONOTICA (Pers.) Fuck. (1): Eselsohr; geformt wie ein Eselsohr (Name!); 3–8 cm hoch, elastisch; Fleisch wachsartig; außen glatt, gelb, innen kleiig, rotgelblich; Basis feinfilzig; in Laubwäldern; **eßbar.** – *Otidea* (Wynella) *auricula* (Schff.) Boud., der Lederige Öhrling, ist von ähnlicher Gestalt, jedoch braun gefärbt. *Peziza (Otidea) leporina* (Batsch ex Fr.) Fuck. (2): Hasenohr; geformt wie das Ohr eines Hasen (Name!); 2–4 cm hoch; innen bräunlich, außen heller braun; in der Nadelstreu der Wälder; **eßbar.** Ähnlich ist der Eingeschnittene Öhrling, *Otidea alutacea* (Pers.) Mass., mit gelbbräunlich gescheckter Außenseite. – *Peziza* (Scutellinia) *scutellata* (L. ex St. Amans) Lamb. (3), Schildborstling: uhrglasförmig, 0,5–1,5 cm breit; innen scharlachrot, außen fleischrötlich und haarig; auf Humus und auf Holzresten. *Peziza* (Aleuria, Pustularia) *catinus* (Holmskj. ex Fr.) Fuck. (4), Kerbrandiger Napfbecherling: becherförmig, 1–4 cm breit, einheitlich ockerfarben; Außenseite bereift; Rand gekerbt; Basis mit verkümmertem Stielchen; als Speisepilz **bedeutungslos.** *Peziza* (Sarcoscypha) *coccinea* (Fr.) Lamb. (5), Zinnoberroter Kelchbecherling, Prachtbecherling: schalenförmig, 2–6 cm breit; Innenseite scharlachrot; Außenseite grauviolettlich, feinfilzig; kurz gestielt; Winter und Vorfrühling, auf Holzresten. *Bulgaria inquinans* Fr. (6), Schmutzbecherling, Schwarzer Gallertbecher: anfangs kugelig, 2–4 cm breit, rauhfilzig, innen gelatinös, zäh, rußgrau; später sich öffnend und eine schwarze Innenfläche freilegend. Die schwarzen Sporen beschmutzen die Umgebung des Pilzes. Vorkommen: vor allem im Spätherbst und Winter auf der Rinde gefällter Eichen- und Buchenstämme, in Scharen. *Peziza* (Humaria, Neottiella) *rutilans* Fr. (7): Rötlicher Erdbecherling; verkehrt-glockenförmig, 1–2 cm breit; innen rotorange, außen orange, bereift, Rand fein behaart; an moosigen Stellen. Als **Speisepilze** sind die auf dieser Seite erwähnten Pilze **nicht verwendbar.**

PEZIZA *(Aleuria)* VESICULOSA Bull. ex St. Amans (1): Blasenbecherling:
junge Pilze bilden eine Hohlkugel mit einem schiefen Spalt, der sich später erweitert, so daß der Fruchtkörper die Form eines Bechers annimmt; 3–9 cm breit; Rand
gezähnelt; innen ockerfarben, außen heller und feinflockig-bereift; am Grunde
stielartig verengt; Fleisch ohne Milchabsonderung. Vorkommen: vom Frühjahr bis
in den Herbst auf stark gedüngtem Boden. Wert: **roh giftig; gut gekocht eßbar.**
Peziza (Galactinia) succosa Berk. (2): Gelbmilchender Becherling; kleiner als *vesiculosa*, mit farblosem Saft, der sich an der Luft gelb verfärbt; auf dem Erdboden
in Wäldern; **roh giftig, gut gekocht eßbar.** *Peziza (Lachnea) hemisphaerica* (Wigg.
ex Fr.) Gill. (3): Halbkugeliger Borstling; anfangs kugelig, später napfförmig, 2–4
cm breit; Innenseite weißlich-glänzend; Außenseite bräunlich, behaart; **wertlos.**
Peziza (Aleuria) umbrina Boud. (4): Kleiiger Becherling; becherförmig, 3–8 cm
breit; innen dunkel-rußbraun, gewellt; außen weißlich, kleiig-bereift; vor allem an
alten Brandstellen. Wert: **roh giftig; gut gekocht eßbar.** *Peziza (Aleuria) badia*
Pers. ex Mér. (5): Brauner Fleischbecherling; becherförmig, 2–7 cm breit; Rand
unregelmäßig; Innenseite braun, Außenseite ockerfarben, feinkörnig-kleiig; Basis
weißfilzig; Fleisch saftig. Wert: **roh giftig; gut gekocht eßbar.** – Für den Speisepilz-
freund sind die folgenden Becherlinge wertlos: *Peziza* (Pseudoplectania) *nigrella*
(Pers. ex Fr.) Fuck., Glänzender Schwarzborstling: innen schwärzlich, außen
braun, stiellos. – *Peziza saniosa* Schrad. ex Fr., Blau- oder Violettmilchender
Becherling: Außenseite braun, Innenfläche schwärzlich; bei Verletzung einen blau-
violetten Saft absondernd; Basis verschmälert. – *Peziza repanda* Pers., Ausgebrei-
teter Becherling: Innenfläche hellbraun, Außenseite weißlich, ohne stielartig ver-
schmälerte Basis. – *Peziza* (Helvella) *macropus* Pers. ex., Grauer Langfüßler:
einheitlich grau; der Becher sitzt auf einem langen, zylindrischen Stiel.

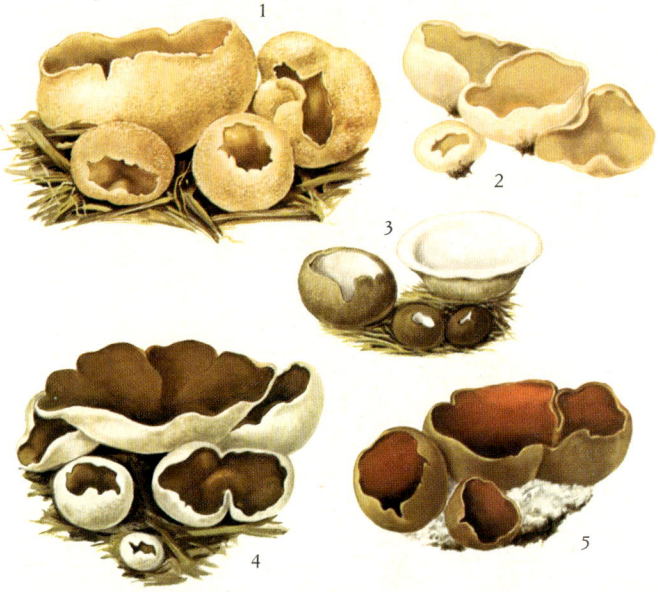

PEZIZA *(Aleuria)* AURANTIA Pers.
Orangebecherling

Der Pilz repräsentiert eine der wenigen Arten der Gattung *Peziza* im engeren Sinn, die nach einer unlängst getroffenen Neueinteilung übriggeblieben sind. Der Orangebecherling bildet anfangs eine blaß rosafarbene, kleiige Hohlkugel, die im Verlauf der weiteren Entwicklung aufplatzt und sich becherförmig erweitert. Der ausgewachsene Fruchtkörper erreicht einen Durchmesser von 5–15 cm, ist oft etwas asymmetrisch geformt und hat einen unregelmäßigen, leicht eingerollten Rand, der sich niemals vollständig aufbiegt. Die Außenseite ist rosarot oder blaßorange gefärbt, bleicht jedoch beim Trocknen oder im Alter weißlich aus. Die Becherinnenseite ist lebhaft rotorange, seltener auch gelborange gefärbt. Das rosa- oder blaßorangefarbene **Fleisch** ist recht dick, aber brüchig. **Geruch** und **Geschmack** angenehm. Vorkommen: Spätsommer und Herbst auf sandigem Boden an lichten Waldstellen; zuweilen in großen Gruppen und büschelig verwachsen. Wert: **eßbar;** eignet sich in rohem Zustand zu Verwendung in Salaten. – Der für Speisezwecke kaum in Frage kommende *Prachtbecherling* (S. 329) wächst im Winter und Vorfrühling auf Holzresten und ist anders gefärbt. Der *Rote Gallerttrichter* (S. 323) hat gelatinöses Fleisch, erinnert in der Form an ein einseitig gespaltenes Füllhorn und ist auch farblich deutlich unterschieden. – Hinzugefügt sei auch noch der Hinweis auf einen andren roten Pilz, den man im Gebirge zuweilen begegnet, wo er auf Zweigen der Rostroten Alpenrose *(Rhododendrum ferrugineum* L.) wächst: *Exobasidium rhododendri* Cram., Alpenrosen-Nacktbasidie oder Alpenrosengalle: 1–4 cm breite, rote Galläpfel mit weißen, gelben und grünen Flecken; innen hohl, filzig, weiß; **nicht eßbar,** verleiht aber dem Alpenrosenstrauß einen zusätzlichen Reiz.

PEZIZA *(Sarcosphaera)* EXIMIA (Dur. & Lev.) Mre.
Kronenbecherling

Der junge Pilz präsentiert sich in der Form einer an den Polen abgeflachten und oft etwas unregelmäßigen Hohlkugel, die zunächst unter einer dünnen Schicht Humus verborgen ist, bald jedoch, selbst wenn der Boden trocken und hart oder festgetreten ist, hervorbricht und ein kraterförmiges Loch bildet. Gleichzeitig reißt der Scheitel der Kugel sternförmig ein und öffnet sich dann wie ein Blütenkelch, dessen »Blätter« sich mit der Zeit ausbreiten. Normalerweise beträgt die durchschnittliche Entfernung zwischen den äußersten Enden zweier gegenüberliegender Zacken 6–12 cm, doch kann dieses Maß, vor allem bei Feuchtigkeit, wenn der Pilz sich fast vollständig öffnet und abflacht, noch beträchtlich übertroffen werden. Die Außenfläche der Becher ist anfangs schmutzig-weißlich und glatt, nimmt jedoch bald einen amethystfarbenen Ton an und wird zuletzt bräunlich und etwas filzig. Die Innenseite ist feinfilzig und amethystfarben (rötlich-violett), immer intensiver getönt als die Außenseite und zuweilen, vor allem am Grunde des Bechers, schön violett gefärbt. Es kommen jedoch auch Formen mit blasser Innenseite vor, die allenfalls einige amethystfarbene Flecken aufweisen. Das **Fleisch** ist recht dick (1–4 mm Durchmesser), amethystfarben, grau oder blaß ockerfarben, etwas knorpelig und verhältnismäßig hart und brüchig. Es riecht angenehm und schmeckt mild. Die **Sporen** sind blaß. Vorkommen: vom Frühling bis zum Beginn des Sommers gern in der Nähe von Kiefern und Fichten, aber auch in Laubwäldern; im Hügelland und im Gebirge häufiger als im Flachland; oft in großen Scharen. Wert: **roh giftig;** kann ziemlich heftige Magen- und Darmstörungen verursachen. Junge Pilze sind **nach Abkochen** (Kochwasser wegschütten!) **eßbar,** bleiben jedoch immer etwas zäh.

SPATHULARIA FLAVIDA Pers. ex. Fr. (1), Dottergelber Spateling
3–5 cm hoch, spatelförmig, Stiel blaßgelb, zylinderisch, im Herbst auf abgefallenen
Nadeln. Ähnlich ist der Ledergelbe Spateling, *Spathularia neesii* Bres., der sich jedoch durch seine Farbe unterscheidet. – Verwandt sind: *S. velutipes* Cke. & Farl.
(2), der Striegelfüßige Spateling mit filzigem Stiel, und *S. clavata* (Schff.) Sacc. (3)
mit verdickter Stielbasis. *Leotia lubrica* Pers. (4). Gelbgrünes Gallertköpfchen: nagelförmig, 1–4 cm hoch; Hut olivbraun, gelatinös; Stiel olivgelb, schmierig. Bei
var. aurantipes (5) ist der Hut grün, der Stiel gelb. *Mitrula paludosa* Fr. (6),
Sumpfhaubenpilz: 1–4 cm hoch, Köpfchen bizarr verbogen, hohl, gelb; Stiel weiß;
im Frühjahr auf im Wasser liegenden, abgefallenen Blättern. *Cudonia circinans*
Pers. ex Fr. (7), Helmkreisling: nagelförmig, 1–3 cm hoch; Hut gelbbräunlich,
schlüpfrig; Stiel heller, runzelig; auf abgefallenen Nadeln. – Bei *Cudonia confusa*
Bres. (8) sind Hut und Stiel angeschwollen. *Geoglossum hirsutum* (Pers. ex fr.)
Quél. (9), Rauhhaarige Erdzunge: glockenschwengelförmig; 2–5 cm hoch; Stiel
schmächtig, filzig; schwarzbraun, an grasigen Stellen. – *G. fallax* Durand (10),
Feinschuppige Erdzunge: Stiel nicht filzig. – *G. cookei* Nannf. (11): Stielbasis wol-
lig. – *G. viride* (Pers. ex Fr.) Gill. (12), die Grüne Erdzunge, ist durch ihre Färbung
gekennzeichnet. *Xylaria hypoxylon* (L.) Grev. (13), Geweihförmige Holzkeule:
4–8 cm hoch; schwarzweiß, korkig-zäh; auf Laubholz. – *Xylaria polymorpha*
(Pers.) Grev. (14), Vielgestaltige Holzkeule: 4–8 cm hohe runzelige, schwarze
Keulen mit weißem Fleisch; auf Laubholz. – Die auf dieser Seite erwähnten **Pilze
kommen zu Speisezwecken kaum in Frage**.

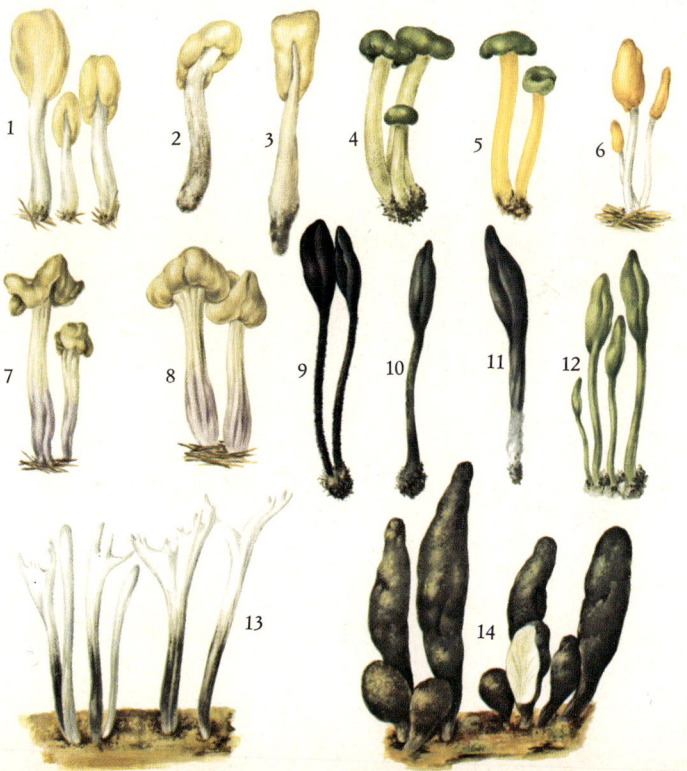

TUBER MAGNATUM (Pico) Vitt. (1) Italienische Trüffel
Knollenförmig, 3–15 cm breit, runzelig, auf ockerfarbenem Grund mit dunkleren
Körnchen granuliert; Haut nicht abziehbar, dünn; Fleisch seifig, erst blaßrosa, spä-
ter silbrig-amethystfarben; marmoriert. Geruch nach Knoblauch oder Käse. Vor-
kommen: Herbst und Winter unterirdisch in der Nähe von Eichen und anderen
Laubbäumen; bekannt vor allem aus Norditalien. Wert: begehrter **Speisepilz.**

TUBER AESTIVUM Vitt. (2) Sommertrüffel
Kugelig, 3–7 cm dick, schwarzbraun, dicht bedeckt mit unzusammenhängenden
pyramidenförmigen Warzen; Fleisch anfangs weiß, später bräunlich marmoriert;
aromatisch. Vorkommen: im Sommerklima der gemäßigten Zonen; unterirdisch
in Laubwäldern. Wert: begehrter **Speisepilz.**

TUBER MELANOSPORUM Vitt. (3) Perigord-Trüffel.
Kugelig, 3–15 cm dick, schwarzbraun, dicht besetzt mit vieleckigen, zusammen-
hängenden Warzen: Fleisch erst weiß, später violettbraun; Geruch etwas stechend,
pikant. Vorkommen: im Herbstklima der gemäßigten Zonen; unterirdisch bei
Eichen und anderen Laubbäumen. Wert: begehrter **Speisepilz.**

TUBER BRUMALE Vitt. (4) Wintertrüffel
Kugelig, 2–8 cm dick, schwarzbraun, Oberfläche besetzt mit vergänglichen, vielek-
kigen Warzen; Fleisch erst weißlich, später schwärzlich, marmoriert mit kräftigem
Geruch. Vorkommen: in gemäßigten Zonen in nicht zu kalten Wintern; unterirdisch bei Eichen und anderen Laubbäumen. Wert: begehrter **Speisepilz.**

ELAPHOMYCES GRANULATUS Fr. (5) Warzige Hirschtrüffel.
Kugelig, 2–5 cm dick, bräunlich oder ausgeblaßt; dicht besetzt mit Körnchen oder
Warzen; Schale verhältnismäßig dick und fest, rötlichbraun, zerbrechlich; Fleisch
erst rötlich, dann rußfarben. Vorkommen: vor allem im Spätherbst und in milden
Wintern in Laub- und Nadelwäldern, unterirdisch oder oberirdsich; **ungenießbar.**

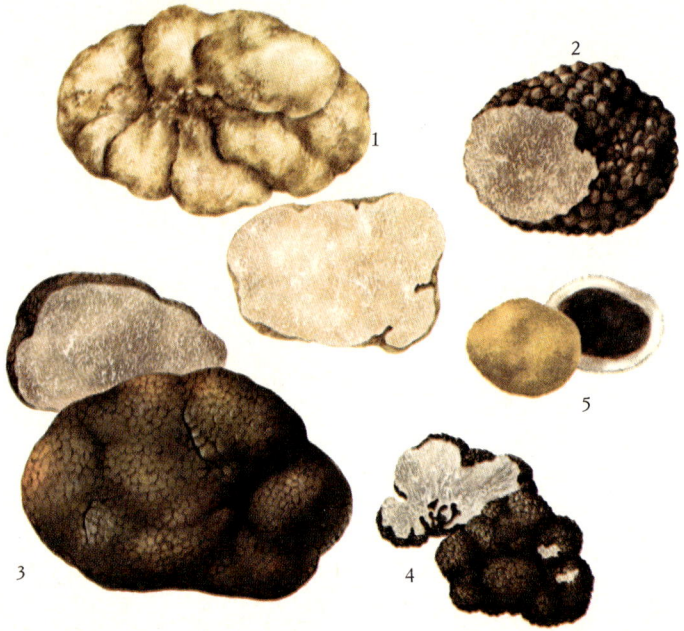

Verzeichnis der deutschen Pilznamen

Index